Joachim Galuska (Hrsg.)
Den Horizont erweitern

D1719524

Bibliografische Information Der Deutschen Bibliothek:
Die Deutsche Bibliothek verzeichnet diese Publikation in der
Nationalbibliografie; detaillierte bibliografische Daten sind im Internet
über http:// dnb.ddb.de abrufbar.

Originalausgabe 2003
© 2003 des Gesamtwerkes by Ulrich Leutner Verlag, Berlin
Die Rechte der einzelnen Beiträge liegen bei den Autoren.
Ulrich Leutner Verlag, Zehntwerderweg 197, 13469 Berlin
www.leutner-verlag.de

Satz und Layout: Ulrich Leutner Verlag
Cover: Ulrich Leutner Verlag
Druck: Conrad GmbH, Berlin
ISBN 3-934391-22-2

Joachim Galuska (Hrsg.)

Den Horizont erweitern

Die transpersonale Dimension in der Psychotherapie

Mit Beiträgen von:
- Wilfried Belschner • David Boadella
- Jakob Bösch • Hans-Peter Dürr
- Joachim Galuska • Kurt Gemsemer
- Walter von Lucadou • Albrecht Mahr
- Anna Maurer und Hans-Peter Weidinger
- Ulla Pfluger-Heist • Ursula Wirtz

UlrichLeutnerVerlag

Inhalt

Einführung

Die Entfaltung der transpersonalen Dimension erweitert unsere psychotherapeutischen Möglichkeiten und trägt zu einem integrierteren und ganzheitlicheren Verständnis von Psychotherapie bei. Dieses Buch entstand aus der Absicht, einen Überblick über den gegenwärtigen Stand dieses Wissens zu geben. Erst seit Anfang der 90er Jahre beschäftigen sich Kliniker und Praktiker und erst seit wenigen Jahren auch europäische Forscher in Deutschland mit transpersonalen Themen in der Psychotherapie. Eine Zusammenschau dieser Aktivitäten auf dem Kongress über spirituelle und transpersonale Dimensionen der Psychotherapie im Jahre 2002 in Bad Kissingen bildet die Grundlage des vorliegenden Übersichtsbandes. Der Pioniergeist, der in vielen der vorliegenden Beiträge zu spüren ist, zeigt, dass die wissenschaftliche Erforschung und Anwendung des Transpersonalen in der Psychotherapie sich gerade erst zu entfalten beginnt.

Doch was ist das Themenfeld, um das es geht? Dazu wollen wir uns zunächst einmal einige Definitionen und geschichtliche Entwicklungen anschauen:

Die sogenannte Transpersonale Psychologie entstand Ende der 60er Jahre des 20. Jahrhunderts in Kalifornien, wo auch die ersten ausführlicheren Definitionsversuche gemacht wurden. In der Satzung der Amerikanischen Vereinigung für Transpersonale Psychologie finden sich 1972 (nach Sutich 1972) folgende Formulierungen:

„Grundlegende Annahmen:
A. In jedem Menschen sind ständige Impulse hin zu letzten Zuständen (Grenzzustände, *ultimate states*) vorhanden.
B. Volle Bewusstheit dieser Impulse ist nicht notwendigerweise zu jedem Zeitpunkt gegeben.
C. Die Verwirklichung eines „letzten Zustandes" ist wesentlich abhängig von direkter Übung und von Bedingungen, die dem betreffenden Menschen entsprechen.
D. Jeder Mensch hat das Recht, seinen eigenen Pfad frei zu wählen."

Darüber hinaus wird in der Satzung folgende Definition gegeben:

„Transpersonale Psychologie ist die Bezeichnung, die einer entstehenden Richtung in der Psychologie und anderen Feldern von einer Gruppe von Männern und Frauen gegeben wurde, die an letzten Zuständen (Grenzzuständen)

interessiert sind. Die entstehende Transpersonale Orientierung befasst sich mit der empirischen, wissenschaftlichen Erforschung und der verantwortungsvollen Anwendung jener Ergebnisse, die für folgende Bereiche von Bedeutung sind: spirituelle Pfade, Werden, Meta-Bedürfnisse (individuelle und spezies-weite), letzte Werte, vereinigendes Bewusstsein, Gipfel-Erlebnisse, Seins-Werte, Mitleid, Ekstase, mystische Erfahrungen, Ehrfurcht, Sein, Selbst-Aktualisierung, Wesen, Seligkeit, Wunder, letzter Sinn, Transzendierung (Überschreitung) des Selbst, Geist (das Spirituelle), Einssein, kosmische Bewusstheit, individuelle und spezies-weite Synergie (=Zusammenfließen von Energien), Theorie und Praxis der Meditation, Sakralisierung (Heiligung) des Alltags, transzendente Phänomene, kosmischer Selbst-Humor und spielerische Haltung, sowie verwandten Vorstellungen, Erfahrungen und Aktivitäten."

Wie man sieht, bezieht sich diese Definition auf humanistische und religiöse Werte und Ziele. Sie ist sehr stark auf höhere Bewusstseinszustände ausgerichtet. Eine kurze zusammengefasste Definition dieser Ausrichtung wurde von Lajoie und Shapiro (zitiert in Waldman, 1996) anhand einer Analyse der häufigsten Konzepte und Definitionen erarbeitet:

„Gegenstand transpersonaler Psychologie ist die Erforschung des höchsten Potenzials der Menschheit sowie die Erkenntnis, das Verständnis und die Verwirklichung vereinigender, spiritueller und transzendenter Bewusstseinszustände."

Nach dieser anfänglichen Orientierung auf transzendente oder transpersonale Bewusstseinszustände kam man dazu, eine integrativere und ganzheitlichere Haltung einzunehmen und die gesamte psychische Entwicklung der Persönlichkeit und auch ihre Störungsmöglichkeiten miteinbeziehen. Dies bringt die Definition der Amerikanischen Vereinigung für Transpersonale Psychologie aus Jahre 1992 (zitiert in Waldman, 1996) zum Ausdruck:

„Gegenwärtig entsteht eine umfassendere Perspektive der menschlichen Natur. Sie akzeptiert die personale Einzigartigkeit genauso wie die *trans*personale Dimension - die über das individuelle Ich hinausreicht und dennoch zum Menschen gehört. Diese Perspektive ermöglicht ein erweitertes Verständnis menschlicher Fähigkeiten und verbindet eine sondierende Beurteilung der Persönlichkeit mit einer affirmierenden Vorstellung von der Bandbreite der psychischen und spirituellen Entwicklung. Die transpersonale Perspektive, die auf Beobachtungen und Praktiken vieler Kultu-

Joachim Galuska

ren basiert, greift auf die moderne Psychologie, die Geistes- und Humanwissenschaften genauso zurück wie auf die zeitgenössischen spirituellen Disziplinen und die Weisheitstradition."

Die gleiche Entwicklung spiegelt sich in den Definitionsvorschlägen transpersonal orientierter Therapie. Nach Sutich (1988) „kann die transpersonal orientierte Therapie daher beschrieben werden als Therapie, die sich direkt oder indirekt mit der Erkennung, Akzeptanz und Verwirklichung höchster Zustände befasst. Als solche ist sie nicht neu; sie ist vielmehr der vielleicht älteste aller therapeutischen Ansätze. Im Laufe der Geschichte hat sie eine wesentliche Rolle in den meisten, wenn nicht allen Systemen gespielt, die sich mit der Verwirklichung höchster Zustände befassen. Die Transpersonale Therapie kümmert sich um die psychologischen Prozesse, die mit der Verwirklichung oder Realisierung von Zuständen wie „Erleuchtung", „mystische Einheit", „Transzendenz" oder „kosmisches Einssein" verbunden sind. Sie beschäftigt sich auch mit den psychologischen Bedingungen oder psychodynamischen Prozessen, die direkt oder indirekt Hindernisse für diese transpersonalen Verwirklichungen bilden."

Sutich hat darüber hinaus auch schon einige Anforderungen beschrieben, die ein transpersonal orientierter Therapeut erfüllen sollte und die auch heute noch aktuell sind. Er schreibt weiter:

„Der Therapeut oder Berater:
- befindet sich auf seinem eigenen spirituellen oder transpersonalen Pfad.
- akzeptiert das Recht jedes Klienten, seinen eigenen Pfad zu verfolgen und zu einem anderen überzuwechseln, wenn ihm das wünschenswert erscheint.
- ist dem Prinzip verpflichtet, dass alle Menschen ständige Impulse in Richtung auf emotionales Wachstum und höchste Zustände haben, und akzeptiert, dass die Hauptverantwortung eines transpersonalen Therapeuten darin besteht, nach besten Kräften bei der Verwirklichung emotionalen Wachstums und höchster Zustände zu helfen.
- ist neben anderen psychologischen Prinzipien auch angemessen mit der Rolle der Selbsttäuschungsmechanismen während des ganzen Lebenszyklus vertraut, einschließlich ihrer Funktionsweise in seiner eigenen Person.
- akzeptiert, dass alle Menschen Impulse in Richtung auf höchste Zustände haben, ob sie sich nun auf einem bestimmten Pfad befinden oder nicht. Spezifischer ausgedrückt bedeutet dies, mit dem Einzelnen soviel wie möglich anhand von Techniken und Formen der Bezugnahme zu arbeiten, die direkt für seinen derzeitigen Zustand relevant sind."

Wie erwähnt, kam es auch im Feld der Anwendung der transpersonalen Orientierung in der Psychotherapie zu einer ganzheitlicheren Ausrichtung. Fadiman und Speeth (zitiert von Boorstein, 1988, S. 9) formulieren beispielsweise:

„Transpersonale Psychotherapie umschließt wie die traditionellen Psychotherapien das volle Spektrum von Verhaltens-, emotionalen und intellektuellen Störungen sowie die Aufdeckung und Unterstützung von Strebungen nach voller Selbstverwirklichung. Als Endziel der Psychotherapie wird nicht erfolgreiche Anpassung an die vorherrschende Kultur angesehen, sondern vielmehr die tägliche Erfahrung jenes Zustandes, der entsprechend den verschiedenen Traditionen Befreiung, Erleuchtung, Individuation, Gewissheit oder Gnosis genannt wird."

Aber obwohl diese Definition das volle Spektrum von Störungen erwähnt, bezieht sie sich primär auf die Verwandlung der Persönlichkeit hin zu einer höheren Bewusstseinsebene. Aber das Anwendungsfeld transpersonal orientierter Therapeuten ist wiederum weiter geworden und bezieht sich heute auch auf die Behandlung gewöhnlicher Störungen und Erkrankungen. Die Zeit der Gründer innerhalb der transpersonalen Bewegung scheint zu Ende zu gehen, und praxisorientierte klinischere Konzepte treten mehr in den Vordergrund. So kann man meines Erachtens drei Ausrichtungen transpersonal orientierter Therapie unterscheiden:

1. Eine transpersonale Therapie erzeugt einen transpersonalen Bewusstseinszustand.

   Damit ist ein Bewusstseinszustand gemeint, der das Alltagsbewusstsein eines Erwachsenen, das sogenannte personale Bewusstsein oder Ich-Bewusstsein überschreitet. Ich-Bewusstsein meint, subjektive Individualität zu empfinden, Wahrnehmender unserer Wahrnehmungen, Täter unserer Handlungen, Denker unserer Gedanken zu sein.

   Transpersonales Bewusstsein bedeutet, diese Identifizierung wahrzunehmen, zu überschreiten, also Zeuge dieses Geschehens zu sein, Leinwand für den Wahrnehmenden unserer Wahrnehmungen, für den Täter unserer Handlungen, für den Denker unserer Gedanken zu sein. Transpersonales Bewusstsein bedeutet also Verankerung in der Offenheit, Weite, Wachheit, Präsenz und Verbundenheit und mündet schließlich in die Erfahrung der Nondualität, also der Auflösung der Trennung zwischen Subjekt und Objekt, Ich und Welt, Wahrnehmendem und Wahrnehmung, Täter und Handlung, Denker und Gedanken. Da die Erzeugung von transpersonalen Bewusstseinszuständen oder Transzendenzerlebnissen auch als Flucht vor Alltag, Beziehungen und Weltverantwortung genutzt werden kann, bemühen sich transpersonal orientierte Therapeuten zunehmend um eine Veränderung der Persönlichkeit.

2. Eine transpersonale Therapie begleitet Menschen von der personalen zur transpersonalen Struktur der Persönlichkeit oder des Bewusstseins.
Die personale Identität eines reifen Erwachsenen bedeutet entfaltete Individualität und entfaltete Beziehungsfähigkeit. Es geht hier um die Fähigkeit zu Selbstverwirklichung und Authentizität genauso wie um die Fähigkeit zu Begegnung, Dialog und Mitverantwortung für die Welt. Transpersonale Erfahrungen verlagern schließlich das Zentrum unseres Handelns von der Steuerung des Ichs hin zur Steuerung durch die Seele oder das Wesen (siehe Galuska in diesem Band). Diese Verwandlung ist ein kontinuierlicher Entwicklungsvorgang, der aus ersten Erfahrungen transpersonaler Zustände eine zunehmende Kompetenz der Verankerung in einem transpersonalen Bewusstsein macht, was sich schließlich zu einer Selbstverständlichkeit hin stabilisiert. Dies ist das Wesen der Weiterentwicklung und Verwandlung einer Persönlichkeitsstruktur. Da die Begleitung dieser Reifung von der personalen zur transpersonalen Struktur nur wenige Menschen betrifft, haben transpersonal orientierte Therapeuten sich zunehmend mit üblichen Störungen beschäftigt.

3. Eine transpersonale Therapie wendet ein transpersonales Bewusstsein auf die Behandlung von Störungen und Krankheiten an.
Diese Ausrichtung, transpersonales Wissen, Bewusstsein und Technik zu Heilungszwecken einzusetzen, besitzt heute wohl die größte Bedeutung. Die meisten Beiträge dieses Buches beschäftigen sich eben mit den Fragen, welche Auswirkungen ein transpersonales Bewusstsein auf Diagnostik und Therapie besitzt. Wie zeigt sich das Transpersonale in der Einzeltherapie, in der Gruppentherapie, in der Körpertherapie, in der Atemarbeit oder im Familienstellen? Gibt es besondere Gesichtspunkte durch eine transpersonale Orientierung in der Traumatherapie, in der Behandlung von Psychosen oder im Verständnis religiöser und spiritueller Störungen? Gibt es Besonderheiten oder Anregungen in den verschiedenen Feldern der Medizin, in den unterschiedlichen Institutionen und Sektoren unseres Gesundheitswesens oder für diverse Berufsgruppen? Hier gibt es noch sehr viel mehr Fragen als Antworten.

Wir freuen uns nun, mit diesem Buch eine Übersicht über die Anwendung der transpersonalen Dimension in der Psychotherapie im deutschsprachigen Raum geben zu können.

Joachim Galuska

Literatur

Boorstein, S. (1988), Transpersonale Psychotherapie, Scherz, Bern

Sutich, A. (1972), Die American Transpersonal Association, in Hanefeld, E., Zeitschrift für Transpersonale Psychologie Nr. 1, 1982, Freiburg

Sutich, A. (1988), Transpersonale Psychotherapie, Geschichte und Definition in Boorstein, S. (Hrsg.), Transpersonale Psychotherapie, Scherz, Bern.

Waldman, M. (1996), Transpersonale Psychologie: Definitionen, Beschreibungen und Konzepte; Transpersonale Psychologie und Psychotherapie 1/1996, S. 4-21.

Hans-Peter Dürr

Wissenschaft und Transzendenz

Zu Beginn des letzten, des 20. Jahrhunderts mussten die Physiker in ihrem Bestreben "... zu erkennen, was die Welt im Innersten zusammenhält" bei der Erforschung des "Allerkleinsten" zu ihrem größten Erstaunen erfahren, dass die bisher so erfolgreiche klassische Physik auf fundamentale Weise versagte. Das Scheitern der alten Vorstellungen führte zu revolutionär neuen Einsichten, die eine andersartige, viel offenere Welt offenbarten. Physik ist im Grunde nicht mehr Physik, Wissenschaft nicht mehr Wissenschaft. *Wirklichkeit* ist nicht mehr Realität im Sinne (lat. *res* = Ding) einer "dinglichen" Wirklichkeit, sondern umfassender, *Wirklichkeit* ist im Grunde *nicht mehr wissbar*. Es gibt deshalb prinzipielle Grenzen für "Wissen" im Sinne unserer exakten Wissenschaften. Oder vorsichtiger ausgedrückt: Es gibt ein anderes, "offeneres Wissen", ein "Wissen", das kein strenges, objektives "Wissen" mehr ist, dieses also "transzendiert". Es kann aber von uns, in einer offeneren Weise, doch noch "erahnt", "intuitiv berührt" und sogar intersubjektiv im vertrauten Dialog abgestimmt werden. Dieses Wissen bleibt somit letztlich doch "immanent", wenn im Erleben, im Vergleich zu dem uns geläufigen "realen", dimensional (spirituell?) geeignet erweiterte Wahrnehmungsräume einbezogen werden.

Der Teil und das Ganze

Es war Max Planck, dessen eigentümliche Forschungsergebnisse 1900 die neue Physik auslösten, die sich "Quantenphysik" nannte. Es folgten bahnbrechende Arbeiten von Albert Einstein und Erwin Schrödinger. Obwohl sie alle (Planck, Einstein, Schrödinger) dafür den Nobelpreis erhielten, konnten sie sich mit den dabei abzeichnenden "paradoxen" Konsequenzen nie anfreunden. Den Grundstein für das revolutionär neue Weltbild legte Niels Bohr und eine Schar von enthusiastischen Zwanzigjährigen, wie Werner Heisenberg, Wolfgang Pauli und Paul Dirac. Anstatt über das Absurde des neuen Weltbildes weiter zu rätseln und den Zusammenbruch des alten Weltbildes zu beklagen, erkannten sie mit Staunen die umfassendere Bedeutung und die größere Integrationskraft der neuen Weltsicht.

Es benötigte allerdings über ein Vierteljahrhundert, bevor sich die neue Weltdeutung wissenschaftlich etablierte. Weil das gewohnte Verständnis versagte, war dieser Prozess schmerzhaft und der Widerstand dagegen groß. Noch heute ist dieser Lernprozess nicht abgeschlossen, ja es scheint sogar, als ob die aus dem neuen Weltbild gezogenen wesentlichen Lektionen wieder in Vergessenheit zu geraten drohen. Dies ist einigermaßen erstaunlich. Denn wesentliche Elemente der modernen Technik, z.B. die für die Informationstechnik wesentliche Mikroelektronik oder die Atombombe, um zwei herausragende Entwicklungen unserer Zeit zu benennen, würden ohne diese neuen Erkenntnisse gar nicht funktionieren. Trotzdem klammern wir uns in der Wissenschaft und der Wirtschaft noch immer an die überholte "Denke" des 19. Jahrhunderts, zum Teil weil sie uns die Vorstellung erlaubt, die Welt letztlich völlig begreifen und prinzipiell 'in den Griff' bekommen zu können.

Die neue Physik ist zweifellos von unserer Alltagserfahrung her schwer verständlich. Auch eröffnet ihre Bezeichnung als "Quantenphysik" keinen leichten Zugang für ein Verständnis. Sie sollte vielleicht besser als eine "holistische" Physik charakterisiert werden im Gegensatz zur alten Physik, die zerlegend, analytisch, reduktionistisch angelegt ist. Lassen Sie mich das etwas ausführen.

Als handelnde Menschen fangen wir mit den Dingen an, die wir begreifen. Um sie besser zu verstehen, versuchen wir sie zu zerlegen, da wir die Erfahrung machen, dass etwas einfacher wird, wenn ich es auseinander nehme ("erkennen, was die Welt im Innersten zusammenhält"): Das Große ist eine komplizierte Ansammlung von einfacheren Teilen. Erkennen heißt also: zerlegen, zerlegen, zerlegen! Dann werden wir folgerichtig Atomphysiker, die hoffen im Molekül, Atom, Elementarteilchen, Quarks ... am Ende den "allerkleinsten" Baustein zu finden. Aber was dann? Dann haben sie alle diese Teile vor sich und sollen erklären, was und wie unsere Welt ist. Denn einfach über diese unzähligen Bruchstücke zu sprechen und ihre Eigenschaften zu kennen, reicht nicht. Um die Welt auf diese Weise zu verstehen, muss auch das Umgekehrte, die Synthese gelingen, so dass sich die Eigenschaften des Ganzen aus den Teilen ableiten lassen. Unter welchen Umständen können wir von der Summe der Teile auf das Ganze schließen?

Der Erfolg wissenschaftlicher Erklärung hängt entscheidend von der prinzipiellen Möglichkeit der Synthese ab. Das kann funktionieren, aber manchmal geht es nicht. Es ist uns wohl vertraut: "Das Ganze ist mehr als die Summe der Teile!" Etwa: Ein Wald ist mehr als die Summe der Bäume! Was meinen wir damit? Was kommt dazu? Oder anders: Was bleibt übrig, wenn wir in einem Wald die Bäume herausnehmen? "Nichts!" sagen wir. Aber warum, wo bleibt

Hans-Peter Dürr

das Mehr? Das Mehr ist etwas, was wir Wechselwirkung nennen, eine Art "Ausdünstung" der Bäume, wie wir annehmen, die mit dem Herausnehmen der Bäume auch verschwindet!

Ist das immer so? Könnte es nicht auch sein, dass dieses "Dazwischen" eine eigenständigere, sogar fundamentalere Bedeutung hat. Nehmen wir z.B. ein Gedicht. Das Gedicht ist mehr als die Summe seiner Buchstaben oder gar der Kohlestäubchen auf dem Papier. Durch die Hierarchie von Zusammenhängen in Form von Buchstaben, Worten, Sätzen, Strophen etc wird hier stufenweise ein "Sinn" geschaffen, der nicht in der Schrift "objektiviert" werden kann. Er schließt wesentlich den Leser mit ein: Seine Präposition - Fähigkeit zu lesen, Sprachkenntnis, Lebenserfahrung für die Deutung - liefert erst den Code für die Entschlüsselung des Textes. Der "Sinn" ist also nicht etwas, das durch nachfolgende Synthese des Zerlegten zurückgewonnen werden kann.

Die Quantenphysik offenbart auf ähnliche Weise wie ein Gedicht eine ganzheitliche Struktur der Welt. Dies bedeutet auch, dass wir die moderne Physik nicht einfach nur als ein neues Paradigma im Sinne von Thomas Kuhn (1962) betrachten können, als eine andere mögliche Weise, die Welt anzusehen und zu erklären.

Zur Veranschaulichung dieser Aussage stellen wir uns die Welt als eine Schichttorte vor. Wir sehen sie an und sollen sie analysieren und "erklären". Der ‚Kuchenesser' nimmt ein Messer und schneidet - in wissenschaftliche Vorgehensweise - vertikal Sektorstücke heraus und beschreibt diese ganz genau. Er findet, dass die Kuchenstücke im Wesentlichen alle gleich sind, aber je eine differenzierte Schichtung haben. Ein anderer, etwa der ‚Tortenbäcker', schneidet die Torte horizontal mit einem Messer durch und findet unterschiedliche Teile aber mit je einer homogenen Konsistenz. Vielleicht fangen beide an zu streiten, wessen Beschreibung die wahre, die einzige wahre ist. Wenn sie die Teile zusammensetzten, würden sie zur selben Torte zurückkommen. Für eine angemessene Beschreibung bieten sich also verschiedene "Paradigmen" an, was einfach bedeutet, dass man ein anderes Erklärungsmuster verwendet: Unterschiedliches (meist das Gewohntere) wird an den Anfang der Untersuchung gestellt und das Übrige entsprechend nachgeordnet und abgeleitet. In diesem Beispiel hat man noch das Glück, dass beide, trotz ihrer verschiedenen Paradigmen, durch Synthese im Wesentlichen zur gleichen Torte zurückkommen. Die Torte ist hier in guter Näherung sogar schlicht die Summe der Teile; wir verlieren durch das Zerschneiden nicht viel, was auch noch durch ein bisschen Leim kaschiert werden könnte.

Die Quantenphysik würde in diesem Bilde bedeuten, dass wir durch Synthese der Teile gar nicht zum ursprünglichen Ganzen kommen. Bei ihr "gibt" es die Torte überhaupt nicht, sondern nur in einer gewissen Vergröberung sieht es so aus, als ob sie existiere. Das Wesentliche verbirgt sich hier im "Dazwischen", das bei der Auftrennung verloren geht und bei der späteren Synthese fehlt. Die neue Physik offenbart also Züge, die mehr dem Lebendigen gleichen, das beim Sezieren unwiederbringlich verloren geht, ja sich allgemein der reduktionistischen wissenschaftlichen Methode entzieht. Dies ist für uns gar nicht so überraschend, weil auch tief in unserem "Erleben" und "Erfahren" etwas genuin Ganzheitliches verankert ist. So sprechen wir vom Guten, Wahren und Schönen, von Liebe, Hoffnung, Glück u.a., alles Begriffe, die in der ursprünglichen Wortbedeutung keine Begriffe sind, da sie Beziehungen, ein "Dazwischen" ausdrücken, was mit der Hand nicht zu greifen ist.

Die holistische Struktur der neuen Physik erscheint vom Standpunkt einer möglichen Manipulierbarkeit der Natur oder beim Erlangen von "Verfügungswissen" als ernste Behinderung. Im Hinblick auf ein Orientierungswissen, das auf Einsicht und Weisheit zielt, eröffnet es jedoch vielfältige Brückenschläge zwischen grundverschiedenen Disziplinen und bisher als unverträglich erscheinenden Betrachtungsweisen. Dies gilt vor allem für:
- eine bessere Verständigung zwischen den Naturwissenschaften und den Geisteswissenschaften, die nun nicht mehr zwei verschiedenen Kulturen (C.P. Snow, 1987) zugeordnet werden müssen;
- eine Zusammenführung des Unbelebten und Belebten einschließlich des Menschen und, als Folge, die Aufhebung der verhängnisvollen vermeintlichen Spaltung zwischen Mensch und Natur;
- eine konstruktive Versöhnung von Wissenschaft und Religion, von Wissen und Glaube.

Und dies nicht infolge einer elitären Überheblichkeit der modernen Physik heraus, die behauptet, nun alles besser erklären zu können, sondern aufgrund der gewonnenen tieferen Einsicht, dass alle Erklärungen ihre prinzipiellen Grenzen haben, manche sogar in ihrer wechselseitigen Widersprüchlichkeit sich als komplementäre Elemente einer umfassenderen, in sich konsistenten Sichtweise herausstellen. Es bedeutet die Aufforderung an alle zu einer größeren Bescheidenheit und Zurückhaltung, wenn, wie auch immer, von "Wahrheit" gesprochen wird. Jede explizit ausgesprochene Wahrheit, solche der Religionen aber auch der Wissenschaften, entpuppt sich letztlich nur als ein Gleichnis für einen umfassenderen, in einer objektiven Sprache nicht explizit formulierbaren, "un-

Hans-Peter Dürr

begreiflichen" Zusammenhang. Dies sollte nicht als eine Demütigung des Menschen empfunden werden, weil die Begrenzung einher geht mit der Möglichkeit des Menschen, diesen Zusammenhang zu erahnen und zu erleben und ihn schöpferisch mitzugestalten.

Wahrnehmung der Wirklichkeit

Viele fühlen sich unwohl bei dem Gedanken, in einer Welt leben zu müssen, die prinzipiell nicht begriffen werden kann. Dahinter schlummert ein Gefühl der Unsicherheit. Ja, die moderne Physik hat gezeigt, dass Sicherheit im Grunde aufgehoben ist, dass sie uns aber doch in einem eingeschränkten und, für unser praktisches Leben, ausreichenden Maße zuteil wird. Wir sollten nicht mehr als dies verlangen, da mit der prinzipiellen Unsicherheit die eingeprägte Offenheit der Wirklichkeit einher geht, der wir letztlich alle Lebendigkeit und auch unsere individuelle Freiheit zum absichtsvollen und kreativen Handeln verdanken.

Die moderne Physik hat uns dazu noch einmal darauf aufmerksam gemacht, dass die eigentliche Wirklichkeit nicht zu verwechseln ist mit unserer Wahrnehmung der Wirklichkeit. Wir glauben immer, die Wirklichkeit sei das, was wir vor uns sehen und uns begegnet. Wir bemerken dabei nicht, dass wir die Wirklichkeit durch unsere spezielle Wahrnehmung filtern. Was bei uns ankommt, ist nur ein winzig kleiner Teil der Wirklichkeit. Auf unserem Vorurteil, (eventuell mit Hilfe geeigneter Instrumente) alles sehen zu können, baut sich unsere Vorstellung der ganzen Welt auf. Die Beschränkung unseres Einblicks gereicht uns jedoch nicht nur zu unserem Schaden. Im Gegenteil, ihr verdanken wir, dass wir uns in der unendlich komplexen Welt nicht total verlieren und erfolgreich in ihr uns eine unseren Fähigkeiten angemessene, überschaubare Lebenswelt schaffen können.

Zur Veranschaulichung dieser Begrenztheit möchte ich eine eingängige und vielfach verwendbare Parabel des englischen Astrophysiker, Sir Arthur Eddington, anführen.

Eddington vergleicht den Wissenschaftler, insbesondere den Naturwissenschaftler (oder auch einen rational denkenden Menschen), mit einem Ichthyologen, der das Leben im Meer erforschen will. Nach jahrelangem Fischen kommt er zu zwei Grundgesetzen der Ichthyologie:

1. Alle Fische sind größer als 5cm.
2. Alle Fische haben Kiemen,

weil er bei keinem Fang jemals etwas anderes herausgezogen hat. Auf dem Nachhauseweg trifft er seinen besten Freund - ich will ihn mal den Philosophen oder Metaphysiker nennen - und erzählt ihm von seinen wichtigen wissenschaftlichen Entdeckungen. Der Metaphysiker antwortet ihm: "Dein zweites Grundgesetz kann stimmen. Es könnte sein, dass alle Fische Kiemen haben, aber wenn du noch länger fischst, könnte es sein, dass du auch einmal etwas herausziehst, das keine Kiemen hat. Aber dein erstes Gesetz ist überhaupt kein Grundgesetz. Wenn du die Maschenweite deines Netzes gemessen hättest, hättest du gesehen, dass sie 5cm beträgt. Du kannst einfach keinen Fisch fangen, der kleiner ist als 5cm." Aber der Ichthyologe antwortet: "Entschuldige, Herr Philosoph, du bist kein Naturwissenschaftler, kein Ichthyologe. In der Ichthyologie ist ein Fisch definiert als etwas, was man mit einem Netz fangen kann. Was ich nicht fangen kann, ist einfach kein Fisch."

Das ist das Gleichnis. Im Hintergrund steht: Der Naturwissenschaftler glaubt, dass er vorurteilslos die Natur beschreibt, und er bemerkt gar nicht, dass er doch unter bestimmten Bedingungen und mit einer gewissen Vorprägung an die Naturwissenschaft herangeht. Es geht nicht nur darum, dass wir erst definieren müssen, was ein gutes Experiment ist, dass es nämlich z.B. beliebig wiederholbar sein muss, was eigentlich nur in der unbelebten Natur klappt. Es wird entscheidend davon beeinflusst durch die Art und Weise, wie wir denken. Wir sind stolz auf unser phantastisch differenziertes Denken. Aber was heißt Denken? Es ist immer eine Art des Fragmentierens, des Auseinandernehmens. Denken ist wie virtuelles Handeln. Es hat sich am Handeln entwickelt und macht uns handlungsfähiger. Wir haben immer den Eindruck, dass das dritte Gehirn (der Neokortex), das den Menschen auszeichnet, uns befähigt, die Wirklichkeit besser und vollständiger zu sehen. Er gibt uns zunächst eine überlebenswichtige Hilfestellung, um besser greifen zu können, konkret: Es hilft unserer Hand, den Apfel am Baum sicherer zu greifen. Ja oder nein? Habe ich ihn in der Hand oder nicht? Dabei erlernen wir die zweiwertige Logik: Entweder/Oder? In der eigentlichen Wirklichkeit ist die zweiwertige Logik nicht angelegt, sie handelt ja auch nicht mit Äpfeln und Teilchen und Materie. Unser Neokortex eignet sich deshalb nicht sehr dafür, dass wir uns besser in unserer Welt orientieren können und die Welt zu verstehen. Wir fahren unbeirrt fort, auf jede Frage eine eindeutige Antwort zu erwarten. Doch wir sind mehr als Greifhand. Wir erleben mehr, als wir begreifen.

Wir leben heute in einer Welt, welche spontanes Erleben immer mehr dem Begreifen opfert. Wir nennen dies Realismus oder Pragmatismus oder Positivismus. Auch der Ichthyologe sagt schließlich unbekümmert dem Philosophen: "Gut, ich verstehe ja deine Kritik, aber angenommen, es gäbe solche kleineren Fische, warum sollte ich mich dafür interessieren? Sie spielen für mich keine Rolle! Ich trage doch hinterher die Fische zum Markt, und ich habe auf dem Markt noch nie jemanden getroffen, der einen Fisch haben wollte, den ich nicht fangen kann." Sie sehen, wenn wir, wie wir das heute bevorzugt tun, unsere Lebenswelt mit den Augen der Wirtschaft und des Handels betrachten und nur den Tauschwert als Wertmaßstab nehmen, dann interessieren wir uns überhaupt nicht für Fische, die man nicht fangen kann. Es lässt sich damit kein Geld verdienen.

Wissen ist aber mehr als Verfügungswissen, es ist auch Orientierungswissen, was uns Orientierung erlaubt, uns die Sinnhaftigkeit des Lebens erschließt, uns Einsichten verleiht, wie der Mensch eigentlich in diese Welt eingebettet ist und wie wir selbst positioniert sind, wie wir anders oder gleich sind zu dem, was im Hintergrund wirkt. Und dann müssen wir uns eben doch für die kleineren Fische interessieren. Aber dann sagt man: Interessieren wäre schon gut, aber was machen, da ich ja immer mit Netzen fangen muss? Das Geistige, das Schöpferische, das Religiöse und Künstlerische haben etwas mit den "kleinen Fischen" zu tun, die nicht im Netz hängen bleiben. Warum wissen oder ahnen wir überhaupt etwas davon? Das muss doch etwas damit zu tun haben, dass es eine Möglichkeit zur Perzeption der Welt gibt, die nicht auf das Greifen angewiesen ist. Um die Welt zu verstehen, sollten wir nicht greifen, sondern wir sollten eigentlich mehr die Arme ausbreiten und unsere Hände öffnen, um die Welt zu "empfangen". In dem Augenblick, wo wir begreifen, würgen wir ab, was wir eigentlich fassen wollen. Denn das Wesentliche der Welt ist das "Dazwischen". Und in dem Augenblick, wo wir die Hände schließen, zerstören wir die Verbindung nach außen. Letzten Endes steht im Hintergrund die Frage: Haben wir Möglichkeiten, die Welt sozusagen auch ohne Netze wahrzunehmen?

Eddington ersann das Fischergleichnis, als die Physiker festgestellt haben, dass sowohl Licht als elektromagnetische Welle als auch ein Elektron als Elementarteilchen ganz komische Zwittergebilde sind. Sie sind einerseits etwas, das sich lokal greifen lässt - dann nennen wir sie Teilchen - aber sie verhalten sich andererseits auch wie Wellen, die sich grenzenlos ausbreiten und Interferenzeigenschaften zeigen. Hatten wir angenommen, Licht sei eine Welle und ein Elektron ein Teilchen, so können nun beide sowohl als Teilchen wie auch als Welle in Erscheinung treten: Photon oder elektromagnetische Welle das eine und Elektron und Elektronenwelle das andere. Die beiden konkurrierenden Beschreibungen Teilchen-Welle sind klassisch-physikalisch unverträglich: das eine örtlich eingegrenzt und das andere über den ganzen Raum ausgedehnt. Da ist also etwas im Hintergrund, was weder Teilchen noch Welle ist und in gewisser Weise beides zugleich, das wir nicht konstruieren, also durch geschicktes Zusammendenken dieser beiden Erscheinungsformen nicht veranschaulichen können. Der Zwitter ist außerhalb unserer Vorstellungsgabe. Ein kleiner Fisch? Ja, aber ein ganz verrückter. Er ist fangbar, aber auf widersprüchliche Weise: Er sieht total verschieden aus, je nach dem welches Netz zum Fang verwendet wird.

Das Netzgleichnis versagt also, um die Situation der modernen Physik angemessen zu beschreiben. Eine ganz andere Betrachtung ist nötig. Eine Messung muss nun mehr mit einem ‚Fleischwolf' verglichen werden, in den wir oben die Wirklichkeit einfüttern. Die Würstchen, die vorne herauskommen verleiten uns zur Aussage, die Wirklichkeit sei aus Würstchen zusammengesetzt. Doch diese Würstchen werden erst durch unseren Fleischwolf erzeugt. Je nachdem, wie wir die Endscheibe wählen, können wir viele andere Erscheinungsformen, und nicht nur Teilchen oder Welle, durch die Messapparatur erzwingen. Die Wirklichkeit gleicht mehr einer schwabbeligen, noch formbaren Qualle als einem schon vorgeformten Fisch (Dürr, 1988).

Welche Sprache eignet sich?

Welche Sprache steht uns zur Verfügung, um über das Unbegreifliche zu sprechen? Die Sprachen der Menschen sind reich an Ausdrucksformen, das Unbegreifliche zu benennen und es im zwischenmenschlichen Dialog aufkeimen zu lassen und zur vollen Blüte zu bringen. Es sind die spirituellen und transpersonalen Dimensionen, die hier als Verbindungsglied vorgestellt werden. Ich werde darauf später nochmals kurz zurückkommen.

Ich möchte zunächst diese Frage von der Warte des Physikers aus beleuchten. Für den Physiker öffnet sich eine erstaunliche Möglichkeit: Wenn er etwas nicht begreifen kann, ist er dennoch nicht ohne Werkzeuge, sich weiter voranzutasten. Er kann immer noch weiter sprechen, aber er muss sich von der Umgangssprache lösen und zu einer mathematischen Sprechweise wechseln. Warum reicht die mathematische Sprache weiter? Hier lässt sich nochmals das Gleichnis des Ichthyologen zur Veranschaulichung heranziehen. Sein vermeintliches erstes Grundgesetz, dass alle Fische größer als 5 cm seien, enthält die "fünf Zentimeter" als zentrale "wissenschaftliche Aussage". Der Ichthyologe hat keine Ahnung, was ein Fisch und was ein Stück Holz ist, das er als Zentimeter-Maßstab verwendet. Er sagt nur, zwischen dem Stück Holz und dem Fisch besteht eine Beziehung, und die ist die Zahl "5". Indem wir also darauf verzichten über das "Was" zu sprechen und uns nur auf das "Wie" beschränken, kommt sprachlich auf einmal die Mathematik herein. Mathematik ist ungeeignet zu verstehen, "was" ist, aber sie ist das ideale Instrument, über Beziehungsstrukturen, also das "wie" zu reden. Das heißt, ich kann letztlich nichts "begreifen", weil ich nur sage, was "dazwischen" ist. Die Mathematik ist somit ein Instrument, um kompetent und konsistent über ein "Dazwischen" zu reden. Das erscheint auf den ersten Blick als erbärmlich wenig. Und doch ist dies für den Physiker die rettende Ausflucht, was er nicht begreifen kann, noch mathematisch ausdrükken zu können. Dies gilt insbesondere und in einem überraschend umfassenden Sinne, wenn die Welt, wie wir sehen werden, im Grunde nur in dem "Dazwischen" wirkt und lebt. Die Wirklichkeit wird zum Kosmos. Der Kosmos ist eigentlich die Wirklichkeit in der Struktur, im Zusammenhang. Kosmos bedeutet eine Sicht, die auf die Ganzheit gerichtet ist und nicht auf ihre im scharfen Sinne nicht-existenten Details.

In diesem Zusammenhang ist auch die von Werner Heisenberg (1969) in seinem autobiografischen Buch: "Der Teil und das Ganze - Gespräche im Umkreis der Atomphysik" gemachte Aussage zu verstehen: "Die Quantentheorie ist so ein wunderbares Beispiel dafür, dass man einen Sachverhalt in völliger Klarheit [in mathematischer Sprache] verstanden haben kann und gleichzeitig doch weiß, dass man nur in Bildern und Gleichnissen von ihm reden kann."

Als Physiker, der zu Ihnen über Wissenschaft und Transzendenz sprechen will, gerate ich hier also in Verlegenheit. Wenn ich Ihnen genauer erzählen wollte, was die moderne Physik meint, müsste ich die uns gewohnte Sprache ablegen und Beziehungsstrukturen mathematisch charakterisieren. Aber das würde Ihnen nicht viel weiterhelfen. Deshalb werde ich zur Erläuterung nicht Mathematik, sondern Worte aus der Umgangssprache verwenden, weil auch der Physiker letzten Endes in Bildern denkt, die er aus seinem Alltagsleben kennt. Er spricht immer noch von Teilchen und Wellen, meint diese aber nur als Gleichnisse, gewissermaßen als ‚Karikaturen' oder anschauliche ‚Symbole' für etwas mathematisch Beschreibbares aber direkt nicht Begreifbares. Das ist nicht ungefährlich, weil möglicherweise irreführend. Aber wir wissen, dass das, was wir sagen, eigentlich so nicht ganz richtig ist. Aber es ist auch nicht ganz falsch. Es meint nicht, aber es deutet, was uns bei jeder ‚Karikatur' wohl vertraut ist. Wir können eine falsche Sprache sprechen, und trotzdem kann es uns an das eigentlich Gemeinte im Hintergrund erinnern, weil wir als Menschen eben *mehr erleben als begreifen* können. Wir drücken etwas Begreifbares aus, und dann erleben wir etwas, was weit darüber hinaus reicht. Und auf diese Weise können wir rational loslassen, aber nur deshalb, weil wir offensichtlich hier noch eine andere Einsicht haben, uns an die Welt heranzutasten, als mit der uns gewohnten ‚Außenansicht'. Wir "haben" eine Innensicht, besser: wir ‚innensehen', wenn wir spontan sagen: „Ja! So ist es!" etwa in dem Sinne: Ich verstehe, aber ich habe es nicht begriffen. Es ist wie eine Ahnung. Wenn Sie in einer Ahnung sind, haben Sie noch nichts "begriffen". Im Zustand der Ahnung können Sie auch nicht wirklich sagen: Ich *bin* in der Ahnung. Nur hinterher sagen Sie: Heute kam mir plötzlich die lösende Idee, die vorher schon lange als Ahnung in mir gereift war.

Im Rückgriff sagen wir also, dass da ein Zustand war, wo wir schon Strukturen gesehen haben, ohne sie begriffen zu haben oder genauer benennen zu können. Deshalb ist die Umgangssprache reich an "Begriffen", die letztlich keine Begriffe sind. Es sind gewissermaßen Karikaturen, die nur auf etwas deuten und gar nicht das darstellen, was sie karikieren. Die Karikatur, obwohl sie vielleicht nur aus drei Strichen besteht, weckt in uns eine viel reichere und umfassendere Empfindung, das Antlitz eines Freundes, ein eindrucksvolles Erlebnis. Wir sehen dann eine andere Karikatur, drei andere Striche, die in uns das gleiche Hintergrunderlebnis weckt. Es lohnt also gar nicht, sich lange über Karikaturen zu streiten, wie ähnlich, gleich oder verschieden sie sind. Sie können, trotz Verschiedenheit, den gleichen Anstoß liefern, um ein für uns gemeinsames "Dahinter" erlebbar zu machen. Und das sollten wir im Auge behalten, wenn wir heute, ohne einen abwertenden Unterton, uns sagen müssen, dass das, was wir unter Wissenschaft (das gilt in ähnlicher Weise auch für die Religionen) beschreiben, auch nur eine karikierte Wirklichkeit darstellt. Unter Verwendung verschiedener Karikaturen versucht die Wissenschaft die unbegreifliche Wirklichkeit so vereinfacht zu zeichnen, dass Sachverhalte, die in unserer Wahrnehmung die größte Rolle spielen oder auf die hauptsächlich unsere Aufmerksamkeit gerichtet sind, unverhältnismäßig überzeichnet werden.

In diesem eingeschränkten Sinne möchte ich weiterhin Umgangssprache für meine Erläuterungen verwenden. Mit Erstaunen stellen wir dabei fest, dass unsere Umgangssprache schon über ein reiches Reservoir an Worten und Bildern verfügt, die sich recht gut für die bildhafte Beschreibung der paradoxen Sachverhalte der Quantenphysik eignen. Das könnte selbstverständlich einfach eine Folge unserer beschränkten Wahrnehmung sein. Doch ist vielleicht auch die

Hans-Peter Dürr

Vermutung zulässig, dass es sich hierbei nicht nur um eine Analogie handelt, sondern wirklich um ein gewisses Abbild des Mikrokosmos im Mesokosmos unserer Lebenswelt. Das hätte wesentliche Konsequenzen auf die Art und Weise, wie wir heute Wissenschaft betreiben, insbesondere, wenn wir sie in mechanistischer Form bedenkenlos auf lebende Systeme und den Menschen anzuwenden versuchen.

Dies steht in gewissen Kontrast zu einer Aussage des amerikanischen Entomologen Edward O. Wilson (1999), der in seinem Buch: "Consilience - The Unity of Knowledge", in deutscher Übersetzung: "Die Einheit des Wissens", geschrieben hat:

"Ohne Instrumente sind Menschen in einem kognitiven Gefängnis eingesperrt .... Sie sind wie intelligente Fische, die sich über die äußere Welt wundern ... sie erfinden geniale Spekulationen und Mythen über den Ursprung des sie einschließenden Wassers, über die Sonne und den Himmel und die Sterne über ihnen und den Sinn ihrer eigenen Existenz. ...
Aber alles ist falsch, sie irren sich immer, weil die Welt zu weit weg ist von ihrer täglichen Erfahrung, um einfach vorgestellt werden zu können."

Ich stimme mit Wilsons letztem Satz: "Alles ist falsch" überein (obgleich er ‚falsch' zu apodiktisch verwendet), aber seine Aussage trifft nicht nur auf den Menschen *ohne Instrumente* zu, sondern, in meiner Auffassung, auch auf solche *mit Instrumenten*, und für alles was die ‚Außenansicht' anbelangt, insbesondere auch auf Wilson selber und für die wissenschaftlichen ‚Wahrheiten', die er so emphatisch vertritt. Der nicht-analytisch betrachtende, ‚innensehende' Mensch kann da sogar in gewisser Weise einem tieferen *Verständnis* des Kosmos näher sein.

Das moderne im Gegensatz
zum klassischen physikalischen Weltbild

Ich will Ihnen jetzt einiges über das neue physikalische Weltbild erzählen, ohne dass ich hier sehr in die Tiefe gehen kann. Doch zunächst möchte ich die wesentlichen Züge der alten, klassischen Physik aufzeigen und warum sie so erfolgreich war. Sie ist optimal unserer Lebenswelt angepasst und führt deshalb zu einem Weltbild, das uns allen geläufig ist und bildet die Grundlage unserer täglichen Erfahrungen und unseres Denkens.

Das klassisch-mechanistische Weltbild

Die klassische Physik hat die ontologische Vorstellung: Außerhalb von uns *existiert* eine Welt, die auch ohne uns als ihren Betrachter existiert in Form von Objekten, Gegenständen. Die Welt sagt man, ist *Realität*. Realität meint, dass die Welt aus Dingen, aus Materie besteht. Diese Materie existiert in einem dreidimensionalen Raum und in der Zeit. Das Bemerkenswerte an der Zeit ist dabei, dass diese sich anders artikuliert als die drei Raumdimensionen. Nur ein Zeitpunkt, die augenblickliche Gegenwart ist uns jeweils zugänglich. Dieses jetzt!, was wir unmittelbar erleben, ist kurz und wird sofort unwiederbringlich Vergangenheit. Und schon ist eine neue Gegenwart da, ein neues jetzt!, das aus einer vorgestellten Zukunft uns erreicht. Es bleibt uns dabei zunächst unverständlich, warum uns die Welt als Wirklichkeit nur in einem Nacheinander, Schicht für Schicht, aufgetischt wird, wo doch, was in Zukunft passiert, für unser Leben und Überleben so wichtig ist. Es gelingt uns jedoch, diese Ignoranz durch die empirische Feststellung zu überwinden, dass die jeweiligen Gegenwarten nicht willkürlich aufeinander folgen, sondern dass hier ein tieferer Zusammenhang besteht, eine *kausale* Verknüpfung, wie wir sagen, bei der bestimmte 'Ursachen jetzt' zu bestimmten 'Wirkungen später' führen. Die Belegungen der Schichten folgen bestimmten Gesetzmäßigkeiten, Naturgesetzen. Das Zukünftige wird dadurch in seiner speziellen Ausprägung festgelegt und für uns vorhersehbar. Die Wirklichkeit läuft, ähnlich wie eine mechanisches Uhrwerk, eindeutig determiniert ab.

In der Technik verwenden wir diese Gesetzmäßigkeiten, um das Zukünftige für unsere Zwecke geeignet zu gestalten. Doch diese Gestaltungsmöglichkeit funktioniert nur, wenn der Mensch als Zukunftsgestalter nicht selbst Teil des determinierten Uhrwerks ist. Wir postulieren deshalb für den Menschen eine zusätzliche *geistige Dimension* und mit dieser die Möglichkeit des Wissens. Die geistige Dimension soll nichts mit der mechanistischen Natur zu tun haben, sondern sie ist "Gott ähnlich". Wir erleben uns praktisch, als von "Gott" beauftragt, um auf dieser Erde in seinem Namen, gewissermaßen als Mitschöpfer, einzugreifen und das Weltgeschehen geeignet - möglichst in Richtung des Guten - zu lenken. Daraus erwächst die Fähigkeit: "Wissen ist Macht". Wir haben also im Rahmen der klassischen Beschreibung die Vorstellung einer streng determinierten Natur, die sich von einem mit Geist begabten und einsichtsvollen sowie mit erlerntem Wissen und vielfältigen Fertigkeiten ausgestatteten Menschen absichtsvoll manipulieren und in den Griff bekommen lässt. Der Mensch muss dazu den Zustand der Welt und ihre Gesetzmäßigkeiten möglichst genau

Hans-Peter Dürr

kennen. Aufgrund der Verschiedenartigkeit der geistigen und materiellen Dimension *fallen* bei dieser Betrachtungsweise *Mensch und Natur* prinzipiell *auseinander*. Der Mensch wird göttlich erhöht, die Natur gottlos erniedrigt, der Trennungsstrich willkürlich gezogen. Ist jeder Mensch in diesem erhöhten Sinne ein Mensch oder, wie in der Vergangenheit angenommen, eigentlich nur der Mann? Oder anders: Warum soll der Mensch so verschieden sein von seinen näheren und entfernteren Verwandten im Tierreich, abgetrennt vom ganzen wunderbaren Reich des Lebendigen?

Aufgrund der klassischen Vorstellungen bedeutet mehr Wissen einen Machtzuwachs. Man möchte immer genauer beschreiben, was *ist*. Man stellt fest: Was *ist*, ist Materie. Aber die Materie hat auch noch Form. Wir sagen deshalb: Die Materie ist das Grundlegende, die Form ist eine abgeleitete Eigenschaft, die etwas mit der Anordnung der Materie zu tun hat.

Gibt es "reine" Materie, Materie, die keine Form mehr hat? Um sie zu finden, zerlegen wir Materie immer weiter, um schließlich, wie wir hoffen, *formlose* Materie zu erhalten. Kleinste Teilchen, die sich nicht weiter zerlegen lassen, sollten formlos sein. Wir nennen sie "A-tome", die Unzerlegbaren. Auf der Suche nach diesen "Atomen" kommen wir zu immer kleineren Teilchen, auch den so bezeichneten Atomen, den Bausteinen der chemischen Elemente. Aber auch sie erweisen sich bei genauerer Betrachtung als zerlegbar in kleinere Einheiten: Atomkerne, Elementarteilchen usw. Kaum wähnen wir uns beim Allerkleinsten angekommen, geht es weiter und der Verdacht verdichtet sich, dass wir nie an ein Ende kommen werden. Aber wir kommen zu einem Ende, doch auf eine ganz unerwartete Weise. Das ist der revolutionäre Anfang der modernen Physik.

Das moderne holistische Quanten-Weltbild

Schon Atome, aber deutlicher bei ihren "Bausteinen", dem Atomkern und seiner aus Elektronen aufgebauten Hülle, stellen wir zu unserem Erstaunen fest, dass sie *gar keine Materie mehr sind*. Auf der Suche nach der formlosen Materie verlieren wir am Ende also nicht die Form, sondern stattdessen die Materie, wir stoßen auf eine *materielose Form*. Wir kommen also zum Ergebnis: *Materie ist nicht aus Materie aufgebaut*. Atome und deutlicher "Atombausteine" haben immer weniger die Eigenschaften von Materie. Sie *werden zu reinen Gestaltwesen*. Wir haben also auf einmal, im Vergleich zur klassischen Vorstellung, eine Umkehrung der Rangordnung.

Die klassische Ansicht war doch: Die Materie ist das Primäre und das eigentlich Wichtige: Materie bleibt Materie, und sie ist deshalb so verlässlich, weil sie

- im Gegensatz zur Form, die sich nach Maßgabe der Naturgesetzlichkeit ständig verändert - zeitlich gleich bleibt. Die neue Erkenntnis lautet nun: Die Form oder genauer, gewisse Gestalteigenschaften sind es, die sich im Laufe der Zeit nicht verändern. So gibt es Erhaltungssätze für Qualitäten wie Energie oder Ladung u.a., die aus Symmetrien resultieren. Materie, räumlich lokalisierte Objekte gibt es im Grunde gar nicht. Diese bilden sich erst als "als ob"-Erscheinung bei größeren Anhäufungen der atomaren Gestaltwesen durch Mittelung heraus.

Wir stellen fest: *Die Wirklichkeit ist im Grunde keine Realität, keine dingliche Wirklichkeit.* Was bleibt, ist - wie wir es nennen - *Potentialität.* Es ist nicht die Realität selber, sondern nur eine mögliche eingeprägte Fähigkeit, die Kann-Möglichkeit sich auf verschiedene Weise zu *realisieren*, sich in Materie verwandeln zu können. Im Grunde gibt es nur Gestalt, Verbundenheit, eine reine Beziehungsstruktur ohne materiellen Träger. Relationalität statt Materialität. Wir können vielleicht auch sagen: *Information.* Information lässt sich nicht greifen. Aber es ist bemerkenswert, dass wir eine Struktur haben, die sich - wenn sie sich genügend verdichtet - wie Materie anfühlt und uns vorgaukelt, wir könnten sie greifen. Die Beziehungsstruktur ist grundlegender als die Existenz des aufeinander Bezogenen.

Die ursprünglichen Elemente sind also *Beziehungen der Formstruktur*, sie sind nicht Materie. Wenn diese Nicht-Materie gewissermaßen gerinnt, zu Schlacke wird, dann wird daraus etwas "Materielles". Oder noch etwas riskanter (überzogenes Bild?) ausgedrückt: *Im Grunde gibt es nur Geist.* Aber dieser Geist gerinnt und verholzt zur Materie. Und wir nehmen in unserer klassischen Vorstellung das Holz, weil "greifbar", ernster als was vorher da war, der aufsteigende Saft unter der Rinde, das geistig Lebendige.

Es gibt gar nichts Seiendes, nichts, was existiert. Die Welt besitzt keine ontische Struktur. Im Grunde existiert nichts, keine Objekte, keine kleinsten, unvergänglichen materiellen "Teilchen". Es gibt nur Verbundenheit, Wandel, Veränderung, Operationen, Prozesse. Wir verkennen ‚Änderung' in ihrer primären Bedeutung, wenn wir sie fälschlich ontologisch beschreiben als die Dreiheit: ‚A hat sich in der Zeit in B verwandelt', oder: ‚A ist mit B verbunden'. Denn es gibt im Grunde weder A noch B noch die dazwischen verstrichene Zeit oder angenommene ausgetauschte Wechselwirkung, sondern nur Gestaltveränderung, Metamorphose, inhärente Verbundenheit als nicht-zerlegbare Einheit.

Solche Gestaltveränderungen und Konnektionen lassen sich prinzipiell nicht isolieren, weil sie offene Beziehungsstrukturen sind. *Es gibt deshalb nur eine einzige Gestalt und diese ist die "Welt", die potentielle "Wirklichkeit". Es gibt nur das*

Hans-Peter Dürr

Eine. Und dieses Eine lässt sich prinzipiell nicht in Bestand-Teile aufteilen, es ist das Nicht-zweihafte, Advaita (Sanskrit) oder Tendrel (Tibetisch). Denn Aufteilen hat etwas mit unserer materiellen Sichtweise zu tun und unserer Vorstellung, dass Teile ähnliche Eigenschaften haben wie das Ganze oder zumindest mit denselben Begriffen beschrieben werden können. Die Welt stellt sich somit als etwas Nicht-Auftrennbares, als etwas Ganzheitliches, als Kosmos dar. Das Ganze erlaubt Differenzierungen, die nicht einer Zerlegung entsprechen. Sie sind wie verschiedene *Artikulationen* (Heinrich Rombach) der ganzheitlichen Wirklichkeit, "*Wirks*" oder "*Passierchen*" (Dürr).

Die Elementarteilchenprozesse sind nicht so, dass sie ihre Ursache haben und dann zu einer bestimmten Wirkung führen, sondern es geht ganz "lebendig" und spontan zu. Ein "Teilchen" verschwindet hier und entsteht wieder dort, und dann sagen wir: Es hat sich von hier nach dort bewegt. Wir konstruieren so etwas wie eine "Bahn eines unvergänglichen Teilchens", die es eigentlich so nicht gibt. In unserer "mesoskopischen" Lebenswelt, die Millionen oder gar Milliarden mal viel größer ist, als die Welt der hier besprochenen immateriellen Atome, ist dies eine angemessene Sprechweise, weil sich die "Lebendigkeit" der subatomaren Prozesse hier fast völlig herausmittelt.

Die Zukunft ist im Wesentlichen offen. Die Welt wird in jedem Augenblick neu erschaffen, aber vor dem Hintergrund, wie sie vorher war. Die ,Welt-jetzt' kreiiert ein (nicht-energetisches) wellenförmiges "Erwartungsfeld", das angibt, mit welcher Wahrscheinlichkeit die ,Welt-danach' sich realisiert. Die kausale, ein-eindeutige Ursache-Wirkungs-Verbindung wird aufgeweicht in eine *Tendenz*, eine mehrdeutige Zwischenform, die mehr einer aufgelockerten Determiniertheit als einer eingeschränkten Willkür ähnelt. Nur gewisse Dinge sind vorgezeichnet, die im Wesentlichen von den alten Schlacken herrühren, so wie man Gewohnheiten hat, die man auf diese Weise immer wieder auslebt. Alles ist mitbeteiligt an der Gestaltung der Zukunft. Die Zukunft ist nicht etwas, das einfach hereinbricht, sondern die Zukunft wird gestaltet durch das, was jetzt passiert. Es gibt keine Willkür. Die Offenheit wird durch eine, im "Wellenbild" angelegte, unendlich mehrwertige "Sowohl/Als-auch"-Logik bewirkt, welche die uns gewohnte starre zweiwertige "Entweder/Oder"-, "Ja/Nein"-Logik ablöst.

Die moderne holistische Weltvorstellung der Physik ist radikal verschieden von der alten mechanistischen. Die alte Vorstellung beginnt mit dem unendlich-vielfach Getrennten, charakterisiert durch die im Raum zerstreute je isolierte Materie. Durch zusätzliche, von der Materie ausgehende Wechselwirkungskräfte wird die Trennung durchbrochen. Es ergibt sich ein Zusammenspiel der verstreuten Materie, das im Lauf einer langen zeitlichen Entwicklung sich zu vielfältigen gemeinsamen Formen ballt: von bloßen Anhäufungen bis hin zu hoch-differenzierten Organismen. Die moderne Vorstellung hingegen beginnt mit dem Einen, Nicht-Auftrennbaren, mit der Verbundenheit *per se*. Durch konstruktive und destruktive Überlagerung der Verbundenheit mit sich selbst entwickelt sich eine immer weitergehende Differenzierung dieses einen Ganzen. Insbesondere wird eine angenäherte Trennung durch destruktive Interferenz in Zwischenbereichen ermöglicht, ohne dass die Verbindung je abbricht, was sich phänomenologisch als Wechselwirkung zeigt. Materie erscheint als Ergebnis einer Selbstorganisation der Verbundenheit mit sich selbst. Alles bleibt immer auf alles bezogen.

Bedeutung der modernen Physik
für unsere Lebenswelt und den Menschen

Im Mikroskopischen lässt sich das Zukünftige nicht eindeutig vorher bestimmen aus dem, was in der Gegenwart passiert. Die Zukunft ist offen, jedoch nicht beliebig offen, denn es lassen sich immer noch bestimmte Wahrscheinlichkeiten angeben, für das unendlich Vielfältige, was sich in der Folge ereignen kann. Diese Unbestimmtheit verschwindet jedoch, wenn über eine sehr große Zahl solcher Ereignisse statistisch gemittelt wird. Das Beispiel eines Würfels verdeutlicht dies. Ich kann bei einem Würfel nicht vorhersagen, welche Zahl ich würfeln werde. Wenn ich aber gleichzeitig eine Million Würfel auf den Tisch werfe, wird das Resultat praktisch eindeutig: Alle Augenzahlen kommen gleich häufig vor (in diesem Fall mit einer mittleren Abweichung von etwa einem Tausendstel, der Wurzel aus eins durch eine Million).

Wir stellen nun fest: *Die indeterminierte Naturgesetzlichkeit im Mikroskopischen ist so, dass makroskopisch im statistischen Mittel die uns wohlbekannten klassischen Naturgesetze herauskommen.* Die Zukunft erscheint also in dieser Vergröberung determiniert. Es sieht so aus, als hätten wir ein Kausalgesetz: Aus A folgt B; und das ziemlich genau, bis auf winzige kleine Abweichungen (Heisenbergsche Unschärfe-Relationen). Es formiert sich so etwas wie Materie. Sie lässt sich in Bruchstücke teilen, die wieder Materie sind und Materie bleiben. Gestalteigenschaften, die im Untergrund, im Mikroskopischen, eine fundamentale Rolle spielen, wie vor allem gewisse Symmetrie-Eigenschaften, aus denen die bekannten Erhaltungssätze folgen - etwa der wichtige Erhaltungssatz der Energie, nach dem sich die Gesamtenergie zeitlich nicht verändert -, finden nun in der uns ge-

Hans-Peter Dürr

wohnten größeren Welt durch Ausmittelung einen Ausdruck in entsprechenden materiellen Eigenschaften.

Die Vorstellung, dass die Gestalt fundamentaler sei als Materie, macht uns erhebliche Schwierigkeiten, weil wir Gestalt und Form in unserer Lebenswelt eigentlich immer nur sekundär als Anordnung von Materie begreifen. Genau betrachtet stimmt dies aber nicht. Jede Erfahrung und jedes Erlebnis ist zunächst als "Erleben" und "Erfahren" eine *Beziehung*, eine unaufgelöste Relation zwischen dem Beobachter und dem Beobachteten. Das Objekt, der isolierte materielle Gegenstand, ist Ergebnis einer Abstraktion, bei der wir die spezielle Sichtweise des Beobachters gewissermaßen durch Mittelung über alle möglichen Standpunkte abtrennen. Durch diese Objektivierung gelangen wir zu einer begrifflichen Sprache und zur Wahrnehmung der uns geläufigen, objektivierbaren, reduzierbaren Welt. Im Übrigen spielen im lebendigen Leben und in den meisten Hochkulturen Beziehungsstrukturen eine weitaus wesentlichere Rolle als das Materielle. Durch den Verlust seiner Lebendigkeit hat das Materielle jedoch den Vorteil der Beständigkeit, was für Vergleiche wichtige, verlässliche allgemeine Referenzsysteme ermöglicht.

Der Entropiesatz (der Zweite Hauptsatz der Thermodynamik) besagt, dass *in Zukunft das Wahrscheinlichere wahrscheinlicher passiert*. Das hat in der Regel zur Folge, dass, wenn wir eine besondere, ausgezeichnete Struktur haben, diese im Laufe der Zeit automatisch, also ohne unser Zutun, zerfällt. Durch die Wechselwirkung mit allen Dingen der Welt, gerät ein differenziertes System in Unordnung. Die Entropie, Maß der Unordnung, nimmt immer zu. Infolgedessen kann sich der Gegentrend - die Ausbildung höherer Ordnung, die Differenzierung und Strukturierung - nicht von alleine ausbilden. Er bedarf notwendig dem Eingriff einer "ordnenden Hand". Diese ordnende Hand ist wesentlich durch zwei Eigenschaften charakterisiert: arbeitsfähige Energie und selektive Intelligenz.

Wenn wir einem System (arbeitsfähige) Energie zuführen, dann schaffen wir zunächst nur die *Voraussetzung*, dass sich im System etwas neu ordnen kann. Soll sich aber das System höher differenzieren oder, allgemeiner, in Richtung einer unwahrscheinlicheren Konfiguration verändern, so muss eine unterscheidende und auswählend steuernde Intelligenz eingeschaltet sein. Dies wird beim Ordnen von Spielkarten deutlich. Einsatz von arbeitsfähiger Energie durch unsere Hände führt nur zu einer schnelleren Durchmischung der Spielkarten. Die eigentliche Ordnung wird nur erreicht, wenn aufmerksam die verschiedenen Karten erkannt und entsprechend in geeignete Lagen verschoben werden.

Dies braucht nicht nur Intelligenz, sondern, für ihre Wirksamkeit, vor allem auch Zeit. Diese Beobachtung ist wichtig, wenn wir die Evolution des Lebens auf unserer Erde verstehen wollen, bei der in dreieinhalb Milliarden Jahre Erdgeschichte sich aus einfachen Molekülen in einem ständigen Aufbauprozess immer immer höher geordnete und differenzierte Lebewesen bis hin zum Menschen entwickelt haben. Wo ist hier die "ordnende Hand", die so wirksam dem Haupttrend zur Unordnung entgegensteuert?

Die arbeitsfähige Energie für den gegenläufigen Ordnungsprozess des Lebens stammt von der Sonne. Die Erde liegt im Strahlungsfeld des Sonnenlichts. Nicht aber die eingestrahlte Sonnen*energie* ist wichtig - wegen des Energie-Erhaltungssatzes wird diese Lichtenergie auf der Erdoberfläche nämlich nur in eine andere Form verwandelt, die dann als Wärmestrahlung wieder in den Weltraum zurückgestrahlt wird - sondern die höhere Ordnungsstruktur der eingestrahlten Sonnenenergie im Vergleich zur zurückgestrahlten Wärmestrahlung. Die Sonnenstrahlung lädt gewissermaßen nur ihre Ordnungsenergie - die als Syntropie oder negative Entropie bezeichnet wird und mit der Arbeitsfähigkeit der Energie zusammenhängt - auf der Erde ab. Dieser Ordnungsschub ist aber, wie schon bemerkt, nur die Voraussetzung für eine mögliche Höherentwicklung. Es muss eine selektive Intelligenz hinzukommen, damit es wirklich aufwärts und nicht einfach nur schneller abwärts geht. Woher stammt diese selektive Intelligenz? Sie hat mit Instabilitätslagen von Systemen zu tun, die eine Sensibilisierung erlauben. Diese drückt sich gewöhnlich durch ein chaotisches Verhalten aus.

Was wir "lebendige" Materie nennen, ist nicht eine andere Materie als die übliche, die "tote" Materie. Die lebendige Materie basiert im Grunde auf denselben "lebendigen Wirks", die selbst immateriell, informationsartig ("spirituell"?) sind. Ihre Lebendigkeit tritt makroskopisch in Erscheinung, wenn das Gesamtsystem in einen Zustand instabiler Balance gebracht wird. In einem labilen Schwebezustand können sich auf einmal diese Lebendigkeit, diese Offenheit, Unvorhersehbarkeit, die Kreativität und all die Dinge entfalten, die der Wirklichkeit eigentlich zu Grunde liegt und die wir nach bisheriger Anschauung nie in der Materie vermutet haben. Auch in der "toten" Materie herrscht diese Lebendigkeit, doch wird sie dort herausgemittelt. Eingeprägte Instabilitäten sorgen bei den "lebendigen" Konfigurationen dafür, dass durch einseitige und sensible Verstärkungsmechanismen solche Ausmittelungen sich nicht mehr durchsetzen können.

Die Grundvoraussetzung des makroskopisch Lebendigen ist Chaos. Das leuchtet uns einerseits ein, doch klingt es andererseits wenig plausibel, weil Lebendi-

Hans-Peter Dürr

ges offensichtlich doch auch eine Ordnung zeigt. Wenn jedoch Chaos mit Chaos verkoppelt wird, dann braucht nicht ein Superchaos resultieren, sondern es können dabei auch geordnete Strukturen entstehen. Diese Strukturen sind allerdings nicht fest bestimmt, sondern sind nur durch gewisse Muster charakterisiert. Ist dies nicht ein Charakteristikum des Lebendigen? Dieselbe Nicht-Materie, wie die tote Materie, wenn destabilisiert - oder man sollte besser sagen: sensibilisiert - führt im Verband zu Strukturen, die dem Lebendigen ähneln. Geht das wirklich so? Könnte man sich vorstellen, dass das, was wir lebendige Materie nennen, eigentlich die Grundstruktur der Materie widerspiegelt, in denen die "Wirks" so miteinander kooperieren, dass etwas wie eine lebendige Zelle oder gar ein Mensch entsteht?

Das Wesentliche des Lebendigen soll also in seiner Instabilität liegen? In diesem labilen Zustand können sich prinzipiell hoch geordnete, differenzierte Strukturen bilden. Ein instabiler Zustand ist aber labil, er kann nicht dauern, weil er kurzfristig zusammenbricht. Gibt es Möglichkeiten statische Instabilität dynamisch zu stabilisieren? Eine solche Situation gibt es in der Tat. Wir praktizieren sie täglich. Wir stehen auf einem Bein und sind, statisch betrachtet, instabil. Wir stehen auf dem anderen Bein und sind in der gleichen wackligen Lage. Wenn wir aber gehen, wechseln wir koordiniert von einer Instabilität in die andere und erreichen dadurch einen dynamisch stabilen Gang ohne große Gefahr, dabei hinzufallen. Das ist das Wesen des Lebendigseins: statische Instabilität in eine Dynamik einzugliedern, bei welcher der Vorzug der Instabilität - nämlich offen, also nicht determiniert und deshalb unter Umständen auch entscheidungsfähig zu sein - verbunden wird mit einer bestimmten Beständigkeit - also nicht zu Boden zu fallen und in den statisch stabilen Zustand zu wechseln, der Sterben bedeuten würde. Manche schaffen diese Balance ja neunzig Jahre und länger. Dass eine solche dynamische Stabilität überhaupt erreicht werden kann, setzt eine ausbalancierende ordnende Hand voraus. Dies verlangt eine ständige Zufuhr von arbeitsfähiger Energie. Pflanzen beziehen diese direkt von der Sonne, die übrige Kreatur und wir als Menschen indirekt aus Sonnenenergie-Konserven, durch unsere Nahrung.

Leben basiert nicht auf anderer Materie, sondern ist Ausdruck normaler Materie, die eigentlich keine Materie ist, sondern die das Wesentliche, was das Lebendige ausmacht, im Grunde schon *hat*. Dieses Wesentliche, das Potentielle, lässt sich wohl besser mit dem Geistigen als dem Materiellen, dem Realen, charakterisieren. Dieser geistigen Struktur ist eigen, dass sie nicht nur im wesentlichen indeterminiert ist, sondern dass sie im Grunde unauftrennbar eine

Einheit bildet. Die Wirklichkeit und in ihr das Biosystem bildet ein innig verwobenes Ganzes, das nur in einer Vergröberung, als aus Teilen bestehend, betrachtet werden kann.

Dieses Biosystem der vielfältigen Lebensformen darf hierbei nicht als ein stabiler Granitkegel vorgestellt werden, der sich in einer dreieinhalb Milliarden Jahre währenden Evolution langsam aufgetürmt hat und auf dessen Spitze der Mensch als Krönung der Schöpfung thront. Wegen der inhärenten Instabilität des Lebendigen gleicht dieser Kegel mehr einem Kartenhaus, in dem sich die instabilen Karten wechselseitig stützen. Das Lebendige ist deshalb im Grunde enorm verletzbar. Weniger verletzbar allerdings als im Gleichnis das Kartenhaus wegen eingebauter dynamischer stabilisierender Kräfte. Die Struktur wird gewissermaßen am Zusammenklappen gehindert, weil an jeder Karte ein gegenwirkendes Kräftepaar dauernd die Karten so hin- und herschiebt, dass die Gesamtbalance in jeder Bauphase des Gebäudes - des Biosystems - gesichert wird. Die Ausbalancierungsfähigkeit der Kräfte hat jedoch ihre Grenzen.

Die neue Weltsicht erlaubt alte Gegensätze zu versöhnen. So ermöglicht sie insbesondere, den Mensch in die Natur voll miteinzubeziehen, ohne dass wir ihn zu einer Maschine degradieren müssen. Die Natur ist hierbei eine andere, eine weit umfassendere, ja eine geistige und beseelte. Wir sind dadurch der alten Streitfrage enthoben, wo der Mensch mit seinem geistigen Vermögen und der Fähigkeit zum absichtsvollen Handeln aufhört, und wo die Natur mit ihrer vorgestellten streng determinierten Gesetzlichkeit anfängt. Es gibt keine scharfe Grenze zwischen Mensch und Natur, und trotzdem bleibt die Besonderheit des Menschen gültig, nicht nur kreativ in dieses Geschehen einzugreifen, sondern dies auch bewusst tun zu können.

Unsere Beziehung zur Mitwelt und insbesondere auch unser mitmenschlicher Umgang ist durch diese Einsicht wesentlich betroffen. Wir können davon ausgehen, dass das, worüber wir uns verständigen wollen, nicht erfordert, dass alles im Detail ausgebreitet und beschrieben werden muss. Ich muss nicht alles aussprechen, damit der andere mich versteht, nicht alles vom anderen erfahren, bevor ich verstehe, was er sagt. Es gibt schon Kommunikation zwischen Menschen, bevor sie überhaupt ein einziges Wort ausgetauscht haben. Als Teile eines größeren Ganzen können wir auf einem uns gemeinsamen Untergrund aufbauen. Dieses Gemeinsame umfasst nicht nur das, was das Menschengeschlecht in seiner Gesamtheit in allen Zeiten erlernt hat, sondern stellt ein ganzheitliches geistiges Potential dar, gewissermaßen als eine, in einem ständigen Lernprozess sich immer weiter differenzierende Gestalt, in der Wissen, Ahnung und noch dunklere Informationen verschlüsselt sind und uns zu dem machen, was wir sind. Das steckt alles in unserem Untergrund, zu dem wir je individuellen Zugang haben, obwohl der Untergrund uns nicht privat zugeordnet ist.

Sehr viel von dem, was wir Kommunikation nennen, ist gar nicht Kommunikation, sondern ähnelt mehr einer *Kommunion*, einer Erweiterung unseres Selbst, da wir uns an der gemeinsamen Wurzel treffen. Sie hat aus meiner Sicht viel mit dem zu tun, was mit den spirituellen und transpersonalen Dimensionen beschrieben wird. Die Erfahrung des Untergrundes ist nicht direkt greifbar, nicht begreiflich, wir können nur in Gleichnissen über sie sprechen. Sie erlaubt uns Einsichten, die wir nicht objektivieren können, und die trotzdem oder gerade deshalb für die menschliche Gesellschaft wesentlich sind, weil sie ganzheitlich sind und damit Orientierung erlauben.

Die Wirklichkeit ist im Grunde nicht Realität, sondern Potentialiät. Wir leben nicht in einer materiellen, sondern einer geistigen Welt. Die materielle, mechanistische Welt hat jedoch in weiten praktischen Bereichen unserer Lebenswelt eine überzeugende Gültigkeit. Materie in der klassischen Vorstellung und damit auch die mechanistische Welt erscheint wie eine Kruste des Geistes. Das Wesentliche am Lebendigen ist, dass es nicht nur Kruste ist. Die modernen Biologen teilen heute in ihrer überwiegenden Mehrheit nicht diese Meinung. Sie orientieren sich, unter dem Eindruck ihrer großen Erfolge, immer noch an dem mechanistischen Naturbild der Physik des vorletzten Jahrhunderts. Aus meiner Sicht missverstehen sie ihre Erfolge, wenn sie dies als einen überzeugenden Hinweis deuten, dass das Lebendige, wie schon das Tote, in ausreichendem Maße als "Kruste" begriffen werden kann. Das mag für Prozesse stimmen, die sie experimentell beobachten und untersuchen können, erklärt aber wenig über die Logistik, die den Ablauf und das Zusammenspiel dieser Prozesse steuert. Ich stimme mit den Biologen überein, dass biologische Systeme einschließlich dem Menschen nicht von der übrigen Natur auf grundlegende Weise abgetrennt sind. *Aber dieser enge Zusammenhang macht das Lebendige nicht zur Maschine, sondern umgekehrt die ganze Natur zu etwas prinzipiell Lebendigem. Der Mensch, wie die übrige Natur, ist im Grunde kreativ, die Wirklichkeit in ihrer zukünftigen Entwicklung wesentlich offen.* Alles ist an der Gestaltung der Zukunft beteiligt. Der Mensch erfährt dies - wohl als einziger - auch in einem bewussten und absichtsvollen Sinne. Er ist bewusst kreativ und trägt deshalb auch Verantwortung für die Zukunft.

Die Erfahrung der Transzendenz

Wie verbindet sich nun die neue Weltsicht mit dem, was wir "Transzendenz" nennen oder viele, in tiefer Versenkung, als das Göttliche oder als "Gott" persönlich erleben und in den Weltreligionen als solches verkünden? Aus neuer Sichtweise ist Wirklichkeit Potentialiät. Potentialität ist unauftrennbar, sie erlaubt nicht mehr von Teilen zu sprechen, im Sinne von Bestandteilen, aus denen sie sich zusammensetzt. Sie ist, was allem gemeinsam ist, worauf alle aufsetzen, in der alles lebt. Diese Sprechweise ist letztlich irreführend, da von "allem" zu sprechen, wieder eine Aufteilung des Einen in Vieles suggeriert. Das Wesentliche der Potentialität ist, dass sie nicht (dingliche) Realität ist. Sie enthält nur die Kann-Möglichkeit einer Realisierung. Sie ist nichts, was ich begreifen kann, was sich eindeutig in Begriffe fassen lässt. Sie entzieht sich unserem Zugriff. Potentialität bedeutet eine Beziehungsstruktur, Relationaliät, Gestalt ohne materiellen Träger. Sie erlaubt nicht von Existierendem und Seiendem zu sprechen. Sie ist mehr Bewegung, Operation, Metamorphose, ein Sowohl/Als-auch und nicht ein Entweder/Oder. Als Beziehung können wir Potentialität nicht wissen, sondern nur erleben, erfahren. Wir zerstören sie, wenn wir sie begreifen wollen.

Die Frage nach der Sinnhaftigkeit unseres Lebens kann nicht im Rahmen unseres begrifflichen Denkens gestellt werden. Der Sinn eines "Teils" ergibt sich immer nur in Bezug auf den Hintergrund, dem Ganzen, in dem dieses Teil unauftrennbar eingebettet bleibt und aus dem nichts herausgelöst werden kann. Die Frage nach dem Sinn ist nicht zulässig, weil sie aus der Begriffsebene, in der sie gestellt wird, "nach oben" hinausführt. Der Sinn des Lebens erschließt sich jedenfalls nicht, indem Unzusammenhängendes wie Materieteile oder scharf getrennte Informationsteile, bits bei einem Computer, immer komplizierter angehäuft und vernetzt wird. Es wird hierbei nie ein Bewusstsein, ein EGO, sich entwickeln können, das plötzlich ein "cogito ergo sum" verkündet und nach dem Sinn seiner Existenz, seines "Lebens" fragt. Die Frage nach Bedeutung verlangt immer eine noch höhere Ebene, in die wir nicht durch raffiniertes Kombinieren, durch "Emergenz", gelangen können. Die Sinnhaftigkeit steckt in dem System als Ganzem von Anfang an drinnen. Oder besser: Die Sinnhaftigkeit ergibt sich aus der Beziehung des Einzelnen, des nur konstruiert Abgetrennten, in Bezug auf den Hintergrund. Im Erfahren dieser Beziehung begegnen wir dem Religiösen.

Schöpfung im erfahrbaren Sinne geschieht bei der in jedem Augenblick stattfindenden Realisierung von Potentialität. Das macht auch die singuläre Bedeutung des "jetzt!" aus. Warum erfahre ich nur etwas 'im Augenblick der Gegenwart' und nicht in der Vergangenheit und in der Zukunft? Weil in diesem Augenblick etwas, das bisher nur als Potentialität, als Möglichkeit angelegt ist, auf einmal verkrustet. Es gerinnt und wird auf einmal zu Materie, zu Stoff, es wird ein "Faktum" (es wird "gemacht"), ein Dokument, und ich erfahre dies als eindrucksvolles Ereignis. Und das, was einmal fest ist, ist nicht mehr lebendig, es ist determiniert, greifbar, klassisch beschreibbar oder wir begreifen es so "als ob". Ich greife immer wieder in den vollen Topf des Potentiellen, versenke mich in Ahnungen und versuche daraus neue Ideen zu entwickeln, die ich sprachlich zu fassen und handelnd umzusetzen versuche. Das ist das aufregende Erlebnis, das wir Leben nennen.

Es bedeutet auch, dass überhaupt nichts Wesentliches passiert, wenn wir nur Information austauschen. Mit der rasant zunehmenden Menge von Information, die uns die modernen Technologien erschließen, können wir zunächst wenig anfangen. Information wird für mich erst fruchtbar, wenn ich sie verarbeitet und daraus Wissen geschaffen habe. Der unterscheidende Verstand und die bewertende Vernunft sind hierbei der eigentliche Engpass. Die Qualität ihres Wirkens erfordert Zeit. Wachsende Beschleunigung gibt ihnen keine Chance. Deshalb darf die tatsächlich sich formierende Datenaustauschgesellschaft nicht mit einer viel schwerer zu verwirklichenden Wissensgesellschaft identifiziert werden, deren Herausbildung durch die Datenfülle eher erschwert wird.

Wir sagen, unsere Welt sei komplex geworden. Die Welt ist immer komplex gewesen. Uns bedrückt nur in zunehmenden Maße die Komplexität unserer Welt, weil wir glauben, dass wir nur mit ihr zurecht kommen, wenn wir sie auseinandergenommen und ausreichend begriffen haben, um sie geeignet zu unserem Nutzen manipulieren zu können. Nein, Leben heißt mit komplexen Dingen ohne große Ängste umgehen lernen. Es verlangt, das Wenige für mich und in meiner augenblicklichen konkreten Situation Relevante, was auch die fernere Zukunft betreffen kann, zu erkennen und notwendige Handlungen einzuleiten. Alles Übrige kann in den Hintergrund treten. Der nächste Augenblick kann schon zu einer anderen Auswahl führen, was ständige Aufmerksamkeit verlangt. Die Zukunft ist wesentlich offen. Wir müssen lernen, mit einer unbestimmten Zukunft zuversichtlich leben zu können. Sicherheit erfahren wir mehr durch bessere Orientierung, durch topologische Wahrnehmung, Mustererkennung, also die Fähigkeit, Zusammenhänge grob zu erfassen, und weniger durch exaktes Faktenwissen, das uns ein Computer verlässlicher und umfassender bieten kann.

Wesentlich für das Lebendige ist weniger die Fülle an erreichbarer Information, sondern die Fähigkeit, die im Augenblick jeweils irrelevanten Informationen zu unterdrücken. In einer Welt, in der vornehmlich chaotische Prozesse ablaufen, sind langfristige Prognosen kaum möglich. Deshalb ist auch derjenige nicht am erfolgreichsten, der ein festes Ziel im Auge hat und versucht, dieses auf beste Weise zu erreichen. Das Ziel läuft ihm zwischenzeitlich einfach davon, es sei denn, er versucht, dieses durch umfassende Manipulation der Natur gewaltsam festzuklemmen. Trotz der "Genialität" des Menschen kann ihm dies nur in einem ganz beschränkten Maße gelingen. Wer in der Evolution des Lebens mit ihren verrutschenden Zielen letztendlich überlebt, muss die Fähigkeit zum Spielen haben: Er darf sich nicht nur auf ein festes Ziel konzentrieren, sondern muss die Möglichkeit schaffen, verschiedenartigen zukünftigen Herausforderungen erfolgreich begegnen zu können. Dies verlangt Lebendigkeit, Flexibilität, Vermehrung der Optionen, anstatt die Maximierung einer bestimmten Option. Es ist seine enorme Flexibilität und nicht seine besonderen physische Stärke, die dem Menschen bisher eine so erfolgreiche Entwicklung beschert hat. Flexibilität wird hierbei durch hohe große Vielfalt und konstruktive Kooperation des Verschiedenartigen erreicht. Das gemeinsame Spiel muss ein Plussummen-Spiel sein, in dem der Vorteil des einen auch zum Vorteil des anderen gereichen muss.

Hans-Peter Dürr

Literatur:

Dürr, H.P. (1988), Das Netz des Physikers, Hauser Verlag

Heisenberg, Werner (1969), Der Teil und das Ganze, Gespräche im Umkreis der Atomphysik, Piper Verlag, München

Kuhn, Th. S. (1962), The Structur of Scientific Revolutions, University of Chicago Press; dt.: Die Struktur wissenschaftlicher Revolutionen, Suhrkamp Taschenbuch Verlag, 1967

Snow, C.P. (1987), Die zwei Kulturen, DTV (Übersetzung aus The two cultures and the Scientific Revolution, 1957)

Wilson. E.O. (1999), Consilience, The Unity of Knowledge, Vintage Books, USA, dt.: Die Einheit des Wissens, Goldmann Verlag

Prof. Dr. Hans-Peter Dürr, Direktor em. am Max-Planck-Institut für Physik, Werner-Heisenberg-Institut, Prof. Universität München, Vorstand: Global-Challenges Network, Umweltakademie; Vereinigung Dt. Wissenschaftler, Club of Rome, Global Forum of Spiritual and Parliamentary Leaders, State of the World Forum, Greenpeace, Pugwash, (Friedensnobelpreis 1995), Alternativer Nobelpreis 1987.

Prof. Dr. Hans-Peter Dürr
Max-Planck-Institut für Physik
Föhringer Ring 6
80805 München
Tel. (0 89) 32 35 42 80
Email: hpd@mppmu.mpg.de

Joachim Galuska

Grundprinzipien einer transpersonal orientierten Psychotherapie

Die transpersonale Dimension erweitert unsere Behandlungsmöglichkeiten in der Psychotherapie und kann unser psychotherapeutisches Verständnis vertiefen. Wenn wir sie auf die komplexe psychotherapeutische Situation oder verschiedene Einzelthemen beziehen, ergeben sich eine Reihe von Perspektiven, die im vorliegenden Artikel aufgezeigt werden. Die Erläuterungen beschränken sich dabei auf eine grundsätzliche Darstellung und vernachlässigen um des Überblicks Willen eine detaillierte Ausführung. Grundprinzipien für eine transpersonal orientierte Diagnostik, für die therapeutische Haltung und die therapeutischen Beziehung beim psychotherapeutischen Arbeiten und für ein Verständnis der Persönlichkeitsentwicklung können so sichtbar werden. Ausgangspunkt zum Verständnis einer transpersonal orientierten Therapie ist das transpersonale Bewusstsein.

Das transpersonale Bewusstsein

Wesentliches Charakteristikum eines transpersonalen Bewusstseins ist die Präsenz, die Gegenwärtigkeit, die bewusste Anwesenheit. Ein Zugang zum transpersonalen Bewusstsein besteht darin, unsere Aufmerksamkeit von den Inhalten unseres Erlebens abzuwenden und zu unserem inneren Gewahrsein hinzulenken. Dann lösen wir uns von unserer üblichen Art unserer Wirklichkeitskonstruktion, unseren Identifizierungen mit ihren Interpretationen und Konzepten. Wenn wir uns unserem Gewahrsein zuwenden, spüren wir den inneren Raum unserer Bewusstheit. Es ist der innere Platz, der alles beobachtet, der Zeuge allen Geschehens. Es erscheint wie die Leinwand, auf der der Film des Lebens spielt, die Bühne, auf der das Spiel unseres Erlebens erscheint. Wird dieser innere Raum weiter entfaltet, können typische Qualitäten beschrieben werden (Abb. 1).

Das transpersonale Bewusstsein scheint eine gewisse Reinheit und Klarheit zu besitzen, eine Art von Unberührtheit und Ursprünglichkeit. Erst diese Frei-

Das transpersonale Bewusstsein

- Bewusstheit, Gewahrsein, Achtsamkeit, Zeuge, Wachheit
- Klarheit, Reinheit, Unberührtheit
- Freiheit, Losgelöstheit, nicht identifiziert
- Leere, Leerheit
- Weite, Raumhaftigkeit, Unendlichkeit, leere Weite
- Rezeptivität, Offenheit, Lichtung, offenes Gefäß
- Durchlässigkeit, Transparenz, Sensitivität
- Mitte, Zentriertheit, Nullpunkt
- Stille, Ruhe, Frieden, Zufriedenheit, Gleichmut
- Freude und Glück
- Mitgefühl und Liebe
- Schönheit, Ehrfurcht
- Heiligkeit, Heilsein
- Seinsfühlung, Wesensfühlung
- Grund, Seinsgrund, Wahrnehmungsgrund

Abbildung 1: „Das transpersonale Bewusstsein"

heit von jeder diskreten Form ermöglicht wohl, dass jeder Inhalt unseres Erlebens im Lichte der Bewusstheit auftauchen kann. Das Bewusstsein selbst erscheint leer von jedem Einzelnen und offen, wie ein leeres Spiegel, wie ein offenes Gefäß, das sich von den Erscheinungen und Erlebnisqualitäten füllen lässt. Neben seiner Leere wird es weit, unendlich weit, unbegrenzt weit und raumhaft erlebt, so dass es auch als Bewusstseinsraum beschrieben werden kann. Dieser Bewusstseinsraum ruht in sich selbst, er trägt in sich selbst Frieden uns Stille. So wirkt er zentriert, wie eine Art Mittelpunkt oder Nullpunkt für die Inhalte unseres Erlebens. Gleichzeitig wird das transpersonale Bewusstsein transparent und durchlässig für energetische Empfindungen, Jenseitiges, Höheres und Transzendentes. In seiner Offenheit erfährt es Verbundenheit mit anderen Menschen und der Welt. In ihm haben wir das Gefühl, unserem Wesen nahe zu sein und mit unserem Wesen verbunden zu sein. Der Grund unserer Wahrnehmung und unseres Erlebens kann erfahren werden und erscheint dann als Seinsgrund, als transzendenter Urgrund.

Die Reihe der erläuterten Qualitäten ist sicherlich nicht vollständig. Sie ist durch meditativ-introspektive und empirische Forschung weiter zu ergänzen und zu vertiefen. Außerdem wäre es sinnvoll, diese Eigenschaften zu gewichten, wesentliche Faktoren herauszuarbeiten oder Cluster zu bilden. Auf drei Aspekte soll jedoch noch hingewiesen werden:

1. Die beschriebenen Qualitäten können in einer gewissen Reinheit erlebt werden. Unser Bewusstsein kann ganz von einer dieser Qualitäten erfüllt sein und sie auch in einer unterschiedlichen Intensität und Tiefe erleben. Dies entspricht den Erfahrungen mit den sogenannten acht Vertiefungen buddhistischer Meditation und den sogenannten vier göttlichen Verweilungsstätten. Die acht Vertiefungen lauten in der Darstellung von Ayya Khema (1995): Verzückung, Freude, Zufriedenheit, Ruhe, unendlicher Raum, unendliches Bewusstsein, Leere, Weder-Wahrnehmung-noch-Nicht-Wahrnehmung. Die vier göttlichen Verweilungsstätten sind Mitgefühl, Mitfreude, liebende Güte und Gleichmut.

2. Voll entfaltet sind diese Qualitäten frei von unseren üblichen Identifizierungen. Beispielsweise kann in der Stille, Weite und Klarheit unseres Geistes der Prozess des Sich-Identifizierens und seine Folgen, nämlich die Bildung des Konzeptes von uns selbst, bewusst werden. Das transpersonale Bewusstsein ist losgelöst und frei von den einzelnen Eigenschaften, Bildern und Konzepten, die wir mit uns selbst und anderen verbinden. Damit überschreitet es unser Ich-Bewusstsein, unser personales Erleben, und ist somit trans-ich-haft, transpersonal.

3. Jede dieser Qualitäten eröffnet relativ leicht die Erfahrungen anderer Qualitäten dieses Bewusstseins. Wenn es also gelingt, eine dieser Qualitäten zu entfalten, kann sie ein Tor darstellen zu anderen dieser reinen transpersonalen Qualitäten, die gemeinsam das transpersonale Bewusstsein kreieren. Weiterer Forschung ist überlassen, zu untersuchen, welche Übergänge einfacher und naheliegender und welche schwieriger sind. Entscheidend erscheint, dass ein transpersonal orientierter Therapeut einige Methoden und Zugänge zu den beschriebenen Qualitäten kennt und beherrscht.

Das transpersonale Bewusstsein ermöglicht nun ein tieferes Verständnis transpersonal orientierter Diagnostik und Therapie.

Diagnostik

Die Diagnostik ist ganzheitlich und integral im Sinne von Jean Gebser (1986) und Ken Wilber (1996). Da das transpersonale Bewusstsein nicht mit einer einzelnen Perspektive identifiziert ist, ist es grundsätzlich in der Lage, viel-perspektivisch zu sein und die Komplexität des Menschseins anzuerkennen. Zumindest die von Ken Wilber (1996) beschriebenen vier Quadranten werden in der Diagnostik gewürdigt. Wilber erläutert, dass wir jedes Phänomen, also auch einen Menschen unter vier Aspekten betrachten können, nämlich sein Inneres und Subjektives, sein Äußeres und Objektives, seinen individuellen autonomen Aspekt und seinen sozialen bezogenen Aspekt. Daraus ergeben sich vier Quadranten oder vier Perspektiven, die die unterschiedlichen Schulen und Richtungen jeweils in ihren Vordergrund stellen:

1. Die individuelle subjektive Welt, das subjektive Erleben, das wir zu verstehen versuchen. Es ist das Feld der tiefenpsychologischen und humanistischen psychotherapeutischen Perspektive.

2. Das individuell objektive beobachtbare Verhalten des Klienten, auch das Somatische. Es betrifft all das, was sich messen lässt und objektivieren lässt. Es ist die behavioristische und medizinisch-naturwissenschaftliche Perspektive.

3. Sein objektives Sozialverhalten und seine Einbettung im Sozialsystem, wie beispielsweise Arbeitsfähigkeit, Krankheits- und Behandlungskosten, aber auch objektivierbares kommunikatives Verhalten. Das ist die systemisch-soziale Perspektive der Sozialarbeit und der Sozialpsychiatrie.

4. Seine subjektiv soziale Seite, wie er seine Beziehungen erlebt zu seinen Nächsten, zum Therapeuten, aber auch am Arbeitsplatz und innerhalb seiner Kultur. Dies wäre die beziehungsmäßige und sozial-kulturelle Perspektive, etwa der Gruppentherapie und der Paar- und Familientherapie.

Während also die diversen „Schulen" ihren Schwerpunkt in einem dieser Quadranten besitzen oder gar auf ihn fixiert und beschränkt bleiben (Abbildung 2), ist eine integrale Diagnostik in der Lage, alle wesentlichen Perspekti-

Perspektiven der "Schulen"

Individuell

Tiefenpsychologie	Verhaltenstherapie
Humanistische	Biologische Psychiatrie
Psychologie	

innen —————————— **außen**

Gruppentherapie	Sozialarbeit
Paar- und	Sozialtherapie
Familientherapie	Sozialpsychiatrie

Sozial

Abbildung 2: „Perspektiven der Schulen"

Integrale Diagnostik

Individuell

subjektives Erleben	beobachtbares Verhalten
biografisches Verständnis	Verhaltensmuster
Psychodynamik	psychopathologischer Befund
Entwicklungslinien	ICD 10-Diagnostik
innere Konflikte	organmedizinische Befunde

innen —————————— **außen**

Beziehungsgestaltung	Sozialverhalten
Beziehungsniveau	Wohnsituation
Beziehungsmuster	finanzielle Bedingungen
Beziehungsebenen	Familiensystem
	Ausbildung und Arbeit

Sozial

Abbildung 3: „Integrale Diagnostik"

ven einzunehmen und im Einzelfall zu gewichten.

Eine integrale Diagnostik würdigt also das subjektive Erleben, in das wir uns einfühlen und das wir zu verstehen versuchen, ebenso wie das beobachtbare Verhalten, das zu objektivierbaren Befunden führt, wie seine Art der Beziehungsgestaltung und sein Sozialverhalten (siehe Abb. 3).

Das subjektive Erleben bezieht sich darauf, wie der Patient sich selbst erlebt, sein Leben und seine Probleme versteht, seine Ressourcen und Kompetenzen kennt. Hieraus kann ein biographisches Verständnis entwickelt werden. Eine Erarbeitung der typischen inneren Konflikte ergibt die tiefenpsychologisch bekannte Psychodynamik. Die Diagnostik der individuellen subjektiven Welt kann sich auf alle Entwicklungslinien beziehen. Das Konzept der Entwicklungslinien geht zurück auf Blanck und Blanck (1982) und wurde von Ken Wilber (2001) um einige weitere Entwicklungslinien ergänzt. Neben der Entwicklung des Kon-

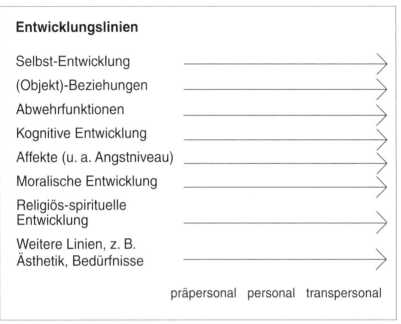

Entwicklungslinien

Selbst-Entwicklung

(Objekt)-Beziehungen

Abwehrfunktionen

Kognitive Entwicklung

Affekte (u. a. Angstniveau)

Moralische Entwicklung

Religiös-spirituelle
Entwicklung

Weitere Linien, z. B.
Ästhetik, Bedürfnisse

präpersonal   personal   transpersonal

Abbildung 4: „Entwicklungslinien"

zeptes von uns selbst und der Art der Beziehung zu anderen Menschen können insbesondere die Entwicklung der Abwehrfunktionen, die kognitive, die affektive, die moralische Entwicklung und die religiös-spirituelle Entwicklung analysiert und beschrieben werden. Auf jeder dieser Linien machen wir Menschen eine typische Entwicklung durch, die häufig in Stufen oder Phasen erfolgt. Ken Wilber ergänzt die präpersonalen Phasen oder Stufen der Kindheitsentwicklung um die personalen der reifen Erwachsenenentwicklung und die darüber hinausgehenden transpersonalen Ebenen und Möglichkeiten (Abb. 4).

In einer differenzierten Analyse könnte der Entwicklungsstand eines Patienten für jede dieser Entwicklungslinien beschrieben werden.

Die Diagnostik der subjektiv sozialen Seite, also der Beziehungsgestaltung, meint zunächst einmal die Diagnostik des Beziehungsniveaus, das abhängig ist von der entsprechenden Entwicklungslinie der inneren Beziehungsfähigkeit des Patienten. Gestaltet er seine Beziehungen sehr kindlich, jugendlich oder reif? Dies ergibt sich auch aus der Analyse der Beziehungsmuster, seiner typischen Beziehungsgestaltungen. Dies ist die Art und Weise, wie er sich selbst und andere in seinen Beziehungen erlebt und wie er von diesen erlebt wird. Die Analyse der Beziehungsebenen meint die Ebenen der therapeutischen Beziehung, die weiter unten beschrieben werden.

Die Diagnostik des beobachtbaren Verhaltens führt aus der Zusammenschau der organmedizinischen Untersuchungsbefunde, der Verhaltensmuster des Patienten und der psychopathologisch relevanten Befunde und Symptome zur Diagnose gemäß der ICD 10 bzw. der DSM 4. Diese diagnostischen Systeme beschreiben ja keine Krankheitseinheiten im engeren Sinne mehr, sondern zunehmend typische Cluster oder Syndrome operationalisierter Symptomkonstellationen.

Das Sozialverhalten des Patienten bezieht sich auf seine Wohnsituation, seine finanziellen Bedingungen, seine Ausbildung und seine Arbeitssituation und seinen Familienstatus. Neben seiner Stellung im Familiensystem ist also auch seine Stellung im Gesundheits- und Sozialsystem hier zu erläutern.

Eine integrale Diagnostik reduziert also nicht, indem sie eine einzelne Perspektive eines Quadranten oder einer Seite, also zweier Quadranten verabsolu-

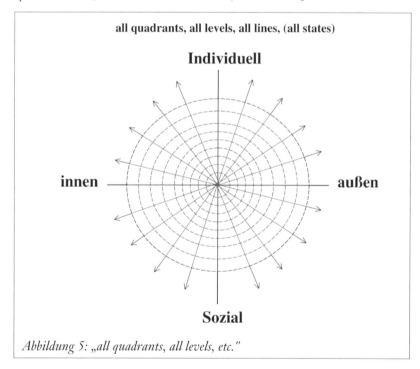

Abbildung 5: „all quadrants, all levels, etc."

Joachim Galuska

tiert, wie dies etwa eine tiefenpsychologische, eine biologisch-psychiatrische oder eine rein sozial-psychiatrische Diagnostik tun könnte. Eine integrale Diagnostik ist somit grundsätzlich offen für eine ganzheitliche Betrachtung. Innerhalb der vier Quadranten könnten auch sowohl gestörte als auch ungestörte Phänomene beim Klienten beschrieben werden. Neben der üblichen krankheitsorientierten Perspektive könnte also auch eine Gesundheitsperspektive mit Beschreibung der personalen, sozialen und transpersonalen Ressourcen und Kompetenzen eingenommen werden. Theoretisch wäre also eine Diagnostik des Patienten in allen Quadranten, auf allen Entwicklungslinien, allen Ebenen und Phasen dieser Linien und allen Zuständen des Bewusstseins (unterschiedliche Wachheitsgrade, Traum und Schlaf) möglich. Dies entspräche der Anwendung von Ken Wilbers umfassender integraler Weltsicht (siehe Abb. 5).

Eine solche Zusammenschau wäre natürlich so komplex, dass sie für klinische Zwecke nicht brauchbar wäre, so dass nach einer Erhebung der Grundbefunde für jeden Quadranten eine intuitive Gewichtung stattfinden muss. Dies erscheint auch, wie zu erläutern ist, wünschenswert.

Intuition

Wie schon ausgeführt, ist der diagnostische Blick nicht identifiziert mit einer einzelnen Perspektive, die wir aber benötigen, um in die Welt zu schauen. Unsere Position als Betrachtender der vier Quadranten ist im Gebserschen Sinne a-perspektivisch. Die Welt und somit auch andere Menschen erscheinen uns zwar durch diese Perspektiven, ein transpersonales Bewusstsein ist aber nicht gebunden an diese Perspektiven und kann in der inneren Freiheit der A-Perspektivität verweilen. Diese Position ermöglicht eine Flexibilität, zwischen den Perspektiven zu wechseln, sich ihnen zuzuwenden oder von ihnen abzuwenden. So werden sowohl die einzelnen Perspektiven anerkannt, aber auch ihre begrenzte Reichweite aufgezeigt. Somit ist diese Position ein Standort für eine wirklich integrierende innere Haltung. Sie ist eine Eigenschaft und eine Voraussetzung für das freie Wirken unserer Intuition.

Intuition wird hier definiert als das Prinzip der Steuerung unserer inneren Prozesse.

Intuition wird nicht romantisch verstanden als gefühlsmäßiges Handeln, sondern als das Prinzip der Steuerung unserer Wahrnehmung, unseres Denkens und Handelns. Sie ist damit das, was den Prozess unseres Erlebens zunächst relativ unbewusst lenkt. Im transpersonalen Bewusstsein können jedoch die Abläufe des Erlebens in einer gewissen Kontinuität wahrgenommen werden.

Diese intuitive Steuerung kann also hier zum ersten Mal bewusst werden. Damit sind wir nicht mehr den unbewussten impulsiven oder gefühlsmäßigen Elementen der Intuition ausgeliefert.

Das transpersonale Bewusstsein ist also der Ort bewusster Intuition.

Die voll entfaltete Intuition ist frei, nicht gebunden, sie ist a-perspektivisch. In bewusster intuitiver Haltung ist der Therapeut in der Lage, die verschiedenen Perspektiven einzunehmen und die komplexen Informationen auf sich wirken zu lassen. Intuition ist elastisch, gleitend. Die intuitive Haltung gleitet mit dem Erlebnisstrom, sie fließt mit. In sich selbst besitzt sie eine innere Stille, Freiheit und Gelöstheit, die ja auch als Eigenschaften eines transpersonalen Bewusstseins beschrieben wurden. Gleichzeitig ist sie eine offene, unbestimmte, gewissermaßen bereite Haltung, so dass etwas Neues entstehen kann, auftauchen kann, entdeckt werden kann, kreiert werden kann. Intuitiv entscheidet

Das kognitive Kontinuum (nach Dowie, vereinfacht)

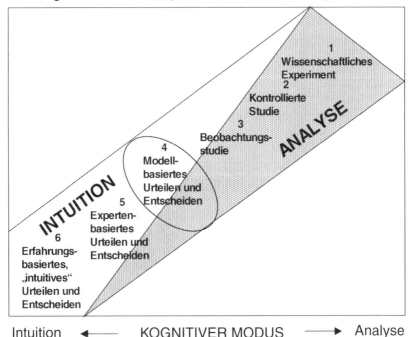

Abbildung 6: „Das kognitive Kontinuum"

Joachim Galuska

der Therapeut, welche seiner inneren Resonanzen - kommen sie aus seinem Fachwissen, seiner klinischen Erfahrung, seinen persönlichen Reaktionen oder seinem spirituellen Raum - er als Antwort zum Patienten hin ausdrückt. Wesentliche Kriterien für das Wirken einer ausgereifteren Intuition sind der Eindruck von Stimmigkeit, von Evidenz, von Angemessenheit und Unmittelbarkeit.

Die enorme Bedeutung der Intuition für ärztliches und therapeutisches Handeln wird noch völlig übersehen. Doch selbst in der gegenwärtigen Welle evidenz-basierter Medizin, bei der es um die Anwendung empirisch begründeten Wissens in der Medizin geht, gibt es Autoren, die die Bedeutung der Intuition erkennen. Dowie (1998) beispielsweise hat ein kognitives Kontinuum beschrieben, in dem sich ein Arzt seinen Patienten gegenüber befindet. Dieses kognitive Kontinuum besteht aus evidenz-basiertem analytischem und aus erfahrungs-basiertem intuitivem Urteilen und Entscheiden. Je nach Situation des Patienten und Verfügbarkeit kontrollierter empirischer Studien wird das eine oder andere seiner Meinung nach im Vordergrund stehen (siehe Abb. 6).

Meine Erachtens unterschätzt Dowie sogar noch die Bedeutung der Intuition. Intuition springt nämlich eigentlich aus diesem Schema. Sie ist die innere Haltung, die die empirische Evidenz, die klinische Erfahrung des Therapeuten und die konkrete Situation des Patienten, insbesondere seine Wünsche und Vorstellungen, zusammenschaut und würdigt. Sie ist die Haltung, die letztlich in der konkreten diagnostischen oder therapeutischen Situation das analytisch-basierte Wissen und das erfahrungs-basierte Wissen anfordert, gewichtet und ihren Stellenwert bestimmt. Damit ist Intuition meines Erachtens das Herz evidenz-basierter Medizin! Eine weitere Erforschung der Intuition und eine Ausbildung von Ärzten und Therapeuten in der Entwicklung ihrer intuitiven Kompetenz, die ihrer gleichwertigen Bedeutung gegenüber dem Fachwissen gerecht wird, wäre daher dringend erforderlich.

Für eine Anwendung der Intuition in eine integrale Diagnostik möchte ich folgendes Vorgehen vorschlagen:

1. Nach einer Erhebung der Grundbefunde für alle vier Quadranten sollte es zunächst einmal zu einem offenen intuitiven Betrachten der Gesamtheit der Quadranten kommen und das Ausmaß der Gesamtintegration diagnostiziert werden. Diese Betrachtung bezieht sich auf die Strukturiertheit und Integriertheit des Erlebens und Verhaltens des Patienten. Dies entspricht dem Konzept der Charakterpathologien Kernbergs und der Achse „Struktur" der operationalisierten psychodynamischen Diagnostik.

Kernberg (1996) unterscheidet neben der normalen Persönlichkeit die neurotische, die Borderline- und die psychotische Persönlichkeitsorganisation. In der Auseinandersetzung mit seinem klinischen Modell entwickelte sich eine Konzeption, die sich nicht nur auf eine Typologie der Charakterpathologie bezog, sondern den Grad der Strukturiertheit unseres Erlebens und Verhaltens in den Vordergrund stellt. Dabei ist das entscheidende Kriterium das Ausmaß der Integration der seelischen Organisation. Im deutschen Sprachraum wurde mit der operationalisierten psychodynamischen Diagnostik ein System vorgelegt, das neben den Achsen „Krankheitserleben" und „Behandlungsvoraussetzungen", „Beziehung" und „psychische und psychosomatische Störungen" eine eigene Achse „Struktur" beschreibt (Arbeitskreis OPD, 1996). Die Achse „Struktur" unterscheidet neben der guten Integration eines gesunden Menschen eine mäßige Integration, eine geringe Integration und eine Desintegration. Die neurotische Struktur entspricht einer guten bis mäßigen Integration, die Borderline-Struktur entspricht einer mäßigen bis geringen Integration und die psychotische Struktur entspricht einer Desintegration.

Im Sinne Wilbers können wir die gesunde erwachsene Struktur als personale Struktur bezeichnen. Darüber hinaus beziehen wir die Möglichkeit der personalen Struktur zu ihrer Transformation und Weiterentwicklung hin zu einer transpersonalen Struktur mit ein, so dass wir folgende fünf Strukturen unterscheiden können: die psychotische Struktur, die Borderline-Struktur, die neurotische Struktur, die personale Struktur und transpersonale Struktur. Selbstverständlich ist diese Einteilung eine Vereinfachung, zumal die dargestellten Strukturen nicht scharf voneinander abgegrenzt sind, sondern ineinander übergehen, eben je nach Ausmaß von Integration bzw. Desintegration und nach der Entwicklungsdynamik der Persönlichkeit.

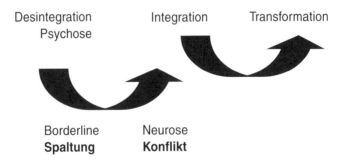

Joachim Galuska

Die erste diagnostische Einschätzung sollte sich also auf das Strukturniveau des Patienten und seine Transformationstendenzen beziehen, denn diese haben unterschiedliche grundsätzliche Interventionsstrategien zur Folge (Galuska, Galuska 1995). Dabei ist zu beachten, dass die Struktur sich auch situativ ändern kann und fluktuieren kann.

2. Anschließend wäre ein intuitiv gewichtetes Diagnoseprofil zu erstellen. Dies könnte Aussagen machen über gesunde und gestörte Aspekte innerhalb der vier Quadranten, über einzelne Entwicklungslinien innerhalb der Quadranten und über weitere diagnostische Elemente, aus denen sich dann ein intuitiv gewichtetes Maßnahmenprofil, das im Einklang mit dem Strukturniveau steht, ergeben könnte.

3. Der diagnostisch-therapeutische Prozess wäre nun intuitiv zu steuern, d. h. beständig abzustimmen, denn die Erfahrungen im Therapieprozess verändern oder erweitern das diagnostische Verständnis.

Die religiös-spirituelle Entwicklung und ihre Störungen

Eine transpersonale Orientierung eröffnet neben ihrer Bereitschaft zu ganzheitlicher und komplexer Diagnostik auch den Blick auf die religiös-spirituelle Entwicklung und ihre Störungen. Die religiös-spirituelle Entwicklung wurde oben als eine Entwicklungslinie beschrieben, die sich durch unser ganzes Leben zieht. Hierzu möchte ich vorschlagen, Religiosität und Spiritualität zu definieren als den jeweiligen inneren Bezug auf etwas Jenseitiges. Religiosität stellt Glaubensinhalte und religiös-rituelle Praxis in Bezug auf etwas Jenseitiges in den Vordergrund. Spiritualität bezieht sich auf Erfahrungen des Jenseitigen, also Transzendenzerfahrungen. Auffällig ist nun, dass das Jenseitige, etwa unser Verständnis von Gott oder der Aufbau einer jenseitigen Welt, spiegelbildlich zu unserem jeweiligen Verständnis des diesseitigen, also dieser Welt konzeptualisiert wird.

Das Kind, das in einer reichhaltigen Welt von Bildern, Mythen und Geschichten lebt, in der die Familie eine besondere Rolle spielt, konzeptualisiert sein Jenseits ebenfalls mit Kindern und Eltern, mit Wesen, die mit magischen und wundersamen Kräften ausgestattet sind usw. So gibt es das Christkind, den Weihnachtsmann, Gott als Vater, die Heilige Familie, die tatsächliche Jungfrauengeburt usw.

Der Erwachsene mit seiner Abstraktionsfähigkeit und dem Wissen um abstrakte Kräfte, die die Wirklichkeit bestimmen, konzeptualisiert das Göttliche häufig als Prinzip oder als persönliches transzendentes Gegenüber, vergleichbar mit dem Du einer mitmenschlichen Begegnung. Das Schicksal kann durch karmische Kräfte bestimmt verstanden werden. Metaphysik ist eine abstrakte philosophische Betrachtung. Die magischen und mythologischen Inhalte, wie Auferstehung, Himmelfahrt, Wunder usw. werden symbolisch verstanden und interpretiert. Der Übergang von der kindlichen zur erwachsenen Religiosität ist nicht einfach. Ganze religiöse Weltbilder müssen sich hier wandeln und die traditionellen religiösen Systeme bieten meist in dieser Veränderung wenig Hilfe, so dass es zu vielfältigen Störungen allein in diesem Schritt kommen kann: von der Fixierung auf kindliche Glaubensinhalte bis hin zur Dissoziation gegenüber der gesamten Entwicklungslinie.

Aber auch die erwachsene Religiosität und Spiritualität entwickelt sich weiter zu einer transpersonalen Spiritualität. Diese ist wie alles Transpersonale nicht mehr konzeptgebunden, sondern transkonzeptuell. Daher gehen alle Konzepte über das Göttliche und Transzendente zunächst einmal verloren. Willigis Jäger (1991) spricht vom Gottesverlust im Sinne des Verlustes jedes Gottesbildes, das vielleicht einen Halt geboten hat. Dieser Übergang zur Unmittelbarkeit des Absoluten, zur Erkenntnis, dass Schöpfer und Schöpfung eins sind, zur Auflösung der Trennung von Diesseits und Jenseits und damit zum Abschluss der religiös-spirituellen Entwicklungslinie kann ebenfalls durch allerlei Schwierigkeiten und Störungen getrübt werden. In der religiös-spirituellen Entwicklung wird also Jenseitiges durch Glaubens- und Erfahrungsprozesse immer mehr angeeignet, so dass das Diesseitige zunehmend von dem durchdrungen wird, was ursprünglich jenseits war. Dieser Verinnerlichungsprozess gipfelt in der Nondualität.

Religiös-spirituelle Krisen und Störungen verstehen wir daher heute im Wesentlichen als Störungen auf der religiös-spirituellen Entwicklungslinie. Dabei handelt es sich um:

1. Störungen im Übergang von kindlicher zu erwachsener Religiosität, also im Übergang von präpersonalen zu personalen Formen von Religiosität und Spiritualität,

2. Störungen der Integration subtiler Erfahrungen im personalen Bewusstsein, also von Erfahrungen energetischen Empfindens, außersinnlicher Wahrnehmungen und von Transzendenz- oder Gipfelerlebnissen,

3. um Störungen im Übergang von der personalen zur transpersonalen Spiritualität, also der spirituellen Entwicklung im engeren Sinne.

Solche Störungen sind wie alle anderen Pathologien aus klinischer Sicht primär als Folgen mangelhafter Integration des Erlebens zu verstehen. Eine mangelhafte Integration, beispielsweise von Gipfelerlebnissen oder anderen subtilen Erfahrungen, kann entweder konflikthaft verarbeitet werden, abgespalten oder dissoziiert werden oder zu einer Desintegration mit der Folge psychotischen Erlebens führen. Dies wird an anderer Stelle ausführlich erläutert (Galuska, in diesem Buch) und soll daher hier nicht weiter ausgeführt werden.

Eine transpersonale Orientierung ist besonders aufmerksam für den Übergang von der personalen zur transpersonalen Bewusstseinsstruktur.

Die erwachte Seele als transpersonale Struktur

Im Folgenden wird der Übergang von der personalen zur transpersonalen Struktur beschrieben, prägnant ausgedrückt: Die transpersonale Orientierung weckt die Seele.

Personales Bewusstsein ist im Wesentlichen Ich-Bewusstsein. Es ist begründet und bewirkt durch den Identifizierungsprozess, der im Zentrum der Ich-Struktur oder der Ich-Organisation steht. Die Identifizierung bewirkt letztlich die Ich-Identität, also ein stabiles zusammenhängendes Konzept von uns selbst. Der Ich-Begriff wird üblicherweise in zwei Arten und Weisen benutzt: zum einen als Organisationsstruktur oder Funktionsbegriff. Dies bezieht sich eigentlich mehr auf das psychische Funktionieren überhaupt und ist vergleichbar mit Wilbers proximalem Selbst (Wilber, 2001). Zum anderen ist das Ich eine Vorstellung, ein Bild. Dies bezieht sich dann auf das Konzept von uns selbst, was vergleichbar ist mit Wilbers distalem Selbst. Auf der Stufe der personalen Identität steht die Identifizierung im Vordergrund, deren Folge unsere Vorstellungen, Bilder, Konzepte von uns selbst und den anderen Menschen sind (siehe Abbildung 7).

Dabei entfaltet sich in der Ich-Entwicklung zunehmend das Ich-Bewusstsein, dass sich gegenüber primitiveren Teilen der Persönlichkeit, die eher magisch und mythisch organisiert sind, ablöst. Es ist zunächst das „arme Ich" im Freudschen Sinne, das sich vom Es abgelöst hat und nun zwischen Trieben,

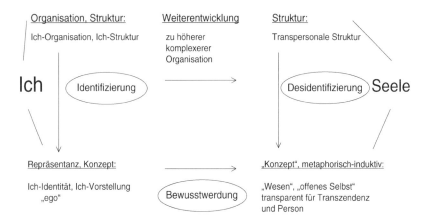

Abbildung 7: „Ich und Seele"

Über-Ich und Außenwelt um ein Gleichgewicht ringt. Dieses Ich verankert sich mehr und mehr in der Rationalität, die im Sinne der Ich-Psychologen die Steuerung der reifen Persönlichkeit übernimmt. Es entwickelt sich jedoch weiter zu einem vernunftbestimmten Ich-Bewusstsein, das sich durch die Fähigkeit auszeichnet, sich selbst zu relativieren und unterzuordnen. Im Grunde besitzt die ausgereifte personale Struktur zwei Aspekte: die Entfaltung der Individualität und der Bezogenheit.

Individualität bedeutet Selbstverwirklichung, Authentizität, Fähigkeit zu schöpferischem und kreativem Handeln. Die humanistische Psychologie, die sich vorwiegend um die Entfaltung der personalen Struktur bemüht, betont auch die Entwicklung von Lebensfreude und Lebensgenuss, innerer Schönheit und innerem Reichtum. Sie fordert eine Aufgabe der Opferperspektive, eine Rücknahme der Projektion der Verantwortung für die eigene Entwicklung auf die äußeren Bedingungen oder die eigene Biographie und eine Entwicklung hin zur Übernahme vollständiger Verantwortung für die eigene Lebensgestaltung, für die eigenen Antworten auf die Bedingungen, in denen wir leben, und eine Akzeptanz allen Erlebens als Ausdruck der eigenen Struktur.

Bezogenheit meint die Fähigkeit zum Du, zur Begegnung, zum Dialog, damit also zur Wahrnehmung des anderen Menschen als ebenso ein Ich, wie ich es bin, damit also als ein Subjekt dieser Inter-Subjektivität. Dies ist die Voraussetzung zur Partizipation am Wir, an der Gemeinschaft, zur Übernahme von Mitverantwortung und damit zur Bildung von reifen Paarbeziehungen und reifen

Joachim Galuska

Familienstrukturen. Damit wird das eigene Leben auch anerkannt in seiner Bezogenheit auf den historischen, kulturellen und gesellschaftlichen Kontext und gelebt in engagierter Verantwortung, Solidarität und Sorge für die Mitmenschen und die Natur (Petzold, 1993). Selbstgestaltung und Weltgestaltung sind wesentliche Herausforderungen der personalen Struktur.

Zur Identifizierung gehört auch die Selbstreflexionsfähigkeit, und so nutzt und steuert die Identifizierung zunächst einmal unseren Bewusstwerdungsprozess und stellt sich in sein Zentrum, mit dem Ergebnis des Ich-Bewusstseins. Dann aber beginnt der Bewusstseinsprozess in den Vordergrund zu treten und die Identifizierungsvorgänge zu erkennen, zu durchschauen und zu relativieren. Die Bewusstwerdung befreit sich so von der Identifizierung, beispielsweise auch durch Desidentifizierungsvorgänge. So werden unsere Konzepte von uns selbst transparenter und können sich auflösen. Der Bewusstwerdungsprozess entwickelt sich zur Bewusstheit, zum Zeugenbewusstsein und wird sich seiner selbst gewahr als Präsenz, als Gegenwärtigsein, als reines Bewusstsein. Dies wird als Qualität des eigenen Wesens erkannt und erfahren. Auf dem Grund unseres Erlebens werden wir uns unserer Seele gewahr. Ich möchte an dieser Stelle für einen neuen transpersonalen Seelenbegriff plädieren, der die transpersonale Struktur zusammenfasst. Dieser Begriff ist metaphorisch gemeint, kein abbildendes Konzept, wie das Ich-Bewusstsein, sondern ein verweisendes Konzept, das etwas anstoßen soll, eine Anmutung wecken soll, etwas erspürbar machen soll. Ken Wilber (1996) schreibt: „Die Seele ist transpersonal." Und er zitiert Emmerson: „Die Seele kennt keine Person, sie ist gegründet in Gott." Diese Struktur, die man auch als Wesen, als Essenz, als offenes Selbst, wahres Selbst oder höheres Selbst bezeichnen könnte, ist somit transparent sowohl für das Persönliche als auch für das Überpersönliche. Sie besitzt im Dürckheimschen Sinne (1973) „Transparenz für die dem Menschen innewohnende Transzendenz". Da sie in ihrer Tiefe offen für das Absolute und Universelle ist, könnte man sie auch betrachten, als die individuelle und persönliche Art und Weise, wie das Absolute sich eben in diesem Menschen manifestiert. Diese Transformations- oder Wandlungseigenschaft ist vielleicht die wesentlichste Struktur der Seele. Nach Wilber (2001, S. 125) „ist die Seele der bedeutende Vermittler und Bote zwischen reinem GEIST und individuellem Selbst". Unsere Seelenqualitäten sind genau die Qualitäten, die wir als Qualitäten eines transpersonalen Bewusstseins beschrieben haben (Abb.1).

Dies wirft auch ein interessantes Licht auf die Suche nach der eigenen Lebensaufgabe, der eigenen Bestimmung, dem Sinn des eigenen Lebens. Das personale Bewusstsein benötigt dafür einen Bezug, der das eigene Leben überschreitet. Dies kann bedeuten, sich in den Dienst zu stellen einer Aufgabe, einer anderen Person, vielleicht auch gegenüber etwas Jenseitigem, das meinem Leben eine Sinn gibt. Aus transpersonaler Perspektive wird die Sinnfrage jedoch quasi anders herum formuliert: Wie entfaltet und verwirklicht sich das Absolute und Unmanifestierte als dieser gegenwärtige Moment? Wie erfüllt sich das Göttliche in dem Menschen, der ich bin? Um es mit Martin Buber (1962) auszudrücken: „Dass du Gott brauchst, mehr als alles, weisst du allzeit in deinem Herzen; aber nicht auch, dass Gott dich braucht, in der Fülle seiner Ewigkeit dich? Wie gäbe es den Menschen, wenn Gott ihn nicht brauchte, und wie gäbe es dich? Du brauchst Gott, um zu sein, und Gott braucht dich - zu eben dem, was der Sinn deines Lebens ist." Und an anderer Stelle schreibt er (Buber, 1960): „Gott will zu seiner Welt kommen, aber er will zu ihr durch den Menschen kommen. Das ist das Mysterium unseres Daseins, die übermenschliche Chance des Menschengeschlechtes ... das ist es, worauf es letzten Endes ankommt: Gott einlassen. Man kann ihn aber nur da einlassen, wo man steht, wo man wirklich steht, da wo man lebt, wo man ein wahres Leben lebt. Pflegen wir heiligen Umgang mit der uns anvertrauten kleinen Welt, helfen wir in dem Bezirk der Schöpfung, mit der wir leben, der heiligen Seelensubstanz zur Vollendung zu gelangen, dann stiften wir an diesem unserem Ort eine Stätte für Gottes Einwohnung, dann lassen wir Gott ein."

Bei der Entfaltung der Seele als transpersonale Struktur handelt es sich um einen Entwicklungsprozess, der den allgemeinen Gesetzmäßigkeiten der Strukturbildung folgt. Zunächst einmal werden einzelne Erfahrungen eines transpersonalen Bewusstseins gemacht, dann werden diese wiederholt, erinnert und durchgearbeitet, bis eine Kompetenz für die Verankerung im transpersonalen Bewusstsein oder eben in der Seele besteht. Im Laufe der Zeit wird diese Struktur immer selbstverständlicher, Ken Wilber nennt diesen Vorgang eine „Anpassung" (2001). Sie dient dann als Ausgangspunkt für die weitere Entwicklung. Analog entwickelt sich aus der transpersonalen Struktur heraus die nonduale Struktur, ebenfalls über Einzelerfahrungen, die wiederholt werden, zur Kompetenz führen und anschließend als selbstverständliche Struktur vorhanden sind.

Joachim Galuska

Die therapeutische Grundhaltung

Das Wesentliche einer transpersonal orientierten Psychotherapie scheint mir nicht eine bestimmte Methode oder Theorie zu sein, sondern die therapeutische Grundhaltung: Sie ist verankert im transpersonalen Bewusstsein, also in der Regel in einer der beschriebenen Qualitäten.

Ein transpersonal orientierter Therapeut benötigt demnach zunächst einmal eine Reihe von Methoden oder Zugängen zum transpersonalen Bewusstsein oder zu einer seiner Qualitäten, damit er sich in der therapeutischen Situation in einen solchen Bewusstseinszustand hineinbegeben kann. Abbildung 8 führt eine Reihe solcher Zugänge auf.

Zugänge zum transpersonalen Bewusstsein

- vom Beobachtungsinhalt zum Beobachter
  (vom Meditationsobjekt zum inneren Zeugen)

- Awareness-Kontinuum, z. B. durch Lauschen oder über alle
  Kanäle der Wahrnehmung

- Meditationsmethode

- individuelle Schlüssel: Fokussierung auf eine Qualität,
  z. B. Stille, und anschließende Entfaltung dieser Qualität

- Herzensverbindung, Wesensverbindung

- 3 Ebenen-Meditation: objektive - subjektive - energetische
  Wahrnehmung

- integral-aperspektivische Position

Abbildung 8: „Zugänge zum transpersonalen Bewusstsein"

Neben der Lösung der Aufmerksamkeit vom Inhalt des Erlebens zum Beobachten, also von der perspektivischen zur aperspektivischen Position, sind vor allem die unterschiedlichen Meditationsmethoden geeignet, ein transpersonales Bewusstsein entstehen zu lassen. Die beobachtende oder aperspektivische Position selbst ist noch nicht transpersonal, ihre Vertiefung und Erforschung aber kann relativ leicht einen transpersonalen Bewusstseinsraum eröffnen. Entscheidend ist nicht, dass der Therapeut ständig aus einem transpersonalen Bewusstsein heraus handelt, sondern dass er seinen Bewusstseinszustand einschätzen kann und relativ mühelos in zumindest eine transpersonale Qualität wechseln kann.

Die therapeutische Grundhaltung besitzt einige wesentliche Charakteristika:

1. Die Position des Therapeuten ist jenseits der Gegenübertragung.
   Der innere Zeuge ist rezeptiv und offen für den Patienten oder die Patientin. Auch die eigenen Reaktionen auf den Patienten, also die Gegenübertragungsreaktionen können im Lichte dieses inneren Erlebnisraumes wahrgenommen werden. Da der Therapeut sich nicht mit den entsprechenden Impulsen, Gefühlen und Konzepten identifiziert, braucht er sich nicht darin zu verwickeln, sondern kann all dieses Geschehen wahrnehmen. Er ist damit in der von Freud beschriebenen Position der gleichschwebenden Aufmerksamkeit, die hier einen klaren Ort erhält und leichter aufrechterhalten werden kann. So geht sie beispielsweise nicht verloren in der Angst des Patienten vor seinen aggressiven Bildern, sondern das transpersonale Bewusstsein stellt eine Art Gefäß für diese Angst dar, ermöglicht ihr zu erscheinen, ohne zurückgewiesen zu werden oder von ihr überflutet zu werden. Der Therapeut besitzt in dieser Haltung also eine sichere Verankerung jenseits auch heftiger Übertragungs- und Gegenübertragungsprozesse. So kann er auch ein Gefäß sein für Gefühle, Energien und Themen von Menschen mit schweren Traumatisierungen, Borderline-Störungen oder psychotischen Erlebnisweisen, ohne diese abwehren zu müssen oder sich mit ihnen zu verwickeln.

2. Der transpersonal orientierte Therapeut ist abstinent im Persönlichen und verbunden im Wesen.
   Wenn die persönliche Identität des Therapeuten, seine Theorien und Konzepte es nicht verhindern, kann es gelingen, dass sich das nicht integrierte Erleben der Patienten in ihm selbst abbildet, dass er es nachfühlen und nacherleben kann. Wenn sich also beispielsweise das psychotische Erleben eines Patienten, der sich verfolgt und bedroht fühlt, in einer etwas kleineren Dosierung im Bewusstsein des Therapeuten zeigt, ohne dass er selbst darin verloren geht oder sich damit überfordert fühlt, wenn er also eine Art Container auch für psychotische Energien sein kann, dann kann es geschehen, dass die Existenz durch die therapeutische Beziehung diese Zerrüttungen auszutra-

Joachim Galuska

gen und zu integrieren vermag. Dazu ist eine Abstinenz von persönlichen Interessen, Identifizierungen und Abgrenzungen erforderlich. Dieses sogenannte Abstinenzprinzip ist häufig interpretiert worden als Unberührtheit und Distanz. Aus transpersonaler Sicht besteht aber lediglich eine Unberührtheit und Distanz bezüglich der persönlichen Identität. Im Seelengrund, im Wesen geschieht aber geradezu eine tiefe Berührtheit und Verbundenheit. Denn erst die Resonanz des Therapeuten, der sich vom Leben des Klienten innerlich berühren lässt, das Einlassen des Klienten in den Bewusstseinsraum des Therapeuten, ermöglicht einen tieferen Prozess der Heilung. Die Antworten des Therapeuten auf den Klienten geschehen, wie oben beschrieben aus dem Raum bewusster Intuition. Auch die Intuition ist eine Eigenschaft unserer Seele, die das Persönliche mit dem Überpersönlichen verbinden kann.

3. In der Berührung des Persönlichen mit dem Überpersönlichen besteht das Wesen transpersonal orientierter Psychotherapie.

Im transpersonalen Bewusstsein kann der Therapeut innere Antworten entstehen lassen, die etwa aus einer der beschriebenen Qualitäten entstehen: Antworten aus der Stille, aus der Weite, aus der Herzensverbindung, aus der Unberührtheit, aus der Ehrfurcht für die Schönheit usw. Andererseits kann der Therapeut seine Intuition nutzen, um zu spüren, welche dieser Qualitäten sich in seinem Bewusstsein wie eine Art Antwort auf den Klienten darstellen. Er besitzt also zweierlei Wege zu seinen Interventionen:

a) Der Therapeut lässt mit Hilfe einer der beschriebenen Zugänge in einer Art meditativer Übung eine dieser Qualitäten entstehen und öffnet sich für Antworten, die aus dieser Qualität heraus auftauchen: Welche Bilder, Gedanken, Impulse entstehen, wenn Stille da ist und sich mein Bewusstsein aus dieser Stille heraus dem Leid des Klienten zuwendet? Unterscheidet sich dies davon, wenn sich mein Erfahrungsraum ausdehnt und ich dem Klienten von der Qualität leerer Weite her begegne? Was geschieht, wenn ich reiner Zeuge bin, und wie unterscheidet sich dies davon, wenn Mitgefühl das Erleben prägt?

b) Der Therapeut verhält sich rezeptiv und offen für die transpersonalen Qualitäten selbst, d. h. er beobachtet, welche dieser Qualitäten sich auf die Begegnung mit dem Klienten hin entwickelt. Er hofft dabei, dass diese „transpersonale Gegenübertragung" eine heilende Bedeutung für den Klienten besitzt. Vielleicht ist Stille, Gewahrsein für das Gegenwärtige, Mitgefühl, Kreativität oder Wesensfühlung ein notwendiger Kontext dafür, dass sich das verwirrte und verirrte Bewusstsein des Klienten erforschen und neu ordnen kann, dass er sich aufgehoben fühlen kann und nicht Teile seines inneren Erlebens zurückweisen muss.

Die Verankerung des Therapeuten im transpersonalen Bewusstsein stellt also gewissermaßen einen Kontext, ein Gefäß für die Problematik des Patienten und seinen Heilungsprozess dar. Gleichzeitig weckt dies beim Patienten eine Ahnung für sein eigenes Wesen, erweckt seinen eigenen Seelengrund. Diese Resonanz des Patienten auf das transpersonale Bewusstsein, auf die Ausstrahlung der Seele des Therapeuten, bringt damit die eigenen Wesensqualitäten des Patienten in Schwingung. Er hat an dieser Stelle das Gefühl, ganz nahe bei sich zu sein, verbunden mit seinem wahren Wesen zu sein, ganz er selbst zu sein, heil zu sein. In dieser Verbindung und Berührung des Persönlichen mit dem Überpersönlichen, des Leidvollen mit dem Leidfreien, oder wenn man so will des Weltlichen mit dem Spirituellen besteht meines Erachtens das Wesen transpersonaler Psychotherapie. Dann kann es geschehen, dass der Therapieprozess eine völlig neue Richtung annimmt: Nicht mehr die Überwindung des Problems allein, die Verarbeitung der Hintergründe oder die Einübung alternativer Verhaltensweisen stehen im Vordergrund, sondern die Suche nach sich selbst und einem guten Leben. Dann ist der weitere Therapieprozess gekennzeichnet von einer Durchdringung und Balancierung von Leidarbeit und Krankheitsbehandlung auf der einen Seite und Wesenssuche und lebendiger Seinserfahrung auf der anderen Seite.

Die therapeutische Beziehung

Therapeut und Patient stehen in einer ständigen gegenseitigen Resonanz. Üblicherweise reagieren wir auf ein Beziehungsangebot mit einem symmetrischen oder komplementären Verhalten auf der angebotenen Beziehungsebene. Dies bedeutet, dass kindliche Gefühle, jugendliche Impulse, elterliche Verhaltensweisen, erwachsene Reflexionen oder eben auch Wesensfühlungen entsprechende und komplementäre Strukturen im jeweils anderen wecken, so dass wir uns gegenseitig erkennen und verstehen können. Auf den verschiedenen Beziehungsebenen gestalten wir unser Leben, können aber auch miteinander verwickelt sein und uns gegenseitig blockieren oder verletzten. Aus tiefenpsychologischer Sicht werden in der Psychotherapie die Übertragungsbeziehung und die Arbeitsbeziehung unterschieden, von der humanistischen Psychologie wurde die mitmenschliche Beziehung bzw. die reale Beziehung hinzugefügt und besonders betont. Eine transpersonale Orientierung ergänzt dies um die Ebene der Wesensbeziehung, so dass ich vorschlagen möchte, die therapeutische Beziehung durch vier Ebenen zu charakterisieren: Die Arbeitsbeziehung, die Übertragungsbeziehung, die mitmenschliche Beziehung und die Wesensbeziehung.

1. Die Arbeitsbeziehung ist die funktionale Beziehung zweier Erwachsener mit den Rollen Therapeut und Patient. Hier geschieht vor allem ein Austausch von Fachkompetenz und Zeit für Bezahlung. Neben der Regelung der Vereinbarungen des Settings der Therapie betrifft dies die gemeinsame Arbeit an den Problemen, die Selbstreflexion, die Beratung durch den Therapeuten, die Reflexion der Alltagserfahrungen, der durchgeführten Übungen usw. Die Arbeitsbeziehung betont die eine Seite der sogenannten therapeutischen Ich-Spaltung in die reflektierende Arbeitsebene und die regredierende Kindebene.

2. Die Übertragungsbeziehung betont die andere Seite der therapeutischen Ich-Spaltung. Sie bezieht sich auf die Beziehungsmuster, die in die Therapeut-Patient-Beziehung hineingetragen werden, also insbesondere Aspekte der Kind-Eltern-Beziehung. Es können aber auch unaufgelöste Partnerschaftsmuster hier hineingetragen werden. Übertragung meint die Wiederholung einer vergangenen Beziehung in der Gegenwart der therapeutischen Beziehung. Auf dieser Beziehungsebene werden die Schwierigkeiten und Störungen aktiviert, inszeniert und sichtbar. Sie können dann therapeutisch bearbeitet und im günstigen Fall auch aufgelöst werden. Auch der Therapeut reagiert mit seinen Gefühlen auf die Übertragungsangebote des Patienten, und er trägt auch selbst eigene unerledigte Themenkreise, d. h. Muster seiner Vergangenheit in die therapeutische Beziehung hinein. Dies ist die sogenannte Gegenübertragung, die sinnvollerweise reflektiert wird und nur im Interesse des Patienten eingesetzt werden soll.

3. Die mitmenschliche Beziehung berücksichtigt die Tatsache, dass beide, Therapeut und Patient, koexistieren, d. h. die Kultur, die Zeit, die Gegenwart und diesen Planeten zur Zeit gemeinsam beleben und sich auch als Menschen mit einer eigenen Identität in der therapeutischen Situation begegnen. Hieraus erwächst ein grundlegender Respekt und eine grundlegende Ach-

tung für die Integrität und die Individualität des anderen. Hier sind Begegnungen zweier Subjekte, von Ich und Du, möglich, die neue Erfahrungsmöglichkeiten aufzeigen und als Experimentierfeld für reife und erwachsene Formen von Begegnung und Beziehung dienen. Gelegentlich weisen sie auch über die Psychotherapie im engeren Sinne hinaus.

4. Die Wesensbeziehung begründet sich in der Offenheit und Verbundenheit zweier menschlicher Seelen, die beide als Ausdruck eines Universellen, Göttlichen und Absoluten verstanden werden können. Die Wesensebene entfaltet sich zumindest zeitweise als eine Art Verschmelzung, in der alle anderen Beziehungsebenen, Themen und Muster aufgehoben werden. Hier wirkt universelles Mitgefühl und überpersönliche Liebe. Hier kann auch tiefes menschliches Leid getragen und ausgetragen werden. Unsere Schmerzen und Nöte werden in ihrer Sehnsucht nach Erlösung vom Mitgefühl und Erbarmen für das Leben berührt und erfahren so eine innere Erlösung und in einigen Fällen auch Heilung. Gelegentlich entfaltet sich in dieser Wesensbeziehung auch das größere Holon (Wilber, 1996) eines Beziehungswesens, wie es in Liebesbeziehungen oder Familien zu finden ist, eines Beziehungswesens, das den Einzelnen ebenso prägt wie der Einzelne diese größere Seele belebt. In der therapeutischen Beziehung besteht also eine Wesensverbindung zwischen einem Suchenden, vielleicht verstörten und verirrten Menschen, der heilen möchte, sich finden und entfalten möchte, der sich mit seinem Wesen verbinden und mit seinem Wesen verwirklichen möchte und seinem therapeutischen Begleiter, also einem Menschen, dessen Lebensaufgabe und Erfüllung gegenwärtig in der Heilung, der Partizipation an Heilungsprozessen und der Förderung und Entwicklung anderer Menschen liegt.

Der Therapeut ist damit sowohl Übertragungsfigur als auch Dialogpartner, Fachmann menschlicher Bewusstseins- und Verhaltensentwicklung, aber auch koexistierender Mitmensch und Diener einer größeren Aufgabe, wie der der Heilung. Die therapeutische Beziehung erscheint aus dieser Sicht wie eine besondere Form einer Liebesbeziehung, vergleichbar etwa der Beziehung zum eigenen Kind oder einem Lebenspartner, aber doch ohne deren tiefe schicksalhafte Gebundenheit.

Anwendungsfelder

In diesem Artikel sollten die Grundprinzipien einer transpersonal orientierten Psychotherapie aufgezeigt werden. Sie bestehen in der Anwendung des transpersonalen Bewusstseins in der Diagnostik, in der therapeutischen Grundhaltung und in der therapeutischen Beziehung. Ein Entwicklungsverständnis bezüglich diverser Entwicklungslinien und über das Ich-Bewusstsein hinaus zur erwachten Seele oder zu einer transpersonalen Struktur mit den entsprechenden Störungsmöglichkeiten hat ebenfalls grundsätzliche Auswirkungen auf das therapeutische Handeln. Die erläuterten Prinzipien können nun von jeder therapeutischen Schule angewandt werden oder mit jeder therapeutischen Methode bzw. mit den diversen therapeutischen Instrumenten verbunden werden. Sie werden dann in den verschiedenen Anwendungsfeldern, wie Einzeltherapie, Gruppentherapie, Großgruppenarbeit, Familientherapie, Organisationsentwicklung, Supervision, Coaching, Beratung, Weiterbildung, Veranstaltungsdurchführung usw. verwirklicht und weiterentwickelt.

Daraus wird ersichtlich, dass sich eine transpersonal orientierte Therapie nicht als eine neue und weitere Schule verstehen sollte, sondern als eine neue und weitere Dimension, die ein ausgesprochen ausgeprägtes integrierendes Potenzial für das Feld der Psychotherapie insgesamt besitzt.

Letztlich ist eine transpersonal orientierte Psychotherapie auch die Manifestation eines Unbekannten und Geheimnisvollen, das sich entwickelt und als Evolution erscheint. In diesem offenen Prozess kann sie durch die Fülle, Tiefe und Weite ihrer Möglichkeiten einen Beitrag leisten zu einem weiteren Erwachen der Menschheit, zu einem nondualen Vergegenwärtigen, wer und was wir sind.

Literatur:

Arbeitskreis OPD (1996) Operationalisierte psychodynamische Diagnostik, Huber, Bern

Blanck, G., Blanck, R. (1982) Angewandte Ich-Psychologie, Klett-Cotta, Stuttgart

Buber, M. (1960) Der Weg des Menschen nach der chassidischen Lehre, Lambert Schneider, Gerlingen

Buber, M. (1962) Das dialogische Prinzip, Lambert Schneider, Gerlingen

Dowie, J. (1998) Die Pathologie der Entscheidungsfindung im ärztlichen Alltag; in: Selbmann H.K: Leitlinien in der Gesundheitsversorgung, Nomos-Verlag

Dürckheim, K G. (1973) Vom doppelten Ursprung des Menschen, Herder, Freiburg

Galuska, J., Galuska, D. (1995) Körpertherapie im Spektrum des Bewusstseins in: Zundel, Loomans, P. (Hrsg.) Im Energiekreis des Lebendigen, Herder, Freiburg

Gebser, J. (1986) Ursprung und Gegenwart, Gesamtausgabe Bd. II, Novalis, Schaffhausen

Jäger, W. (1991) Suche nach dem Sinn des Lebens, Via Nova, Petersberg

Kernberg, O F. (1996) Ein psychoanalytisches Modell der Klassifizierung von Persönlichkeitsstörungen, Psychotherapeut 41. S. 288-296

Khema, A. (1995) Das Geheimnis von Leben und Tod, O.W. Barth

Petzold, H G. (1993) Integrative Therapie II, 1, Junfermann, Paderborn

Wilber, K. (1996) Eros, Kosmos, Logos; Krüger, Frankfurt

Wilber, K. (2001) Integrale Psychologie, Arbor, Freiamt

Dr. med. Joachim Galuska, Jahrgang 1954, Facharzt für Psychotherapeutische Medizin, Facharzt für Psychiatrie und Psychotherapie, Master of Business Administration, Ärztlicher Direktor der Heiligenfeld Kliniken in Bad Kissingen, Mitbegründer des SEN-Deutschland, Netzwerk für spirituelle Krisenbegleitung, und des Deutschen Kollegiums für Transpersonale Psychologie und Psychotherapie, Mitherausgeber der Zeitschrift „Transpersonale Psychologie und Psychotherapie", Veröffentlichungen zu den Themen stationärer Psychotherapie, Meditation und transpersonaler Psychotherapie.

Dr. Joachim Galuska
Fachklinik Heiligenfeld
Euerdorfer Str. 4 - 6
97688 Bad Kissingen
Tel. (09 71) 82 06-0
Email: dr.galuska@heiligenfeld.de
Internet: www.heiligenfeld.de

Ulla Pfluger-Heist

Die transpersonale Orientierung des Psychotherapeuten
Über die Kunst, die Teile mit dem Ganzen in Beziehung zu setzen

> So fasst uns das, was wir nicht fassen konnten
> voller Erscheinung aus der Ferne an
> und wandelt uns, auch wenn wirs nicht erreichen
> in jenes, das wir, kaum es ahnend, sind...
> *Rainer Maria Rilke*

Gedanken zum Begriff 'transpersonal'

In der Psychologie stehen wir immer wieder vor dem Problem, dass wir Begriffe wissenschaftlich definieren müssen, die umgangssprachlich eingebürgert sind, und die ihre Bedeutungsspuren schon längst in uns gezogen haben, auch tief im Unbewussten. So dass wir dann einerseits die wissenschaftlich präzise, rational entwickelte Definition eines Wortes haben mit ihrer genau umschriebenen Bedeutung, und andererseits ein Wort, das sich seit langem eingeschrieben hat in unser Inneres mit all seinen Klangfarben, Bedeutungsfacetten und Lebensbezügen - kollektiv gefasst, aber auch ganz persönlich geprägt. Die Worte führen dann eine Art alltags-wissenschaftliches Doppelleben: Wenn wir solche wissenschaftlich definierten Begriffe benutzen, ruft das unbewusste Bedeutungen auf, mit denen die anscheinend klar definierten theoretischen Konstrukte sich in uns verknüpfen. Deshalb scheint es mir ganz wichtig, über die Begriffe immer wieder nachzudenken, neuen Konsens darüber herzustellen, was wir darunter verstehen wollen.

Den Begriff 'transpersonal' hat Abraham Maslow in die Psychologie eingeführt. In einer inzwischen berühmt gewordenen Vorlesung, gehalten 1967 in

San Francisco, sagte er: „Vielleicht hat man das Wesen des Menschen dadurch bagatellisiert, dass man seine höheren Möglichkeiten nicht als biologisch betrachtet hat. Man kann zum Beispiel das Bedürfnis nach Würde als grundlegendes Menschenrecht sehen, genauso wie das Recht, genügend Kalzium und Vitamine zu bekommen, um gesund zu bleiben. Wenn diese Bedürfnisse nicht befriedigt werden, entsteht Krankheit. Werden diese Bedürfnisse aber erfüllt, dann wird ein ganz anderes Bild sichtbar. Es gibt Menschen, die sich geliebt fühlen und zur Liebe fähig sind, die sich sicher und geachtet fühlen und Selbstachtung besitzen. Wenn man diese Menschen untersucht und nach ihren Motiven fragt, findet man sich in einem ganz anderen Gebiet wieder. Dieses Gebiet kann ich nur transhumanistisch (d.h. transpersonal) nennen, und das umfasst alles, was den glücklichen, entwickelten, sich selbst verwirklichenden Menschen motiviert, belohnt und aktiviert. Der Fokus oder der Wegweiser in diesen transhumanistischen Bereich hinein wird in den Antworten solcher Menschen auf Fragen wie die folgenden deutlich: 'In welchen Momenten ist der Anstoß, ist die Befriedigung am größten? Was sind die großen Augenblicke? Was sind die lohnendsten Momente, die Leben und Arbeit der Mühe wert machen?' Bei den Antworten auf solche Fragen kamen die ultimativen Wahrheiten zur Sprache. Es handelt sich um 'intrinsiche Werte', um mit Robert Hartmann zu sprechen - um Wahrheit, Güte, Schönheit, Vollkommenheit, Vorzüglichkeit, Schlichtheit, Eleganz usw. Im Ergebnis entsteht so aus der dritten (humanistischen) Psychologie eine vierte, die 'transhumanistische Psychologie', die sich mit transzendenten Erfahrungen und Werten beschäftigt. Der voll entwickelte (und sehr glückliche) Mensch, der unter den bestmöglichen Bedingungen arbeitet, ist tendenziell durch Werte motiviert, die sein *Selbst* transzendieren. Sie sind nicht länger egoistisch im alten Sinne des Wortes. Schönheit findet sich nicht in der eigenen Haut, genausowenig wie Gerechtigkeit und Ordnung. (...) Sie ist gleichermaßen innen und außen, sie hat die räumlichen Grenzen des Selbst transzendiert. Somit fängt man also an, über transhumanistische (transpersonale) Psychologie zu sprechen." (Maslow, zit.n. Waldman 1996, S.7)

Roberto Assagioli, der sich schon lange vorher, nämlich seit 1910, mit der Entwicklung einer Psychologie befasste, die er zunächst 'spirituell' und erst später 'transpersonal' nannte, sagt über den Begriff, dass er „vor allem von Maslow und von anderen aus seiner Schule in die Psychologie eingeführt wurde, um zu bezeichnen, was man gemeinhin spirituell nennt. Wissenschaftlich gesehen ist es der bessere Ausdruck; er ist präziser und in einem gewissen Sinn neutraler, indem er bezeichnet, was sich jenseits und oberhalb der *gewöhnlichen* Persönlichkeit befindet. Außerdem verhindert er die Verwechslung mit vielen Dingen, die heute spirituell genannt werden, in Wirklichkeit aber pseudospirituell oder 'parapsychologisch' sind." (Assagioli 1992, S. 15, Hervorhebung von mir, U.P.-H.)

Maslow und Assagioli betonten bei der Einführung des Begriffes, dass er auf eine Erweiterung des Verständnisses von der menschlichen Persönlichkeit abzielt. Die transpersonale Psychologie, so sagen beide, befasst sich mit Bereichen, die dem bisherigen, begrenzten Menschenbild der Psychologie nicht angehörten.

Inzwischen hat sich der Begriff recht selbstverständlich eingebürgert im Kreise derer, die sich als transpersonal orientiert verstehen. Gleichzeitig löst er aber oft Befremden aus bei Psychotherapeuten, die innerhalb eines anderen Selbstverständnisses arbeiten, und dieses Befremden ist durchaus verständlich, wenn man dem Begriff einmal in aller Ruhe nachlauscht und ihn auf sich wirken lässt: 'Transpersonal' kann nämlich auch als 'jenseitig' verstanden werden, als gälte es, das 'Personale', die 'Person' und die 'Persönlichkeit' zu überwinden, sie hinter sich zu lassen und deshalb halte ich den Begriff nicht mehr für besonders geglückt. Ich glaube nämlich, dass er unbewusste Bedeutungsnuancen auslöst, die er im Grunde gar nicht sagen möchte. Sehr leicht wird mit ihm assoziiert, dass das Eigensein, die Individualität, die Subjektivität verlassen werden sollen, und in meiner Erfahrung mit Menschen, die auf einem spirituellen Weg sind, geschieht das auch gar nicht so selten, und es entstehen Konflikte durch den Versuch, eigene Wünsche, Bedürfnisse und Überzeugungen von sich zu werfen, zu unterdrücken oder zu verleugnen, und die Menschen versuchen dann, jemand anderer zu werden statt sich selbst, allgemeiner zu werden statt einzigartiger, weniger statt mehr.

Dabei kann der Begriff ja auch ganz anders verstanden werden. Francis Vaughan definiert ihn folgendermaßen: „Transpersonal kann insofern von transzendental unterschieden werden, als es sich auf das Transzendentale bezieht, wie es sich in und durch den Menschen manifestiert." (1990, S. 48) Das heißt, nicht die Person überschreitet sich, sondern sie lässt etwas durch sich hindurch kommen. Die Person wird durchlässig wird für das, was größer, was höher ist als sie selbst. Lateinisch 'personare' bedeutet 'hindurchtönen'. Karlfried Graf Dürckheim, der ja einer der großen Pioniere auf dem Gebiet der transpersonalen Psychotherapie war, pflegte zu sagen, die Frage sei, wie der *Karlfried* durch den *Dürckheim* durchkomme. In diesem Sinne will ich mich hier mit dem transpersonal orientierten Psychotherapeuten befassen. Es soll um den Psychotherapeuten, die Psychotherapeutin gehen, der oder die eine höhere, größere, spirituelle Dimension in seine oder ihre Arbeit miteinbezieht als integralen Bestandteil seines Selbst- und Weltbildes, seines Verständnisses von Gesundheit und Krankheit, von Diagnose, Therapie und Heilung, und von Entwicklung und Wachstum.

Die zwei Dimensionen: Teile und Ganzes

Im 'Transpersonalen' sind zwei Worte enthalten: 'Trans' und 'Person'. Mit der Person befassen sich alle klassischen Formen der Psychotherapie, jede auf ihre spezifische Art und Weise: Dabei geht es um die Überwindung von Spaltungen, um das Aufdecken von Verdrängtem, um die Aufarbeitung von Traumata, um die Integration von Teilpersönlichkeiten und um die Bildung oder Stärkung eines inneren Zentrums, des Ich im Sinne eines Selbst-Bewusstseins. Diese personale Dimension des Wachstums kann in horizontaler Richtung sich entfaltend vorgestellt werden, es ist Wachstum in Richtung auf Ausdifferenzierung, in Richtung auf die Vielfalt des Lebens - das ist die Dimension der Teile.

Das 'trans' hingegen verweist auf eine andere Dimension, die als vertikale Entwicklungsbewegung vorgestellt werden kann, es ist Wachstum in Richtung auf ein größeres Zentrum im Sinne eines Höheren Selbst, in Richtung auf spirituelle Verwirklichung, auf Transzendenz, es ist Wachstum in Ausrichtung auf die Einheit allen Lebens - das ist die Dimension der Ganzheit.

Selbstverständlich haben alle Formen der Psychotherapie mit diesen beiden Dimensionen zu tun, denn sie sind Bedingung menschlichen Daseins. In jeder guten Therapie zeigen Momente von Erkenntnis, von Tiefe, von Inspiration an, dass höhere Kräfte und Qualitäten 'von oben', aus einem größeren Raum zugeflossen kommen, dass ein Stück Integration der beiden Dimensionen erfolgen kann. In jeder gelingenden Therapie werden Teile und Ganzes auf neue Weise so in Beziehung gesetzt, dass der Klient, die Klientin sich wiederfindet auf einer Ebene größerer Integration, umfassenderen Selbst-Verständnisses und angemesseneren Weltbezuges.

Transpersonale Psychotherapie aber lebt und arbeitet in *bewusster* Ausrichtung in diesen beiden Dimensionen, in diesen beiden Welten: in der Welt der Persönlichkeit, des Abgetrenntseins, des Für-sich-Seins, in der es um das Ganzwerden als Person geht. Und in der Welt des größeren Seins, des Wesens, des 'wahren Selbst', in der es um das Verbundensein mit dem Ganzen, um die Verwirklichung des eigenen Platzes im großen Ganzen, und um das Erwachen zu einer größeren Wirklichkeit geht.

Ulla Pfluger-Heist

Genau diese Ausrichtung der transpersonalen Psychotherapie auf zwei verschiedene Dimensionen sehe ich als ihr genuines Potential und ihre eigentliche Aufgabe. Wir haben in unserer Innenwelt und in unserer Umwelt eine tiefe Spaltung zwischen dem Persönlichen und dem Spirituellen, zwischen dem Alltäglichen und dem Heiligen, zwischen dem Pragmatischen und dem Mystischen. Ich denke, dass wir als transpersonal orientierte Psychotherapeuten an dieser Stelle unseren Platz haben. Für klassische Psychotherapieschulen gehört das Spirituelle oft nicht ins Themengebiet der Therapie, so dass psychische Gesundheit und Spiritualität voneinander getrennt werden. Spirituelle Schulungswege dagegen befassen sich nicht eigentlich mit Fragen der persönlichen Biographie. So kann es geschehen, dass die Persönlichkeit 'draußen bleibt' und eine von ihr abgekoppelte 'spirituelle' Entwicklung verfolgt, eine Art spiritueller Überbau erzeugt wird.

Dagegen sehe ich uns als transpersonal orientierte Psychotherapeuten genau an der Stelle stehen, an der persönliches Leben und spirituelle Suche sich finden sollten, eine Stelle, die nur allzu oft einen Spalt aufweist. Ich sehe uns als Brückenbauer; als Brückenbauer, die daran arbeiten, diese beiden Dimensionen des Lebens und des Wachsens miteinander zu verbinden, bis sie schließlich unauflöslich miteinander verwoben und eins geworden sein werden, weil wir sie in unserem Bewusstsein zusammengeschafft haben zu der einen, wirklichen Realität unseres Lebens. Die Begleitung dieses Zusammenschaffens von Persönlichem und Spirituellem zu einer größeren Ganzheit des Menschseins könnte die ganz spezifische Arbeit sein, die gerade uns zufällt, wenn und weil wir uns in beiden Dimensionen, in beiden Erfahrungswelten des Menschlichen bewegen. Insofern transpersonale Psychotherapie auf die Integration der beiden Dimensionen hinarbeitet, kann sie bezeichnet werden als die Kunst, die Teile mit dem Ganzen in Beziehung zu setzen.

Im Folgenden will ich versuchen, das Gemeinsame, das Schulenübergreifende zu finden und darzustellen, das die verschiedenen Ansätze transpersonaler Psychotherapie über Person, Rolle und Aufgabe des Psychotherapeuten, der Psychotherapeutin aussagen, und jeweils eigene Gedanken und Erfahrungen dazustellen. Das soll in vier Abschnitten unter den Überschriften: 'Zur Person des Psychotherapeuten', 'Der Blick auf den Klienten', 'Die heilende Beziehung' und 'Die therapeutische Haltung', geschehen.

Zur Person des Psychotherapeuten, der Psychotherapeutin

Psychotherapie - ob 'transpersonal' oder nicht - muss sich mit der Frage auseinandersetzen: Was wirkt? Inwieweit liegt es an der Methode, an ihrer theoretischen Sicht und den Techniken, die sie benutzt, und inwieweit liegt es an der Persönlichkeit des Therapeuten, der Therapeutin? Was ist das Heilmittel? Die Methode oder der Mensch?

Roger Walsh und Francis Vaughan schreiben dazu:

„Da wir (die transpersonalen Therapeuten) sowohl Werkzeug als auch Modell dessen sind, was die Zielsetzung transpersonaler Psychotherapie bildet, müssen wir all das zu *leben* versuchen, was wir unseren Klienten nahe bringen wollen. Angesichts der wenigen wissenschaftlich gesicherten Hilfsmittel müssen wir uns vor allem auf uns selbst verlassen und uns um Integrität und Sensibilität mühen. Nirgendwo sonst auf dem Feld der Psychotherapie ist die Arbeit des Therapeuten an sich selbst wichtiger für den Verlauf der Therapie." (1987, S.193)

Es gibt im transpersonalen Umfeld zwei Bezeichnungen für den Therapeuten, für die Therapeutin, die häufig auftauchen. Er oder sie wird oft als Reisebegleiter oder als Hebamme benannt als Ausdruck dafür, dass das alte Arzt-Patient-Verhältnis verlassen und ein neues, anderes ausgebildet werden soll.

Dazu eine Geschichte aus dem Buch: 'Die Wurzeln der Liebe'. Eine Hebamme aus dem Stamm der Lahu in Nordthailand, sie heißt Nami, berichtet: „Ich habe meine Kinder ganz allein zur Welt gebracht... die Leute haben immer gesagt, weil ich meine Kinder ja allein zur Welt gebracht habe, könnte ich anderen helfen. Sie fingen an, zu mir zu kommen, damit ich ihnen helfe, und ich glaube, das mache ich jetzt seit ungefähr zwanzig Jahren." (Odent 2001, S. 110) Nami kann anderen Frauen helfen, ihre Kinder zur Welt zu bringen, weil sie selbst durch diese Erfahrung auf eine Weise durchgegangen ist, die ihr Sicherheit im Umgang damit gibt. In traditionellen Gesellschaften Malaysias und Thailands kann nur Hebamme werden, wer die eigenen Kinder leicht zur Welt gebracht hat, und wem darüberhinaus auch das Beten leicht fällt. Dort wird also zweierlei vorausgesetzt: eigene Erfahrung und Zugang zur höheren Dimension.

Zunächst zur eigenen Erfahrung: Vor kurzem sagte eine Teilnehmerin unserer therapeutischen Weiterbildung in einer Einzelsitzung zu mir: „Ich bin nicht geeignet für diesen Beruf, ich stecke selbst so tief im Sumpf." Das höre ich immer wieder einmal. Ich antworte dann: „Genau diese Erfahrung des Im-

Sumpf-Steckens wird dir mehr als alles andere helfen, die Menschen zu verstehen, die zu dir kommen und die in ihrem Sumpf feststecken. Es wird dir dabei helfen, dich mit dem Menschen, der dir da gegenüber ist, zu verbinden. Es wird dir helfen, dich ihm gleich zu fühlen, anstatt dich über ihn zu stellen und zu glauben, dass dir so etwas nicht passiert. Es wird dir helfen, nachzuvollziehen, wie es in ihm aussieht, und so wirklich bei ihm zu sein. Und wenn dein Klient oder deine Klientin tief im Sumpf steckt, wird dir deine Erfahrung, wie du dich Schritt für Schritt aus deinem Sumpf befreit hast, helfen, die Hoffnung nicht zu verlieren und Schritt für Schritt mit ihm oder ihr geduldig den Weg heraus zu suchen.“

Eigene Erfahrung bedeutet für uns als Therapeuten zum einen das Wissen um unsere Konflikte, das Leiden an unseren persönlichen Defiziten, das Erleben unserer eigenen Ohmacht und Hilflosigkeit. Zum anderen bedeutet es, dass wir den Weg, auf dem wir unsere Klienten begleiten, den Weg aus dem Sumpf, selbst schon ein ganzes Stück gegangen sind. Dieser Weg ist in der Sicht der transpersonalen Psychotherapie mehr als das Erlernen von Problemlösungsstrategien oder die Aufarbeitung einer defizitären Kindheit. Er ist ein Weg der Entwickung und Ausbildung der Persönlichkeit, ein Weg des 'Mehrwerdens', der übereinstimmend in vielen Schulen als 3-Schritt dargestellt wird:

1. *Beobachtung* im Sinne von Selbstreflektion, das führt zur Kenntnis der eigenen Persönlichkeit und damit gleichzeitig zur beginnenden Ausbildung eines höheren Standpunktes sich selbst gegenüber,
2. *Distanzierung*, das heißt ein Lockern, Loslassen von bisherigen Identifikationen, von alten Selbst-Bildern im Sinne einer Disidentifikation, das führt zur zunehmenden Ausbildung eines inneren Zentrums, eines inneren Zeugen und
3. *Stellungnahme*, das heißt aus diesem Zentrum heraus Verantwortung übernehmen für die eigenen inneren Kräfte, für deren Wirkungen auf sich selbst und auf andere, und für deren weitere Entwicklung.

Die Bildung und Festigung der Persönlichkeit ist nicht etwas, das man einmal getan und damit hinter sich gebracht hat, es ist ein fortschreitender, sich vertiefender Prozess, für uns als Menschen ebenso wie für für uns als transpersonale Psychotherapeuten.

Wenn wir aber die psychische und die spirituelle Entwicklung in linearer Weise als hintereinander kommend sehen, glauben wir vielleicht, wir wären auf der persönlichen Ebene bereits 'fertig', weil wir einige Selbsterfahrung, einige therapeutische Eigenarbeit hinter uns gebracht haben. Dann sind wir in Gefahr, ein Psychotherapeuten-Selbstbild aufzubauen, das nicht mehr hinterfragt wird, besonders aber ein transpersonales Psychotherapeuten-Selbstbild. Solche Bilder haben unter Umständen enorme energetische Ladungen und sind reichlich stabil, weil sie die Identität außerordentlich stützen! Vom Bild des neurosefreien, durchgearbeiteten Therapeuten bis hin zum Guru gibt es da gar Vieles, mit dem wir uns auseinandersetzen müssen. Und jede und jeder von uns muss ihre oder seine ganz eigene Haltung dazu finden. Ich persönlich glaube nicht, dass es so ein 'heiles' Endstadium gibt. Ich glaube, dass es darum geht, sich der eigenen Begrenzungen, der eigenen menschlichen Unvollkommenheiten bewusst zu werden.

Das Bewusstsein der eigenen Begrenzungen, das Bewusstsein über mich selbst überhaupt, hängt von der Ausbildung des inneren Beobachters, des Zentrums, des Zeugen ab. Je mehr ich im Zeugen versammelt bin, desto klarer kann ich neutral wahrnehmen und so sein lassen, was ist, auch mich selbst. Eine wesentliche Qualität des Beobachters ist das liebende Verstehen, das Mitgefühl nicht nur anderen, sondern auch sich selbst gegenüber. Von da aus können wir uns sein lassen und arbeiten, so wie wir eben sind. Wir brauchen nicht anders, nicht weiter, nicht 'fertig' zu sein. Mein Psychosynthese-Lehrer David Bach hat oft etwas gesagt, was uns Lernenden damals sehr tröstlich war. Er sagte: „Du musst Deinem Klienten mindestens einen Schritt voraus sein. Aber *ein* Schritt genügt, damit Du ihn begleiten kannst."

Auf den dritten Schritt hat vielleicht Jung als erster hingewiesen: dass dem Unbewussten, den vielfältigen inneren Kräften gegenüber Stellung bezogen werden muss. Die Selbsterforschung, das „Wer bin ich?" führt weiter zur Frage: „Und wer könnte ich sein?". Diese Frage erschließt das Potential des tieferen und des höheren Unbewussten und eröffnet damit faszinierende Weiten und unbegrenzte Möglichkeiten: unendliche 'Potentialitäten der Realisation' (Hans-Peter Dürr). Erst die Fragen „Wie will ich mich dazu stellen?" und „Was will ich sein?" bringen eine ethische Haltung ins Spiel. Das ist ja innen und außen ganz gleich: Je weiter die Erkenntnisfähigkeit fortschreitet und die Bewusstseinskräfte innen sich ebenso potenzieren, wie das die technischen Möglichkeiten in der Außenwelt bereits getan haben, desto dringlicher wird die Notwendigkeit, das Mögliche auch zu verantworten. Die aktive Einstellung zum eigenen Werdeprozess als Person bedeutet, dass dem Prinzip der Analyse das Prinzip der Synthese hinzugefügt werden muss.

Als transpersonale Psychotherapeuten geht uns das ganz besonders an. Wir haben ein wachsendes Repertoire an bewusstseinsverändernden Techniken, an außerordentlich eingreifenden Methoden zur Verfügung, mit denen wir tatsächlich vieles bewirken können. Denken Sie nur ans Familienstellen, das weit in den kollektiven Raum hineinwirkt. Das holotrope Atmen kann sehr schnell in tiefe Schichten vordringen. Auch in der Psychosynthese haben wir äußerst wirkungsvolle Techniken, ebenso in der Initiatischen Therapie, und in anderen Schulen, die ich nicht alle aufzählen kann.

Wir kennen die Gefahren dieser machtvollen Methoden, haben vielleicht selbst schon erlebt oder davon gehört, wie z.B. eine akute Psychose oder auch Suizidales ausgelöst wurde. Aber ich denke da auch an anderes, das umso bedrohlicher ist, weil es nicht erkannt, und so mitgenommen wird auf den weiteren Entwicklungsweg. Beispielsweise habe ich in meiner psychotherapeutischen Arbeit immer wieder zu tun mit Menschen, die gerade durch ihre spirituelle Schulung ein neues falsches Selbst aufgebaut, bzw. das alte falsche Selbst neu verkleidet haben, und das kann sehr subtil und deshalb schwer zu erkennen sein. Weil transpersonale Psychotherapie ja auf tiefen Seelenebenen zugreift, können innerlichste Verwundungen verstärkt oder neue Verletzungen auf der tiefen Seelenebene geschehen. Spaltungstendenzen, auch im Sinne eines unintegrierten Größenselbst, können zugedeckt und unter dem Deckmantel des 'Höheren' weitergepflegt werden, sich unerkannt auswirken und heimlich vermehren. Das sind alles Themen und Fragen, mit denen wir uns gründlich auseinandersetzen müssen, und über die wir bis heute noch zu wenig wissen, obwohl wir mit allen diesen Methoden längst arbeiten, die auf tiefe Bewusstseinsschichten einwirken, und mit denen - wie wir aus unserer Erfahrung und aus der Diskussion um Sekten und andere problematische Gruppierungen wissen - manipuliert, vereinnahmt und missbraucht werden kann.

Denn es ist doch so: Es kommt tatsächlich nicht so sehr auf die Methode an. Methoden sind Werkzeuge, die für einen bestimmten Zweck besser oder schlechter eingesetzt werden können. Die beste Methode kann von uns benutzt werden, um zu manipulieren. Dieselbe Methode kann zur Verfügung gestellt werden, um dem Wesenswachstum eines Menschen zu dienen. Ob wir sie so oder so einsetzen, hängt von uns Therapeuten ab: von unserer Selbsterkenntnis und Bewusstseinsklarheit, vom Maß unserer eigenen Integration und vor allem von unserer ethischen Haltung. Es kommt ganz allein auf uns an, wir wir unsere Techniken benutzen, mit welcher Umsicht und Weitsicht wir sie einsetzen, welche Zwecke wir damit verfolgen und welche Motive uns dazu bewegen. Roberto

Assagioli z.B. spricht in diesem Zusammenhang davon, dass die inneren Kräfte nicht sich selbst überlassen werden dürfen. Um einen konstruktiven Umgang mit ihnen zu finden, sagt er „müssen wir vom Zentrum ausgehen; wir müssen das vereinigende und kontrollierende Lebensprinzip finden und funktionsfähig machen." (1988, S. 38) Er meint damit das Selbst, auch und vor allem im Sinne eines Höheren Selbst. C.G. Jung redet in diesem Zusammenhang von ethischer Verpflichtung: „Wer seine Erkenntnis nicht als ethische Verpflichtung anschaut, verfällt dem Machtprinzip." (1992, S. 196) Auch in der Logotherapie wird von Verantwortung gesprochen, von Verantwortung für etwas, aber auch von Veranwortung vor etwas, nämlich vor dem Leben, aber auch vor einer über-persönlichen Gegenwärtigkeit (Sedlak1994).

In diesem Sinne ist die fortlaufende Arbeit an uns selbst im Sinne des be-schriebenen 3-Schrittes: Erkennen, Lösen, Verantworten ganz außerordentlich grundlegend. Deshalb finde ich es sehr bedauerlich und auch unverständlich, dass es immer noch psychotherapeutische Ausbildungsgänge gibt, für die die Selbsterfahrung der Therapeuten nur deshalb gefordert ist, weil man dann halt auch mal an sich erlebt hat, wie es ist, in der Klienten- oder Patientenposition zu sein. Das lässt einen dann vielleicht in der Illusion zurück, man selbst sei relativ konfliktfrei oder 'schon weiter' als andere oder sowieso gesünder, und enthebt einen der tiefen Erfahrung des Menschseins mit allen ihren Facetten, die uns erst zu persönlicher Integration und menschlicher Ganzheit führt. Jungs ethische Verpflichtung verweist uns ebenso wie Assagiolis vereinigendes und kontrollierendes Lebensprinzip auf die höhere Dimension.

Bevor wir uns dieser zuwenden, noch eine Geschichte: Eine Mutter kommt mit ihrem Sohn zum heiligen Mann, und sagt: „Heiliger Mann, mein Sohn ist zuckerkrank, und ich kann ihn nicht davon abhalten, Süßes zu essen. Sag Du ihm, dass er es lassen soll, auf Dich wird er hören." Der heilige Mann sagt: „Komm in sechs Wochen wieder." Nach sechs Wochen kommt die Frau mit ihrem Sohn wieder und der heilige Mann schaut diesen an und sagt: „Iss keine Süßigkeiten mehr." Der Sohn nickt, und die Frau fragt verwundert: „Bitte sag mir doch, warum Du sechs Wochen gebraucht hast, um einen so einfachen Satz zu sagen." Der heilige Mann antwortet: „Ich esse auch gern Süßes, und so musste ich zuerst ausprobieren, ob ich selbst darauf verzichten kann, bevor ich es Dei-nem Sohn sagen konnte."

Nun zur höheren Dimension: Als transpersonal orientierte Psychotherapeu-tinnen und Psychotherapeuten brauchen wir ganz bestimmt auch eigene Erfah-

Ulla Pfluger-Heist

rung mit der spirituellen Dimension. Die einen bringen das sowieso mit sich als persönliche Glaubensorientierung und eigene Erfahrung transzendenter oder mystischer Natur. Andere von uns werden vielleicht durch berufliche Erfahrungen auf einen spirituellen Weg geführt, vor allem, wenn sie mit schwer traumatisierten Menschen oder mit unheilbar Kranken und mit Sterbenden arbeiten. Die Öffnung zum Spirituellen ist keineswegs auf transpersonal orientierte Psychotherapeuten beschränkt. Die Schulen transpersonaler Psychotherapie verstehen jedoch nicht nur die innere Beziehung des Therapeuten zum Höheren, seine oder ihre persönliche Seinserfahrung als wesentlichen Kern der therapeutischen Qualifikation, sondern sie begreifen das Spirituelle auch als eigentlichen Kern der psychischen Gesundheit überhaupt.

Die Schulen transpersonaler Psychotherapie unterscheiden zwischen verschiedenen Bewusstseinsebenen und arbeiten mit veränderten Bewusstseinszuständen, jede Schule hat dafür ihre eigenen Zugangswege und Umgangsmethoden, und verschiedene Begrifflichkeiten, die auch auf unterschiedlichen Bewusstseinsmodellen basieren. Darauf will ich hier nicht näher eingehen, weil uns das von unserer Blickrichtung auf die Therapeutin, den Therapeuten abbringen würde.

Die transpersonalen Schulen haben, wie gesagt, ihre Methoden, mit deren Hilfe das Bewusstsein in eine höhere Dimension erhoben werden, der Wechsel von einer Ebene des Bewusstseins auf eine andere gezielt geschult werden kann. Diese Methoden sind im allgemeinen dem Wissen spiritueller Schulungswege entlehnt und für therapeutische Zwecke abgewandelt worden. Eine zeitweise Bewusstseinsveränderung ist im Grunde ja nur eine Frage von Übung. Solche meditativen oder kontemplativen Techniken werden meist im Rahmen der spirituellen Praxis der Therapeutin, des Therapeuten regelmäßig ausgeübt und methodisch geschult. Sie müssen auch ein fester Bestandteil des eigenen Lebens geworden sein, damit sie im Rahmen der therapeutischen Arbeit eingesetzt werden können; Techniken, mit denen das normale Wachbewusstsein verändert, verfeinert und dies über einen bestimmten Zeitraum aufrechthalten werden kann, sozusagen eine zeitweilige Ausdehnung über die Begrenzung der Persönlichkeit ermöglicht wird. Manche Schulen haben auch ihre ganz spezifischen Techniken entwickelt, wie z.B. die Psychosynthese. Assagiolis Disidentifikationsübung[1] (Assagioli 1982, S. 183 f) ist eine solche Praxis, die heute weit über die Psychosynthese hinaus bekannt, und in vielen Publikationen zu finden ist, beispielsweise auch in einigen Texten Ken Wilbers (z.B.: 1984, S. 170 f; 1999, 406 f). Solche Bewusstseinsvertiefung oder -erweiterung ist natürlich hilfreich für das therapeutische Geschehen, weil intuitive Kanäle frei werden und in der Therapie Bilder, Fühlungen und Erkenntnisse zufließen, die dem Prozess zur Verfügung gestellt werden können.

Hierbei gilt es jedoch etwas zu beachten. Diese Dimensionen werden ja nicht umsonst als 'überpersönlich' bezeichnet. Graf Dürckheim spricht sehr deutlich davon, dass das Teilhaftigwerden an den höheren Ebenen an sich unpersönlich und unpersonal ist (z.B.1990, S. 158). Er weist darauf hin, dass *Seinserfahrung*, also der Zugang zum Erleben einer höheren Bewusstseinsdimension, und *Verwandlung aus dem Sein*, nämlich die Verwirklichung solcher Erfahrung im Leben, zweierlei ist (1990, S. 148).

Ich meine, dass gerade das Unpersönliche des „transpersonalen Bewusstseinsraumes" (Galuska 2003) eine starke Faszination in uns auslöst. Wir wollen den Verletzlichkeiten und Leiderfahrungen der persönlichen Ebene gerne entkommen und 'darüberstehen'. Aus der Psychoanalyse, die sicherlich das ausgefeilteste Wissen über psychodynamische Prozesse entwickelt hat, wissen wir, dass Abstraktion der Depersonalisation, der Entfremdung von peinlichen, von schmerzhaften, von unerträglichen Gefühlen dienen kann. Der Psychoanalytiker Arno Gruen hat viel und tiefgründig darüber nachgedacht, wie es geschieht, dass unser Selbst, unsere Lebendigkeit, unsere Lebensbejahung und Lebenslust für uns sogar zum Feind werden können und dass wir gerade unser Selbstsein, unsere wirkliche Lebendigkeit als gefährlich, als bedrohlich erleben. Wir suchen dann den Weg der „Erlösung von, nicht Verbindung mit den eigenen Bedürfnissen", sagt Arno Gruen (2000, S.39). Aus der Erfahrung unserer Ohnmacht heraus lernen wir nach Macht zu streben, nach Eroberung von Dingen außerhalb des zurückgewiesenen Selbst. Ein Vorgehen, das die zugrundeliegende Spaltung immer nur noch mehr vertieft. Ich glaube, dass wir das in diesem Zusammenhang ganz sorgfältig beachten müssen, damit unsere Bemühung nach Zugang zu höheren Bewusstseinsebenen nicht der Abwehr dient, sondern zu wirklicher Wesenswandlung führen kann, bei uns selbst ebenso wie bei den Menschen, die wir begleiten.

Deshalb geht es für mich ganz zentral darum, sich der Spannung zwischen beiden Dimensionen menschlichen Daseins und Wachsens zu stellen und im eigenen Leben die Integration zu suchen. Wenn ich mich selbst auf den Weg der Wesenswandlung gemacht habe, wenn ich ernsthaft bemüht bin, aus den beiden getrennten Dimensionen, aus meinem Lebensalltag und meinem spirituellen Weg, ein ganzes, mein ganz eigenes Leben zu gestalten, dann habe ich mir die Qualifikation zur 'Hebamme' erworben: Die Qualifikation zur Hebamme, die eigene Kinder zur Welt gebracht hat, die Qualifikation zum 'Reisebe-

Ulla Pfluger-Heist

gleiter', der persönlich mit dem Gelände vertraut ist. „Ich lebe mein Leben in wachsenden Ringen", sagt Rilke. Ich glaube, dass unsere wichtigste berufliche Qualifikation darin besteht, dass wir selbst in unserem Alltag, in unserem ganz persönlichen, privaten Umfeld, erlebt haben und erleben, dass sich unser Leben wirklich ändern kann: nicht nur im Sinne von gelingender Problemlösung oder größerer Kompetenz oder dem Anwachsen von Selbstbehauptung und Durchsetzungskraft, sondern im Sinne einer neuen Qualität von Dasein und Zugewandtheit, von Verständnis und Mitgefühl, von Vertrauen und Hoffnungskraft. Roger Walsh und Francis Vaughan haben gesagt, wir müssten all das zu leben versuchen, was wir unseren Klienten nahebringen wollen. Auch sie weisen auf unsere Aufgabe der Verwirklichung hin. Während nämlich der Wechsel auf eine höhere Bewusstseinsebene eine Frage von Übung ist, ist die Wesenswandlung etwas ganz anderes. Sie hat zu tun mit den innersten Ausrichtungen unserer Zuwendung, mit den geheimsten Absichten unseres Willens, mit dem Umfang und der Kraft unseres Verstehens und mit dem Mut unserer Lebensbejahung.

Und so kann unsere Arbeit an uns selbst nicht abgeschlossen sein, es gibt immer noch eine tiefere Herzenskammer zu ergründen, es gibt immer noch einen größeren Umkreis an Integration, einen weiteren Lebensring des Ineinanderschaffens der beiden Dimensionen unseres menschlichen Wachstums zu gewinnen. Und das schließt unseren Kreis oder die Spiralbewegung zwischen Persönlichkeit und Wesensebene, die auch in Rilkes Gedicht erscheint:

„Ich lebe mein Leben in wachsenden Ringen,
die sich über die Dinge zieh'n.
Ich weiß nicht, kann ich den nächsten vollbringen,
aber *versuchen* will ich ihn!"

Der Blick auf den Klienten, auf die Klientin

Weiter oben habe ich die transpersonale Psychotherapie benannt als die Kunst, die Teile mit dem Ganzen in Beziehung zu setzen. Diese Formulierung ist einem Zitat von Roberto Assagioli entnommen, in dem er den Therapeuten „die stetige Verfeinerung und die Anwendung des synthetischen Geistes" ans Herz legt, und ausführt, dass dazu „ein ständiges Bemühen, die Teile stets mit dem Ganzen in Beziehung zu setzen" (1988, S. 82) erforderlich sei. Das klingt schlicht, nicht sehr bedeutsam: 'Die stetige Verfeinerung und die Anwendung des synthetischen Geistes', 'das ständige Bemühen, die Teile stets mit dem Ganzen in

Beziehung zu setzen' ... Erst bei näherer Betrachtung erkennen wir mehrere Aussagen darin:

Wenn wir unseren Blick darauf richten, die Teile mit dem Ganzen in Beziehung zu setzen, sagt Assagioli, können wir unseren *synthetischen Geist* verfeinern, das heißt, wir können unseren Geist in seiner Fähigkeit zur Ganzheitswahrnehmung schulen. Das ist in anderen Worten eine Schulung der bewussten Intuition.[2]

Er sagt auch, dass wir uns darum *bemühen* müssen. Dies zeigt eine Willenshaltung an, eine therapeutische Haltung, auf die ich später zurückkommen werde. Es geht dabei um eine Schulung des transpersonalen Willens.[3]

Und dann sagt er noch, dass es darum gehe, die Teile mit dem Ganzen in Beziehung *zu setzen*. Er sagt nicht, wie das heute oft so leichthin gesagt wird, dass alles miteinander in Beziehung stehe, sondern er sagt, wir müssen das *tun*. Es erfordert unsere Ausrichtung, unsere Aktivität und unser schöpferisches Handeln. Es liegt mit an uns, *wie* die Teile und das Ganze in Beziehung gebracht werden. Die 'werdende Ganzheit Mensch' ist Schöpfungsprozess. Und die Bemühung, von der Assagioli spricht, richtet sich darauf, dass wir uns dieses fortdauernden Schöpfungsprozesses bewusst sind, als Menschen auf unserem eigenen Werdeweg *und* als Therapeuten, wenn wir andere Menschen in deren Weiterentwicklung begleiten.

Der Blick auf den Klienten ist also einer, der Teile und Ganzes in Beziehung setzt, der in der therapeutischen Arbeit den verschiedenen Dimensionen menschlichen Seins gleichermaßen Beachtung schenkt. Das bedeutet, dass nicht nur auf die Störung, auf das Problem, auf den Mangel gesehen wird, sondern auch und vor allem auf das, was werden, was wachsen will. Es geht dabei nicht um bloße Erweiterung des Blickwinkels, sondern um eine Veränderung des Blickwinkels in aktiver Zusammensetzung von Teil und Ganzem: Wir überschreiten die Polaritäten gesund-krank, oder gestört-heil, indem wir erkennen, welche Qualität gerade aus diesem Leid erwachsen will, was aus dem Störungsbild, wie dieser Mensch es trägt, an Zukünftigem erstehen möchte, was aus diesem Mangel an spezifischer Kraft gewonnen werden kann.

Wenn wir diesen Blickwinkel einnehmen, ohne aber das Leid, die Störung, den Mangel zu verleugnen oder zu idealisieren, können wir unsere Klienten in ihrer ganzen Ambivalenz, Zerrissenheit oder Fragmentiertheit ebenso wahr- und ernst nehmen, wie in der Ganzheit seines oder ihres Daseins: Alles Verwundete braucht Heilung, alle Zerrissenheit ruft nach Ganzwerdung, alle Ambivalenz sucht ihre Mitte: Es geht um eine lebendige Einfügung der Teile ins

Ulla Pfluger-Heist

Ganze, jeder Teil muss zu seinem wirklichen Sein, zu seiner wahren Lebendigkeit finden, damit er das Ganze bereichern, damit er seinen wahren Platz im Ganzen einnehmen kann, damit das neuentstehende Ganze wirklich größer ist als nur die Summe seiner Teile.

Ich habe vorher von einer Weiterbildungs-Teilnehmerin berichtet, die sich als rettungslos im Sumpf feststeckend empfand. Solches Erleben ist ja durchaus keine vereinzelte Erfahrung. Es deutet auf das sich ausbreitende Lebensgefühl hin, das seit den 70er Jahren in Psychologie und Psychotherapie zunehmend wahrgenommen und thematisiert wurde, das Lebensgefühl, den Herausforderungen dieser Welt nicht gewachsen zu sein. Wir müssen heute mehr und mehr zur Kenntnis nehmen, dass wir - und damit meine ich jetzt vor allem die Nachkriegsgeneration - in einer zerbrochenen Wirklichkeit leben, und die frühe Störung, das schwach oder unrealistisch ausgebildete Selbstgefühl, das brüchige Ich sind die inneren Korrelate dieser äußeren Realität. Wir haben inzwischen die Diskussion recht weit entwickelt, wie die in den östlichen spirituellen Traditionen geforderte Ich-Überschreitung in den Begriffen westlichen psychologischen Denkens aufzufassen ist. Wir haben unterscheiden gelernt zwischen dem schwachen Ich, das gestärkt werden und dem festgefügten Ich-Konzept, das als Bild entlarvt und überschritten werden muss. In gewisser Weise scheint mir aber diese Diskussion insofern ganz müßig zu sein, als wir das Ich, von dem die spirituellen Traditionen sprechen, das sich seiner selbst so sicher ist, und den höheren Wirklichkeiten einen festgefügten Widerstand entgegenhalten kann, immer seltener antreffen. Stattdessen haben wir es mit schwachen Ich-Strukturen zu tun bei Menschen, deren spirituelle Sehnsucht gerade aus der Erfahrung von Mangel, Zersplitterung und Sinnverlust heraus schmerzhaft und brennend ist. Und es macht wenig Sinn dann zu sagen: Du musst mit Deiner spirituellen Suche noch warten, Du bist noch nicht soweit, das Haus Deiner Persönlichkeit muss erst noch fester gemauert werden, bevor es dann losgehen kann mit dem, wonach Du so sehr verlangst. Vielleicht können wir stattdessen erkennen, dass gerade solche Beschädigung der Ich-Strukturen das Potential einer Durchlässigkeit besitzt, und dass unser therapeutisches Problem darin bestehen könnte, welche neuen Wege und Methoden des Umgangs wir damit finden, wenn wir darin nicht so sehr Störung, als vielmehr eine „unfertige Begabung" sehen, wie Veronica Gradl das nennt (ohne Jahresangabe, S. 87).

Mir erscheint es ganz wichtig, dass wir ein Verständnis vom menschlichen Werdeweg entwickeln, das diesen sehr realen Bedingungen gerecht wird. Wenn wir die psychologische und die spirituelle Entwicklung hintereinanderstellen, und glauben, dass zuerst die eine kommt, und dann erst die andere folgen kann, können wir mit der bestehenden Realität einer beschädigten psychologischen Struktur, die gerade deshalb um so dringender nach einer größeren Dimension ruft, weil nur von dort Heilung erfolgen kann, nicht umgehen. Natürlich strebt der Gang der Entwicklung ein Mehrwerden im spirituellen Sinn an und es ist deshalb offensichtlich, warum Entwicklungsmodelle, wie z.B. das von Ken Wilber, die spirituellen Stufen im eigentlichen Sinne erst auf die Stufen der Persönlichkeitsentwicklung folgen lassen. Ich glaube aber, wir müssen auch hierbei lernen, die Teile mit dem Ganzen in Beziehung zu setzen. Wenn wir nämlich mit der Frage auf unsere Klienten schauen: Geht es hier um Stärkung der Persönlichkeit *oder* geht es um Transzendenz, dann scheint mir das ein Spaltungsbewusstsein anzuzeigen, das die beiden Dimensionen selbst nicht zusammenhalten kann oder will. Wenn wir aber fragen: Wie kann diese Persönlichkeit ihr größeres Wesen ausdrücken? Oder was steht solchem Selbst-Ausdruck, solchem Wesens-Ausdruck im Weg? Wenn wir fragen, wieviel Wesenhaftes will hier zum Ausdruck kommen, das blockiert ist, und verwirklicht werden könnte? Wenn wir also fragen, wie wir dem Karlfried helfen können, durch den Dürckheim zu kommen und was der Dürckheim braucht, damit er mehr vom Karlfried zum Ausdruck bringen kann, dann haben wir in unserem Blick auf den ganzen Menschen die Dimensionen zusammengefügt. Wenn *ich* die beiden Dimensionen in *meinem* Bewusstsein zusammenhalten kann, dann kann ich meinen Klienten dabei helfen, ganz andere Lösungen für ihre Lebensprobleme zu finden. Dann stütze ich beispielsweise nicht mehr eine falsch verstandene Durchsetzungsfähigkeit, die auf eigenem Willen *gegen* andere, auf eigenen Bedürfnissen *unter Ausschluss* anderer beharrt, eine Vorgehensweise, die unverständlicherweise oft als 'Selbstverwirklichung' bezeichnet wird. Wenn ich die Dimensionen in meinem Bewusstsein zusammenhalte, dann kann *mein* entschiedenes Festhalten am Glauben an die Einheit und Unteilbarkeit des Ganzen dazu beitragen, dass die Lösung gefunden wird, die allen dient und niemandem schadet[4]. Die Lösung, die das Ganze im Sinn behält, ohne den Teil zu vernachlässigen. Dann kann eine wirkliche Ich-Kraft, ein größerer Wille, eine tiefere Einsicht jetzt gleich Einzug halten.

Wenn wir über die Teile und das Ganze reden, ist uns allen sicherlich recht klar, was mit den Teilen gemeint ist: Die psychologische Ebene ist uns gut vertraut, und wir kennen uns hinreichend aus mit psychischen Funktionen, mit Komplexen und Teilpersönlichkeiten, mit Bewusstseinsebenen, mit Selbst- und Objektbildern und anderem mehr. Ken Wilber hat in einem großen Wurf diese

Ulla Pfluger-Heist

verschiedenen Teile als Wellen und Ströme, als Stufen und Linien zu einem Bild zusammengefasst: Er nennt das 'das Nest des Seins' (2001, S. 22 u. S.48), und es sieht aus, wie man sich Rilkes wachsende Ringe vorstellen würde: konzentrische Kreise, einer immer größer als der andere, um eine stille Mitte herum. Das ist ein umfassendes, 'ganzes' Bild unserer Teilhaftigkeit. Ob wir davon mehr oder weniger wahrnehmen, was immer wir überhaupt davon wahrnehmen und worauf wir vielleicht besonderes Gewicht legen, wir bleiben damit immer noch auf der Ebene der Teile, in der horizontalen Dimension. Unser Blick auf die vielfältigen Anteile der Persönlichkeit ist je nach Schule, Ausbildung und individuellen Faktoren durchaus verschieden. Gleichwohl haben wir auf der Ebene der Teile unsere Mittel der Einschätzung, die unseren Blick gestalten. Ein Blick, der sachlich-objektiv ist, der sozusagen auf ein Es gerichtet ist. Unser Blick auf die Teile der Persönlichkeit ist uns weitgehend bewusst, ist objektiviert.

Was aber ist DAS GANZE? Da wird die Angelegenheit schon schwieriger. Es fällt uns nicht leicht, das Ganze zu benennen. Und doch haben wir alle schon Momente der Ganzheit erlebt, nicht nur in der Meditation, falls wir diese praktizieren, sondern auch ganz spontan im täglichen Leben: ein vollständiges Eingetauchtsein in ein Tun, Versunkenheit im Anblick eines überwältigenden Naturschauspiels, ein Moment reiner Achtsamkeit, ein tiefe Liebeserfahrung, ein Augenblick der Zeitlosigkeit, ein Stillewerden...

Auf der Ebene des Erlebens wissen wir recht gut, was Ganzheit ist. Wir wissen es, weil wir es alle auch in uns tragen. Das Selbst oder die Seele als wachsende, sich entwickelnde Aktivität ist immer schon da, auf jeder Stufe der Bewusstwerdung. Jeder und jede von uns ist ja bei aller Zerbrochenheit, bei allem Mangel, bei aller Verwundung auch lebendig, ganz, heil. Es gibt etwas in uns, das uns in all unserer Teilhaftigkeit zusammenhält, das uns über unsere Brüche hinweg zu *einem* Menschen macht, und ich weiß doch, dass ich dieselbe bin heute wie damals als Kind, auch wenn mir das in der Rückschau vielleicht wie ein anderes Leben vorkommt, und dass ich dieselbe sein werde in Zukunft, obwohl ich doch hoffe, dann auch eine ganz andere geworden zu sein. Es gibt viele Bezeichnungen für dieses Ganze, und ob wir es Selbst nennen oder Seele oder Höheres Selbst oder wie auch immer, letztendlich geht es um das Lebendige in uns, das Wachsende, Werdende, das sich in seiner Entwicklung und seiner Wandlung immer gleich bleibt, auch wenn es immer wieder neu werden muss, so dass es auf anderen Stufen der Bewusstwerdung immer wieder neu zu sich selbst erwachen kann, in immer größerem Umkreis seiner Aufmerksamkeit und seiner Reichweite.

Um Teile und Ganzes in Beziehung zu setzen, müssen wir diese Ganzheit sozusagen im Zentrum unseres Blickfeldes halten können, ohne die Teile zu vernachlässigen. Bei all unserem Wissen um Psychodynamik und Ich-Stärkung, um Objektbeziehungen und um emotionale und kognitive Strukturen, bei aller Betrachtung von Quadranten und Ebenen muss unser wesentliches Augenmerk immer auf diesen innersten Kern des Menschseins gerichtet sein. Seine Lebendigkeit zu schützen und zu stärken, oder aber sie wiederzufinden und neu zu beleben, muss unser tiefstes Anliegen sein. In diesem Sinn kann transpersonale Psychotherapie auf allen Stufen menschlicher Entwicklung ihre Aufgabe und ihren Platz finden, weil es nicht darum geht, auf welcher Stufe der Mensch, mit dem ich arbeite, sich bewegt, sondern darum, mit welchem Blick ich als transpersonal orientierte Psychotherapeutin auf den *ganzen* Menschen schaue und frage, was sein oder ihr nächster Schritt auf seinem oder ihrem Weg ist, und meines dazu beitrage, dass dieser Schritt getan werden kann.

Obwohl wir also alle wissen, was Ganzheit ist, finden wir es doch immer wieder recht schwer, davon zu sprechen, wir leben so sehr in der analytischen Denkwelt der Teile, dass wir das Ganze schwer benennen können. Wir müssen dazu in einen anderen Modus wechseln: umschalten von der Analyse auf die Synthese, und das beinhaltet mehr als nur ein Summieren der Teile, es erfordert einen Ebenenwechsel. Der sachlich-objektive Blick auf ein 'Es' reicht nicht mehr aus. Die vertikale Dimension muss dazutreten, die eine ganz andere Art der Beziehungsaufnahme erschafft: Beziehung zu einem wirklichen, zu einem lebendigen Du. Martin Buber hat diese Beziehungform nicht nur als *dialogisches Prinzip* bekannt gemacht, sondern er verkörpert es auch durch und durch.

Der Blick auf den Klienten bedeutet also auf der Ebene der Ganzheit, dass wir nicht mehr von außen schauen können, wie das bisher noch möglich war. Wir brauchen jetzt andere Möglichkeiten, andere 'Instrumente'. Wenn wir auf die Ganzheit des anderen Menschen 'schauen' wollen, müssen wir ganz zu dieser in Beziehung treten.

Die heilende Beziehung

Dass die Beziehung zwischen Therapeut und Klient ein wesentlicher Wirkungs- und Heilungsfaktor ist, ist eine der am besten gesicherten Erkenntnisse in der Psychotherapieforschung (Yalom 1989; Grawe et al. 1994). Das Verständnis dieser Beziehung und ihre Ausgestaltung haben sich seit Freuds genialen und mutigen Experimenten verändert und weiterentwickelt. Sein Abstinenzgebot diente dazu, die Therapeuten vor Verwicklungen mit Mustern der Klienten, und die Klienten vor Übergriffen von seiten der Therapeuten zu schützen, und eine freie Leinwand für das Erleben der Klienten zur Verfügung zu stellen. Carl Rogers hat mit der klientenzentrierten Schule Wertschätzung, empathische Einfühlung und Authentizität eingebracht, und Eugene Gendlin hat meines Erachtens mit seinem Focusing den nächsten ganz wesentlichen Schritt getan, indem er zeigte und durch Forschung absicherte, dass diese 'klientenzentrierte' Beziehungsform noch größeres Heilungspotential besitzt, wenn es dem Klienten gelingt, sie so zu verinnerlichen, dass er Wertschätzung, empathische Einfühlung und Authentizität in seiner inneren Beziehung, in seinem inneren Gespräch, in seiner Zuwendung zu sich selbst aufbauen und pflegen kann.

Die humanistisch-existentiellen Schulen beziehen sich auf Martin Buber und sprechen von echter Beziehung, von wirklichem Gegenübersein, von existentieller Kommunikation und von Zuwendung aus dem ganzen Sein. Sie betonen, dass es jenseits der Übertragungs-Gegenübertragungsbeziehung etwas gibt, das das eigentlich Heilsame ist, und dass der Prozess der Therapie darin besteht, aus dem verstaubten Wachsfigurenkabinett der einen heraus- und in die Lebendigkeit der anderen hineinzuwachsen.

Aber Buber spricht noch von etwas anderem. Bubers dialogisches Prinzip enthält eine höhere Ebene, eine andere Dimension. Er redet weniger davon, dass wir als Menschen und Sozialwesen immer in Beziehung miteinander stehen, sondern vielmehr davon, wie sich in der Beziehung zum Du die höhere Dimension, eine neue Wirklichkeit entfalten kann. Dies kann aber nur dort geschehen,wo sich die Dialogpartner in ihrem Dasein und Sosein wirklich meinen und sich einander in der Intension lebendiger Gegenseitigkeit zuwenden. Wenn die „Andersheit des Anderen" anerkannt wird, kann in diesem dialogischen Raum eine neue Wirklichkeit entstehen, eine Wirklichkeit, die die Partner nicht 'machen' können, sie gehört ihnen nicht, aber sie können ermöglichen, dass sie zum Leben kommt. Dieses „Zwischen", das in dialogischer Beziehung erwächst, ist für Buber eine geistige Wirklichkeit, etwas, das über die beiden Dialogpartner hinausreicht in einen höheren Raum hinein, es ist eine neue Lebendigkeit auf höherer Ebene, ein „Geistgeschöpf".

„Die Eswelt", sagt Buber „hat Zusammenhang im Raum und in der Zeit. Die Duwelt hat in beiden keinen Zusammenhang. Sie hat ihren Zusammenhang in der Mitte, in der die verlängerten Linien sich schneiden: im ewigen Du." (1997, S. 101f) Für Buber öffnet sich also gerade im radikalen Aufspannen der horizontalen Achse Ich - Du die vertikale Achse einer Wirklichkeit, die uns übersteigt: Indem ich mich dem wirklichen Anderen zuwende, beginnt dessen Sein sich mir zu öffnen, und indem ich mich davon wirklich angeredet fühle, bin ich aufgerufen, auch wirklich zu antworten, aus meinem ganzen Sein heraus diesem anderen Sein zu antworten. Je tiefer ich in mich hineingehe, desto direkter und unmittelbarer wird die Beziehung zum Du. Mein tieferes In-mich-Gehen ist gleichzeitig ein Schritt über die Begrenzung meines Ich hinaus. Je tiefer ich ich selbst bin, desto klarer kann ich dein Du-Sein erkennen. Dazu muss ich mich auf mich selbst, auf mein Sein ebenso einlassen wie auf Dich und Dein Sein, ich kann nicht mehr 'draußen' bleiben, kann nicht mehr von außen schauen. Wir beide sind und erleben uns als Teil einer uns umfassenden Wirklichkeit.

Die Betrachtung des Beziehungsspektrums im Rahmen der Psychotherapie hat uns von der Sicherheit der Abstinenz im Sinne Freuds bis hin zum Wagnis des Einlassens auf die Unmittelbarkeit Bubers geführt. Hin zur Unmittelbarkeit einer Beziehung, in der ich mich einlassen muss auf die Ungewissheit des Werdeprozesses. In der ich mich dem anvertrauen muss, was sich *hier jetzt* zwischen dir und mir ereignen will. Die Unmittelbarkeit einer wirklichen Gegenüber-Beziehung geschieht auch mir, ich kann es nicht tun, obwohl ich alle meine Ich-Kräfte dazu versammeln muss, dass es möglich werden kann: Meinen Willen und meine Liebesfähigkeit, meinen Mut und meine Durchhaltekraft, meinen Humor und meine Bescheidenheit und vieles andere dazu. Wenn ich all diese Kräfte bei mir habe, dann *kann* es sich ereignen *zwischen* uns, wie Buber betont.

In der transpersonalen Psychotherapie begrenzen wir uns nicht auf eine bestimmte Beziehungsform. Wir wollen das ganze Spektrum zur Verfügung haben und uns darin üben. Je versammelter wir in unserem Zentrum sind, desto flüssiger mag es uns gelingen, von einer Form zur anderen zu wechseln, je nach Situation und Notwendigkeit. Wenn ich mich hineinziehen lassen kann in die emotionalen Reaktionsmuster der Klienten, wenn ich mich also der Dynamik aussetze, ohne darin verloren zu gehen, kann ich dem Anderen bei seiner Bewusstwerdung dieser Muster zur Seite stehen. Indem ich mich aber nicht nur als Leinwand für die Übertragung betrachte, sondern mich als wirklichen Menschen in die Beziehung hineinstelle, und dabei Wertschätzung, bewusste Einfühlung und Echtheit aufrecht halten oder aber immer wiederfinden kann, entsteht gleichzeitig ein neues Beziehungselement, das über das Geschehen von Übertragung und Gegenübertragung hinausgeht. Wenn ich als Therapeutin einen Schritt über diese Dynamik hinausmache, bringe ich aktiv eine neue Form der Beziehungsgestaltung hinein, ich kann etwas von dem dazugeben, was diesem Menschen in seinem bisherigen Leben gefehlt, was ihm oder ihr gemangelt hat. Wenn ich noch einen weiteren Schritt mache, mich in meiner Präsenz versammle, und von dort aus diesem Menschen gegenüber sein kann, dann kann sich dieser Raum zwischen uns aufspannen, der nicht nur etwas von dem Fehlenden dazugibt, sondern darüber hinaus Neues ermöglicht, Zukünftiges einlädt, so dass wir beide ein Stück mehr werden können. Solche Ich-Du-Beziehung ist nämlich immer gegenseitig. Auch ich muss bereit sein, mich ändern zu lassen durch das, was sich zwischen uns ereignet.

Verschiedene Beziehungsformen stehen uns zur Verfügung in der Gestaltung der therapeutischen Begegnung. Aber darüber hinaus gibt es noch das Beziehungsganze, die sich verändernde, hoffentlich wachsende Beziehungsgestalt, die lebendige Beziehung zwischen Mensch und Mensch, die sich in den Wochen, Monaten oder Jahren eines Therapieverlaufes bildet und entwickelt, und dadurch eine Wirklichkeit der Verbundenheit erschafft. Eine Wirklichkeit, die bleibt und weiterwirkt, auch wenn die gemeinsame Zeit der therapeutischen Arbeit zuende ist. Und ich meine, wenn es uns gelingt, im Verlauf der gemeinsamen Arbeit mit unseren Klienten dieses Bleibende, das wir hier miteinander erschaffen, ins Bewusstsein zu nehmen und im Bewusstsein zu halten, die inneren Repräsentanzen, die im Klienten, in seinem Leben und seinem Lebensumfeld ebenso weiterleben und weiterwirken werden wie in mir, in meinem Leben und in meinem Lebensumfeld, dann hat unsere Aufmerksamkeit, unser Wille und unsere Intuition einen guten Fokus. Dann stehen wir im Geist der Synthese, der uns erkennen hilft, welche Früchte unser Tun bringt, so dass wir immer größere Ganzheit erkennen lernen, so dass wir immer ein Stückchen mehr lernen, zu wissen, was wir tun.

Die therapeutische Haltung

Die transpersonale Psychotherapie sieht als Kern der therapeutischen Haltung die Achtsamkeit als ein meditatives Gewahrsein, das nicht mit therapeutischen Konzepten und diagnostischen Einschätzungen befasst ist, sondern wahrnehmen kann, was von Augenblick zu Augenblick tatsächlich geschieht.[5] Solches Gewahrsein ermöglicht ein tiefes Zuhören, ein offenes Wahrnehmen des Klienten. Es ermöglicht mir als Therapeutin Freiheit von persönlichen Ablenkungen, von Projektionen, von alten Gefühls- und Denkmustern und von meinen Verteidigungsstrategien, es ermöglicht mir unverstelltes, unmittelbares Dasein.

Die Verankerung des Therapeuten in der Seinsebene, sein Verbundensein mit dem Selbst, seine oder ihre Präsenz wird in der transpersonalen Literatur als die eigentlich heilende Kraft beschrieben. Sie ermöglicht, dass die Qualitäten des transpersonalen Raumes, des Höheren Unbewussten zufließen können. Thomas Yeomans, ein amerikanischer transpersonaler Therapeut, sagt z.B.: „Die therapeutische Präsenz erzeugt oder evoziert ein spirituelles Energiefeld, das Klient und Therapeut einhüllt und das die Verbindung des Klienten oder der Klientin zur eigenen Seele aktiviert. (...) Man könnte sagen, dass in diesem Feld, das durch die Präsenz des Therapeuten geschaffen wurde und auf das die Seele des Klienten reagiert, die beiden Seelen vereint sind in der gemeinsamen Anstrengung (...). Je kohärenter die Präsenz vom Therapeuten oder der Therapeutin aufrechterhalten werden kann, umso kraftvoller ist dieses Feld. Daher wird das Ausüben von Präsenz die wichtigste Kunst in der Praxis spiritueller Psychotherapie." (1998, S. 32)

Thomas Yeomans hat Richtlinien erarbeitet, eigentlich für die 'spirituelle Gruppenarbeit', die sein Hauptanliegen ist, die aber auch in der Einzelarbeit anwendbar sind, und die ein handhabbares Werkzeug für die transpersonale Haltung darstellen. Diese Prinzipien werden Ihnen bekannt vorkommen, wenn Sie eine Meditationspraxis ausüben. Indem sie hier als Prinzipien gefasst sind, können sie leicht übertragen werden auf die Arbeitssituation und können auch in der Ausbildung weitergegeben und geübt werden. Es sind sehr einfache Dinge, die wie immer, wenn es um Einfachheit geht, gar nicht leicht zu verwirklichen sind. Ich nenne hier nur einige davon:

- Langsam werden, um Verbindung herzustellen. Im bewussten Langsamwerden verändert sich die Wahrnehmung.
- Schweigen praktizieren, damit Tieferes sich zeigen kann.
- Konflikte, Gegensätze und Polaritäten willkommen heißen und dasein lassen, sie im Bewusstsein halten, statt sie vorschnell zu lösen, damit ein größeres Spektrum an Erfahrungen zugelassen und wertgeschätzt werden kann.
- Intensität halten, sie im Schweigen, in der Stille dasein lassen, damit die größere Kraft kommen darf.
- Das Unbekannte willkommen heißen, damit die größere Ganzheit sich zeigen kann.
- Sich am Prozess freuen, so dass Erfolgsorientierung losgelassen und zur Wertschätzung der Erfahrung und des Lebens selbst durchgedrungen werden kann. (2002, S. 18)

Wer diese schlichten Dinge ausprobiert, kann erfahren, dass sie viel Zentrierung, Ausrichtung und Willenskraft erfordern, aber sehr wirksam sind.

Thomas Yeomans fasst die therapeutische Haltung so zusammen: „Es ist das Sein des Therapeuten oder der Therapeutin mehr als irgendein Tun, das zur Heilung der Wunde beiträgt. In der Stille dieser willkommen heißenden Präsenz beginnen Klienten Stück für Stück aufs Neue Erfahrungen zu machen, dass sie wirklich so, wie sie sind, willkommen sind." (1998, S. 32)

Jetzt möchte ich noch einmal auf Dürckheims Warnung zurückkommen, auf seinen Hinweis, dass die höheren Bewusstseinsdimensionen an und für sich unpersönlich und unpersonal sind, und dass es an uns liegt, sie persönlich zu integrieren, sie menschlich zu durchdringen, den GEIST auf die Erde zu bringen, das Wort Fleisch werden zu lassen. Dürckheim erinnert uns daran, dass es verschiedene Möglichkeiten gibt, mit den höheren Dimensionen umzugehen, und das halte ich für ganz entscheidend in Bezug auf die therapeutische Haltung. Denn dabei stellt sich ja sofort die Frage nach der Zielsetzung bzw. nach dem Inhalt: Was will meine Haltung 'halten'? Was will ich halten, das gedeihen, das daraus erwachsen soll? Wozu will ich eine Haltung einnehmen? Was soll das bewirken?

Wir können uns als transpersonale Psychotherapeuten auf eine Weise in einem überpersönlichen Raum verankern, in der eine Abspaltung des Persönlichen geschieht bei uns selbst, und in der Folge häufig auch bei unseren Klienten. Wir können aber auch nach einer Haltung des wirklichen Gegenwärtigseins streben und uns in ihr üben. Oft wird auch der Begriff der 'Zentrierung' gebraucht, und ich finde, dass das Wort sehr schön eine Loslösung von Identifikationen ins Bild setzt, ohne dass dabei Persönliches unterdrückt oder abgespalten werden muss. Alles darf da sein, kann versammelt werden um ein Zentrum, um eine freie Mitte herum. Von da aus kann ich antworten, anstatt nur zu reagieren. Aus religiösem Sprachgebrauch kennen wir den Begriff der Geistesgegenwart, und darin ist gleich die Anwesenheit einer größeren Kraft, einer höheren Dimension angezeigt. Wenn wir geistesgegenwärtig sind, sind wir ganz da, mit dem, was wir sind, mit unseren Stärken ebenso wie mit unseren Schwächen, eben mit allen unseren Kräften *und* wir sind gleichzeitig durchlässig für das, was größer ist als wir selbst.

Thomas Yeomans hat gesagt, dass in der Stille der Präsenz des Therapeuten die Klienten die Erfahrung machen können, dass sie so wie sie sind, willkommen sind. Das ist ein sehr schönes Bild und ich denke, wir haben alle schon die Erfahrung gemacht, wie heilsam eine solche Präsenz auf uns selbst und auf andere wirken kann.

Aber ich muss leider auch gestehen, dass es in meinen Therapiestunden nicht immer so gesammelt zugeht. Meine Präsenz ist nicht immer so umfassend, dass ich meine Klienten, so wie sie sind, willkommen heißen kann. Und vielleicht ist das auch nicht immer erstrebenswert.

Dazu möchte ich ein Beispiel aus meiner Praxis berichten:

Eine junge, alleinerziehende Frau, die vom Sozialamt unterstützt wird, spricht in der Therapiestunde darüber, dass sie vom Amt bedrängt wird, sich eine Arbeitsstelle zu suchen. Sie findet das ungerecht, denn schließlich erzieht sie, wie sie sagt, ja ihre Kinder auch für die Allgemeinheit, und deshalb sieht sie sich berechtigt, eine Berufstätigkeit abzulehnen. Im Gespräch mit ihr kommen in mir zunehmend aggressive Gefühle auf, und schließlich lasse ich mich zu der Bemerkung hinreißen, das Geld für die Sozialhilfe falle schließlich auch nicht vom Himmel, sondern werde von anderen Menschen erarbeitet. Das sagte ich mit ziemlich spitzem Unterton. Von Willkommenheißen keine Spur! Die junge Frau antwortete mit Gegenangriff und die Sätze flogen hin und her. Ich konnte dann beobachten, dass ich in kämpferischen Gefühlen gefangen war, registrierte also meine Gegenübertragung, die mich für eine Weile ganz und gar eingenommen hatte. Nun aber konnte ich heraustreten und wahrnehmen, dass durch diese Auseinandersetzung die Beziehung zwischen uns völlig abgebrochen war: Wir saßen da in Gegnerschaft und Unverständnis, der Raum war erfüllt von Vorwurf und Widerstand. Das erfüllte mich zutiefst mit Betroffenheit und Trauer, wo doch in den letzten Wochen in achtsamer und wirklich mühsamer Arbeit ein zartes Beziehungspflänzchen zwischen uns aufgekeimt war. Ein sehr kostbares Pflänzchen, weil diese Frau sich so umfassend verteidigt, dass es schwer ist, ihr wirklich nahe zu kommen und sie zu finden. Es erfüllte mich auch mit Scham, weil ich ihr gegenüber in eine so abwertende Haltung gefallen war. Aber aus meiner wiedergefundenen Mitte heraus konnte ich ihr jetzt ganz einfach mitteilen, was in mir vorgegangen war, und das ließ sofort eine neue Verbindung zwischen uns entstehen, eine Verbindung, die anders, die fester und verlässlicher war als zuvor, und die in der Zwischenzeit auch bereits einige neue Belastungsproben überstanden hat.

Die Klientin ist übrigens jetzt auf Arbeitssuche, und wir können über ihre Angst sprechen, sich aus dem sicheren Versteck ihres Hausfrau- und Mutter-Seins herauszuwagen und sich der Welt und deren Anforderungen zu stellen. So wie der Prozess zwischen uns verlaufen war, konnte sie selbst auf ihre Angst stoßen und sich ihr zuwenden. In der Sicherheit der menschlichen Verbundenheit mit mir konnte sie mich an der Angst teilhaben lassen, ohne sie weiter verbergen zu müssen. Durch das Eingeständnis meines Fehlers, das Zeigen meiner Schwäche war ich ihr gleich geworden.

Natürlich kann ich nicht sagen, was geschehen wäre, wenn ich nicht von Gegenübertragungsgefühlen gegriffen worden wäre. Aber ich glaube, dass genau das hier das Hilfreiche war: Dass ich von Gefühlen überwältigt worden war, bewirkte meine Betroffenheit, aus der sich ein Größeres auffalten konnte. Und dass ich es bemerkt und ihr eingestanden habe, ermöglichte ihr, mir näher zu kommen, mich in meinen menschlichen Schwächen zu erleben, und genau dadurch ein Stück ihrer Verteidigungsmauer aufzugeben. Zwischen den wechselnden Bildern ihrer ambivalenten Übertragung der Idealisierung und der Abwertung war meine reale menschliche Gestalt sichtbar geworden und sie hatte es wahrnehmen können, weil es ein Moment der direkten und ungeschützten Begegnung zwischen uns war. Ein Raum hatte sich für einige Augenblicke aufgespannt, in dem wir beide anwesend waren: Sie hielt die eine und ich die andere Seite eines Konfliktes, der über uns zwei Personen weit hinausreicht. Eines Konfliktes, der um das Individuum und die Gemeinschaft, um Selbstsein und gesellschaftlich Gefordertes, um innere Bedürfnisse und äußere Notwendigkeiten, um regressive Wünsche und Lebensanforderungen kreist. Indem wir das wahrnahmen, anerkannten und so sein ließen, wurden wir beide umschlossen, wurden Teil eines größeren Ganzen, das uns jetzt tragen konnte, wir waren gleich geworden in unserer Verschiedenheit der Positionen. Wir haben das beide erlebt, jede auf ihre Weise, es war spürbar im Raum und wir konnten darüber sprechen. Ihr Vertrauen in unsere Beziehung, in sich selbst und ins Leben ist seither sichtlich gewachsen und mein Vertrauen in ihre Kraft ebenso.

Ich habe das Beispiel erzählt, weil ich glaube, dass es wichtig ist, ganz konkret zu machen, was wir meinen. Wenn wir von Präsenz reden oder von der Verankerung im transpersonalen Bewusstseinsraum, dann geschehen nämlich sehr leicht Verdinglichungen in unserem Verständnis. Martin Buber sagt dagegen ausdrücklich: „Denn ich rede von nichts anderem als von dem wirklichen Menschen, dir und mir, von unserem Leben und unserer Welt, nicht von einem Ich an sich und nicht von einem Sein an sich." (1997, S.17) Um die therapeutische Haltung menschlich zugänglich und persönlich erfahrbar zu beschreiben, ist für mich das hilfreichste Bild *das versammelte Herz*. Und dazu gehört meine *Bemühung*, nichts von mir auszusperren, auch nicht in meinem beruflichen Dasein; meine Bemühung, auch bei mir selbst die Teile und das Ganze in Beziehung zu setzen: Wenn ich alles bei mir haben kann, was zu mir und meinem Leben dazugehört, vom allerverletztesten Kind bis zur elaboriertesten Therapeutin, dann ist mein Herz so versammelt, dass es zum Gefäß werden kann für die größere Kraft, die durchscheinen, die durchtönen will. Denn diese größere

Kraft ist angewiesen auf meine wirkliche Anwesenheit, auf mein versammeltes Herz, auf meine ganze Person, damit sie durch mich auf die Erde kommen kann: *personare*.

Das ist keine leichte Aufgabe, weil wir ja meistens dazu neigen, das abzuspalten, wegzulassen, was uns schwach und hilflos macht. Wir orientieren uns lieber an Bildern, die uns suggerieren, wir seien 'schon weiter', wir hätten uns den Verletzlichkeiten unserer menschlichen Natur in eine höhere Sphäre davonentwickelt. Unsere narzisstischen Persönlichkeitsanteile wollen uns zu gerne dazu verführen, anders zu werden, anders zu scheinen, als wir sind. Ich glaube, dass uns stattdessen das archetypische Bild des 'verwundeten Heilers' bei der Bemühung um das versammelte Herz ein gutes Leitbild sein könnte. Assagioli hatte uns darauf hingewiesen dass es eine Bemühung erfordert, die Teile und das Ganze in Beziehung zu setzen. Es geht nicht von allein, es braucht eine Willenshaltung, die mit dem Willen zur Ganzheit umschrieben werden könnte. Das Wort *Bemühung* drückt gleichzeitig aus, dass es uns nicht immer gelingen wird, und das kommt mir einerseits entlastend und andererseits auch aufrichtig vor: Die therapeutische Haltung der Präsenz ist ja kein Status, den man einfach einnehmen kann, sondern sie ist eben meine Bemühung um eine größere Ganzheit, in der die Teile ihren Platz haben dürfen, sie ist meine Ausrichtung auf ein wahreres Menschsein, sie ist mein Streben danach, zu werden, was ich im Tiefsten bin, sie ist mein ehrliches Anliegen, anderen dabei zur Seite zu stehen, das zu werden, was sie im Tiefsten sind.

Die therapeutische Haltung in der transpersonalen Psychotherapie ist für mich wesentlich eine Haltung, in der Willenausrichtung und Liebesfähigkeit versammelt sind, so dass nicht länger getrennt bleibt, was zusammengehört, so dass sich die beiden Dimensionen menschlicher Erfahrungswelt zu einer Ganzheit des Menschseins fügen dürfen, die vom Prinzip der Einheit in der Vielfalt getragen wird (vgl. Assagioli 2003). Beide Dimensionen sind grundlegend, dabei ist aber die Dimension der Ganzheit *vorgeordnet*. Um das zu verdeutlichen, möchte ich ein Bild benutzen, das ich von Veronica Gradl (vgl. 1994, S. 67 - 69) entlehnt habe: Ich kann meine verschiedenen Persönlichkeitsanteile um mich versammeln wie die Schalen einer Zwiebel. Ob diese Schalen ganz und unversehrt, oder ob sie löchrig und rissig sind, spielt fürs Kochen nur eine sekundäre Rolle. Ich kann sie allemal noch in eine Soße schneiden. Aber ob die Zwiebel intakt ist, so dass ich sie einpflanzen kann, und eine neue Pflanze daraus wachsen wird, die Blüten treiben und Samen bilden wird für eine nächste Generation Zwiebeln, das liegt ganz allein an dem lebendigen, grünen Zwiebelkeim in der Mitte, der das Geheimnis des Lebens in sich birgt. Vom Heilsein dieses Keims hängt alles weitere Leben ab. Darum ist unsere Zuwendung zur Ganzheit des Selbst, unser Hüten des Zwiebelkeims, unsere Ehrfurcht vor dem Geheimnis des Lebendigen, das in den innersten Herzenskammern wohnt, ganz unabdingbar wichtig.

Ich schließe mit einem Gedicht von Hilde Domin. Das Gedicht fasst in wundersam eindringliche Worte, was ich hier als mein zentrales Anliegen verdeutlichen wollte. Es heißt:

Bitte
Wir werden eingetaucht
und mit dem Wasser der Sintflut gewaschen,
wir werden durchnäßt
bis auf die Herzhaut.

Der Wunsch nach der Landschaft
diesseits der Tränengrenze
taugt nicht,
der Wunsch, den Blütenfrühling zu halten,
der Wunsch, verschont zu bleiben,
taugt nicht.

Es taugt die Bitte,
dass bei Sonnenaufgang die Taube
den Zweig vom Ölbaum bringe.
Dass die Frucht so bunt wie die Blüte sei,
dass noch die Blätter der Rose am Boden
eine leuchtende Krone bilden.

Und dass wir aus der Flut,
dass wir aus der Löwengrube und dem feurigen Ofen
immer versehrter und immer heiler
stets von neuem
zu uns selbst
entlassen werden.

Anmerkungen

1 Ich füge die Disidentifikations- oder Selbstidentifikationsübung hier an für alle Leserinnen und Leser, die nicht mit ihr vertraut sind. Dabei verwende ich eine Formulierung, wie sie nach langjähriger Erfahrung heute von vielen Psychosynthese-Praktizierenden benutzt wird:

Setze dich bequem und entspannt hin. Sammle dich, indem du eine Weile deinem Atem mit deiner Aufmerksamkeit folgst. Dann bekräftige langsam und aufmerksam Folgendes:

„Ich habe einen Körper, aber ich bin nicht mein Körper.Mein Körper ist ein Teil von mir, er ist ein kostbares Werkzeug der Erfahrung und des Handelns, aber er ist nicht mein Selbst, mein wirkliches Ich. Ich habe einen Körper und ich bin nicht mein Körper.

Ich habe Gefühle, aber ich bin nicht identisch mit meinen Gefühlen. Meine Gefühle sind ein Teil von mir, sie wechseln ständig, aber mein Wesen ändert sich nicht. Meine Gefühle sind also nicht mein Selbst, mein wirkliches Ich. Ich habe Gefühle und ich bin nicht meine Gefühle.

Ich habe einen Verstand, aber ich bin nicht identisch mit meinem Verstand. Mein Verstand ist ein wertvolles Organ des Erkennens, aber er ist nicht das Wesen meines Seins. Ich habe einen Verstand und ich bin nicht mein Verstand.

Nach der Disidentifikantion meiner selbst, des „Ich", von den Inhalten meines Bewusstseins, von den Sinneswahrnehmungen, Gefühlen und Gedanken erkenne und bekräftige ich, dass ich ein Zentrum reiner Selbstbewusstheit und des Willens bin. Ich bin ein Zentrum reiner Bewusstheit.

Diese Übung gehört zu den evokativen Übungen. Es geht dabei nicht darum, sich etwas einzureden, sondern darum, in eine innere Erfahrung zu gehen und dabei aufmerksam zu erkunden, was im Bewusstsein aufgerufen wird, wenn man der Übungsanleitung folgt. Auf diese Weise kann die Übung, vor allem, wenn sie ein Weile regelmäßig praktiziert wird, in einen transpersonalen Bewusstseinsraum führen, in die Erfahrung des Selbst."

2 Die Entwicklung der Intuition, d.h. deren Bewusstwerdung, Integration, Verfeinerung und Anwendung ist in vielen Schulen transpersonaler Psychotherapie ein zentrales Ausbildungsthema, vgl. z.B. Assagioli 1988, S. 245f und 1992, S. 70f

3 Die Arbeit mit dem Willen als zentraler Funktion der menschlichen Psyche ist ein Spezifikum der Psychosynthese, in anderen transpersonal orientierten Schulen gibt es dafür kein ausgearbeitetes Konzept. In der Psychosynthese ist der Transpersonale Wille der übergeordnete von insgesamt vier Willensaspekten. Vgl. Assagioli 1982

4 Dies darf keinesfalls damit verwechselt werden, dass eine solche Lösung allen gefallen muss. Das, was nicht schadet ist nicht immer das, was dem - bewussten- Willen entspricht. Das Prinzip des Nicht-Schadens kommt aus dem Buddhismus und beruht auf der Übung der Haltung der Harmlosigkeit (Liebe, Mitgefühl, Einfühlung, liebendes Verstehen, ethisches Empfinden, Verantwortung).

Ulla Pfluger-Heist

5   Man muss sich fragen, ob Freud mit seiner 'freischwebenden Aufmerksamkeit' nicht spontan in solche Bereiche vorgedrungen ist. Nur scheint dieser Kern der psychoanalytischen Technik aus dem Zentrum der Aufmerksamkeit gerückt zu sein, und es gibt im Rahmen der psychoanalytischen Ausbildung meines Wissens keine systematische Schulung darin. Die Betonung wird stattdessen auf die immer subtiler werdende Ausarbeitung des theoretischen Wissenshintergrundes gelegt.

Literatur

Assagioli, R. (1982): Die Schulung des Willens, Junfermann, Paderborn

Assagioli, R. (1988): Psychosynthese. Prinzipien, Methoden Techniken, Verlag Astr.-Psych. Institut, Adliswil, Zürich

Assagioli, R. (1992): Psychosynthese und transpersonale Entwicklung, Junfermann, Paderborn

Assagioli, R. (2003): Einheit in der Vielfalt, in: Zeitschrift für Psychosynthese 8, März 2003, Elke Gut (Hrsg.), Postfach 252, CH -8153 Rümlang ZH

Buber, M. (1997): Das dialogische Prinzip, Verlag Lambert Schneider, Heidelberg

Domin, H. (2001): Wer es könnte, Präsenz, Hünfelden

Dürckheim, K.G. (1990): Der Ruf nach dem Meister, Otto Wilhelm Barth Verlag, Bern, München, Wien

Galuska, J. (2003): Grundprinzipien einer transpersonal orientierten Psychotherapie, in diesem Band

Gradl, V. (1994): Menschensohn aus Nazaret. Weg durch die Angst, Tyrolia, Innsbruck, Wien

Gradl, V. (1999): Wachsam wachsen: den eigenen Weg finden, Tyrolia, Innsbruck, Wien

Gradl, V. (ohne Jahresangabe):Die Ruhe des siebten Tages und die Ohnmacht der Kraft, vergriffen, zu beziehen bei : V. Gradl, Franz-Fischer-Str. 6, A-6020 Innsbruck

Grawe, K. Donati, R.& Bernauer, F. (1994): Psychotherapie im Wandel. Von der Konfession zur Profession, Hogrefe, Göttingen

Grof, S. (1987): Das Abenteuer der Selbstentdeckung, Rowohlt Taschenbuch, Reinbek bei Hamburg

Gruen, A. (2000): Der Verrat am Selbst, Deutscher Taschenbuch Verlag, München

Helg, F. (2000):Psychotherapie und Spiritualität, Walter Verlag, Düsseldorf und Zürich

Jacobi, J. (1993): Die Psychologie von C.G. Jung, Fischer Taschenbuch, Frankfurt/Main

Jung, C.G. (1992): Erinnerungen, Träume, Gedanken, Walter, Olten

Odent, M. (2001): Die Wurzeln der Liebe: Wie unsere wichtigste Emotion entsteht, Walter Verlag, Düsseldorf und Zürich

Rogers, C. (1991): Eine Theorie der Psychotherapie, der Persönlichkeit und der zwischenmenschlichen Beziehungen. Entwickelt im Rahmen des klientenzentrierten Ansatzes, GwG e.V. (Hrsg.), Köln

Scharfetter, Ch. (1999): Der spirituelle Weg und seine Gefahren, Enke im Georg Thieme Verlag, Stuttgart, New York

Walsh, R. & Vaughan, F. (1987): Psychologie in der Wende, Rowohlt Taschenbuch, Reinbek bei Hamburg

Wilber, K. (1984): Wege zum Selbst, Kösel, München

Wilber, K. (1996): Eros, Kosmos, Logos, Wolfgang Krüger Verlag, Frankfurt am Main

Wilber, K. (2001): Integrale Psychologie, Arbor Verlag, Freiamt

de Wit, H.F. (2001): Psychotherapie und Meditation aus Sicht des Buddhismus, in: Transpersonale Psychologie und Psychotherapie, 7. Jahrgang, Heft 2

Yalom, I. ((1989): Existentielle Psychotherapie, Edition Humanistische Psychologie, Vertrieb: Moll & Eckhardt, Zülpicher Str. 174, 5 Köln 41

Yalom, I. (2002): Der Panamahut, Wilhelm Goldmann Verlag, München

Yeomans, Th. (1998): Seelenwunde und Psychotherapie, in: Transpersonale Psychologie und Psychotherapie, 4. Jahrgang, Heft 1

Yeomans, Th. (2002): Der Corona-Prozess, in: Zeitschrift für Psychosynthese 6, März 2002, Elke Gut (Hrsg.), Postfach 252, CH -8153 Rümlang ZH

Zundel, E. & Loomans, P. (1994): Psychotherapie und religiöse Erfahrung, Herder, Freiburg i.Br.

Ulla Pfluger-Heist, Jg. 1953, Dipl.-Päd., HP Psychotherapie. Seit 1986 in freier Praxis. Mitbegründerin des Psychosynthese Hauses, Allgäu-Bodensee. Aus- und Weiterbildungen: Therapeutische Psychosynthese, Gesprächspsychotherapie, körpertherapeutische Verfahren, Focusing, NLP, Psychoonkologie, Traumatherapie. Spirituelle Gruppenarbeit: „Coronaprozess" (Thomas Yeomans), Spirituelle Traumarbeit (Veronica Gradl), Lehranalyse und Supervision bei Ingrid Riedel, langjährige Praxis in Yoga und Meditation. Seit 1996 in der Schriftleitung der Zeitschrift *Transpersonale Psychologie und Psychotherapie*. Veröffentlichungen im Bereich Transpersonale Psychotherapie und Bewusstseinsforschung.

Ulla Pfluger-Heist
Tilsiterstr. 10
88267 Vogt
Tel. (0 75 29) 32 55
Email: pfluger-heist@gmx.de
Internet: www.psychosynthesehaus.de

Wilfried Belschner

Ergebnisse der empirischen Forschung zur Transpersonalen Psychotherapie[1]

Es will der Morgenwind
Dir ein Geheimnis sagen,
Wache auf!
Es ist Zeit für Fragen und Gebete,
Wache auf!

O Menschen dieser Welt,
Die Türe ist geöffnet
Von diesem Augenblick
Bis in die Ewigkeit;

Drum wachet auf!
Rumi

1 - Die empirische Suchstrategie

Ich vertrete im Zyklus dieser Beiträge die Rolle des empirischen Forschers und möchte über die Ergebnisse der empirischen Forschung zur Transpersonalen Psychotherapie informieren. Im Beitrag von Joachim Galuska ist das Vier-Quadranten-Modell von Ken Wilber bereits vorgestellt worden. Um daran anzuschließen, zeige ich hier eine sehr vereinfachte Form des Modells (Abb. 1).

Der Titel meines Beitrags *„Ergebnisse der empirischen Forschung"* könnte zunächst die Auffassung nahelegen, ich würde von *„oben rechts"* auf den Gegenstand *Transpersonale Psychotherapie* blicken: Die Wissenschaft, science, wird im Quadranten oben rechts platziert. Es ist der Quadrant für eine individuell-äußerliche Perspektive. Das ist vor allem die Perspektive der Naturwissenschaft. Ich werde deshalb die Forschungsperspektive ausweiten: *Empirische Forschung*

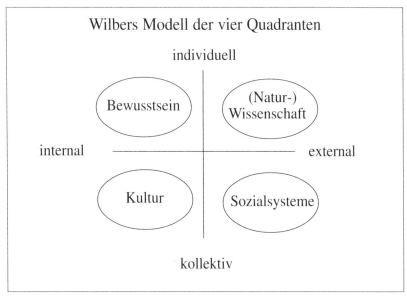

Abb. 1: Wilbers Modell der vier Quadranten

meint hier Forschung bezüglich aller vier Quadranten. Für einen zureichenden Bericht über die empirische Forschung zur Transpersonalen Psychotherapie muss ich somit alle vier Quadranten einbeziehen.

Wenn ich also in die Rolle des empirischen Forschers schlüpfe: Wie geht er an die Erstellung eines solchen Forschungsberichtes heran?

Als Empiriker wird er zunächst eine empirische Strategie wählen. Ich habe also mit den Schlüsselwörtern, die im Vortragstitel enthalten sind, in den beiden anerkannten Datenbanken *ISI - Web of Science* und *PsycInfo* nach den Resultaten der Forschung recherchiert. Benutzt wurden die folgenden drei Schlüsselwörter:

Schlüsselwörter für die Recherche
- Empirisch
- Psychotherapie
- Transpersonal

Abb. 2: Drei Schlüsselwörter für die Recherche

Wilfried Belschner

Und, um den Suchraum auszuweiten, habe ich für die Recherche noch die folgenden drei Begriffe, die im Bedeutungshof des Begriffes *transpersonal* anzusiedeln sind, benutzt: *Religion, spirituell* und *Spiritualität*:

Schlüsselwörter für die Recherche

- Empirisch
- Psychotherapie
- Transpersonal
- Religion
- Spirituell
- Spiritualität

Abb. 3: Sechs Schlüsselwörter für die Recherche

Ich will hier die Ergebnisse der Recherche in der Datenbank des Institute for Scientific Information *ISI - Web of Science* vorstellen[2]. Diese Datenbank gilt als sehr umfangreich und repräsentiert ein breites internationales Spektrum von Zeitschriften und Buchpublikationen. Ich war gespannt, wieviel Lesestoff mir die Recherche mit diesen Suchwörtern bescheren wird!

Beginnen wir mit der Darstellung der Zahl der Treffer für jeden einzelnen der 6 Suchbegriffe.

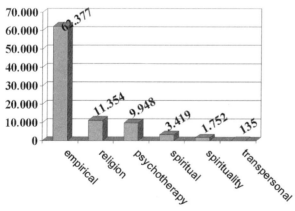

Abb. 4: Suche im ISI-Web of Science (1 Suchbegriff)

Wir finden also eine außerordentlich beachtliche Zahl von Forschungsbe-
richten. Überragend, ja geradezu erdrückend die Zahl der empirischen Studi-
en. Die Zahl der angegebenen Artikel für den Bereich Psychotherapie, nämlich
9.948, ist zu groß, um sie näher betrachten zu können. Wir kombinieren also
jeweils zwei Suchbegriffe, um die Fundstellen inhaltlich genauer einzugrenzen.

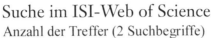

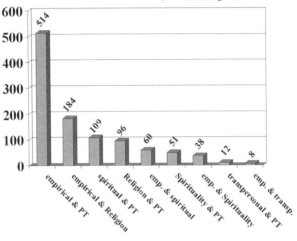

Abb. 5: Suche im ISI-Web of Science (2 Suchbegriffe)

Diese Recherche lässt die Zahl der Fundstellen für einige Kombinationen
von Suchbegriffen auf ein überschaubares Maß schrumpfen. Die Zahl der Beiträge mit dem Suchwort *Psychotherapie* ist erfreulich hoch und lässt einen reichen Wissensfundus erwarten. Zur *Psychotherapie* wird also empirisch geforscht
und es sieht so aus, als wenn die Notwendigkeit der Verknüpfung von Psychotherapie mit *Spiritualität* und *Religion* wahrgenommen würde. Lediglich die Kombinationen des Suchwortes *transpersonal* weisen wenige Treffer auf.

Wir können nun versuchen - gemäß der Themenstellung dieses Beitrages -
noch spezifischer nach Beiträgen zu suchen, indem wir jeweils drei Suchbegriffe
kombinieren: nämlich *empirisch* und *Psychotherapie* mit den zunächst als synonym angesehenen Begriffen *Religion, spiritual, spirituality* bzw. *transpersonal*.
Schauen wir uns dazu wiederum die Ergebnisse der Recherche an (Abb. 6).

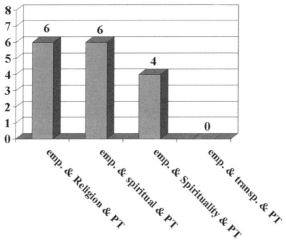

Suche im ISI-Web of Science
Anzahl der Treffer (3 Suchbegriffe)

Abb. 6: Suche im ISI-Web of Science (3 Suchbegriffe)

Für die bedeutungs-ähnlichen Begriffe *Religion, spirituell und Spiritualität* wird eine sehr kleine Zahl von Beiträgen ausgewiesen. Das Ergebnis der Recherche für die eigentlich relevante Kombination der drei Suchbegriffe, nämlich *empirisch, transpersonal* und *Psychotherapie* kann einen Schock auslösen: Wir erhalten überhaupt keinen Treffer! Gibt es also zu dem Beitragstitel überhaupt nichts aus der empirischen Forschung zu berichten? Ist mein Beitrag damit jetzt schon zu Ende? Ich stehe also laut Literaturrecherche mit leeren Händen da - und soll und will einen Beitrag über eben dieses Thema abliefern - das ist schon eine eigenartige Situation! Was also tun, wenn die *empirische* Suchstrategie nicht weiterhilft?

Meine Antwort lautet:
Ich wende mich der Theorie zu und entwerfe zunächst ein theoretisches Konzept von Transpersonaler Psychotherapie. Dann werde ich prüfen, für welche Stellen des Konzeptes sich empirische Belege finden lassen. Um es genauer zu formulieren: Ich will zunächst schrittweise eine transpersonale Perspektive der Psychotherapie entwickeln.

2 - Das Konzept einer transpersonalen Perspektive in der Psychotherapie

Um den Entwurf einer *transpersonalen* Perspektive zu erleichtern, ist es hilfreich, sich zunächst zu fragen: Worin besteht die Aufgabe einer *personalen* Perspektive von Psychotherapie? Also der Psychotherapie, wie sie herkömmlicher Weise in den Richtlinien-orientierten Ausbildungen zum Psychologischen Psychotherapeuten vermittelt und vielfältig ambulant oder stationär praktiziert wird.

Beginnen wir mit der folgenden Feststellung:

Die Kultur, in der wir leben, legt uns nahe, spezifische Muster der Beziehung zu uns selbst, zu anderen, zu unserer sozialen und ökologischen Mitwelt zu entwickeln. Ich will diese Beziehungsmuster hier in einem traditionellen Sprachgebrauch als Persönlichkeitsmerkmale bezeichnen. Für jedes dieser Persönlichkeitsmerkmale macht eine Kultur Vorschläge, welches Ausmaß an Intensität oder Häufigkeit sie als *normal* anerkennen kann.

Wählen wir als Beispiel eines Persönlichkeitsmerkmals die *soziale Verbundenheit*. Dieses Merkmal kann in einer niedrigen oder einer hohen Ausprägung - und allen Abstufungen dazwischen - auftreten (Abb. 7). Zwischen niedriger und hoher Ausprägung können wir eine Dimension aufspannen und können darauf eine Person P1 auf Grund der Daten aus der Beobachtung oder von Tests individuell einordnen.

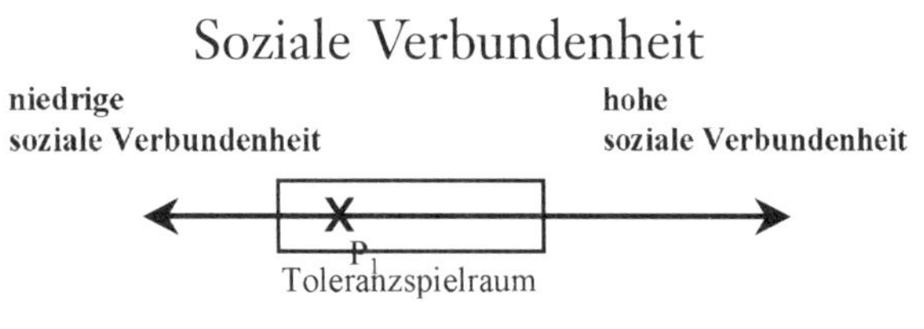

Soziale Verbundenheit

niedrige
soziale Verbundenheit

hohe
soziale Verbundenheit

Toleranzspielraum

Abb. 7: Soziale Verbundenheit

Wenn wir diese individuelle Ausprägung der sozialen Verbundenheit eines Menschen jedoch hinsichtlich ihrer sozialen Bedeutung beurteilen wollen, brauchen wir ein Bezugssystem. Dieses Bezugssystem wird durch die Kultur geschaffen. Jede Kultur entwickelt einen tolerierten Spielraum für die Ausprägung eines Persönlichkeitsmerkmals. Ausprägungen innerhalb dieses Spielraums werden als *normal* beurteilt. In Abbildung 7 ist der Toleranzspielraum durch einen Kasten in Form eines Rechtecks dargestellt.[3] Den in Deutschland gültigen Mainstream-Normen entsprechend wird beispielsweise erwartet, dass sich eine Person nicht beständig zurückzieht und isoliert lebt (dies würde dem Herausfallen aus dem Toleranzspielraum in Richtung des Pols der niedrigen sozialen Verbundenheit entsprechen); es wird aber auch erwartet, dass sie - bei allem Interesse an sozialen Kontakten - die Privatheitswünsche anderer nicht verletzt (dies würde dem Herausfallen aus dem Toleranzspielraum in Richtung des Pols der hohen sozialen Verbundenheit entsprechen). In unserem Beispiel ist die Ausprägung der sozialen Verbundenheit der Person P1 im Toleranzspielraum angesiedelt. Der Toleranzspielraum ist lediglich für eine Epoche gültig und wandelt sich im gesellschaftlichen Entwicklungsprozess.

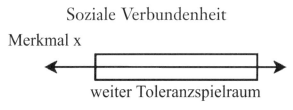

Abb. 8: Soziale Verbundenheit (weiter Toleranzspielraum)

Der Toleranzspielraum kann für ein Merkmal x sehr weit sein (Abb. 8); für ein anderes Merkmal y mag er extrem eng sein (Abb. 9): Die Kultur stellt in diesem Fall strikte Anforderungen an ihre Mitglieder hinsichtlich der Regulation ihrer Emotionen oder ihrer Kognitionen oder ihres Verhaltens. Es hängt also von der Weite des Toleranzspielraums ab, ob es für eine Person leichter oder schwerer sein wird, sich selbst als normal wahrzunehmen oder von anderen als normal wahrgenommen zu werden.

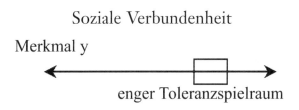

Abb. 9: Soziale Verbundenheit (enger Toleranzspielraum)

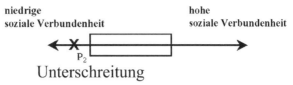

Abb. 10: Soziale Verbundenheit (Unterschreitung)

Des weiteren kann eine Person außerhalb des Toleranzspielraums platziert sein, da sie die kulturell erwartete Ausprägung unterschreitet (Abb. 10) oder überschreitet (Abb. 11).

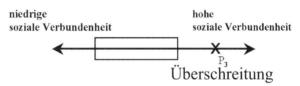

Abb. 11: Soziale Verbundenheit (Überschreitung)

2.1 - Aufgaben der personal orientierten Psychotherapie

Aus diesem einfachen Modell können wir nun drei unterschiedliche Aufgaben einer personal orientierten Psychotherapie ableiten (Abb. 12). In der Übersicht: die Adaptation, die Suche nach der Nische und die kulturelle Evolution. Jede Aufgabe soll kurz erläutert werden.

Aufgaben der personal orientierten Psychotherapie

(1) die Adaptation
(2) die Suche nach der Nische
(3) die kulturelle Evolution

Abb. 12: Aufgaben der personal orientierten Psychotherapie

Aufgabe 1 der personal orientierten Psychotherapie: die Adaptation
Die Personale Psychotherapie unterstützt eine Person darin, dass sie sich in Bezug auf ein Persönlichkeitsmerkmal durch ihr aktives Handeln innerhalb des Toleranzspielraums platzieren kann, der derzeit im Mainstream gültig ist (Abb. 13). Die therapeutischen Maßnahmen zielen also darauf ab, dass die Person befähigt wird, sich in Richtung des Toleranzspielraums zu bewegen. Psychotherapie hat dann ein *adaptives Ziel*, - nämlich, eine bestehende Unterschreitung bzw. Überschreitung der Merkmalsausprägung zu verringern oder aufzuheben. Die Person *gesundet*, wenn sie die normativen Erwartungen erfüllt.

Die Adaptation

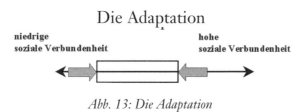

Abb. 13: Die Adaptation

Aufgabe 2 der personal orientierten Psychotherapie:
die Suche nach der Nische
Die Personale Psychotherapie unterstützt die Person darin, dass sie eine passende *kulturelle Nische* für ihre Lebensführung findet (Abb. 14). In dieser Nische gelten Normen, im Vergleich zu denen die Merkmalsausprägung der Person unauffällig ist: d.h. ihre Merkmalsausprägung wird in dieser Nischen-Lebenswelt als normal beurteilt. Die erste kulturelle Nische, die die Person bei dieser Suche kennenlernen kann, ist dabei das psychotherapeutische Setting selbst, denn in ihm soll sich ja die Person angenommen, ernst genommen und verstanden erleben.

Die Suche nach der Nische

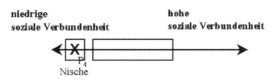

Abb. 14: Die Suche nach der Nische

Aufgabe 3 der personal orientierten Psychotherapie:
die kulturelle Evolution

Die Personale Psychotherapie setzt sich für eine kulturelle Entwicklung ein, welche die Ausweitung des Toleranzspielraums im kulturellen Mainstream unterstützt (Abb. 15). Auch durch solch eine *kulturelle Evolution* würde die diagnostizierte individuelle Abweichung verschwinden - sie wird gewissermaßen eingemeindet. Aus der psychopathologischen Abweichung und Störung wird nun durch die Veränderung der herangezogenen Beurteilungskriterien ein normales Verhalten.

Die kulturelle Evolution

Abb. 15: Die kulturelle Evolution

Mit diesen konzeptuellen Überlegungen zur personal orientierten Psychotherapie haben wir die Voraussetzungen geschaffen, um eine Bestimmung der transpersonalen Perspektive von Psychotherapie zu ermöglichen.

Unser Beispiel handelte bislang von sozialer Verbundenheit. Wir können uns nun fragen:
Wie müsste der Merkmalsbereich der sozialen Verbundenheit konzeptuell erweitert werden, damit er auch die transpersonale Perspektive umfasst?
Wir wissen, dass die *Erfahrung* direkter, unmittelbarer, all-umfassender Verbundenheit ein zentrales Merkmal spiritueller Lehren ist. Diese *spirituelle Verbundenheit* taucht auf im Gewand von Erfahrungen wie beispielsweise Geführtwerden, Getragensein, Liebe oder Einssein. Die unseren herkömmlichen Alltag beherrschende Wahrnehmung der Trennung von Subjekt und Objekt, von mir und dem anderen, von mir und der *Um*welt wird abgelöst durch die grundlegende, tiefe Erfahrung der prinzipiellen und unaufhebbaren Verbundenheit mit allem (Walach 2001, 65). In dieser basalen Erfahrung von Verbundenheit, von Non-Dualität (Loy 1988) stoßen wir - in der Terminologie Dürckheims - zu unserem Wesen durch (Dürckheim 1972). Die Erfahrung spiritueller Verbun-

denheit ist somit als ein normales Potential im menschlichen Leben aufzufassen, das uns zugänglich werden kann.

Diesen Sachverhalt können wir nun in unser bisheriges Modell integrieren (Abb. 16)[4].

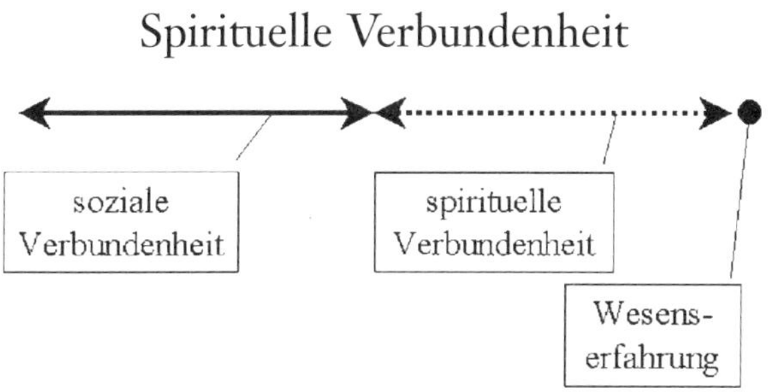

Spirituelle Verbundenheit

Abb. 16: Spirituelle Verbundenheit

In der Abbildung 16 ist links die *soziale Verbundenheit* aufgetragen, an die sich als Potential die *spirituelle Verbundenheit* anschließt, die in ihrer stärksten Ausprägung in die *Wesenserfahrung* mündet (Dürckheim 1972).

Bei der Diskussion der sozialen Verbundenheit ist deutlich geworden, welch wichtige Rolle einer Kultur zukommt bei der Entstehung von Normalität und Abweichung. Meine *These* ist nun, dass diese Bedeutung auch für den transpersonalen Bereich gesehen werden muss. Mit unserer grafischen Darstellung lässt sich diese Funktion der Kultur und den sich aus ihr ableitbaren Folgen recht gut veranschaulichen. Spielen wir wieder einige Szenarien durch.

Wir wählen zunächst eine Kultur A, in der das spirituelle Moment vernachlässigt oder ausgegrenzt wird (Abb. 17).

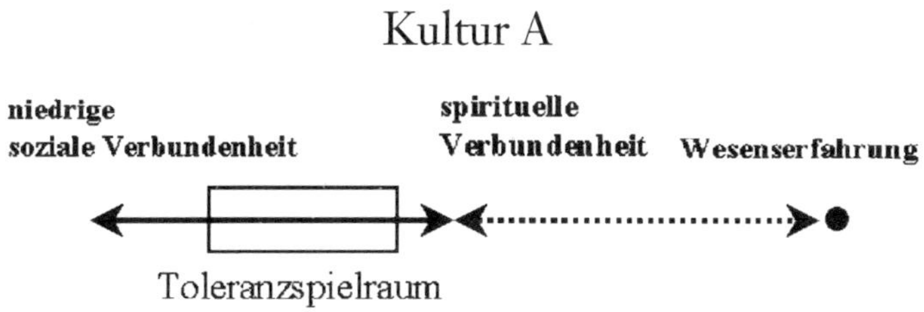

Kultur A

Abb. 17: Die säkulare Kultur A

In diesem kulturellen Szenario A werden spirituelle Erfahrungen nicht anerkannt und nicht gefördert, sondern eher als abweichend und fremd beurteilt werden. Szenario A steht somit für eine *säkulare Kultur*, die sich in ihren Grundannahmen und grundlegenden Glaubenssätzen, in ihren unhinterfragbaren, als Setzung eingeführten Axiomen (der Neuzeit) der rationalen Erkenntnis und der objektivierenden Wissenschaft verpflichtet versteht (Tarnas 1997). Dies hat zur Folge, dass eine transpersonale Perspektive in den theoretischen Modellen der gegenwärtigen Mainstream-Psychotherapie nicht auffindbar sein wird. Sie ist auf eine Ich-zentrierte Behandlung ausgerichtet; sie kann deshalb auch spirituelle Anliegen von Menschen konzeptuell gar nicht erfassen. Es besteht eine *spirituelle Blindheit*. Und: Sie sieht sich für diesen Bereich der menschlichen Entwicklung auch nicht als zuständig an - dies ist nach ihrer Auffassung Sache der Religion.

Für das Szenario der Kultur B soll nun gelten, dass sie konzeptuell die *spirituelle Potenz* des Menschen sieht und anerkennt (Abb. 18). Kultur B repräsentiert eine spirituell potente Kultur.

Kultur B

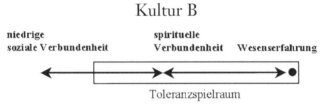

Abb. 18: Die komplementäre, integrale Kultur B

In Kultur B werden Erfahrungen der spirituellen Verbundenheit ebenso als normal beurteilt werden wie die der sozialen Verbundenheit - es sind komplementäre Bereiche. Das Potential spiritueller Erfahrung wird gelebt werden können - deswegen ist diese Ausweitung menschlicher Erfahrungsmöglichkeit in der Abbildung nicht mehr gepunktet. In der Kultur B werden soziale Praktiken und Umgangsformen entstehen, die eine *spirituelle Bildung* ermöglichen und fördern. Die transpersonale Perspektive wird für die Psychotherapie fraglos selbstverständlich sein: Sie wird zu den lebensweltlichen Annahmen gehören, auf dem als "Sockel gemeinsamer Werte, Vorstellungen, Meinungen ... soziales Handeln und Leben aufruht" und zu einem möglichst "unumständlichen, rei-

Wilfried Belschner

bungsloser Ablauf von Kommunikation" beiträgt (Assmann 1996, 12). Um eine Zukunftsvision zu formulieren: Die approbierten PsychotherapeutInnen der Kultur B werden die Qualifikation vorweisen können, dass sie in ihrem professionellen Handeln die transpersonale Perspektive berücksichtigen.

In den Grafiken der beiden Szenarien A und B können wir nun wieder jeweils Personen an bestimmten Orten lokalisieren und damit die unterschiedlichen Aufgaben einer transpersonal orientierten Psychotherapie erkennen. Wenden wir uns zunächst der *säkularen Kultur* A zu.

2.2 - Aufgaben der transpersonal orientierten Psychotherapie in einer säkularen Kultur

Nehmen wir an, eine Person P5 macht Erfahrungen im transpersonalen Bereich: Vielleicht erlebt sie eine überraschende energetische Erfahrung, wie sie im Kundalini-Phänomen beschrieben wird (Gopi Krishna 1997, 9, Hofmann 1995, Sannella 1990). Oder sie erlebt eine zunehmende Disidentifikation mit ihrem Ich (Segal 1997) (Abb. 19). Zahlreichen Berichten ist zu entnehmen, wie sehr solche Erfahrungen starke Verwirrung, durchdringende Angst, quälendes Leid, die nicht abreißende Befürchtung, verrückt zu werden, oder den Verlust der Alltagstauglichkeit auslösen können. Die Erfahrungen sind für die Person merkwürdig neuartig, mit den vertrauten Mustern des Erlebens nicht vergleichbar und mit den verfügbaren Erklärungsmustern nicht zu interpretieren.

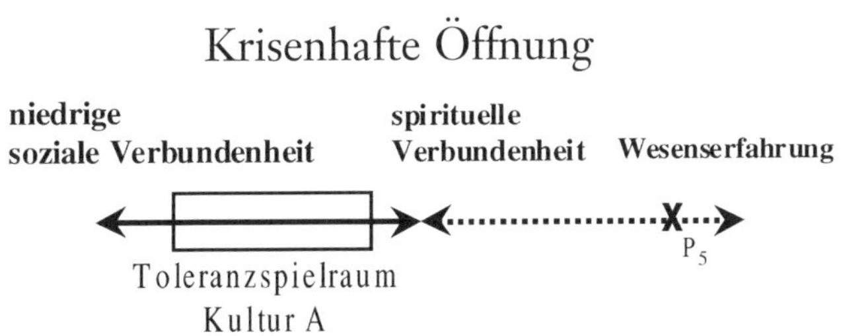

Krisenhafte Öffnung

Abb. 19: Krisenhafte Öffnung

Gemäß den Grundüberzeugungen der säkularen Kultur wird für diese spirituellen Erfahrungen kein angemessener interpretativer Rahmen vorhanden sein.

Sie sind im Bezugssystem der säkularen Kultur nicht existent. Es wird deshalb versucht werden, die auftretenden Phänomene im personalen kulturellen Bezugsrahmen zu verorten - und dies bedeutet, sie werden systemimmanent interpretiert und folgerichtig als *Abweichung, Störung, Krankheit* gemäß ICD 10 (Dilling, Mombour & Schmidt 1992) oder DSM IV (Saß, Wittchen & Zaudig 1996) diagnostiziert werden. Anstatt die konstruktive, wenn auch krisenhafte Öffnung einer Person hin zur Wesenserfahrung zu konstatieren, wird eine psychopathologische Diagnose gestellt.

In der säkularen Kultur A lässt sich die Aufgabe einer transpersonal orientierten Psychotherapie somit folgendermaßen bestimmen:

Im gesicherten Wissen um das Potential der Entwicklungsmöglichkeiten des menschlichen Bewusstseins stellt eine Transpersonale Psychotherapie den komplementären Bezugsrahmen bereit, um spirituelle, um mystische Erfahrungen *in ihren eigenen Qualitäten* annehmen zu können (Abb. 20). Das psychotherapeutische Setting mit transpersonaler Kompetenz bietet somit einen eigenen normativen Spielraum an, der höhere Bewusstseinszustände und die Erfahrung des Durchbruchs zum Wesen einschließt. Dadurch wird es möglich, spontan oder induziert auftretende spirituelle Erfahrungen als normale Indikatoren eines modifizierten Bewusstseinszustandes anzusehen.

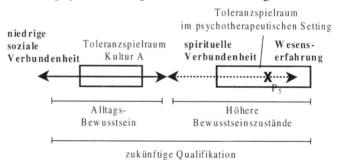

Abb. 20: Der Toleranzspielraum des psychotherapeutischen Settings

Wir können nun bereits eine Aussage über die zukünftige Qualifikationen von Psychotherapeuten wagen: Während derzeit in der Regel eine Kompetenz für den Umgang mit psychischen Phänomenen des Alltags-Bewusstseins gefordert wird, wird der Psychotherapeut der Zukunft auch höhere Bewusstseinszustände selbst erfahren haben und er wird aus eigener intensiver Kenntnis Modulationen der Bewusstseinszustände bei anderen Personen einschätzen können.

Ein transpersonal orientiertes psychotherapeutisches Setting stellt also zunächst den geeigneten Bezugsrahmen zur normalisierenden Interpretation der spirituellen Phänomene zur Verfügung. Darüber hinaus übernimmt es zumindest vier weitere wichtige Funktionen, die wieder knapp erläutert werden.

Aufgaben der transpersonal orientierten Psychotherapie in einer säkularen Kultur

(1) Verfügbarkeit des normalisierenden Bezugsrahmens für die Interpretation der Phänomene
(2) Subversive Funktion
(3) Palliative Funktion
(4) Funktion des privaten spirituellen Empowerments
(5) Funktion des kulturellen spirituellen Empowerments

Abb. 21: Aufgaben der transpersonal orientierten Psychotherapie in einer säkularen Kultur

- Das transpersonal orientierte psychotherapeutische Setting wirkt durch seine bloße Existenz *subversiv* in Bezug auf den Fortbestand der herrschenden säkular-normativen Ordnung. (*Subversive Funktion*)
- Es wirkt *palliativ*: eine Person hält es in ihrem spirituellen Transformationsprozess dank der Zufluchtsmöglichkeit in das psychotherapeutische Setting überhaupt in ihrer säkularen Lebenswelt aus. (*Palliative Funktion*)
- Das transpersonal orientierte psychotherapeutische Setting ermutigt durch sein Modell, nämlich in der säkularen Lebenswelt für sich selbst eine private spirituelle Nische zu kreieren, sich darin einzurichten und sich darin wohlzufühlen. (*Funktion des privaten spirituellen Empowerments*)
- Spätestens seit dem Inkrafttreten des Psychotherapeuten-Gesetzes am 1. Januar 1999 ist Psychotherapie eine akzeptierte gesellschaftliche Einrichtung geworden. Damit ist jede professionelle psychotherapeutische Handlung im Rahmen dieses Gesetzes auch ein repräsentativer Akt staatlichen Handelns.

Agieren nun die Professionellen in Sinne einer transpersonalen Perspektive, so verleihen sie dieser Perspektive gemäß der ihnen zugewiesenen staatlichen Legitimation auch den Charakter des offiziell Erlaubten und des kulturell Akzeptablen. Transpersonal orientierte Professionelle stärken damit - wenn sie sich öffentlich als transpersonal zu erkennen geben - eine *kulturelle Bewegung*, deren Angehörige sich neuerdings als „Kulturell Kreative" bezeichnen. Nach der repräsentativen Studie von Paul H. Ray & Sherry Ruth Anderson (2000) sind dieser Bewegung in den USA circa 29 Prozent der Bevölkerung zuzurechnen, mit steigender Tendenz. In Deutschland gehe ich von einem ähnlich hohen Prozentsatz aus. (*Funktion des kulturellen spirituellen Empowerments*).

2.3 - Aufgaben der transpersonal orientierten Psychotherapie in einer komplementären, integralen Kultur

Wenden wir uns nun der Kultur B zu, die ja in unserem Modell einen Toleranzspielraum aufweist, der die spirituelle Dimension im menschlichen Leben akzeptiert. Ich will eine solche Kultur als *komplementäre* oder auch *integrale Kultur* bezeichnen: In ihr sind sowohl säkulare wie auch spirituelle Orientierungen akzeptabel. Auch für das Szenario B können wir fragen:

Welche Aufgaben sind hier der transpersonal orientierten Psychotherapie zuzuweisen?

Diese Aufgaben der Psychotherapie werden vermutlich
- einerseits von denen in einer säkularen Kultur verschieden sein und
- sie werden andererseits je nach dem Ort, den eine Person auf den beiden Merkmalsdimensionen *soziale* und *spirituelle Verbundenheit* einnimmt, unterschiedlich sein.

Ich will hier drei unterschiedliche Aufgaben vorstellen. Bei deren Entwicklung und Darstellung beschränke ich mich - in vereinfachender Weise - wieder auf die Merkmalsdimension der sozialen und spirituellen Verbundenheit.

Aufgabe 1 der transpersonal orientierten Psychotherapie in einer komplementären Kultur: spirituelle Orientierungshandlungen unterstützen
Beginnen wir unsere Überlegungen mit der Person P6, die außerhalb des kulturellen Toleranzspielraums einzuordnen ist (Abb. 22). Wenn die Person P6 eine reife personale Ich-Entwicklung erreicht hat, kann die Aufgabe darin bestehen,

ahnende Orientierungen und keimende Wachstums-Tendenzen dieser Person in Richtung auf den Pol der Wesenserfahrung zu unterstützen. Wird die Voraussetzung der reifen Ich-Entwicklung nicht erfüllt, dann werden die oben beschriebenen drei Aufgaben der Personalen Psychotherapie, nämlich *Adaptation*, *Suche nach der Nische* und *kulturelle Evolution*, unabdingbar und mit Priorität aufgerufen.

Spirituelle Orientierungshandlungen
unterstützen

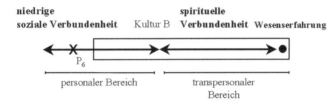

Abb. 22: Spirituelle Orientierungshandlungen unterstützen

Aufgabe 2 der transpersonal orientierten Psychotherapie in einer komplementären Kultur: spirituelle Erkundung unterstützen
Ist die Person hinsichtlich des Merkmals *soziale Verbundenheit* innerhalb des kulturellen Toleranzspielraums der Kultur B an der Stelle P7 angesiedelt und ist die oben erwähnte Voraussetzung der reifen Ich-Entwicklung erfüllt, dann können erste Orientierungen und tastende Experimente zur *Erkundung* der spirituellen Perspektive unterstützt werden (in Abb. 23 im linken Teil dargestellt).

Spirituelle Erkundungen
unterstützen

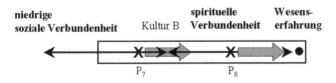

Abb. 23: Spirituelle Erkundungen unterstützen

Aufgabe 3 der transpersonal orientierten Psychotherapie in einer komplementären Kultur: spirituelle Begleitung anbieten

Ist diese Person P7 hinsichtlich des Merkmals *spirituelle Verbundenheit* **zusätzlich** auch an der Stelle P8 angesiedelt (Abb. 23), dann wird sich die Aufgabe der Transpersonalen Psychotherapie wandeln. Nun stehen ja nicht mehr erste Ahnungen von der Existenz einer spirituellen Dimension im Vordergrund, sondern es geht jetzt darum,

- im spirituellen Bereich zunehmend kundiger und heimischer zu werden,
- die Erfahrungstiefe auszuloten,
- die Gefahren auf dem spirituellen Weg kennen zu lernen und zu meistern (Scharfetter 1997),
- die Integration in den Alltag zu erreichen: D.h., die Spiritualität wird nicht additiv und inselhaft gelebt, sondern das Alltagshandeln wird grundlegend aus der spirituellen Erfahrung heraus konzipiert. Die Spiritualität wird im Leben eines solchen Menschen sozusagen *verborgen* und *unthematisch* (in Analogie zu Gadamers, 1993, Begriff der „verborgenen Gesundheit"): Es wird auf die eigene spirituelle Orientierung nicht mehr gesondert hingewiesen, sie vollzieht sich vielmehr fortwährend und ist - um eine Metapher zu verwenden - in den aktiven Handlungsstrom wie der Kettenfaden eines Gewebes eingewoben.

In diesem Szenario wandeln sich die Aufgaben der Professionellen erneut: Die Person P8 ist - wie die zehn Ochsenbilder im Zen veranschaulichen - auf dem Weg zu ihrer Wesenserfahrung. Sie gibt damit der Sehnsucht des Lebens nach sich selbst Gelegenheit (Gibran 1989). Zentral ist für diese Person die Frage:

Was will durch mich in die Welt gebracht werden?

Eine Antwort kann folgendermaßen lauten: Durch jeden Menschen will etwas in die Welt gebracht werden, und zwar etwas Einzigartiges, Einmaliges und Vollkommenes in Form einer zeitlich befristeten Biografie (Belschner 2001). Der Kosmos erkundet und realisiert sich in seinem evolutiven Potential in den einzelnen Lebensakten eines Menschen. Wir sind die aktuelle Schöpfung, da sie sich in jeder unserer Handlungen realisiert und manifestiert; ja, sie kann sich nur in uns und durch uns vermitteln (Jäger 1991, 2000).

Die Aufgabe der Transpersonalen Psychotherapie wird in der Begleitung in diesem Projekt der Erkundung und Manifestation der *Lebenssehnsucht* bestehen. Diese Aufgabe hat zwei Komponenten:

(1) Die individuelle Komponente

Das professionellen psychotherapeutische Handeln hat eine grundsätzlich neue Orientierung erhalten: Es ist nicht mehr primär auf die Beseitigung von etwas Unerwünschtem, Nicht-Normgerechtem oder Gestörtem gerichtet. Es entspricht jetzt vielmehr der Tätigkeit einer Hebamme: Das professionelle Handeln ähnelt der Unterstützung und Begleitung in einem Geburtsprozess, nämlich zur Erfahrung des Wesens durchzustoßen. Die Zielsetzung des professionellen, transpersonalen Handeln ist deshalb vor allem darin zu sehen, die Person bei ihrem Bemühen zu fördern, die *Differenz zur Wesenserfahrung* zu vermindern.

Die Differenzstrecke soll mit Hilfe der professionellen Person begehbarer werden. Dazu kann sie ihre eigenen Weg-Erfahrungen in der Erweiterung und Differenzierung des Bewusstseinsraums und ihre professionellen Fertigkeiten zur Modulation von Bewusstseinsräumen zur Verfügung stellen.

Um ein Beispiel für die erforderlichen professionellen Kompetenzen anzuführen: Spezifische Techniken zur Erzeugung und Steuerung von Bewusstseinszuständen sind beispielsweise in der Hypnotherapie unter dem Stichwort *Trance-Induktion* entwickelt worden (Erickson, Rossi & Rossi 1994, Revenstorf 1993).

Die Zielsetzung der Verminderung der Differenzstrecke zur Wesenserfahrung stützt sich auf die These, dass unser Leben darauf angelegt ist, sich in Kongruenz mit dem Wesen zu vollziehen. *Gesundheit* würde sich gemäß dieser These dann einstellen, wenn wir unsere alltägliche Lebensführung in Übereinstimmung mit unserem Wesen organisieren könnten. Phänomene, die wir im uns herkömmlich vertrauten Sprachgebrauch mit den Begriffen „*Symptomatik*" oder „*Krankheit*" belegen, sind gemäß dieser These Indikatoren für eine bestehende, möglicher Weise bereits chronifizierte Abweichung von unserem Wesen.

Die professionelle Aufgabe lässt sich deshalb mit der Funktion des Anbahnens, Findens oder Wiederfindens der „wesensgemäßen" Lebensführung umschreiben. Diese Auffassung der transpersonalen Perspektive stimmt mit der von Scotton (1985, 57) überein: „Transpersonal psychotherapy is seeking to establish a conscious and growth-producing link between the patient and the transpersonal experience."

Eine treffende Beschreibung des Unterschieds von personal vs transpersonal orientierter Psychotherapie findet sich bei Aurobindo (1989, 59): „Solange nur ein intellektuelles, ethisches oder anderes Selbst-Training gegeben ist, das sich auf die uns jetzt normal erscheinenden Zwecke des Lebens richtet, die über den üblichen Zirkel, in dem Geist, Leben und Leib sich bewegen, nicht hinausgreifen, stehen wir immer erst noch in dem dunklen und noch unerleuchteten, vorbereitenden Yoga der Natur, wir streben immer noch einer nur gewöhnlichen humanen Vollendung nach. Ein spirituelles Verlangen nach Gott und der göttlichen Vollendung, nach der Einheit mit ihm in all unsrem Sein und nach einer spirituellen Vollendung in unserer ganzen Natur, das ist das wirksame Zeichen dieses Wandels, die vorauslaufende Macht einer großen integralen Bekehrung unseres Seins und Lebens."

Als Leser können Sie für sich selbst prüfen, welche Methoden und Instrumente aus Ihrer professionellen Handlungspraxis Ihnen zu dieser Hebammen-Tätigkeit ad hoc einfallen.

(2) Die strukturelle Komponente

Ich sagte, die transpersonal orientierte Psychotherapie hat zwei Komponenten. Nach der individuellen Komponente wenden wir uns nun der strukturellen Komponente zu. Hier geht es um die Schaffung von fördernden ökologischen Voraussetzungen für die spirituelle Entwicklung und Bildung.

Drei Fragen können diesen Sachverhalt beispielhaft erläutern:

- Welche Angebote bestehen in der Lebenswelt einer Person, um mit der spirituellen Dimension ohne Anstrengung in Berührung zu kommen?
- Sind in den Lehrplänen von Kindergarten oder Schule spirituelle Inhalte und Sozialpraktiken enthalten?
- Sind in der architektonischen Gestaltung einer Praxis oder Klinik unaufdringliche Hinweise auf die Existenz und Gültigkeit der spirituellen Dimension enthalten?

Die strukturelle Komponente kann ich mit einem prägnanten Satz von Ilona Kickbusch, der vormaligen Direktorin der WHO Europe, veranschaulichen. Sie sagte über die Aufgabe der professionellen Gesundheitsförderer: „Make the healthy way the easy way." Dieses Motto abwandelnd kann ich formulieren:

„Make the spiritual way the easy way."

Professionelles psychotherapeutisches Handeln ist somit auf eine *Ökologie der Ermöglichung* gerichtet. Gemeint ist die Gestaltung von sozialen und ökologischen Kontexten, die es dem Individuum erleichtern,

- sich unverbindlich über die spirituelle Dimension zu informieren,
- die spirituelle Dimension ohne schnelle Festlegung kennenzulernen,
- mit der spirituellen Dimension in eine erste, unaufdringliche, ergebnisoffene Beziehung zu gelangen, oder

- über die stete Anwesenheit des Kontextes in eine langfristige, sich wiederholende Berührung und Auseinandersetzung mit der spirituellen Dimension zu gelangen.

Damit sind wir am Ende unseres Theorie-Spaziergangs angelangt. Wir haben ein vorläufiges Modell der transpersonalen Perspektive der Psychotherapie sukzessive entwickelt. Die Modellüberlegungen können wir nun zusammenfassen, um dann zur Empirie zu wechseln (Abb. 24).

Aufgaben der transpersonal orientierten Psychotherapie	
in einer säkularen Kultur	in einer komplementären, integralen Kultur
(1) einen Bezugsrahmen für die angemessene Interpretation der spirituellen Phänomene verfügbar machen	(1) spirituelle Orientierungshandlungen unterstützen
(1) weitere Funktionen: • Subversive Funktion • Palliative Funktion • Funktion des privaten spirituellen Empowerments • Funktion des kulturellen spirituellen Empowerments	(2) spirituelle Erkundung unterstützen
	(3) spirituelle Begleitung zur nondualen Wesens-Erfahrung anbieten - Die individuelle Komponente: Bereitstellung der eigenen Weg-Erfahrung und der professionellen Kompetenzen zur Erweiterung und Differenzierung der Bewusstseinszustände („Verminderung der Differenzstrecke") - Die strukturelle Komponente: Mithilfe beim Aufbau einer Ökologie der Ermöglichung

Abb. 24: Aufgaben der transpersonal orientierten Psychotherapie

Wir haben uns mit dieser theoretischen Grundlegung eine überschaubare Landkarte geschaffen. Nun können wir für einige wenige Orte von besonderer Bedeutung nach Ergebnissen der empirischen Forschung suchen. Ich erlaube mir dabei, vor allem auf Forschungsergebnisse zurückzugreifen, die in unserem eigenem Umfeld entstanden sind.

3 - Ergebnisse der empirischen Forschung zur transpersonal orientierten Psychotherapie - 4 Beispiele

Die folgenden vier Orte scheinen mir so wichtig zu sein, dass ich sie an Hand von Forschungsstudien beispielhaft erläutern will (Abb. 25).

Ergebnisse der empirischen Forschung zur transpersonal orientierten Psychotherapie - 4 Beispiele
1 Entwicklung einer komplementären, integralen Kultur im professionellen Setting
2 Die Ökologie der Ermöglichung
3 Die Begleitung auf dem Weg zur Wesenserfahrung
4 Die Bedeutung der transpersonalen Dimension für den Behandlungserfolg

Abb. 25: Ergebnisse der empirischen Forschung zur transpersonal orientierten Psychotherapie - 4 Beispiele

3.1 - Entwicklung einer komplementären, integralen Kultur im professionellen Setting

Unsere Modellskizze hat auf die Wichtigkeit des Toleranzspielraums verwiesen: Für die Förderung von spirituellen Entwicklungsprozessen und für die Prävention von psychopathologisierenden Diagnosen ist es unverzichtbar ist, dass der Toleranzspielraum, den Professionelle in ihrem Behandlungssetting bereitstellen, neben der personalen Dimension komplementär auch die transpersonale Dimension umfasst. Das Verständnis spiritueller Phänomene hängt somit entscheidend von der transpersonalen Qualifikation der Professionellen im Gesundheitswesen ab. Es ist deshalb von Interesse abzuklären, ob derzeit von Professionellen ein konstruktiver und substantieller Beitrag zur Entwicklung einer komplementären, integralen Kultur erwartet werden kann. Ich will dazu die Ergebnisse der folgenden drei Untersuchungen darstellen.

3.1.1 - Das Beispiel 'Spirituelle Krisen'

Von Joachim Galuska und mir (1999) wurden 155 Personen, die nach eigener Einschätzung eine spirituelle Krise durchlebt haben, nach der Qualität der professionellen Hilfe gefragt. Neben den Aussagen zur Zufriedenheit wurde auch über gravierende Mängel berichtet, wie die Abbildung 26 zeigt.

Zustimmung in Prozent	Aussage
58	Wenn die Person sich nicht selbst eine richtige Behandlung gesucht hätte, würde sie noch immer mit falschen Diagnosen und falschen Behandlungen herumgeschoben werden.
57	Die Professionellen waren mit der Krise überfordert.
55	Die Behandlung, die Sie erhielten, traf nicht den Kern der Krise.
44	Die Personen fühlten sich falsch verstanden.
32	An den Betroffenen wurde herumdiagnostiziert, aber sie erhielten keine wirksame Hilfe.
21	Die professionelle Hilfe hat den Personen letztlich eher geschadet.

Abb. 26: Studie „Spirituelle Krise" - Qualität der professionellen Hilfe

Der Prozentsatz der Teilnehmer an der Studie, die über negative Erfahrungen im Kontakt mit dem professionellen Sektor des Gesundheitswesens berichten, ist recht hoch. Das Ergebnis lässt sich dahingehend interpretieren, dass noch mit viel Unkenntnis und Unverständnis für die besonderen Qualitäten spiritueller Phänomene im professionellen Sektor zu rechnen ist. Es besteht also ein dringender Handlungsbedarf, um die Professionellen bezüglich eines grundlegenden Verständnisses spiritueller Phänomene, deren Differentialdiagnostik und der Begleitung respektive der angemessenen Behandlung zu unterrichten, damit sie zur Entwicklung einer komplementären, die transpersonale Dimension umfassenden Kultur im professionellen Setting beitragen können.

3.1.2 - Das Beispiel Beziehungsangebot in der Psychotherapie

Die kritische Auseinandersetzung mit Grawes Modell der Wirkfaktoren im psychotherapeutischen Prozess (Grawe, Donati & Bernauer 1994, Grawe, Regli, Smith & Dick 1999) stand im Mittelpunkt einer von mir durchgeführten Studie (Belschner 2002). Darin wurden drei Modi von Beziehungsangeboten der Professionellen postuliert und empirisch nachgewiesen, nämlich *Nonduale Präsenz*, *Empathische Präsenz* und *Algorithmische Präsenz*.

Zur Veranschaulichung stelle ich aus dem Fragebogen jeweils die Items vor, die das jeweilige Beziehungsangebot am besten repräsentieren. Zunächst der Modus der *Nondualen Präsenz* (Abb. 27).

Faktor 1: Nonduale Präsenz

Item Nr.	Item	Ladung
42	Früher habe ich geglaubt, dass ich als Beraterin/Therapeutin den Prozess der Veränderung steuern kann. Heute versuche ich, den für eine Gesundung/Heilung erforderlichen Weg im Einklang mit einer höheren Ordnung/ Wirklichkeit zu erspüren.	.918
41	In der Beratung/Therapie bin ich ein Werkzeug, durch das eine höhere Ordnung/ Wirklichkeit wirksam werden kann.	.893
43	In Beratung/Therapie ist immer einer höhere Ordnung/Wirklichkeit anwesend, für die wir durchlässig werden müssen.	.862
44	Mit unserem Ich regeln wir den Alltag. Der Sinn unseres Lebens in diesem Alltag erschließt sich im Einklang mit einer höheren Ordnung/Wirklichkeit.	.837
30	In der Beratung/Therapie bin ich dazu da, den Bewusstseinsraum hin zu einer höheren (transpersonalen) Ordnung/Wirklichkeit zu weiten.	.831
45	Im Prozess von Beratung/Therapie tastet sich die Person B an eine höhere Ordnung/Wirklichkeit heran. Die Durchlässigkeit der professionellen Person A für diese höhere Ordnung/Wirklichkeit ist dabei eine hilfreiche Bedingung.	.824

Abb. 27: Die Items des Faktors Nonduale Präsenz

Im Beziehungsmodus *Nonduale Präsenz* versteht sich die professionelle Person als Werkzeug. Der therapeutische Effekt wird nicht durch sie als handelnde Person bewirkt, sondern sie schafft im psychotherapeutischen Prozess die Voraussetzungen dafür, dass der Kontakt zu einer umfassenden, nondualen Ordnung gefunden oder wiedergefunden werden kann. Diese ist nicht identisch mit den Selbstverständlichkeiten der Kultur, der Patient und Psychotherapeut angehören. Diese nonduale Ordnung liegt vielmehr jenseits der relativen Standards einer bestimmten Kultur, d.h. es geht um den Kontakt mit einer transpersonalen Wirklichkeit.

Der zweite Beziehungsmodus erhielt die Bezeichnung *Empathische Präsenz*. Zur Veranschaulichung wieder die Aussagen, die ihn am besten repräsentieren:

Faktor 2: Empathische Präsenz

Item Nr.	Item	Ladung
5	Ich versuche, ganz frei zu werden für die Person B.	.732
3	Ich beobachte mich und versuche, die Gefühle, die bei mir auftauchen, wahrzunehmen.	.722
4	Ich entspanne mich.	.678
6	Ich höre der Person B zu und lausche auf das Unausgesprochene.	.668
37	In einer Beratung/Therapie ist es wichtig, dass eine Beziehung von großer Unmittelbarkeit und Resonanz zwischen Person B und mir entsteht.	.495
2	Ich beobachte die Person B, wie sie Platz nimmt, wie sie sitzt/liegt/ ... und versuche, ihre Körpersprache zu lesen.	.437

Abb. 28: Die Items des Faktors Empathische Präsenz

Die Aussagen zur *Empathischen Präsenz* zeichnen einen Professionellen von grundsätzlicher Offenheit für die andere Person und sich selbst. Einerseits will er frei werden von den eigenen Anliegen, andererseits will er sich intuitiv in die Wirklichkeit der anderen Person begeben und das bislang vom Patienten in seiner Lebensgeschichte noch nicht "Erhörte" und unausgesprochen Gebliebene empathisch erspüren. Der Unterschied zum Beziehungsangebot *Nonduale Präsenz* besteht darin, dass die professionelle Person im personalen Bewusstseinsraum verankert bleibt.

Schließlich die Aussagen des dritten Beziehungsmodus *Algorithmische Präsenz* (Abb. 29):

Faktor 3: Algorithmische Präsenz

Item Nr.	Item	Ladung
17	Im Gespräch mit der Person B achte ich sehr darauf, die Regeln des therapeutischen Vorgehens (z.B. Diagnostik, Interventionsplanung) einzuhalten, so wie es professionellen (oder wissenschaftlichen) Standards entspricht.	-.746
36	Für das Handeln in Beratung/Therapie gibt es klare, wissenschaftlich begründete Regeln, an die ich mich halte.	-.685
24	Vor dem Beginn einer Beratung/Therapie sehe ich meine Aufzeichnungen durch und entwerfe einen Therapieplan.	-.667

Abb. 29: Die Items des Faktors Algorithmische Präsenz

Bei dem Beziehungsmodus *Algorithmische Präsenz* wird das psychotherapeutische Handeln von Regeln geleitet, die Autorität verlangen und Autorität geben: Vom Professionellen wird verlangt, wissenschaftlich begründete Technologien zu nutzen, es wird ihm aber auch die Sicherheit gegeben, 'lege artis' zu handeln. Er wird von den Unwägbarkeiten des therapeutischen Prozesses entlastet, indem der Glaube an die Planbarkeit und Kontrolle des Geschehens in der therapeutischen Situation im Vordergrund steht.

Es wurde nun mittels Clusteranalyse geprüft, ob sich mittels dieser drei Beziehungsmodi bestimmte Typisierungen psychotherapeutischen Handelns auffinden lassen. An der Studie waren zwei Personengruppen beteiligt: einerseits PsychotherapeutInnen, die auf der Therapeuten-Liste des Spiritual Emergence Network (SEN) geführt sind, und andererseits psychologische und ärztliche PsychotherapeutInnen, die bei der Kassenärztlichen Vereinigung Oldenburg gemäß den Richtlinienverfahren zugelassen sind. Aus den Ergebnissen zeige ich die beiden wesentlichen Typen (Abb. 30).

Im Cluster 1 finden wir solche Psychotherapeuten, die - bei einem mittleren Ausmaß an empathischer Präsenz - eine ausgeprägte Orientierung eines planenden und regelgeleiteten Handelns in das therapeutische Setting einbringen. Ihnen ist die transpersonale Orientierung ungewohnt und fremd - sie gehört nicht zum verfügbaren Handlungsrepertoire. Ich bezeichne dieses Beziehungsangebot mit *empathischer Diskurs*.

	Skala Nonduale Präsenz	Skala Empathische Präsenz	Skala Algorithmische Präsenz
Cluster 1 (n = 25) Empathischer Diskurs	Niedrig	Mittel	Erhöht
Cluster 2 (n = 30) Empathische Resonanz	Hoch	Mittel	Niedrig

Abb. 30: Zwei Muster psychotherapeutischer Handlungsstrategien

Im Cluster 2 finden wir dagegen die Professionellen mit einer ausgeprägt transpersonalen Orientierung und einer betont empathischen Haltung. Priorität hat bei ihnen, sich vom Fluss des gegenwärtigen Geschehens führen zu lassen, wobei die Begegnung mit dem Klienten im Vordergrund steht. Nach ihrer Überzeugung wird aus der präsenten, anwesenden Begegnung Gesundung entstehen, nicht aus der Einhaltung von Behandlungsplänen oder der Anwendung von Behandlungstechniken. Dieses Beziehungsangebot bezeichne ich mit *empathische Resonanz*. Es findet sich in den Aussagen von transpersonal orientierten PsychotherapeutInnen, die Anna Yeginer im Rahmen ihrer Studie über die heilenden Wirkfaktoren in der Psychotherapie interviewte. Darin finden sich vielfältige Passagen wie die folgende: "Also, ich habe keinen festen Therapieplan; da lass ich mich leiten. Ich habe wohl einzelne Mittel, mit denen ich arbeite... Aber ich habe keinen festen Plan, in den ich einen anderen einfüge. Da lasse ich mich irgendwie auch leiten im Gebet, wie gehe ich jetzt mit diesem Menschen weiter vor." (Yeginer 2002)

Auch das Ergebnis dieser Studie zeigt sehr deutlich, dass wir die Kenntnis und die Praxis einer transpersonalen Orientierung in der Psychotherapie nicht als selbstverständlich voraussetzen können. Im Gegenteil: Ungefähr die Hälfte der beteiligten Professionellen bevorzugt eindeutig und einseitig eine säkulare Einstellung und wird deshalb keinen Beitrag zur Entwicklung einer komplementären, integralen Kultur leisten können.

Dieses Ergebnis steht im Einklang mit der Studie von Hutton (1994), der drei Gruppen von kalifornischen Psychotherapeuten verglich: transpersonal orientierte, psychoanalytisch bzw. kognitiv-behavioral orientierte. Er fand eine deutliche Trennung der transpersonal orientierten Psychotherapeuten von den beiden anderen Gruppen hinsichtlich ihrer spirituellen Erfahrung und eines erfahrungsbezogenen Trainings.

3.1.3 - Das Beispiel Beten als Intervention

In diesen Zusammenhang fügt sich eine Untersuchung von Demling, Wörth-müller & O'Connolly (2001) ein. Sie hatten im Jahr 1994 frei praktizierende Psychologen, die bei den Kassenärztlichen Vereinigungen in Franken gemäß den Richtlinienverfahren zugelassen waren, u.a. danach befragt, ob sie bereits einmal oder mehrfach für ihre Patienten gebetet hätten. Von den 79 Teilnehmern an der Studie gaben 20,3 Prozent an, bereits öfter für Patienten gebetet zu haben, 72 % hatten noch nie für einen Patienten gebetet. Wenn ich die Intervention „Beten" als einen Indikator für die Bereitschaft ansehe, sich für eine höhere Wirklichkeit zu öffnen, dann überwiegt bei den befragten Professionellen eindeutig die Ablehnung.

3.1.4 - Fazit

Fassen wir diese drei Studien zusammen. Es lässt sich übereinstimmend feststellen, dass die Bedeutung der eigenen transpersonalen Qualifikation für den Verlauf und das Ergebnis der Psychotherapie bei den Professionellen weitgehend noch nicht erkannt ist. Scotton (1985) hat bereits 1985 eine Checkliste der Anforderungen an transpersonal orientierte Psychotherapeuten formuliert. Von den 6 Punkten, die aufgelistet werden, werden derzeit wohl nur wenige vom Mainstream der PsychotherapeutInnen erfüllt werden (Abb. 31).

Checkliste der Anforderungen an transpersonal orientierte
PsychotherapeutInnen:

1. Openness to the transpersonal dimension, including the belief that contact with transpersonal realms may be transformative and of the greatest healing potential
2. The ability to sense the presence of, or a report of numinous experience, whether it should appear in a dream, a vision, a synchronic event or a contact with a spiritual teacher
3. Some knowledge of a variety of spiritual paths
4. Active pursuit of his/her own spiritual development
5. Degree of openness about him/herself, his/her own spiritual orientation, and experience
6. A firm grounding in psychotherapy

Abb. 31: Checkliste der Anforderungen an transpersonal orientierte PsychotherapeutInnen

Betrachten wir die spirituelle Kompetenz als ein wesentliches Merkmal der *Strukturqualität im Gesundheitswesen* (Oppen 1995, Spörkel, Ruckriegl, Janssen & Eichler 1997), so sind hier noch erhebliche Anstrengungen zu unternehmen, um ein Basislevel von Kompetenz als gegeben voraussetzen zu können.

3.2 - Die Ökologie der Ermöglichung

Eine spirituell orientierte Lebensführung kann durch die Atmosphäre, in die die Person eingewoben ist, gefördert werden. Orte, die der Gesundung und Heilung dienen wollen, könnten also mit besonderer Sorgfalt so gestaltet werden, dass sie eine Entwicklung hin zur Wesenserfahrung unterstützen. Um eine spirituell anregende Atmosphäre zu kreieren, kann beispielsweise auf die architektonische Gestaltung eines Gebäudes, seine Einbettung in die Natur, die verwendeten Baumaterialien, die innenarchitektonische Gestaltung durch Einrichtungsgegenstände, Lichtverhältnisse, Kunstobjekte, und Farbgebung, auf das Angebot an Nahrung etc. geachtet werden.[5]

Ich will hier von einer Studie berichten, die im Rahmen der Diplomarbeit von Uwe Breitkopf (2001) durchgeführt wurde. Die Studie war auf zwei Zielsetzungen ausgerichtet:
- Es sollte untersucht werden, inwieweit sich Menschen von den ökologischen Merkmalen einer ärztlichen Praxis ansprechen lassen.
- Es sollte weiterhin untersucht werden, ob die ökologischen Merkmale der Praxis zu einer veränderten Wahrnehmung der eigenen Befindlichkeit und der eigenen Symptomatik beitragen können, d.h. ob sie im Sinne von Gesundung und Heilung wirken.

Es handelt sich um Praxis für Orthopädie und Schmerztherapie Dr. Buchholz in Hamburg, die von dem Planungsbüro A.G. Walther konzipiert wurde. Walther (2000) hat sich auf den Entwurf von Praxen und Gesundheitszentren spezialisiert. Er möchte „gesunde Häuser" gestalten, die die Menschen motivieren, stärken, nähren und zum Verweilen einladen.

Die untersuchte Praxis hat eine Grundfläche von 420 qm, erstreckt sich über zwei Etagen und hat den in Abbildung 32 skizzierten Grundriss.

Was sofort ins Auge fällt, sind die geschwungenen Linien in der Gestaltung der Raumaufteilung; weiterhin der Rundgang, in den selbst wieder ein Behandlungsraum eingelassen ist. In diesen kann indirekt von oben Tageslicht

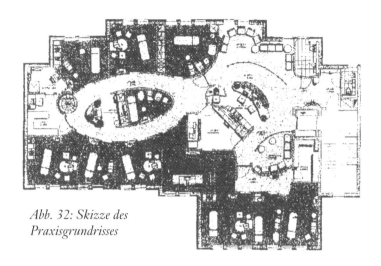

Abb. 32: Skizze des Praxisgrundrisses

einfallen. Der Wartebereich ist durch ein Spezialglas abgegrenzt, das das Tageslicht in seine Spektralfarben auflöst. Die Wandfarbe ist in einem zarten Gelb gehalten. Es gibt Bilder an den Wänden, Kunstobjekte sind über die Praxis verteilt.

An der Studie waren 74 Personen beteiligt, die von Uwe Breitkopf an Hand eines standardisierten Leitfadens interviewt wurden. Die uns interessierende *Fragestellung* lautet:

Lässt sich ein Bewusstseinszustand, der für die Gesundung und Heilung eines Menschen förderlich ist, durch ökologische Faktoren in einer ärztlichen Praxis unterstützen?

Der förderliche Bewusstseinszustand sollte durch die Aussage:

„Das Thema Krankheit steht hier nicht so sehr im Vordergrund, eher Harmonie und Heilung"

abgebildet werden (Item 19). Die an der Untersuchung beteiligten Personen konnten dieser Aussage auf einer 6-stufigen Skala zustimmen oder sie ablehnen.

Zustimmung der Aussage bedeutet: Die Praxis wirkt im Sinne von Harmonie und Heilung.

Ablehnung der Aussage bedeutet: Die Praxis wirkt im Sinne der Selbstwahrnehmung „Ich bin eine kranke Person".

Mit Hilfe der statistischen Methode der Diskriminanzanalyse wurde geprüft, durch welche Merkmale sich die „Zustimmer" von den „Ablehnern" abheben lassen. Das Ergebnis der Diskriminanzanalyse ist außerordentlich gut: Von 51 Personen, die an diesem Teil der Untersuchung beteiligt waren, wurden 48 richtig zugeordnet („Treffer") und nur 3 Personen wurden falsch klassifiziert („Fehler"). Zustimmer und Ablehner haben also deutlich unterschiedliche Wahrnehmungen von der untersuchten Praxis.

Bei den Personen, bei denen die Praxis im Sinne von Harmonie und Heilung wirkt, wird dieser gesundungsfördernde Bewusstseinszustand durch die folgenden Erfahrungen angeregt (Abb. 33).

Zielvariable:
Item (19): Das Thema Krankheit steht hier nicht so sehr im Vordergrund, eher Harmonie und Heilung.

Rang	Items	Zustimmung	Ablehnung	Differenz	Signifikanz
		Mittelwert	Mittelwert		
1	Hier kann ich mich regenerieren.	1,41	1,96	0,55	000
2	Die Alltagssorgen scheinen hier weit weg.	1,41	1,88	0,47	000
3	Hier gewinne ich Vertrauen in meine eigenen Handlungsmöglichkeiten und in meine Selbstheilungskräfte.	1,41	1,83	0,42	001
4	Wenn ich mich in diesem Raum aufhalte, fühle ich mich genährt (gekräftigt, bestärkt).	1,52	1,92	0,40	001
5	In dieser Praxis scheint eine andere Wirklichkeit durch.	1,52	1,88	0,36	005
6	Ich habe hier weniger Angst vor der Behandlung.	1,19	1,54	0,35	007
7	Diesen Ort erfahre ich im Gegensatz zur ... (Großstadt Hamburg) als Oase.	1,48	1,83	0,35	008
8	In diesen Räumen denke ich anders über mein Leben nach und sehe meine Probleme in einem anderen Licht.	1,59	1,92	0,33	007
9	In dieser Praxis habe ich das Gefühl, dass ich mehr bei mir sein kann und jenseits der üblichen Leistungs- und Rollenerwartungen bin.	1,48	1,83	0,35	008
10	In diesen Räumen spüre ich meine Bedürfnisse besser, die im Alltag nicht so deutlich sind.	1,59	1,92	0,33	007

Abb. 33: Item (19): Das Thema Krankheit steht nicht so sehr im Vordergrund, eher Harmonie und Heilung

Die ökologische Gestaltung der Praxis wirkt also förderlich in einer Vielzahl von Facetten: sie wirkt angstreduzierend, nährend, stärkend auf die Selbstheilungskräfte und Regeneration, die Achtsamkeit für sich selbst erhöhend, einen Perspektivenwechsel anregend; sie trägt dazu bei, Abstand zu gewinnen und sich aus den bestehenden Verstrickungen zu lösen.

Aus der transpersonalen Perspektive ist auf Rang 5 die Aussage *„In dieser Praxis scheint eine andere Wirklichkeit durch"* von besonderem Interesse. Es ist also durchaus möglich, durch ökologische Faktoren eine Atmosphäre zu schaffen, die eine Bereitschaft zur Öffnung für spirituelle Momente in der eigenen Lebensführung fördert.

Fazit für das Kapitel „Ökologie der Ermöglichung":
Personen können durch ökologische Faktoren in Bewusstseinszustände eingestimmt werden,
- die durch sich selbst heilsam wirken,
- die für andere Behandlungsmethoden förderliche Voraussetzungen für die Wirksamkeit schaffen,
- die eingetretene Behandlungseffekte festigen,
- die den Übergang von einer kognitiven Einsicht in eine basale Haltung unterstützen.

Die ökologische Gestaltung einer Praxis oder einer Klinik ist zur Strukturqualität zu zählen. Sie ist deshalb ein Merkmal, das im Rahmen der Qualitätssicherung bislang oft nicht ausreichend beachtet wird, dem aber erhebliche Bedeutung zukommt.

3.3 - Die Begleitung auf dem Weg zur Wesenserfahrung

In der eingangs entwickelten Modellskizze war als wesentliche Aufgabe der Professionellen die Begleitung auf dem Weg zur Wesenserfahrung genannt worden. In unserem Modell wurde diese Aufgabe als *Verminderung der Differenzstrecke* beschrieben worden. Für die Professionellen sind hier vor allem zwei Fragen von Bedeutung:

(1) Welche Methoden haben sich in den unterschiedlichen psychotherapeutischen Settings empirisch bewährt, um die Differenzstrecke zu vermindern?
Für einen Bericht wären hier beispielsweise all die *Evaluationsstudien* zur Wirksamkeit meditativer Techniken heranzuziehen. Für den Bereich der Verhaltenstherapie könnte beispielsweise der Übersichtsartikel von Kwee (1990) herangezogen werden. Bei der hier vergleichsweise reichlich vorliegenden Forschungsliteratur wird man aber immer vor Augen haben müssen, dass Meditation in der Regel nicht als eine systematisch angewandte Methode auf einem spirituellen

Wilfried Belschner

Übungsweg begriffen wird. Sie wird vielmehr verkürzt als eine (wirkungsvolle) Technik zur Entspannung rezipiert - man vergleiche dazu beispielsweise die Beiträge von Linden (1993) oder Grawe, Donati & Bernauer (1994). (Auf die programmatischen Beiträge von Dubin (1991), Kelly (1996) oder Tart & Deikman (1991) trifft die hier geäußerte Kritik nicht zu.)

Damit verfehlen diese Studien die Wahrnehmung der besonderen Qualität einer spirituell orientierten Lebensführung und deren Zielsetzung. Es wird vielmehr aus diesem komplexen Anliegen eine Komponente, hier beispielsweise die Methode der Meditation, trennend und isolierend herausgegriffen. Und sie wird gemäß der Verwertungslogik der herrschenden Kultur systemimmanent umgedeutet: Sie verkommt zu einem technisch einsetzbaren Wirkstoff, der nicht länger der Einbettung in einen lebenslangen Übungsweg für eine komplementäre, integrale Lebensform bedarf. Mit dieser kritischen Anmerkung will ich den Bericht zu dieser Frage abschließen.

Relevant ist hier eine zweite Frage, auf die ich nun eingehen will:

(2) Haben wir ein empirisch fundiertes Diagnostikum für den Entwicklungsstand einer Person auf ihrem spirituellen Übungsweg?

Für eine Antwort will ich eine Studie von Harald Piron (2001) aufgreifen. Piron ließ Aussagen über Erlebnisinhalte und Zustandsbeschreibungen bei der Meditation von 40 erfahrenen Praktikern als Experten nach der darin ausgedrückten meditativen Tiefe beurteilen. Die Übereinstimmung dieser Ratings war - zur großen Überraschung - außerordentlich hoch; der Konkordanz-Koeffizient verweist mit .70 auf eine hochsignifikante Übereinstimmung. Piron ordnete die Aussagen mittels Clusteranalyse in 5 Tiefenbereiche. In Abbildung 34 sind aus den jeweiligen Clustern einige Aussagen als Beispiele aufgeführt.

Dieser Fragebogen lässt sich nun mit einer veränderten Instruktion auch als Diagnostikum für den Entwicklungsstand verwenden. Unterzieht sich die Person auf ihrem spirituellen Weg einer systematischen Übung, z.B. Yoga, Zen, Kontemplation, Qigong, dann kann danach gefragt werden, welche der Aussagen mit welcher Häufigkeit auftreten.

Beispiel Item 19: Erlebt die Person eher sehr häufig oder eher sehr selten in der Meditation, dass das Zeitgefühl verschwindet?

Die Häufigkeit bestimmter meditativer Erfahrungen lässt einen Rückschluss auf das vergleichsweise stabile Erreichen von höheren Bewusstseinszuständen zu. Diese sind als ein Indikator des Entwicklungsstandes einzustufen.

Die 5 Cluster der Meditationstiefe (PIRON 2001)

	Cluster 1: Hindernisse	Mittlere Tiefe (0 = sehr flach, 5 = sehr tief)
12	Ich befand mich überwiegend in einem dösigen oder schläfrigen Zustand.	0,38
1	Es fiel mir schwer, mich zu entspannen.	0,48
4	Meine Aufmerksamkeit wanderte von einem Gedanken zum anderen.	0,70
	Cluster 2: Entspannung	
17	Ich fühlte mich gut.	1,78
20	Meine Atmung war angenehm ruhig und fließend.	1,88
8	Ich nahm wahr, wie ich geduldiger und ruhiger wurde bzw. war.	1,88
	Cluster 3: Personales Selbst	
5	Ich nahm eine innere Mitte wahr.	2,20
10	Ich erlebte Kontrolle über mein Denken; Gedanken konnte ich distanziert betrachten, ohne ihnen nachzuhängen.	2,23
3	Mir kamen intuitive Einsichten oder Erkenntnisse über mich oder das Leben.	2,33
2	Ich empfand Gleichmut und inneren Frieden.	2,50
	Cluster 4: Transpersonale Qualitäten	
19	Das Zeitgefühl verschwand.	2,73
15	Ich fühlte Liebe, Hingabe, Verbundenheit.	2,90
30	Ich empfand mich als körperlose Energie.	3,05
22	Ich empfand grenzenlose Freude.	3,13
	Cluster 5: Transpersonales Selbst	
25	Ich unterschied, verglich und urteilte nicht mehr; alles durfte so sein, wie es war.	3,23
6	Ich fühlte mich eins mit allem.	3,38
26	Das Bewusstseinsfeld/Aufmerksamkeitsfeld war leer; da waren keine Emotionen, Empfindungen oder Gedanken mehr.	3,43
7	Da war kein Subjekt und kein Objekt mehr.	3,75

Abb. 34: Die 5 Cluster der Meditationstiefe (PIRON 2001)

Wilfried Belschner

Fazit für das Kapitel „Die Begleitung auf dem Weg zur Wesenserfahrung":
In den beiden voranstehenden Kapiteln habe ich auf die Strukturqualität hingewiesen. Mit dem abgewandelten Fragebogen zur erlebten Versenkungstiefe erhalten wir ein Instrument, das geeignet ist, ein *Prozessmerkmal* abzubilden.

3.4 - Die Bedeutung der transpersonalen Dimension für den Behandlungserfolg

Als Professionelle wissen wir um die Bedeutung der transpersonalen Dimension für die erzielbaren Ergebnisse in der Psychotherapie. Es fallen uns sicher kasuistische Beispiele ein, in denen eine Behandlung durch die Berücksichtigung der transpersonalen Dimension in Fluss kam oder eine überraschende positive Wende nahm. Die hier interessierende Frage lautet:
Lässt sich der Einfluss der transpersonalen Dimension auf das Behandlungsergebnis auch empirisch belegen?

Ich greife hier auf eine Studie zurück, die in der Fachklinik Heiligenfeld in Zusammenarbeit mit Joachim Galuska und Jürgen Bantelmann im Rahmen der Qualitätssicherung entstand (Belschner 2001). In dieser Untersuchung gingen wir von den beiden folgenden *Annahmen* aus:

1. Damit die stationäre Behandlung qualitativ hinreichend wird, sind sowohl personale wie transpersonale Faktoren zu berücksichtigen.
2. Im Behandlungsergebnis lassen sich in komplementärer Weise personale und transpersonale Entwicklungsprozesse nachweisen.

Um die personalen Entwicklungsprozesse abzubilden, wählten wir den Fragebogen zur *Generalisierten Selbstwirksamkeit* von Ralf Schwarzer und Matthias Jerusalem (Schwarzer & Jerusalem 1997). Als Indikator für die transpersonalen Entwicklungsprozesse wurde der von mir konstruierte Fragebogen *Transpersonales Vertrauen* genutzt (Belschner 2001).
In der Studie sollten die beiden folgenden *Thesen* geprüft werden:

1. Diejenigen PatientInnen, die die größten Veränderungen in den beiden Indikatoren *Generalisierte Selbstwirksamkeit* und *Transpersonales Vertrauen* aufweisen, werden die besten Behandlungsergebnisse erzielen.
2. Keiner der beiden Indikatoren alleine wird für die Erklärung eines guten Behandlungsergebnisses hinreichend sein.

Zur Veranschaulichung will ich die beiden Messinstrumente kurz vorstellen. Zunächst die Skala zur *Generalisierten Selbstwirksamkeit* (Version 1997) (Schwarzer & Jerusalem, 1997).

Skala zur Generalisierten Selbstwirksamkeit	
Item-Nr.	Item
01	Die Lösung schwieriger Probleme gelingt mir immer, wenn ich mich darum bemühe.
02	Wenn sich Widerstände auftun, finde ich Mittel und Wege, mich durchzusetzen.
03	Es bereitet mir keine Schwierigkeiten, meine Absichten und Ziele zu verwirklichen.
04	In unerwarteten Situationen weiß ich immer, wie ich mich verhalten soll.
05	Auch bei überraschenden Ereignissen glaube ich, dass ich gut damit zurechtkommen kann.
06	Schwierigkeiten sehe ich gelassen entgegen, weil ich immer auf meine Fähigkeiten vertrauen kann.
07	Was auch immer passiert, ich werde schon klarkommen.
08	Für jedes Problem kann ich eine Lösung finden.
09	Wenn eine neue Sache auf mich zukommt, weiß ich, wie ich damit umgehen kann.
10	Wenn ein Problem auftaucht, kann ich es irgendwie kompetent meistern.

Abb. 35: Items der Skala Generalisierte Selbstwirksamkeit (Schwarzer & Jerusalem, 1997)

In der Skala wird eine Person geschildert, die in jeder Lebenssituation die Kontrolle über das Geschehen behält. Sie lässt sich nicht irritieren, sie ist von ihren Fähigkeiten und dem guten Ausgang von Ereignissen für sie überzeugt.

Die nächste Abbildung 36 enthält die Skala Transpersonales Vertrauen. Sie hat sich in mehreren Studien als valides Instrument erwiesen, das die Testkennwerte in hervorragender Weise erfüllt.

Skala Transpersonales Vertrauen (tpv)		
Item-Nr.	Item	Ladung
45	Ich fühle mich mit einer höheren Wirklichkeit/mit einem höheren Wesen/Gott verbunden. Darauf kann ich auch in schweren Zeiten vertrauen.	.862
55	Ich versuche, mich der Hand Gottes/eines höheren Wesens/ einer höheren Wirklichkeit anzuvertrauen.	.860
48	Wir Menschen können nicht alles bestimmen. Es gibt eine höhere Wirklichkeit/ein höheres Wesen/ Gott, dem ich mich anvertrauen kann.	.860
50	Manchmal habe ich den Eindruck, dass ich in meinem Leben aus einer höheren Einsicht heraus geführt werde.	.818
52	Religiöse Praktiken (z.B. Beten, Mantren sprechen, geistige Lieder singen, meditieren) helfen mir in schwierigen Situationen.	.770
56	Meine Seele lebt auch nach meinem Tod weiter.	.734
47	Ich bin Teil eines großen Ganzen, in dem ich geborgen bin.	.729
51	Ich bezeichne mich als religiös, auch wenn ich keiner Glaubensgemeinschaft angehöre.	.697
71	Ich bin ein Mensch mit Körper und Intellekt. Und ich bin auch untrennbar mit dem Kosmos verbunden.	.632
54	Es gibt in einem Menschenleben manches Glück oder Unglück, das meine Möglichkeiten des Erklärens und Verstehens übersteigt.	.585
70	Ich habe schon die Erfahrung gemacht, dass ich mich mit der Welt und dem Kosmos eins fühle.	.536

Abb. 36: Die Skala Transpersonales Vertrauen (tpv)

In der Skala *Transpersonales Vertrauen* (tpv) wird eine Person beschrieben, die eine höhere Wirklichkeit akzeptiert. Sie kann sich dieser Wirklichkeit anvertrauen und erlebt sich mit ihr zutiefst verbunden. Die Skala ist ausgerichtet auf die eigene *spirituelle Erfahrung als Erkenntnismodalität*, im Gegensatz zum kognitiven Wissen um religiöse Glaubensinhalte.

Um den Behandlungserfolg zu messen, wurde ein multiples Erfolgskriterium EMEK-17 zusammengestellt, das die Beurteilungen der Professionellen, die Selbsteinschätzungen der PatientInnen und die Ergebnisse der psychometrischen Tests umfasste, insgesamt 17 Kriterien.

Für die Prüfung der oben genannten Thesen standen die Daten zum Aufnahme- und zum Entlassungszeitpunkt von 466 Personen aus der Fachklinik Heiligenfeld, Bad Kissingen zur Verfügung. Wir verfügten also von jeder Person über eine Information
1. zum Behandlungserfolg,
2. zum Ausmaß der Veränderung in dem Merkmal Generalisierte Selbstwirksamkeit,
3. zum Ausmaß der Veränderung in dem Merkmal Transpersonales Vertrauen.

In der Abbildung 37 sind als Ergebnis die z-transformierten EMEK-17-Werte für die 4 Stichproben zu entnehmen (Abb. 37).

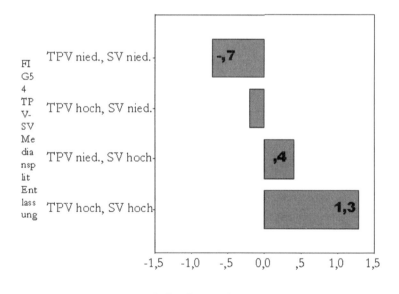

Mittelwert des EMEK-17

Abb. 37: z-transformierte Werte des multiplen Erfolgskriteriums für die 4 Stichproben

Wilfried Belschner

Wie ist diese Grafik zu lesen? In Übereinstimmung mit der Hypothese ist deutlich erkennbar, dass bei der Stichprobe, die in den beiden Indikatoren *Selbstwirksamkeit* **und** *Transpersonales Vertrauen* hohe Werte aufweist, die besten Behandlungseffekte zu beobachten sind. Ebenfalls in Übereinstimmung mit der Hypothese reicht weder eine hohe Zunahme der Selbstwirksamkeit noch eine hohe Zunahme des transpersonalen Vertrauens jeweils für sich *alleine* für ein gutes Behandlungsergebnis aus. Die schlechtesten Behandlungsergebnisse weist erwartungsgemäß die Stichprobe auf, die in beiden Indikatoren die geringsten Veränderungen erreicht hat. Anzumerken ist hier, dass diese Ergebnisse inzwischen an anderen Stichproben und anderen Kliniken repliziert werden konnten.

Die Behandlungserfolge sind somit am besten bei den Personen, die eine - auf den ersten Blick - paradoxe, widersprüchliche Veränderung erreichen. Sie verändern sich einerseits im Bereich der personalen Persönlichkeitsstruktur: Sie sind am Ende des stationären Aufenthaltes weniger demoralisiert und sie sind wieder motivierter, sich für sich selbst und ihre Aufgaben einzusetzen. Und gleichzeitig sind diese Personen nicht nur darauf zentriert, wieder Kontrolle über ihre Lebenssituation erlangen zu wollen und sie auch wieder auszuüben, sondern sie können sich *auch* gelassen dem Strom des Geschehens anvertrauen. Sie versuchen intuitiv zu erkennen, welche Qualität der Augenblick hat, welches Tun zum jetzigen Zeitpunkt im Einklang mit einer höheren Ordnung für sie angemessen ist. Es geht also nicht länger um das Durchsetzen von Zielen um jeden Preis zu einem beliebigen Zeitpunkt, sondern es ist auch wichtig geworden, sich als Teil eines größeren Ganzen zu verstehen und zu erfahren.

Fazit für das Kapitel „Die Bedeutung der transpersonalen Dimension für den Behandlungserfolg":
Die transpersonale Dimension hat sich in den Ergebnissen dieser Studie als unverzichtbar für die Analyse von psychotherapeutischen Behandlungen erwiesen. Behandlungseffekte lassen sich durch die Einbeziehung der transpersonalen Dimension besser erklären.

4 - Schluss

Ich habe ein theoretisches Modell einer transpersonalen Perspektive von Psychotherapie entwickelt. Und ich habe für vier Orte in diesem Modell einige wenige Beispiele von empirischen Untersuchungen vorgestellt. Sie konnten m.E. belegen, dass die transpersonale Dimension in der Psychotherapie-Forschung unverzichtbar ist. Nach diesen Ergebnissen wird es zukünftig ein Kunstfehler sein, höhere Bewusstseinszustände, die beispielsweise in der Gestalt von verwirrenden und ängstigenden Phänomenen auftreten, falsch zu diagnostizieren; es wird auch ein Kunstfehler sein, höhere Bewusstseinszustände nicht als Medium im psychotherapeutischen Prozess verfügbar zu haben.

Auf der Landkarte des theoretischen Modells gibt es aber noch viele weiße, unerforschte Gebiete. Es gibt noch sehr viel zu erforschen! Für diese faszinierende Aufgabe möchten wir Sie gewinnen. Die Fachklinik Heiligenfeld und das DKTP starten dazu mit dem *Heiligenfelder Forschungspreis* eine lohnende Initiative. Die Null bei der Datenbank-Recherche zu den Suchwörtern *„empirisch + transpersonal + Psychotherapie"* sollte ab jetzt jedenfalls der Geschichte angehören! *Der Transpersonale*, eine Zeichnung von Klaus Seelmann, will Sie jedenfalls ermuntern.

Abb. 38: Der Transpersonale - Zeichnung von Klaus Seelmann

Anmerkungen

1   Ich widme diesen Beitrag in Dankbarkeit Willigis Jäger für die Anregungen und die Begleitung auf meinem Weg.

2   Ich danke Frau Dipl.-Psych. Claudia Zieroff für die Organisation und Auswertung der Studie.

3   Der kulturelle Toleranzspielraum ist in den Abbildungen als Rechteck eingezeichnet. Diese Gestalt legt eine sehr starre Wahrnehmung des Sachverhaltes *Toleranzspielraum* nahe. Es sei hier betont, dass lediglich aus grafischen Gründen diese sehr vereinfachende Darstellungsform gewählt wurde.

4   In der Abbildung 16 ist die Dimension der spirituellen Verbundenheit aus didaktischen Gründen (der Flüssigkeit und Einfachheit der Darstellung) in der Horizontalen „angehängt" worden. Wir betrachten personale und transpersonale Entwicklung jedoch psychologisch als unabhängig von einander. In der Abbildung wäre es deshalb - unter einem methodischen Gesichtspunkt - angemessener, die beiden Dimensionen orthogonal anzuordnen, wie es in Abbildung 39 geschieht (siehe auch Belschner 2001).

5   Ich schätze die Fachklinik Heiligenfeld, Bad Kissingen, als ein gelungenes Beispiel für eine solche *Ökologie der Ermöglichung*.

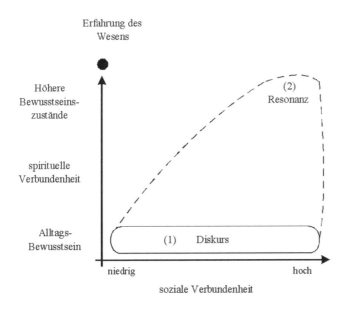

Abb. 39: Spirituelle Verbundenheit

Literatur

Assmann, A. (1996). Texte und Lektüren. Frankfurt: Fischer.

Aurobindo, Sri (1989). Der integrale Yoga. Hamburg: Rowohlt.

Belschner, W. & Galuska, J. (1999). Empirie spiritueller Krisen - Erste Ergebnisse aus dem Projekt RESCUE. Transpersonale Psychologie und Psychotherapie, 5, H. 1, 78-94.

Belschner, W. (2001a). Integrale Forschungsmethodik. Die Entwicklung von angemessenen Methoden für den transpersonalen Forschungsgegenstand. In Belschner, W., Galuska, J., Walach, H. & Zundel, E. (Hrsg.), Perspektiven transpersonaler Forschung. Oldenburg: bis. 33-54.

Belschner, W. (2001b). Tun und Lassen: Ein komplementäres Konzept der Lebenskunst. Transpersonale Psychologie und Psychotherapie, 7, H. 2, 85- 102.

Belschner, W. (2002). Die vergessene Dimension in Grawes Allgemeiner Psychotherapie. In Belschner, W., Galuska, J., Walach, H. & Zundel, E. (Hrsg.), Transpersonale Forschung im Kontext. Oldenburg: bis. 167-216.

Breitkopf, U. (2001). Heilende Räume. Die ökologische Operationalisierung von Spiritualität. Universität Oldenburg. Unveröff. Diplomarbeit im Fach Psychologie.

Demling, J.H., Wörthmüller, M. & O'Connolly, T.A. (2001). Psychotherapie und Religion. Psychotherapie, Psychosomatik & Medizinische Psychologie, 51, 76-82.

Dilling, H., Mombour, W. & Schmidt, M.H. (Hrsg.) (1992). Internationale Klassifikation psychischer Störungen. ICD-10, Kapitel V (F). Bern: Huber.

Dürckheim, K. Graf (1972). Durchbruch zum Wesen. Bern: Stuttgart.

Erickson, M.H., Rossi, E.L. & Rossi, S.L. (1994). Hypnose. München: Pfeiffer.

Gadamer, H.-G. (1993). Über die Verborgenheit der Gesundheit. Frankfurt: Suhrkamp.

Gibran K. (1989). Der Prophet. Olten: Walter.

Gopi Krishna (1997). Kundalini. Bern: Scherz.

Grawe, K., Donati, R. & Bernauer, F. (1994). Psychotherapie im Wandel. Von der Konfession zur Profession. Göttingen: Hogrefe.

Grawe, K., Regli, D., Smith, E. & Dick, A. (1999). Wirkfaktorenanalyse - ein Spektroskop für die Psychotherapie. Verhaltenstherapie & psychosoziale Praxis, 31, 201-225.

Grof, S. & Ch. (1990). Spirituelle Krisen. München: Kösel.

Hofmann, L. (1995). Spirituelle Krisen und Kundalini-Erfahrung. Universität Freiburg. Unveröff. Diplomarbeit im Fach Psychologie.

Hutton, M.S. (1994). How transpersonal psychotherapists differ from other practitioners: An empirical study. The Journal of Transpersonal Psychology, 26, 139-174.

Jäger, W. (1991). Suche nach dem Sinn des Lebens. Petersberg: via nova.

Jäger, W. (2000). Die Welle ist das Meer. Freiburg: Herder.

Kwee, M. (1990). Cognitive and behavioral approaches to meditation. In Kwee, M. (Ed.), Psychotherapy, meditation and Health. London: East-West Publications. 36-53.

Linden, W. (1993). Meditation. In Vaitl, D. & Petermann, F. (Hrsg.), Handbuch der Entspannungsverfahren. Weinheim: Psychologie Verlags Union. 207-216.

Loy, D. (1988). Nondualität. Über die Natur der Wirklichkeit. Frankfurt: Krüger.

Oppen, M. (1995). Qualitätsmanagement. Berlin: edition sigma.

Piron, H. (2001). Die Tiefendimension in der Meditation - eine empirische Studie. Transpersonale Psychologie und Psychotherapie, 7, 66-81.

Ray, P.H. & Anderson, R.S. (2000). The cultural creatives - How 50 million people are changing the world. New York: Harmony Books.

Revenstorf, D. (1993). Technik der Hypnose. In Revenstorf, D. (Hrsg.), Klinische Hypnose. Berlin: Springer. 143-175.

Rumi (1996). Das Lied der Liebe. Müchen: Heyne.

Sanella, L. (1989). Kundalini Erfahrung und die neuen Wissenschaften. Essen: Synthesis.

Saß, H., Wittchen, H.-U. & Zaudig, M. (Hrsg.) (1996). Diagnostisches und Statistisches Manual Psychischer Störungen. DSM-IV. Göttingen: Hogrefe.

Scotton, B. (1985). Observations on the teaching and supervision of transpersonal psychotherapy. The Journal of Transpersonal Psychology, 17, 57-76.

Segal, S. (1997). Kollision mit der Unendlichkeit. Bielefeld. Kontext.

Spörkel, H., Ruckriegl, B., Janssen, H. & Eichler, A. (Hrsg.) (1997). Total Quality Management im Gesundheitswesen. Weinheim: Psychologie Verlags Union.

Tarnas, R. (1998). Idee und Leidenschaft. Frankfurt: Zweitausendeins.

Walach, H. (2001). Bausteine für ein spirituelles Welt- und Menschenbild. Transpersonale Psychologie und Psychotherapie, 7, H. 2, 63-77.

Yeginer, A. (2002). Heilende Wirkfaktoren in der Psychotherapie. Universität Oldenburg, Gesundheits- und Klinische Psychologie. Unveröffentl. Studie.

Prof. Dr. Wilfried Belschner, Jahrgang 1941, Dipl.-Psychologe, Universitätsprofessor für Psychologie an der Carl-von-Ossietzky-Universität Oldenburg, Arbeitsgruppe Gesundheitsforschung, Gesundheitsförderung. Lehr- und Forschungsgebiete: Gesundheitspsychologie, Public Health, Transpersonale Psychologie, Qi-Gong, Mitbegründer und Vorsitzender des Deutschen Kollegiums für Transpersonale Psychologie und Psychotherapie, diverse Publikationen zu den angegebenen Schwerpunkten.

Prof. Dr. Wilfried Belschner
Universität Oldenburg
Gesundheits- & Klinische Psychologie
D-26111 Oldenburg, Germany
Email: wilfried.belschner@uni-oldenburg.de
www.uni-oldenburg.de/transpersonal

Ursula Wirtz

Die spirituelle Dimension
der Traumatherapie

"Die entscheidende Frage für den Menschen ist: Bist du auf Unendliches bezogen oder nicht? Das ist das Kriterium seines Lebens...Letzten Endes gilt man nur wegen des Wesentlichen, und wenn man das nicht hat, ist das Leben vertan"[1]

Konzeptualisierung des Traumas

In der Traumaforschung werden in der Regel 3 verschiedene Konzepte[2] unterschieden:

1. *Trauma als medizinisches Konzept.* Der Symptomkatalog von PTSD, eine ICD-10 Diagnose
2. *Trauma als psychisches Ereignis und intrapsychischer Prozess.* Focus auf dem subjektiven Erleben des Traumas
3. *Trauma als sozialer und politischer Prozess.*Die gesellschaftsrelevante Dimension des Traumas.

Ich möchte in diesem Aufsatz eine 4. Konzeptualisierung des Traumas vorschlagen:

4. *Trauma als transformativer, spiritueller Prozess.* Trauma als Individuation und Initiation.

Gibt es nach Entwurzelung, Identitäts- und Realitätsverlust, nach der Aufhebung jeglicher Seinsgeborenheit und der Zerschmetterung des Wertesystems überhaupt noch Transformation und Individuation? Oder in der Sprache von David Boadella: Können wir nach dem traumatischen Kontaktverlust mit Erde, Körper, Realität wieder in den Körper hineinkommen, zur Natürlichkeit zurückfinden und kreativen Energien begegnen?

Als Jungsche Analytikerin ist für mich der Individuationsprozess ein spiritueller Suchweg und die Traumaarbeit hat auf Grund meines Menschenbildes immer eine spirituelle Dimension. Sinn- und Wertverlust, die Auflösung von

Ich und Welt, das Herausfallen aus Raum und Zeit und das totale Auseinanderbrechen der bisherigen Sichtweise der Welt sind für mich zentrale Kategorien, um die es beim Trauma geht. Jedes Trauma zwingt uns existentielle Fragestellungen auf, die sich mit einer schmerzlichen Radikalität und Unbedingtheit Gehör verschaffen. Es geht darum, ob wir je wieder glauben, je wieder lieben, je wieder hoffen können.

Unter Spiritualität verstehe ich eine Seins- und Erlebensweise, die sich einer transzendenten Dimension bewusst und durch bestimmte Werte charakterisiert ist in Bezug auf den Umgang mit sich selbst, der Mitwelt und Umwelt und dem gegenüber, was als das Höchste und Letzte erkannt wird.[3] Zur Spiritualität gehört, dass das, was wir als bedeutungsvoll wahrnehmen, einen hohen Wert darstellt und ethische Implikationen für uns hat. Spiritualität hat mit dem Bewusstsein von Verantwortung zu tun, die in der Erfahrung mit dem Absoluten verankert ist und Auswirkungen im gesellschaftlichen Bereich hat.

Ich möchte in diesem Aufsatz nach Berührungspunkten suchen, die traumatische Erfahrungen mit spirituellen Grunderfahrungen gemeinsam haben, um einen Verstehenshorizont zu schaffen für die transformative Potenz des Traumas.

Von Trendforschern (Horx) hören wir, dass die Respiritualisierung ein Megatrend der Gegenwart sei und moderne Theologen, wie zum Beispiel der Religionssoziologe Karl Michael Zurlehner verweisen uns auf das gegenwärtige "Zwischenhoch für Spiritualität", den "Gotteshunger nach Gottesfasten." Säkulare Gesellschaften gelten als besonders spiritualitätsproduktiv und Sozialwissenschaftler erklären, dass die Fun- und Erlebnisgesellschaft schon lange ihren Zenith überschritten habe und wir jetzt in einer Sinngesellschaft leben. Diesen Sinn verstehe ich als Chiffre für ein Beheimatetsein in einem tiefsten Seinsgrund, der unser Alltagsbewusstsein transzendiert.

Für mich ist die Zusammenschau von Trauma und Spiritualität nicht ein Tribut an den Zeitgeist, der Spiritualität für "in" erklärt, sondern ich erlebe die archetypische Dimension des Traumas als in jene Schichten reichend, die mit unserer Spiritualität zu tun haben. Ein Trauma hat für mich etwas Numinoses, das vernichten und zerstören kann, aber auch die Möglichkeit in sich birgt, einen Wachstumsprozess in Gang zu setzen, der unser Verhältnis zu Sinn und Ziel menschlichen Lebens radikal transformiert.

Vom Wesen des Traumas

Ein Trauma erschüttert und zerbricht unsere psychische Organisation. Unser Wertsystem, unser je persönlicher Sinnkosmos wird zertrümmert. Alles, was unzerrüttbar schien, erweist sich plötzlich als flüchtig und substanzlos. Die Grundfesten unseres Selbst und Weltverständnisses brechen in sich zusammen. In diesen extremen Grenzsituationen zerbricht auch alles Ichhafte, die Erfahrung eines kohärenten Selbst zerfällt und wir scheinen von etwas Übermächtigem ergriffen, archaisch ausgeliefert an eine Macht, die uns zu umklammern und zu vernichten droht. Ein Trauma geht wie ein Riss durch die Seele und kann wie ein schwarzes Loch in der Psyche erlebt werden, das zwischen Individuum und Umwelt einen unüberwindbaren Graben aufreißt.

Das Ich wird paralysiert, regrediert, löst sich auf. Primo Levi[4] hat berührend gestaltet, wie ein Mensch, der alles verloren hat, was er liebt, alles, was er besitzt, zu einem leeren Menschen wird, reduziert auf Leiden und Bedürftigkeit. Wer sein "Heimatrecht im Leben"[5] durch das Trauma verloren hat, jeglicher Würde und Menschlichkeit beraubt wurde, der kann zuletzt auch noch sich selbst verlieren.

Die Numinosität des Traumas

Die traumatische Erfahrung hat einen "numinosen" (R. Otto) Charakter; sie ist schrecklich, unbegreiflich, ein Mysterium tremendum, etwas das über uns hereinbricht und uns fürchten und zittern lässt. Der archetypische Bereich der Seele produziert solche Erfahrungen, die synonym sind mit religiösen Erfahrungen. Ich verstehe das Trauma als eine solche archetypische Erfahrung mit diesem Doppelcharakter faszinans und tremendum, schauervoll und übermächtig. Die traumatische Erfahrung des eigenen Nichts und der Substanzlosigkeit des persönlichen Ichs hat numinose Qualität. Wir werden ergriffen und überwältigt. Traumatische Erfahrungen sind wie ein Einbruch einer unsichtbaren Gegenwart, die in unser rationales Verstehen nicht eingeordnet werden kann, eine Konfrontation mit dem ganz Anderen, ein Hineinragen der schrecklichen transpersonalen Dimension in das Menschliche.

Unsere Psyche erlebt das Trauma als alle Grenzen transzendierend, jenseits von Sprache, Raum und Zeit. Traumatische Erfahrungen stellen einen dramatischen Wendepunkt im Leben dar, bei dem die Person in ihrer Ganzheit auf dem Spiel steht und im Kern ihres Selbst getroffen wird. Dabei können dieser

Ursula Wirtz

massive Identitätsverlust und das Erleben der inneren Leere zu einer Reifeentwicklung führen, wenn der Abgrund, in den das Trauma stößt in einem langen schmerzhaften Leidensprozess als tiefster Seelengrund erfahren wird.

Archetypische Leidenserfahrungen wie das Trauma stimulieren religiöse und mythologische Symbolbildungen, um das Unaussprechliche kommunizieren zu können. H.-P. Dürr hat darauf aufmerksam gemacht, dass wir das, was wir nicht begreifen können, in religiöse Metaphern kleiden.

Das Erleben eines psychischen Todes, die Erfahrung von " Seelenmord", wie ich diese Zerstörung des Lebenshauches, in meinem Buch[6] genannt habe, kann auch als eine umwälzende Erfahrung mit dem dunklen, erschreckenden Gottesbild, dem stummen Gott begriffen werden. Der Gott des Traumas ist ein finsterer Gott, ungerecht, schrecklich, ein Chaos und Zerstörung bringender Gott, der den "Himmel als Abgrund" (Celan) erfahren lässt.

Im Trauma können alle unsere Gottesbilder zerbrechen; dann haben wir nichts mehr, an das wir uns halten können. Diese Erfahrung zwingt uns, den illusionären Charakter unserer Erfahrung von Selbst, Welt und Gottesbild zu durchschauen und birgt das Potential in sich, letztlich zu unserer Befreiung zu führen. Immer, wenn das Selbst traumatisiert ist, haben wir es mit spirituellen Fragestellungen zu tun, denn das Selbst im Jungschen Sinn ist die „Imago Dei", transpersonal verwurzelt. Traumatische Erfahrungen lassen uns die diabolische Seite des Selbst erfahren, die nicht zulässt, dass sich nach dem Trauma Leben ausdrückt. Kalsched[7] spricht von einem internalisierten traumatogenen innerpsychischen Faktor, der Leben verhindert und zu einer Art Anti-Lebenskraft führt, die zwar das Überleben garantiert, aber keinen kreativen Lebensentwurf mehr zulässt.

Für traumatisierte Menschen ist Gott im Exil. Sie erfahren den Rückzug des göttlichen Selbst, die archetypische Situation von Verlassenheit, in der Gott tot oder unerreichbar geworden ist. Hineingestoßen in die "dunkle Nacht der Seele" werden alle Illusionen über uns selbst und die Welt in Nichts aufgelöst. Wir sind jäh und überwältigend archaischer Angst ausgeliefert, der Frage, was von mir noch übrig bleibt, wer ich denn bin, wenn ich nichts mehr bin?

Traumatisierte Menschen werden schockartig mit der Tatsache konfrontiert, dass das Leben ein „Sein zum Tode" ist. In Grenzsituationen werden die üblichen neurotischen Fluchtwege, über die wir sonst verfügen versperrt und das Ich als steuernde Funktion entmachtet. Extremtraumatisierungen können Menschen in Seinszustände hineinkatapultieren, in ein „Sterben vor dem Sterben", das die mystischen Traditionen schrittweise auf einem langen spirituellen

Übungsweg anstreben. Während Psychotherapie allgemein eine Art „Sterbe-hilfe" (Condrau), eine schrittweise Annäherung an die Endlichkeit unseres Daseins und ein freiwilliges Aufgeben neurotischen Ausweichens darstellt, hat die Traumatherapie eine gegenläufige Bewegung. Hier geht es um „Leben lernen", darum, ins Leben zurückzufinden, ein langsames Verstehen und Einordnen von Zuständen, die jenseits der Alltagserfahrungen liegen. Traumatisierte müssen aus der Unterwelt, dem Totenreich wieder auftauchen, wieder lebendig werden nach tödlicher Erstarrung, die Kunst des Lebens neu erlernen, wieder Sinn und Geschmack für das Leben entwickeln und hoffen lernen. Traumatherapie ist der schmerzhafte Prozess aus der Opferidentität auszusteigen und wieder schöpferisch zu werden, mitgestaltend an dieser Welt und meinem Verhältnis zu ihr.

Der Gedanke, dass schwere Krisen und existentielle Herausforderungen potentiell eine Chance zu Veränderung und Wandlung darstellen können, ist nicht neu. Wir kennen aus der Mythologie Prozesse von Zerstückelung, Zerrissenwerden, Auflösung, Desintegration und Dekompensation, die sich in Bewusstseinserweiterung statt -verengung, Sinndeutung statt Sinnverlust, Liebe statt Hass zu wandeln vermögen.

Es gibt die Kraft der Verzweiflung, die uns in traumatischen Krisen Reifungsschritte machen lässt, zu denen wir sonst vielleicht nicht fähig wären. Diese Anforderung an unser Coping, unser Bewältigungsverhalten, lässt uns vielleicht einen Entwicklungssprung machen und im Schlechten das Gute wahrnehmen, im Ringen mit dem Unsinn des Traumas einen subjektiven Sinn konstruieren. Wir werden durch traumatische Grenzerfahrungen so an den Rand gestoßen, dass eine innere Umkehr und eine Öffnung auf ganzheitliche Dimensionen hin die Folge sein kann. In diesem Sinn kann das Trauma wie eine Hadesfahrt verstanden werden, eine erzwungene initiatische Odyssee, in der es um Leben und Tod, Sterben und Wiedergeburt geht.

Gerade in der transpersonalen Psychologie ist uns die Betrachtungsweise von spirituellen Krisen als transformativen Krisen vertraut, das heißt es ist diesen kritischen Situationen und Zuständen ein Wandlungspotential inhärent, das zu einer Bewusstseinsentwicklung führen kann, die über das bisherige Funktionsniveau hinausgeht. Auffälligerweise hat sich im Traumakontext diese Perspektive bisher nicht durchgesetzt.

Es ist geradezu eine gewisse Scheu der Forschenden auszumachen, empirisch die Wachstumschancen nach traumatischen Erfahrungen zu untersuchen, aus Angst, dass traumatisierte Menschen sich unverstanden fühlen könnten und Psychologen in den Verruf geraten, wieder einmal den Opfern ihren Opfer-

Ursula Wirtz

status absprechen zu wollen und Einfühlungsverweigerung zu praktizieren. Die neue psychotraumatologische Forschungsrichtung "Posttraumatic growth"[8] ist im deutschen Sprachraum, soviel ich weiß, noch nicht adäquat rezipiert worden. Ich sehe wenig Ansätze, die sich auf die archetypische Dimension des Traumas beziehen, seine Funktion zu zerstören, aber auch seine Fähigkeit und Macht zu beseelen und zu erneuern.

Aus der Chaosforschung wissen wir, am Rande, an der Grenze unserer Existenz, da ereignet sich das Andere, da können Kreativität und neue Selbstorganisation geschehen. Ich erinnere mich an Nietzsches Zarathustra, der sagte, man müsse Chaos in sich haben, um einen tanzenden Stern gebären zu können. Traumatisierte Menschen haben vielleicht stärker noch als andere dieses Chaos in sich, den Leviathan, das Ungeheuer der phönizischen Mythologie, das im Meer lauert und ständig von dort wieder aufsteigen kann, um die Ordnung zu zerstören und in Chaos zu verwandeln.

Ein Trauma zu bewältigen, in den Lebenskontext zu integrieren, seine destruktive Energie in eine positive Kraft umzuwandeln und zu transzendieren ist einem Stirb- und Werdeprozess vergleichbar. Als mythologisches Bild für diesen Erneuerungsprozess fällt mir der Phönix ein, der Vogel der auf dem Scheiterhaufen verbrennt und aus der Asche erneuert wieder aufsteigt. Phönix ist bezeichnenderweise auch der Titel des Diskussionsforums und Informationsblattes für das Spiritual Emergence Network Deutschland.

Festzuhalten bleibt, dass nach dem Trauma nichts mehr wieder wie vorher ist, der alte prätraumatische Zustand ist nicht mehr wiederherzustellen, die "Unschuld" der Existenz und die Wirkkraft dem Bösen gegenüber bleibt auf immer verloren. Aber, und das ist mit Wandlung gemeint, eine radikale neue, andere Sichtweise auf sich selbst und das Leben wird möglicherweise gewonnen, eine neue Sinndeutung von Ich, Welt und Transzendenz.

Wir wissen, dass ein Trauma die Grenzen sprengt, nicht nur unsere persönliche Reizschutzschranke, sondern sämtliche Grenzen von Innen und Außen. Im potentiellen Wandlungsgeschehen nach traumatischen Erfahrungen wird also nicht nur die Grenze meiner persönlichen Sichtweise gesprengt, sondern die Grenze meiner "Seinsweise". Die Radikalität traumatischer Erfahrung findet eine Spiegelung in der Radikalität der inneren Wandlung und dem veränderten Bewusstseinsniveau. Für manche Menschen wird das Trauma zu einer Initiation in Erfahrungsräume, die vorher verschlossen waren,[9] in Bereiche, in denen dem Tod im Leben begegnet wird und die Macht des traumatischen Geschehens zu einer die gesamte Lebenspraxis verändernden Kraft wird.

Wachstums- und Entwicklungspotential traumatischer Erfahrungen

Ist es möglich, die Sintflut zu überleben, aus der Löwengrube und dem Feuerofen wieder herauszusteigen, "immer versehrter und immer heiler ... zu uns selbst entlassen (zu) werden" (*H. Domin*)[10]?

Wie kann es nach solchen Grenzerfahrungen passieren, dass die Kammern des Bösen durchlässig und aus den Verließen der Sprachlosigkeit andere Stimmen hörbar werden, dass im "Eisverhau der Wunden" (I.Bachmann) nach der Konfrontation mit der Unendlichkeit des Schmerzes und der Unendlichkeit der Zeit ein anderes Bewusstsein einsetzt und sich die gesamte Persönlichkeit affektiv und motivational umstrukturiert?

Traumatische Erfahrungen sind Durchgänge und Durchbruchserfahrungen. Ich muss an Celan denken, der darüber schrieb, wie seine Sprache hindurchgehen musste durch ihre eigenen Antwortlosigkeiten, hindurchgehen durch furchtbares Verstummen, hindurchgehen durch tausend Finsternisse todbringender Rede. "Sie ging hindurch und gab keine Worte her für das, was geschah; aber sie ging durch dieses Geschehen. Ging hindurch und durfte wieder zutage treten."

So habe auch ich Menschen erlebt, die durch das Trauma hindurchgegangen sind, wieder aufgetaucht aus den Unterweltsbereichen, den Todeslandschaften der Seele und ein neues Vertrauen in das Leben, ja ein transpersonales Vertrauen entwickelt haben.

Mystik

In den Schriften des Mystikers Johannes von Tauler wird die Krise als Ort der Gotteserfahrung in ihrem bewusstseinsverändernden Aspekt beschrieben. Ich habe auffällige Parallelen der mystischen Erfahrung mit dem traumatischen Erleben gefunden. Sinnkrise, extreme Angstzustände, Leiden, Selbstvernichtung und Leere. Die numinose Erfahrung der eigenen Nichtigkeit ist beiden Erlebnissen gemeinsam. In der Mystik wird diese Leidenskrise als Wegbereiter für einen Erlösungs- und Heilsweg betrachtet.

Zuerst gibt es einen von Terror und Schrecken begleiteten steilen Abstieg in den Seelengrund, voller Verzweiflung und Verlorenheit. Dann erfolgt ein stufenweises Aufsteigen, mit wiederholten engen Durchgängen, die angstbesetzt sind. Die Predigten des Johannes von Tauler zeugen von diesem mystischen Einweihungsweg, der mich in vielen Aspekten an Stadien der Traumatherapie erinnert hat.

Ursula Wirtz

Posttraumatisches Wachstum
Posttraumatic Growth PTG (Tedeschi/Calhoun)

Posttraumatisches Wachstum hat die Psychotraumatologie in drei Dimensionen beobachtet:

1. in Selbstbild und Selbstwahrnehmung
2. in der Beziehung zu Anderen
3. in der Lebensphilosophie und in spirituellen Überzeugungen.

Es sind vor allem 5 Faktoren der persönlichen Reifung nach traumatischen Erfahrungen, die in der Traumatherapie beobachtet werden können und die auch in Fragebögen an Institutionen, die mit schwer traumatisierten Menschen arbeiten, empirisch erfasst worden sind:

- das Bewusstsein um die eigene Verletzlichkeit, aber auch erweiterte personale Kompetenzen, größeres Selbstvertrauen, Wissen um die Stärke des Überlebenswillens, Kreativität im Umgang mit aversiven Lebensumständen, Humor;
- eine gewandelte Beziehung zu den Mitmenschen auf Grund der Erfahrung, dass mein Leiden Teil des größeren Leidens ist, das alle Wesen miteinander teilen. Vertieftes Mitgefühl, starke Solidarität mit anderen Menschen in Grenzsituationen, Gefühl einer letztlichen Verbundenheit, größere Gelassenheit, Toleranz;
- ein gestärktes Identitätsgefühl, Fähigkeit zur Selbstdistanzierung und die Entdeckung neuer kreativer Möglichkeiten für das eigene Leben;
- eine gewandelte Weltanschauung und Lebensphilosophie, die sinnorientiert ist;
- Vertiefung spiritueller Einsichten, Wertschätzung des Lebens und Sorge um die Schöpfung.

Der schöpferische Prozess, aus dem Nichts wieder einzutauchen in eine Welt, in der nichts mehr wie vorher ist, fördert die Resilienz, unsere Fähigkeit aus Schicksalsschlägen zu lernen und weiser und gestärkter daraus hervorzugehen. Das Bewusstsein um zurückgewonnene Würde und Selbstachtung, die wieder aufgebaute oder geschenkte Hoffnung, die Erfahrung auch mit überwältigenden Emotionen konstruktiv umgehen zu können, kann ein Gefühl von Dankbarkeit entstehen lassen, eine größere Offenheit im Geben und im Nehmen, eine Versöhnung oft auch mit der schicksalhaften Gebrochenheit der eigenen und der fremden Existenz.

Vielleicht lässt sich das Trauma auch als eine Art Psychopompos verstehen, als Seelenführer und Seelengeleiterin in eine andere Welt und einen anderen Bewusstseinszustand, in dem unser persönlicher Sinnzusammenhang neu erkennbar wird.

Es gibt zum Beispiel Überlebende, die nach Inhaftierungen davon berichten, etwas mit hinauszunehmen, was sie vorher nie besessen hatten, und durch das Leiden gewandelt und ein tieferer Mensch geworden zu sein. Die bemerkenswerte Fähigkeit, Prioritäten zu entdecken und eine Umwertung alter Werte vorzunehmen, führt bei den Überlebenden oft zu einer neuen Lebensphilosophie, in der das dem seelischen und physischen Tod abgetrotzte Leben wieder als eine Kostbarkeit wahrgenommen wird.

Ich denke an Nelson Mandela und seine 27-jährige Gefangenschaft, der stellvertretend steht für viele, die ihr Leben aufs Spiel setzten für eine Idee, Menschen, die der Zerstörung, der Folter widerstanden, ohne zu zerbrechen und Stärke, Mut und Hoffnung verkörperten, die alles uns Vorstellbare übersteigt. Was ihn getragen hat, war der Glaube, dass tief unten im menschlichen Herzen Gnade und Großmut zu finden sind, dass Menschen, die gelernt haben zu hassen, auch lernen können zu lieben. Er beschreibt in seiner Autobiographie, dass der Schimmer von Humanität, der in den Augen eines Wärters, wenn auch nur für Bruchstücke von Sekunden aufleuchtete, wie eine Flamme gewirkt habe, die ihn bestärkte, auszuhalten und weiterzuleben. Dies half ihm, die Hoffnung und den Glauben, dass Liebe im menschlichen Herz als natürlicher empfunden wird als Hass, nicht loszulassen.[11]

Für mich ist Nelson Mandela ein berührendes Beispiel transpersonalen Vertrauens, wie die Konfrontation mit dem Bösen zum Wagnis der Liebe fähig machen kann, wie das Leiden, der Schmerz unser Herz zu öffnen vermag. Es scheint, als würde die Annnahme von Ohnmacht und die Akzeptanz der eigenen Verletzlichkeit zu einer aktiven Menschlichkeit verhelfen.

Die Fähigkeit unser Leiden, unser Verzweifeltsein und unseren Schmerz zu nutzen und zu transzendieren, das ist die größte Freiheit, die wir als Menschen besitzen und die auch Victor Frankl, Etty Hillesum u.a. im Konzentrationslager sichtbar gemacht haben.[12] Das Trauma kann uns vernichten oder unser Herz öffnen, kann uns verstricken in Wiederholungszwänge und Reinszenierungen, vermag aber auch, "Transformationsstaus" (M. von Brück) aufzulösen und uns eine spirituelle Weltsicht zu ermöglichen.

Von einem alten tibetischen Lama, der 18 Jahre lang in einem chinesischen Gefängnis eingekerkert war, wird berichtet, dass er seine Gefängniswärter und Folterknechte als seine größten Lehrer betrachtet habe, sich in Mitgefühl einzuüben.

Jack Kornfield[13] spricht in seinen Büchern oft von der Wandlung der traumatischen Finsternis in das „Gold der Befreiung" - von dieser Freiheit und spirituellen Haltung zeugt auch eine Rede des Dalai Lama, in der er die kommunistischen Chinesen, die sein Land überfallen haben, als „meine Freunde, der Feind" bezeichnete.

Personen, die einen signifikanten Grad von posttraumatischem Wachstum erlebt haben, verfügen über ähnliche Eigenschaften, wie Menschen, die wir als weise bezeichnen: Sie haben ein Bewusstsein von Paradoxien als Teil des Lebens, sie können das Paradox unserer existentiellen Verfasstheit aushalten, sie sind nicht primär kopf-, sondern herz- und kopforientiert und verkörpern eine Einsicht in unsere conditio humana.

Auch ich habe Erfahrungen in meiner psychotraumatologischen Praxis und mit Menschen gemacht, die kriegstraumatisiert waren, Folter erlebt oder die Shoah überlebt haben, die davon zeugen, dass traumatische Erfahrungen Wachstums- und Reifungsprozesse anstoßen können, in denen Menschen über sich selbst hinausgewachsen sind. Dazu gehört eine zunehmende Dezentrierung des Ich, eine Öffnung zum größeren Ganzen und dem Bewusstsein, dass ich ein Teil dieses umfassenden Einen bin. Solche Transformationsprozesse sind wie ein Silberstreifen am Horizont und können Mut machen, dass trotz des Horrors und der Abgründigkeit des traumatischen Erlebens Licht in die Dunkelheit eindringen und es möglich werden kann, auch ein Trauma zu transzendieren.

Die Aufforderung von Angelus Silesius "Mensch, werde wesentlich", scheint sich nach traumatischen Einbrüchen besonders zu bewahrheiten. Wesentlich werden heißt, zur Wahrheit des eigenen Wesens und des Wesens der Welt zu erwachen und aus dieser Wahrheit heraus zu leben, ein zutiefst spirituelles Anliegen. Das Trauma wird dann zum Ergriffensein von dem, was uns unbedingt angeht. (Tillich) Dieses spirituelle Erwachen zur Essenz kann heilend wirken und sich in der Folge darin ausdrücken, wie wir leben, lieben und arbeiten.

Spirituelle Weltsicht und das Erleben des Traumas

Es gibt auffällige Gemeinsamkeiten zwischen dem, was wir als "Bausteine einer spirituellen Weltsicht"[14] (H. Walach) langsam zu begreifen lernen und dem, was wir aus dem jüngsten Zweig der Traumaforschung wissen.

- Traumatisierte Menschen sind einerseits aus allen vertrauten Bezügen herausgefallen und andererseits in eine unvertraute Dimension hineingeworfen, für die sie sich nicht ausgerüstet fühlen und die als numinose Erfahrung äußerst angstbesetzt sein kann. In der Traumatherapie geht es oft darum, wie der innere und der äußere Mensch wieder eins werden können, wie zwischen Hölle und Himmel eine Brücke gebaut werden kann. Vielleicht vermag dann ein Bewusstsein um ein letztlich unauflösbares mit allem anderen Verbundensein, ein prinzipielles in einem Größeren Enthalten- und Gehaltensein aufleuchten, das aber nicht sofort integriert und verkraftet werden kann. Diese durch das Trauma bewirkte Weitung des Bewusstseins kann zur Erfahrung letztlicher Verbundenheit, zu einem "Ethos des Einsseins" führen, zu einer solidarischen Öffnung nach Außen, in die Gesellschaft, zum Anderen hin. Ziel der Traumatherapie ist aus der Fragmentierung herauszufinden, damit Integration möglich wird und zwar sowohl auf der innerpsychischen Ebene, wo abgespaltene Aspekte der eigenen Person wieder zusammengefügt werden zu einem Ganzen, wie auch auf der interpersonellen Ebene, in der wieder Kontakt aufgenommen wird zum Du des Anderen, aber auch auf der spirituellen Ebene, in der traumatisierte Menschen sich neu sinnvoll zu verorten versuchen.

Manche traumatisierte Menschen erleben eine andere Öffnung für transzendente Erfahrungen und eine Ahnung des Eingebundenseins in ein überindividuelles Sein.

- Die Relativität des individuellen Ich wird in der spirituellen Übungspraxis aufgelöst und die zentrale Rolle des Ich, als planende, kontrollierende Instanz beim Trauma gewaltsam gesprengt. Im Trauma erfährt der Mensch, dass Leben mit Instabilität zu tun hat. Dieser Punkt der größten Instabilität ist gleichzeitig ein Punkt höchster Sensibilität, in dem wir auf völlig neue Weise an unser Möglichkeitsfeld angeschlossen werden (Dürr). Das psychologische Konzept der Selbstwirksamkeit und Kontrolle, das Bewusstsein, als Mensch autonom und Schöpfer seiner eigenen Handlungen zu sein, wird in traumatischen Erfahrungen zerstört. Es gibt nicht mehr ein Subjektgefühl, das dem Erleben Kohärenz, Konstanz und Kontinuität verleiht. Ohnmacht, Ausgeliefertheit, Fremdbestimmtheit sind die Koordinaten traumatischen Erlebens. Das Trauma ist charakterisiert durch die Substanzlosigkeit unseres Alltags-Ichs, durch Auflösung der Ich-Grenzen. Extremtraumatisierungen zerstören die Überzeugung, dass es so etwas wie ein verlässliches Fundament des Personseins gibt. Traumatisierte werden durch ihre Grenzerfahrungen in Erlebnis- und Bewusstseinsbereiche hineingestoßen, die das alltägliche Tageswachbewusstsein sprengen und die Seele zu einer "Todeslandschaft" verwandeln können. Eine ungeheure Relativierung des Ich entsteht, degradiert zur Bedeutungslosigkeit und bedroht von Fragmentierung und Untergang. Die eigene Existenz wird als zufällig und nichtig erlebt. Das die Identität garantierende Ich scheint nicht mehr verfügbar, was zu einer erhöhten Offenheit und Durchlässigkeit, aber auch größeren Vulnerabilität führen kann.

- Dieses "Entwerden" gehört im spirituellen Kontext zur Wesensbestimmung des Transpersonalen Bewusstseins. Das Trauma kann Anlass für eine Entgrenzung im positiven Sinne der transzendentalen Öffnung werden, für eine Leere im Sinne der Befreiung vom Anhaften, in der die Verstrickung an das Materielle an Bedeutung verliert und das Immaterielle als das Numinose übermächtig in das Leben einbricht. Diese Dimension, die transpersonales Vertrauen fördert, ist nicht über das Wissen zu erschließen, sondern kann auf dem Weg der Erfahrung, als leidenschaftliche Ergriffenheit und Gehaltenheit spürbar werden. Die traumatische Erfahrung kann im Sinne eines Quantensprungs oder Paradigmawechsels eine Bewusstseinsentwicklung vorantreiben, in der die Relativität des kleinen Ichs offenbar wird. Sie vermag das narzisstische, egozentrische Netz zu zerreißen und die Tür zu einer anderen Dimension aufzustoßen. Unsere Wunden sind ja oft die Einfallstore für das Numinose. In den spirituellen Traditionen wird diese Öffnung bewusst auf dem Übungsweg gesucht, der "Ichtod", als Ziel formuliert. Die spirituelle Praxis ist ein Bemühen, das Ich nicht mehr als Nabel der Welt und Mittelpunkt des Seins zu begreifen, sondern es zu transzendieren und in seinem Absolutheitsanspruch zu relativieren. Diese transnarzisstische Erfahrung geschieht bei einer Traumatisierung völlig unfreiwillig und nicht schrittweise wie auf dem spirituellen Übungspfad. Das Ich wird aus den Angeln gehoben und alles woran vorher geglaubt wurde, alle Überzeugungen über sich selbst und die Welt und Gott werden in der traumatischen Erfahrung zerschmettert. Die Idee eines verlässlichen Kerns der eigenen Person scheint sich beim Erleben schwerer Traumen als Fiktion zu erweisen.

- Die Relativität der Zeit ist sowohl als Folge meditativer Übungen und spiritueller Praxis als auch durch die radikal veränderte Selbst- und Körperwahrnehmung im Schmerz traumatischer Erschütterung ein Aspekt der spirituellen Erfahrung. Dem mystisch erfüllten Augenblick entspricht im Trauma ein unendliches Ausdehnen der Zeit, ein schmerzliches ewiges Jetzt, eine Zukunftslosigkeit und ein Verlust von Vergangenheit. Häufig kommen durch veränderte neuronale Prozesse unter Schock grundlegend veränderte zeitliche Erlebensweisen zum Tragen. Zeit wird als nicht linear erlebt, der Tod als Teil des Lebens.

- Die Trennung zwischen materieller Wirklichkeit und geistiger Wirklichkeit, die Spaltung von Leib und Seele ist in den spirituellen Traditionen, die von der Einheit des Seins ausgehen, nicht existent. In der Physik hat Hans-Peter Dürr die Materie als "die Schlacke des Geistes" bezeichnet. Auch Nahtoderfahrungen und Extremtraumatisierungen führen zu Erlebnissen, in denen das "hautverkapselte Ich" aufgehoben wird: Frauen steigen aus ihrem Körper aus, ein beobachtendes Ich - wie in der Meditation und spirituellen Erfahrungen - übernimmt eine Art Zeugenschaft. Vielleicht liegt hier auch ein Schlüssel zum Verständnis dissoziativer Prozesse als Folge traumatischer Erfahrungen. Oft bewegen sich traumatisierte Frauen als Grenzgängerinnen zwischen der materiellen, physischen und immateriellen Bewusstseinswelt hin und her. Sie erleben sich als durch diese Grenzerfahrung verwandelt, haben sich einlassen und loslassen müssen in die Unterwelt, ohne zu wissen, ob sie je wieder aus dieser Tiefe heraufsteigen können in die Alltagswirklichkeit. Es ist auffällig, wie viele Grenzgängerinnen unter den Menschen zu finden sind, die im Bereich des geistigen Heilens tätig sind. Traumatisierte Frauen, die ihr Trauma als ein schamanistisches Initiationserlebnis des "Zerstückeltwerden" begreifen und die ihre Seele wieder "zurückgeholt" haben, vermögen die Konfrontation mit Erfahrungen jenseits der Grenze als eine Art Einüben des Sterbens vor dem Sterben zu betrachten. Dieses "den Tod trainieren" gilt im Schamanismus als Vorbedingung für das Heilen. Ich hörte von einer Untersuchung in Schottland, dass in einem Trainingseminar für Heilerinnen und Heiler von 20 Teilnehmenden 19 etwas ein Jahr vor ihrem Wirken als Heiler eine sehr schwere Krankheit oder einen schweren Unfall hatten. Es schien die Krankheit einen massiven Einfluss auf das Leben dieser Menschen ausgeübt zu haben, vergleichbar schamanistischen initiatorischen Krankheiten.

Der Archetyp des verwundeten Heilers, der durch seine eigenen Wunden heilt, wird assoziativ auch lebendig, wenn wir Therapiezentren für Folteropfer besuchen und mit dem therapeutischen Team sprechen, das oft selbst im Herkunftsland Opfer von Folter und Verfolgung war. Jaspers hat einmal gesagt, was ein Mensch ist, ist er durch die Sache, die er sich zu eigen macht. In diesem Sinne haben sich traumatisierte Menschen, die Heilerinnen und Heiler eine Art spiritueller Fürsorge zu eigen gemacht. Sie leben im Bewusstsein einer Berufung, einer Mission im besten Sinne, beim Wieder-Mensch-Werden mitzuhelfen und dabei selbst ein Stück menschlicher zu werden. Spirituelle Menschen haben das Gefühl eine Aufgabe in diesem Leben zu haben. Sie gehen davon aus, dass etwas durch sie in die Welt gebracht werden soll, spüren ein Ethos der Verantwortung.

Ursula Wirtz

- In der Traumatherapie geht es darum, die durch das Trauma zerstörte Verbindung zwischen Ich und Selbst wiederherzustellen. Letztlich lernen wir in der Therapie, uns mit den Tatsachen der Welt, wie sie ist, auszusöhnen, lernen, mit uns selbst Frieden zu schließen, Unsicherheiten und Widersprüche auszuhalten, um die eigenen Grenzen und die Bedingtheit und Gebrochenheit menschlichen Lebens zu wissen. In diesem Sinne fördert Traumatherapie Einsichten in Sinn und Unsinn menschlichen Lebensvollzugs und kann damit zu Weisheit und Lebenskunst verhelfen. Das Bewusstsein, mit anderen Menschen die gemeinsame Grundlage der Vergänglichkeit zu teilen, das Gewahrsein um die Zerbrechlichkeit aller Konstrukte, die wir uns von uns selbst und vom Leben gemacht haben, kann uns weiser und mitfühlender werden lassen.

Das größte Geschenk, das wir einander machen können, auch in der Traumatherapie, hat mit dem Wahrnehmen dessen zu tun, was ist, dem Ja zu unserem Sosein, ohne zu werten. Wenn wir erfahren können, dass wir alle, auf welcher Funktionsebene wir uns auch immer befinden mögen, Ausdruck dieser einen Wirklichkeit sind, dann sind wir dem Heilwerden ein Stück näher gerückt.
Traumatische Erschütterungen, "Störerfahrungen" vermögen solche Reifungsprozesse anzustoßen. Aus der traumatischen Not kann Weisheit, "existentielles Expertentum" (Walach) erwachsen, aus Grenzerfahrungen eine Quelle der Kraft werden.

Fördert Traumatherapie unsere eigene Spiritualität?

Gibt es Posttraumatisches Wachstum auch bei uns Helfenden?

Traumatherapie ist auch für uns eine große Herausforderung, das Sinnmuster in unserem eigenen Lebensteppich anzuschauen und immer wieder neu zu weben. Wenn wir ständig mit Verlust und Zerstörung konfrontiert sind, mit der Suche nach dem, was bleibt, dem letztlich Wahren, dann klingt uns natürlich auch immer die ängstliche Frage des Iwan Iljitsch bei Tolstoi im Ohr: "Was, wenn in der Tat mein ganzes bewusstes Leben nicht das Wahre gewesen ist?" Uns taucht diese Frage nicht erst auf dem Totenbett auf, sondern vielleicht in der ersten Therapiestunde mit einem extremtraumatisierten Menschen, dem sich sein gesamtes Leben als substanzlos erweist. Was, wenn auch unser eigenes Leben sich plötzlich als eine Chimäre erweist, substanzlos und sinnentleert? So sind wir kontinuierlich dazu herausgefordert, wirklich die Menschen zu sein, als die wir wirken wollen, uns über die eigene innere Resonanz Rechenschaft zu geben, die Sinn und Wertverlust in uns erzeugen, und unser eigenes Unfertigsein auszuhalten.

Als Therapeutinnen und Therapeuten schärft sich unser Bewusstsein für das Paradoxe, für Überlebenswelten und Überlebenskünste.[15] Wir haben die Chance, von unseren KlientInnen zu lernen, denn sie sind Überlebenskünstler und Überlebenskünstlerinnen. Respekt können wir lernen, Ehrfurcht auch vor der Seele, ihrer Selbstheilungskraft, Achtung vor der Innenwelt mit ihrer Entwicklungsdynamik. Wir sind gefordert auch an unserer eigenen Überlebenskunst als Helfende zu arbeiten, damit wir nicht abstürzen in Hoffnungslosigkeiten und abgrundtiefe Verzweiflungen. Unsere Arbeit ermöglicht uns die Annäherung an das Entsetzen und den Horror, das Einüben ins Akzeptieren des Nichtverstehens, wenn wir selbst das Unglaubliche, das Undenkbare und Unsagbare nie erfahren haben.

Wenn Du vor mir stehst und mich ansiehst, was weißt du von den Schmerzen, die in mir sind und was weiß ich von deinen? Und wenn ich mich vor dir niederwerfen würde und weinen und erzählen, was wüsstest du von mir mehr als von der Hölle, wenn dir jemand erzählt, sie ist heiß und fürchterlich? Schon darum sollten wir Menschen voreinander so ehrfürchtig, so nachdenklich stehen wie vor dem Eingang zur Hölle.

Franz Kafka, Tagebuch, Brief an den Vater

Traumatherapie ist ein Weg aus der Hölle, ist Auseinandersetzung mit der Erfahrung von Seelenverlust und Seelenmord. Wenn wir unsere PatientInnen ermutigen, ihre Geschichte zu erzählen, die traumatischen Löcher aufzufüllen, eine sinnhafte Narration ihrer Biografie zu konstruieren und Zeugnis abzulegen, dann haben diese Methoden die Funktion, das Chaos des Traumas in Kosmos zu verwandeln, der Entgrenzung durch Begrenzung entgegenzutreten und die Fragmente zusammenzubinden. Dazu braucht es Eros in der Therapie, eine liebende Beziehung die, da sicher und tragfähig, es möglich macht an der Zerbrechlichkeit des eigenen Selbst und der Brüchigkeit gesellschaftlicher Strukturen nicht zu zerbrechen, den Schrecken auszuhalten, ohne an der Vergiftung durch das Trauma zu Grunde zu gehen. Traumatherapie hat für uns immer auch sozialethische Implikationen. Wir können nicht länger bystander sein, zusehen und wegsehen, was in der Welt geschieht, sondern sind in unserem solidarischen Engagement gefordert.

In der Begegnung mit den Ausgegrenzten und Stigmatisierten betreten wir den Raum zum Wesentlichen und erfahren in der Arbeit mit MigrantInnen und traumatisierten Menschen etwas von der Bedeutung von Übergangsräumen und Zwischenwelten. Flexibilität in der Betrachtung des Lebens ist gefragt, sich einzurichten mit unseren KlientInnen im Dazwischen, in Zuständen die jetzt sind und bald nicht mehr sein werden.[16] So lernen wir, Vieles zu relativieren, gewinnen auch mehr Selbstdistanz zum Machbaren, werden bescheidener und demütiger. Traumatherapie nährt nicht unsere Größenphantasien und unser narzisstisches Therapeutenideal, fördert aber unsere Geduld und Jetzt-Orientiertheit, die kleinen Schritte der Achtsamkeit in der Begegnung und eine größere innere Offenheit und geschärfte Wahrnehmung.

Achtsamkeit in der Therapie ist ein besonders wachsamer, nicht wertender Geisteszustand, der uns auch auf die feinsten Zeichen und Signale unser Klientinnen und Klienten lauschen lässt, vertrauensvoll, geduldig, gütig, auch wenn wir selbst oft bis an den Rand und über den Rand hinaus die eigene Grenze schmerzlich spüren.

Wir lernen als Helfende, was es bedeutet präsent zu sein, Respekt gegenüber allen uns begegnenden Lebensformen zu haben und "Containment" (Bion) und "Holding" (Winnicott) zu praktizieren. Wir sind herausgefordert in unserem Glauben an das Subjekt. Unsere Hoffnung ist gefragt, daran zu arbeiten, dass diese Welt ein besserer Ort wird, an dem sich menschenwürdiger leben lässt.

Traumatisierte Menschen brauchen die Perspektive, dass etwas wieder gut werden kann wie in der Weisheit der Märchen, Mythen und spirituellen Traditionen.

Von uns wird Zeugenschaft erwartet, eine Haltung die dem Gegebenen gegenüber offen und nicht wertend ist. Hilfreich finde ich für meine Arbeit die Gedanken der peace-maker-Bewegung um Bernie Glassmann. Im Hebräischen bedeutet peacemaker OSEH SHALOM, das heißt: ganz machen. Friede machen meint also "ganz" machen, mit einer Haltung des Nicht-Wissens an die Arbeit zu gehen, offen für die Zeugenschaft von Freude und Leid und Vertrauen zu haben, dass Heilendes sich ereignen kann, wenn ich mich dem Unbekannten nähere. Wir müssen Zuhören können auch dort, wo keine Sprache mehr ist, in der sich etwas mitteilen lässt. Mit dem Herzen hören, mit dem dritten Auge sehen und authentisch antworten können, das sind Fähigkeiten, die wir in der Traumatherapie brauchen und die letztlich nur möglich sind, wenn wir selbst uns spirituell verankert wissen.

Dann kann Heilung für die Traumatisierten bedeuten:

Sein Unglück ausatmen können, tief ausatmen, sodass man wieder einatmen kann, und vielleicht auch sein Unglück sagen können, in Worten, in wirklichen Worten, die zusammenhängen und Sinn haben, die man selbst noch verstehen kann, und die vielleicht sogar irgendwer sonst versteht oder verstehen könnte- und weinen können, das wäre schon fast wieder Glück.

Erich Fried, Aufhebung

Wir sind in der Traumatherapie kontinuierlich Fragende und Befragte: Woher kommen wir, wohin gehen wir, was ist der innerste Grund aus dem wir entstanden sind und in den wir wieder eintauchen? Was ist der Sinn des Bösen? Was gibt meinem Leben Sinn und Halt, und welche Erfahrungen führen mich in meine Mitte?

Angesichts dieser existentiellen Fragen tröste ich mich selbst in schwierigen Phasen des therapeutischen Prozesses mit Rilke und möchte diesen Trost auch mit Ihnen teilen:

... ich möchte Sie, so gut ich es kann, bitten... Geduld zu haben gegen alles Ungelöste in Ihrem Herzen und zu versuchen, die Fragen selbst lieb zu haben wie verschlossene Stuben und wie Bücher, die in einer sehr fremden Sprache geschrieben sind. Forschen Sie jetzt nicht nach den Antworten, die Ihnen nicht gegeben werden können, weil Sie sie nicht leben könnten. Und es handelt sich darum alles zu leben. Leben Sie jetzt die Fragen! Vielleicht leben Sie dann allmählich, ohne es zu merken, eines fernen Tages in die Antwort hinein.[17]

Ich wünsche uns allen, dass wir die vielen Fragen, die uns im dunklen Antlitz des Traumas begegnen, meditieren und kontemplieren und hoffentlich eines Tages in Antworten hineinwachsen und ein wenig weiser werden.

Anmerkungen

1   C.G. Jung: Erinnerungen, Träume, Gedanken. Hrsg.A.Jaffé, Rascher Verlag, Zürich 1962, S. 327

2   Vgl. dazu Becker, David: Trauma, Traumabehandlung, Traumageschäft.In: Moser, Nyfeler, Verwey (Hrsg) Traumatisierungen von Flüchtlingen und Asyl Suchenden. Seismo Verlag, Zürich 2001

3   vgl. Elkins et al : Towards a humanistic- phenomenological spirituality.In: Journal of Humanistic psychology, 1988, Nr. 28. (4). S. 5-18,

4   Primo Levi: Ist das ein Mensch? Die Atempause. München 1988, S.174

5   Edvardson, C., Gebranntes Kind sucht das Feuer, München, Wien 1986

6   Wirtz, Ursula: Seelenmord. Inzest undTherapie. Kreuz Verlag, Stuttgart 1998

7   Kalsched, D. The inner world of Trauma. Archetypal defenses of the personal spirit. Routledge, London 1996

8   Tedeschi R./Park C./L.Calhoun: Posttraumatic Growth.Positive changes in the aftermath of crisis. L.Erlbaum Publishers, New Jersey 1998

9   Ich denke hier besonders an Nahtodeserfahrungen. Die Berichte, die uns vorliegen, verweisen sehr deutlich auf die bedeutsame innere Umkehr,die diese Menschen vollzogen haben, ihre gewandelte Lebensphilosophie und ihre Sinnorientierung.

10 Domin, H.: Die Bitte. In: Wer es könnte.Präsenz. Hünfelden 2001

11 Mandela, Nelson: Der lange Weg zur Freiheit. Fischer, Franfurt 1994, S. 832f)

12 vgl. Wirtz/Zöbeli : Das Trauma der Gewalt. Die Zerstörung des Sinns? In: Hunger nach Sinn. Menschen in Grenzsituationen, Grenzen der Psychotherapie. Kreuz Verlag Stuttgart Zürich 1995

13 Kornfield, Jack: Frag den Buddha und geh den Weg des Herzens. Kösel, München 1995

14 Walach, H.Bausteine für ein spirituelles Welt- und Menschenbild. In: Transpersonale Psychologie und Psychotherapie 2002, Heft 1, S. 63-79

15 vgl. Ninck Gbeassor, Schär Sall, Signer, Stutz, Wetli (Hrsg): Überlebenskunst in Übergangswelten.,Ethnopsychologische Betreuung von Asylsuchenden, Reimer Berlin 1999

16 vgl. die anspruchsvolle Arbeit des Foyers/Ethnologisch-Psychologisches Zentrum der Asyl- Organisation im Kanton Zürich. Der Erfahrungsbericht dieses Fachteams "Überlebenskunst in Übergangswelten" verdeutlicht diese therapeutische Haltung.

17 Rilke, R.M.: Briefe an einen jungen Dichter. Frankfurt 1992, Insel Bücherei Nr. 406, S.21

Dr. Ursula Wirtz, Dozentin und Lehranalytikerin am C.G.-Jung-Institut Zürich, private Praxis in Zürich, internationale Lehr- und Ausbildungstätigkeit im Bereich Jungianischer Psychologie und Psychotraumatologie, Publikationen zu den Themen Ethik, Gewalt und Spiritualität.

Dr. Ursula Wirtz
Belsitostr. 9
CH-8044 Zürich
Schweiz
Tel./Fax: 00 41-1-2 52 70 21
Email: ursula.wirtz@bluewin.ch

Transpersonales Containment in der Arbeit mit Psychosen

1. Einleitung

Immer noch schwebt über von Psychose betroffenen Menschen das Bild einer unentrinnbaren, mit langsamer Verschlechterung einhergehenden Krankheit, die auf einem Defekt beruht, ob dieser nun biologisch, genetisch oder psychopathologisch strukturbedingt wäre.

Es gibt in den vergangenen Jahren aber auch Ansätze, die eine Dynamik zwischen Entwicklungsaspekten und Strukturproblematiken beschreiben und in denen dann "Psychose als Konflikt" (Mentzos 1997, Aderhold 1994) erscheint.

Ein transpersonales Verständnis von Psychose, wie ich es hier darzulegen versuche, greift diesen Ansatz auf.

Darüber hinaus kann es aber unterscheiden zwischen:

- spirituellen Krisen,

    die durch einen Entwicklungsschub hin zum transpersonalen Bewusstsein ausgelöst werden und die möglicherweise präpersonale oder personale ungelöste Problem-Zonen (Coexsysteme, s.w.u.) enthalten, deren Problematik jedoch nicht in einer präpersonalen Strukturschädigung liegt, und

- psychotischen Prozessen,

    die durch das Hervortreten neuer entwicklungsbedingter Identitäten manchmal zu nicht bewältigbaren Herausforderungen und damit statt zu Integrations- zu Desintegrationsvorgängen führen, in denen dann wiederum die vorhandenen präpersonalen Strukturprobleme deutlich werden.

Während Letzteres noch mit einem dynamischen Ansatz, wie z.B. bei Mentzos (1997) und Aderhold (1994) erklärbar ist, droht dem Menschen in der spirituellen Krise Unverständnis und Psychiatrisierung.

D.h. hier ist das transpersonale Verständnis des Therapeuten unabdingbar, um zu einem adäquaten Vorgehen zu gelangen.

1.1 Erstes Fallbeispiel

Ein ca. 45-jähriger Klient, der sich kürzlich bei mir vorgestellt hatte, kam mit der Anfrage, an einer selbsterfahrungsorientierten therapeutischen Gruppe teilzunehmen. Vor ca. einem halben Jahr hatte er eine psychotische Episode durchlebt und durchlitten, deren Nachklänge noch zu spüren waren.

Davor im Leben waren keine entsprechenden Störungen bekannt. Er war berufstätig als Lehrer bis vor der Erkrankung und auch wieder inzwischen nach der Erkrankung.

Neben einem dünnen sozialen Netz, das schon mehrere Jahre ohne Partnerschaft geblieben war, bedingt auch durch einen Umzug, war die starke Idealisierung des Meditationslehrers aufgefallen.

Das Nachfragen ergab, dass er seit vielen Jahren aktiver Meditationsschüler war und regelmäßig und auch intensiv Vipassanameditation praktizierte. Gleichzeitig berichtete er in diesem Vorgespräch aus seiner Lebensgeschichte, dass er im Alter von Anfang 20 ein schweres Trauma erlebt habe. In der Psychose seien regelrecht körperliche Eindrücke aus diesem Trauma aktualisiert in seiner sinnlichen Wahrnehmung erschienen - wie eine unmittelbar realistische Wiederholung des Traumas.

In dem hier gemeinten Verständnis der Situation des Patienten entstand der Eindruck, dass er durch die Meditationspraxis eine Bewusstseinsentwicklung anstrebte und hierbei das in der Psyche enthaltene Trauma nach außen gelangte, im Sinne von Läuterung und Reinigung, was jedoch mit den vorhandenen Möglichkeiten der Persönlichkeit zu diesem Zeitpunkt nicht aushaltbar war. Das heißt die angestrebte Bewusstseinsentwicklung kollidierte mit einer Problemzone, in der ein Trauma enthalten war, und mit einer zu vermutenden Strukturschwäche (starke Idealisierung des Meditationslehrers).

Hier gäbe es nun eine Vielzahl von Fallen, in die man als Therapeut gehen könnte.

Zum Beispiel könnte man die Meditationspraxis der Psychoseauslösung bezichtigen, was, wie ich es in anderen Fällen schon erlebt habe, dazu führen könnte, dass Ärzte/Therapeuten der Patientin nahe legen würden, die Meditation überhaupt aufzugeben. Oder die Schizophreniediagnose würde zu sehr im Vordergrund stehen und das würde zu einer länger andauernden medikamentösen Behandlung führen, ohne dass die Inhalte näher beleuchtet würden.

Auch könnte man als Therapeut befürchten, eine erlebnisorientierte Gruppe würde die Psychose reaktivieren.

Oft stehen die Klienten in der postpsychotischen, meist depressiven Phase noch stark unter dem Eindruck des existenziell erschütternden Erlebens der Psychose-Erfahrung.

Fragen, wie:
- Was ist mit mir geschehen?
- Wird das wiederkommen?
- Womit hängt das zusammen?
- Was hat das mit mir zu tun?
- Wie lange muss ich die Medikamente nehmen?"

sind dann sehr drängend.

Während der akuten klinischen Behandlung stand die psychotische Symptomatik und deren medikamentöse Behandlungen meist so sehr im Vordergrund, dass wenig Zeit blieb, lebensgeschichtliche und persönliche Zusammenhänge tiefer zu beleuchten, und die akute Phase ist auch nicht der geeignete Zeitpunkt, diese Fragen zu beantworten.

Die psychotherapeutischen Maßnahmen, wenn sie denn während einer Erstmanifestation stationär ergriffen werden, sind meist stützend und die Persönlichkeit stärkend und heute in einem sogenannten psychoedukativen Sinne, d. h. über die Erkrankung aufklärend, frühe Symptome beschreibend und erkennen helfend, die Angehörigen beratend und eine gegebenenfalls längerfristige medikamentöse Behandlung und psychotherapeutische Maßnahmen vorbereitend.

Sicher erfolgt heutzutage nach einer gelungenen Remission während der klinischen Behandlung die Überweisung an einen niedergelassenen Psychiater und auch zumeist die Empfehlung, ambulant eine Psychotherapie aufzunehmen (Finzen 2001).

Wenn die Patienten im weiteren Verlaufe wieder zu einem wesentlichen Teil zu ihrer Persönlichkeit vor der psychotischen Krise zurückgekehrt sind, können wir eine viel genauere Einschätzung der Persönlichkeitsentwicklung bis hin zur Krise vornehmen. Und differenziertere Einschätzungen der Persönlichkeitsentwicklung vor der Krise erlauben ein wesentlich anderes psychotherapeutisches Vorgehen in der Zeit nach der Krise, wenn ausreichende Stabilisierung der Ausgangspersönlichkeit wieder erreicht ist. Die dann zur Verfügung stehenden Ressourcen der Ausgangspersönlichkeit können und sollten im therapeutischen Prozess intensiv genutzt werden. Hier könnten stationäre und ambulante psychotherapeutische Angebote, die diesen transpersonalen Ansatz zur Verfügung stellen, äußerst hilfreich sein.

Kurt Gemsemer

Auch könnte am Ende eines ersten akuten klinischen Aufenthaltes eine tiefgehende Aufklärung über die zur Verfügung stehenden therapeutischen Möglichkeiten geschehen, welche die vorhandenen Ressourcen des Patienten nutzen.

Diese Aufklärung könnte in einem transpersonalen Verständnis bei genauer Erforschung der Ausgangssituation gut herausarbeiten, ob, wie im nachfolgenden Fallbeispiel, eine spirituelle Krise vorlag, und dann geeignete Angebote machen, die z.B. die Meditationspraxis des Klienten miteinbeziehen.

Auch könnten bei ausreichender Differenzierung der Persönlichkeit vor der Krise gruppentherapeutische Angebote in erlebnisorientierten Selbsterfahrungsgruppen durchaus hilfreich sein, wenn die Therapeuten sich das zutrauen, während schwierigere Strukturproblematiken der Klienten wie z.b. die Struktur einer Borderlinepersönlichkeit besondere therapeutische Situationen und Maßnahmen der Strukturbildung erforderlich machen. Hier sind dann viel eher Nachreifungsprozesse in entsprechenden ambulanten oder stationären Einzel- oder Gruppensituationen gefragt und/oder gegebenenfalls sozialpsychiatrische Betreuungsmaßnahmen.

1.2   Zweites Fallbeispiel

Eine zu jenem Zeitpunkt 40-jährige Frau litt unter starken Ängsten und enormen Gefühlsschwankungen, bzw. traten Gefühle auf, die sie in solcher Intensität gar nicht kannte. Z. B. musste sie aus unerklärlichen Gründen anhaltend und heftig weinen. Sie litt an Schlafstörungen und Erschöpfung und war zu dieser Zeit arbeitsunfähig. Da auch Suizidgedanken vorhanden waren, bot sie psychiatrisch das Bild einer akuten schweren depressiven Phase, die durchaus von einer präpsychotischen Situation differentialdiagnostisch abzugrenzen war. Psychiatrisch hätte man sicherlich medikamentös, wenn nicht sogar stationär behandelt.

Anamnestisch war beachtenswert, dass diese Klientin seit etlichen Jahren in einer sehr befriedigenden, liebevollen Beziehung lebte. Lediglich mit ihrem Arbeitsplatz war sie nicht mehr einverstanden, was aber die Heftigkeit der Symptome so nicht plausibel erklärte, zumal sie diese Arbeit bisher sehr kompetent gemacht hatte. An eine durch sog. "burn-out" verursachte Depression hätte man noch gedacht, aber auch in dieser Hinsicht war zu eruieren, dass sie besser für sich sorgen konnte als manch andere Lehrerin.

Die Erklärung dieser heftigen Krise ergab sich auf dem Hintergrund, dass sie seit ihrem 16.!! Lebensjahr intensiv meditierte, einschließlich mit den in ihrer

Meditationsschule möglichen fortgeschrittenen Übungsweisen. Diese Praxis hatte sie langsam aber beständig aus dem personalen Bewusstsein hinausgeführt. Sie befand sich in einer Emergenzsituation hin zum transpersonalen Bewusstsein.

Nachdem wir das so benannt und in aller Ausführlichkeit besprochen hatten und sie dies auch entsprechend verstanden hatte, löste sich die Angst vor der Veränderung und sie konnte sich mit ihren neuen Bewusstseinsprozessen langsam anfreunden. Z. B. wurde ihr dadurch klar, wie sehr sie in dieser Öffnung in Resonanzen schwieriger Schüler geraten war. Da ihr die bisherige Arbeit nicht mehr gefiel, bewarb sie sich auf verschiedene Stellenangebote und wurde bei einem sehr attraktiven Arbeitgeber unter 400 Bewerbern nach sehr intensiven Auswahlgesprächen ausgewählt. Hier wurde die progressive Dynamik des Prozesses besonders deutlich, da jeder Desintegrationsprozess in dieser anspruchsvollen Bewerbungssituation aufgefallen wäre.

Meditation ist hier also nicht eine "dubiose esoterische Freizeitgestaltung", die auch Psychosen oder Depressionen verursachen kann, sondern eine ernsthaft betriebene spirituelle Praxis und Suche nach tieferen Bewusstseinsräumen. Das Hervortreten (Emergenz) dieser tieferen Bewusstseinsräume wird angestrebt. Dabei kann es offenbar auch zu Notfallsituationen im Bewusstsein kommen (Emergencies), die durch das Betreten des neuen unbekannten Terrains und/oder durch das in Erscheinung treten alter ungelöster Problemzonen bedingt sind.

Wir brauchen hier also zum einen ein Verständnis des Emergenzbegriffes und der damit verbundenen Fragestellung, *'was hervortreten wollte'*, und zum anderen ein Verständnis der damit verbundenen kritischen Bewusstseinssituationen, eine Landkarte, die uns Anhalte gibt, wo sich der Klient in seinem Bewusstsein zwischen Progression und Regression aufhält.

Um besser zu verstehen, wo sich ein Mensch in einer Notfallsituation (Emergency) des Bewusstseins aufhält, wenn er desintegriert, beziehe ich mich hier auf einen Aufsatz von Helmut Pauls (1994) über die frühen prä-ichhaften Selbstentwicklungen, die er mit dem Begriff des "inneren Kindes" zusammenfasst, und auf die Beschreibungen der Bewusstseinsräume der perinatalen Matrizes nach S. Grof, die ich zu diesem Thema an anderer Stelle schon ausführlich zitiert habe (1991).

2. Helmut Pauls Begriff des "inneren Kindes"

Pauls unterscheidet vier Selbsterfahrungsbereiche:
- das Traum-Selbst (vorgeburtlich bis zum Alter von ungefähr 2-3 Monaten),
- das Kernselbst (Alter von 2 bis 6 bzw. 9 Monate),
- das subjektive/affektive Selbst (Alter von 9 bis 18 Monate) und
- das sprachliche Selbst (Alter von 15 bis 18 Monate).

Diese fassen die der jeweiligen Qualität entsprechenden grundlegenden frühesten Erfahrungen zusammen. Diese von Pauls dargestellten Selbsterfahrungsbereiche können wir im Wilberschen Sinne als Holone begreifen und zwar als die Subholone des späteren Ichs. Und eben in diesem Sinne bleiben alle diese Subholone erhalten und differenzieren sich im Laufe des Lebens weiter. Auch behalten sie ihre spezifischen Qualitäten. D.h. auch der erwachsene Mensch hat ein Traumselbst, Kernselbst usw. Und genau diese Selbsterfahrungsbereiche tauchen als Subholone des Ich bei Desintegrationsvorgängen des Ich wieder auf.

Selbsterfahrungen sind in dieser Darlegung die grundlegendsten Begegnungen/Berührungen mit der Welt. Sie sind auch noch nicht der Bewusstheit zugänglich, sondern zunächst einmal lediglich Erfahrungsansammlungen. Grundlegend jedoch ist, dass jegliche Erfahrung ein Gegenüber braucht, so dass die Grundbausteine der werdenden Entwicklung Kontakterfahrungen, Beziehungserfahrungen sind. Und so wie unser Organismus in seinem Wachstum verschiedene Erfahrungsmöglichkeiten entfaltet, benötigt er zum Vollzug der Erfahrung ein spezifisches Gegenüber. D.h., dass Selbst immer im Kontakt geschieht. Selbst ist also immer Resultat von Begegnung. Die Qualität dieser Beziehungserfahrungen bedingt wesentlich das, was ich hier unter Containment verstehe, und zwar die Fähigkeit der Persönlichkeit, eine Erfahrung mit den innerlich vorhandenen oder sozial verfügbaren Möglichkeiten persönlich erleben und dabei die kollektive Übereinstimmung der Sinnesdaten wahren zu können.

2.1 Das Traumselbst und die holotrope Wahrnehmung nach Grof

Dies entspricht ganz der perinatalen Matrix I von Grof und hat entsprechend als Kontaktfläche den physischen - oder später dann den sozialen Uterus der Familie. Letzteren benötigt das Kind, wie wir wissen, noch bis zu seinem 3. Lebensjahr, bevor es seine psychische Geburt vollzogen hat, welche dann einen Ich-Fokus als Struktur im Bewusstsein hervorgebracht hat.

Das Traum-Selbst ist das auftauchende Selbst, das sich langsam in der Welt einfindende Selbst. Dazu ist der Uterus offensichtlich das geeignete Gegenüber. Das ist also eine klare Gemeinsamkeit mit dem Grofschen Modell der perinatalen Matrizes, hier insbesondere der perinatalen Matrix I. Das aus Grofs Ausführungen wesentlich beizusteuernde ist die in diesem Selbsterfahrungsbereich dominierende traumähnliche Wahrnehmungsqualität, von Grof als holotrope Wahrnehmung beschrieben. Das ist deswegen so außerordentlich bedeutend, weil dadurch die in psychotisch verändertem Bewusstsein erscheinende Wahrnehmungsqualität ihre Erklärung findet.

Der Unterschied zu Grof ist die fortbestehende Differenzierung dieses Selbstanteils im Verlauf des weiteren Lebens.

Wir können hier nun leicht nachvollziehen, dass Desintegrationsvorgänge, die diese Ebene zum Vorschein bringen, der holotropen, traumähnlichen Wahrnehmung folgen und mit Erfahrungen, wie bei Grof beschrieben, einhergehen können und damit den dort auch beschriebenen Desintegrationsmustern gleichen, die sich klinisch als verschiedene psychotische Phänomene manifestieren können (Grof 1985).

2.2 Das Kernselbst...

...stellt in dieser Beschreibung die Verankerung des Kindes im eigenen Körper da. Da es diese Erfahrung natürlich mit einem Gegenüber macht, entsteht entsprechend ein "Kern-Anderer".

Und wir sehen auch hier wieder, dass bei der Bildung dieser Kernselbsterfahrung, die primären Bezugspersonen in den Erfahrungen mit enthalten sind.

Dieser Kern-Andere ist es, der in invasiven, traumatischen Erfahrungen dieser Entwicklungszeit dann als Verfolger in einer paranoiden Symptomatik auftauchen kann, von dem man sich dann nicht unterscheiden kann, wenn es auflösungsbedingt keine unterscheidungsfähige Instanz (Ich) gibt.

2.3 Die Entwicklung des subjektiven/affektiven Selbst...

...des inneren Kindes ist die Erfahrungszeit die in der Mahler'schen Darlegung (1980) die Zeit des Ausschlüpfens aus der Symbiose meint. Das ist die Zeit, in der das Kind seine subjektive Affektivität zu entwickeln beginnt. Das Kind reagiert jetzt mit spezifischen, eigenen Gefühlen auf die Gefühle der Umgebung. Wie wesentlich diese frühen Selbsterfahrungen sind, wissen wir aus den Beschreibungen über das Borderlinesyndrom, weil hier grundlegende existentielle Gefühlsmissverständnisse und damit projektive Missdeutungen menschlicher Begegnungen geprägt worden sind.

2.4 Das sprachliche Selbst...

... nach Pauls beschreibt das Herauswachsen aus den vorsprachlichen, intuitiven, körperlichen und emotionalen Erfahrungen, die nun durch die Reifung des Organismus in Sprache übersetzt werden können. D.h. es werden nun wiederum qualitativ neue Kontakterfahrungen möglich. Und hier ist die Verbindung der Sprache mit den vorangegangen Bereichen das Wesentliche. Pathologien zeigen sich in einer vom Körper oder von den Gefühlen losgelösten Sprache. Pauls meint, dass Problemzonen aus diesen Feldern in schweren Depressionen auffindbar sind.

Aber auch in psychotischen Desintegrationen kann man die Unverbundenheit der Sprache mit den vorangegangen Selbstbereichen beobachten und der psychoanalytische Begriff des "falschen Selbst" findet hier seine Erklärung, wenn die vorangegangenen Selbsterfahrungen nun nicht durch die Sprache adäquat repräsentiert werden.

2.5 Bildung des Ich als emergierendes Holon

Der zuletzt beschriebene Abschnitt der Selbstentwicklung entspricht am ehesten der Herausbildung des Ich nach Mahler.

Vergleicht man nun diese Beschreibung von Pauls mit der klassischen Beschreibung von M. Mahler, so ergeben sich weitgehende Übereinstimmungen in der Beschreibung der Selbsterfahrungsansammlungen, die das Kind zu bestimmten Zeiten macht, jedoch bleiben diese Selbstqualitäten, wie von Pauls beschrieben, als Subholone weiterhin im Lebenslauf existent und werden nicht als Phasen betrachtet, die dann abgeschlossen, wie im analytischen Modell, ein für alle mal vorbei sind. Das "innere Kind" als Metapher dieser Subholone des Ich bleibt ein Leben lang eine wichtige innere Quelle, gespeist aus den verschieden Selbstqualitäten, auf denen die Ich-Bewusstheit gründet und deren Essenz in der Gestaltbildung aus den verschieden Subholonen heraus begründet ist, also mehr ist als die Summe der Subholone.

Dabei können wir uns jetzt vorstellen, dass sowohl die oben aufgeführten einzelnen Selbstbereiche als Subholone des emergierenden Ich spezifische Qualitäten wie oben aufgeführt besitzen, dass aber insbesondere das integrative Zusammenspiel dieser Selbstqualitäten bei der Hervorbringung eines gesunden Ich entscheidend ist.

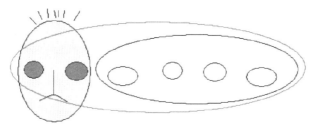

Ein Subholon des Ich führt ein unkontrolliertes Eigenleben. Phänomenologisch erscheint uns dieser Teil als eine autonom reagierende Person, bezieht sich aber tatsächlich auf ein inneres, entwicklungsgeschichtlich bedingtes Gegenüber (nächste Abbildung).

2.6 Abwehrvorgänge

Und wir können nunmehr verstehen, dass bei Desintegrationsvorgängen, die das Ich auflösen diese Selbsterfahrungsbereiche, als Subholone *inklusive der in ihnen enthalten Problemzonen* im Bewusstsein wieder in Erscheinung treten.

Bekanntermaßen erzeugt dies z. B. das Phänomen der Spaltungen und/oder Fragmentierungen, bei dem ganze Bereiche als nicht zur Person gehörig erlebt und weg projiziert werden. Diese Abwehrformen sind also nicht ichhaft, wenn die Desintegration das Ich weitgehend außer Funktion gesetzt hat und daher nunmehr die nicht integrierten Subholone des Ich agieren.

Das finden wir z. B. bei einer Borderline-Symptomatik (Stauss 1993).

Ein wesentliches Merkmal der präichhaften Abwehrvorgänge ist, wie aus dem Prinzip der Selbsterfahrungsbereiche (Traum-, Kern-, subjektives, sprachliches Selbst und perinatale Matrizes) hervorgeht, die darin enthaltene spezifische Qualität der dortigen, damaligen Wahrnehmung und die darin erlebte Gestalt des Gegenübers dieser Erfahrung, also u. U. des Aggressors. Davon kann sich der Betroffene bei Desintegrationsvorgängen, die auf diese Ebene führen, nicht unterscheiden, denn dafür bräuchte man ja ein Ich das sagt, "das bin ich und das bin ich nicht".

D.h. ohne die Identifikationsmöglichkeiten des Ich ergibt sich eine szenarische Darstellung der frühen Selbsterfahrungen, allerdings in der Psychose dann traumähnlich/holotrop verfremdet und verdichtet. Und aus der Borderlinebehandlung ist uns bekannt, wie wir als Therapeuten durch den Mechanismus der projektiven Identifikation des Klienten ziemlich genau in die Aggressorposition gedrängt werden können (s. w. u.).

Kurt Gemsemer

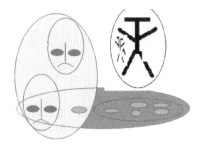
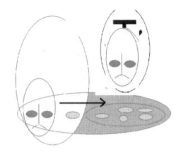

Inneres Gegenüber der nicht
integrierten frühen Selbsterfahrung

Der innere Anteil der frühen Selbsterfahrung
wird auf den/die Therapeuten projiziert.

Prinzipiell kann aber jedes Fragment in einem Desintegrationsprozess projiziert werden und damit können in einem Team ganz unterschiedliche, sich auch z. T. widersprechende Wahrnehmungen eines Menschen, der sich in einer Spaltung oder Fragmentierung befindet, möglich sein. Dann müssen die unterschiedlichen Wahrnehmungen dieses Menschen zusammengetragen und zusammengesetzt werden, und es darf nicht darum gestritten werden, wessen Wahrnehmung die richtigere sei.

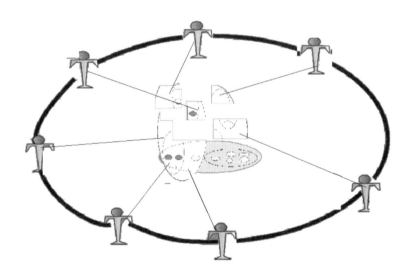

3. Psychose als versuchte Emergenz

In der weiteren Persönlichkeitsentwicklung werden nun immer neue Identitätsfelder auftauchen, wobei dem Ich die Aufgabe zukommt, diese zu organisieren und in die Persönlichkeit zu integrieren.

Wenn wir uns nun die Emergenz eines neuen Identitätsfeldes in der Persönlichkeitsentwicklung in einem Zeitablauf vorstellen, so müssen in diesem Zeitintervall bisherige Ich-Konzepte losgelassen und neue, der emergierenden Gestalt entsprechende Konzepte aufgenommen werden.

Diese neue auftauchende Gestalt und ihr Bezug in allen vier Holonquadranten ist also die zu integrierende Erfahrung.

Insbesondere an den Knotenpunkten der Entwicklung, wie in der Adoleszenz (Dörner, Plog 1996), werden in diesem Sinne starke Anforderungen an die Integrationsfähigkeit gestellt.

Der Vorgang des Loslassens alter und des Aufnehmens neuer Identitätskonzepte ist einem Sterben von etwas Altem und dem Geborenwerden von etwas Neuem assoziiert und kann daher entsprechend frühe Selbsterfahrungen mit den darin enthaltenen Problemzonen, des Traum-, Kern-, subjektiven, sprachlichen Selbst nach Pauls und/oder der perinatalen Matrizes aktivieren, - also die Coexsysteme im Grofschen Sinne, Systeme verdichteter Erfahrungen (1983, 1985, 1987).

Grof hat insbesondere in seinem Buch 'Geburt, Tod und Transzendenz' (1985) ausführlich dargestellt, wie durch die Wirkung der Coexsysteme tief innen gelegene Gestalten des Bewusstseins nach außen dringen können und hat durch die Systematik der perinatalen Matrizes und der transpersonalen Felder die Möglichkeit eröffnet, zu verstehen, woher diese Gestalten stammen und wie man diese Tiefe in Selbsterfahrungsprozessen bewusst kennen lernen kann.

Erst wenn der Persönlichkeit hinsichtlich einer zu integrierenden Erfahrung Containment gänzlich fehlt oder so sehr mangelt, dass die von innen kommenden Gestalten das Wachbewusstsein überfluten und die Abwehrmöglichkeiten des Ich überfordern, durchmischen sich innere und äußere Wahrnehmungsmodalitäten (hylotrop/holotrop) und wirken in den sozialen Alltag hinein. Das zeigt sich dann als psychotische Desintegration.

Traumähnliche Überdeutung der sinnlichen Wahrnehmung geschieht dann und die kollektive Übereinstimmung der Interpretation der Sinnesdaten wird verlassen. Eine höchstpersönliche (narzisstische) Interpretation der Sinnesdaten, vermischt mit einer großen Rezeptivität für die Informationen des kollektiven

Unbewussten und eigener frühester Selbsterfahrungen und der darin enthaltenen Problemzonen ist die Folge.

Die Wahrnehmung wird holotrop dominiert.

Der Betroffene (alb)träumt sozusagen im Wachzustand. Dies entspräche der vollständigen Auflösung des Ich.

Hier enden die Möglichkeiten der ambulanten Betreuung und der Betroffene benötigt jetzt die bergende, haltende Atmosphäre, die Präsenz von Begleitpersonen, wie dies z. B. in der Soteriakonzeption (Ciompi u.a. 2001) verwirklicht wurde.

3.1 Betrachtung der Desintegration von verschiedenen Strukturebenen aus und therapeutische Konsequenzen

Bei Schwierigkeiten des Integrationsvermögens kann von jeder der bis zu diesem Zeitpunkt erreichten Strukturebenen aus die Desintegration bis zur Ich-Auflösung hin erfolgen. Psychose ist also nicht gleichzusetzen mit bestimmter frühkindlicher Strukturstörung, sondern entspricht vielmehr einer Dynamik zwischen Herausforderung und Tragfähigkeit des gesamten Holons, also der bestehenden inneren und äußeren Strukturen der betroffenen Person.

Das scheint mir klinisch besonders relevant, da in der späteren Behandlung die Ausgangspersönlichkeit und deren erreichtes Strukturniveau bei der Wahl des therapeutischen Vorgehens von entscheidender Bedeutung ist und hier in der psychiatrischen Behandlung im Krankenhaus, aber auch ambulant fast überhaupt keine Differenzierungen gemacht werden und dadurch große Ressourcen der Rehabilitation ungenutzt bleiben. Beispielsweise könnten Menschen mit gut integrierter Ausgangspersönlichkeit vor der psychotischen Krise viel mehr mit selbsterfahrungsorientierten therapeutischen Methoden arbeiten als dies derzeit in der Psychiatrie der Fall ist. Hier wird noch durch eine diagnostische Undifferenziertheit eine (psycho)therapeutische Zurückhaltung geübt, die eher auf Unkenntnis, denn auf Einsicht beruht.

Am einen Ende der Spannbreite steht so die Krise, die wir ganz als spirituelle Krise wahrnehmen können und die nach erfolgter Integration, spontan oder mit therapeutischer Hilfe, eine gereifte Person und ein erweitertes Bewusstsein hervorbringt, eine Emergenz eben. Auf der anderen Seite dieser Spannbreite erleben Menschen mit schon schweren Strukturstörungen eine solche Krise und brauchen dann ganz andere therapeutische Hilfen. Dazwischen gibt es viele Übergänge, wie im folgenden Beispiel.

3.2 Drittes Fallbeispiel

Dieser Klient kam im Alter von 20 Jahren zu mir. Als ich ihn kennenlernte, war er in seiner Erscheinung ein "Jüngling". Noch wenig Interesse für das andere Geschlecht. Er war sehr intellektuell, viel Kopf, wenig Gefühl, aber voller Phantasien. Er kannte weniger Grimms Märchen, dafür aber alle Episoden von "Starwars". "Ich bin ein Kind der Fernsehgeneration", war seine Selbsteinschätzung.

Er hatte ein ungewöhnliches Schüleraustauschjahr in einem außereuropäischen Land gemacht. Dort hatte er sich mit Buddhismus und Meditation befasst, wäre fast in einen Mönchsorden eingetreten. Nach seiner Rückkehr hatte er nicht mehr richtig Fuß in seiner peer-group gefasst.

Zwei Jahre bevor er in dieses Austauschjahr gegangen war, hatten sich seine Eltern getrennt. Der Vater hatte seinen Beruf aufgegeben, die Mutter war eine erfolgreiche Geschäftsfrau. Er lebte beim Vater, auch nach seiner Rückkehr. Der Vater kam mit dem Cannabiskonsum des Sohnes überhaupt nicht klar, so dass das Misstrauen zwischen den beiden sehr stark wurde. Obwohl der Sohn nach der ersten Psychose keinerlei Cannabis oder andere Drogen konsumierte, blieb das Verhältnis zum Vater misstrauisch angespannt. Während der "Abiturspsychose" zog er in die Nähe der Mutter - weg vom Vater.

Mit 18 Jahren hatte er cannabisinduziert eine erste paranoid-halluzinatorische Psychose durchlebt mit 6-wöchigem stationären Aufenthalt und anschließender Betreuung durch die Klinikambulanz. Er nahm zu diesem Zeitpunkt Neuroleptika. Ein erster Reduktionsversuch kurz vor seinem schriftlichen Abitur führte ca. zwei Monate vor dem mündlichen Abitur zu einer zweiten psychotischen Episode, die aber ambulant und unter erneuter Neuroleptikamedikation und großem Einsatz der Angehörigen bewältigt wurde. Da er unbedingt zu seiner mündlichen Abitursprüfung erscheinen musste, um das Abitur zu erhalten, wurde mit vereinten Kräften, insbesondere der einfühlsamen Mitwirkung der Schule eine Situation kreiert, die es ihm erlaubte, trotz psychotisch verändertem Bewusstsein, seine mündliche Prüfung abzulegen.

Die nächste Krise kam wiederum ca. 1,5 Jahre später, wurde wiederum ambulant aufgefangen und brachte dieses Mal einen affektiven Durchbruch. Viele Gefühle kamen erstmals zum Vorschein, Tränen flossen und Wut kam zum Ausdruck. Wir organisierten in dieser Phase eine Betreuung in einer für Krisen geeigneten Wohnung, von wo aus er dann in eine eigene Wohnung, also weg von den Eltern zog.

In einem Traum aus dieser Phase zeigte sich die ganze männliche Identitätsproblematik:

"Eine große Berliner Allee ist rechts und links voller Kreuze, an denen Männer wie Petrus Kopf unter gekreuzigt sind, auch mein Vater. Ein Kreuz ist frei und ich soll auf diesen Platz."

Nach dieser psychotischen Episode konnte er Beziehungen zu Frauen seines Alters eingehen und fand nach einigen Begegnungen eine feste Partnerschaft zu einer für ihn sehr verständnisvollen Frau. Diese Partnerschaft hält bis in die Gegenwart an.

Mittlerweile studierte er und eine Zwischenprüfung stand bevor. Darauf zugehend schlitterte er unaufhaltsam in die nächste psychotische Episode. Keine Medikamentenerhöhung seitens des mitbehandelnden Psychiaters, keine therapeutische Intervention half. Die Krise wurde sehr heftig und ein stationärer Aufenthalt immer notwendiger. In der Deutlichkeit der bevorstehenden Klinikaufnahme unternahm er einen Suizidversuch mit Tabletten.

"Dies war ein deutliches Signal meiner Hilflosigkeit, war allerdings nicht als Suizidversuch gedacht, sondern als Schocktherapie für meine Eltern. Dass dies tödlich hätte enden können, war mir zu diesem Zeitpunkt nicht vollkommen bewusst, da ich bereits geistig verwirrt war. Direkt vor der Aufnahme ins Krankenhaus sagte meine Mutter vehement, wenn ich dies als Suizidversuch der Notärztin gegenüber schildern sollte, wäre der zukünftige Behandlungsverlauf wesentlich heftiger. Bereits am kommenden Morgen äußerte ich meiner Partnerin gegenüber den Wunsch, mit ihr gemeinsam ein Kind bekommen zu wollen. Nicht vergessen werden sollte, dass die Motivation für die Überdosis eine innere Stimme war, die ich mit der Autorität des behandelnden Psychiaters gleichgesetzt hatte."

Es wurde ein mehrmonatiger stationärer und anschließender tagesklinischer Aufenthalt. Fast schienen wir den Kontakt zu verlieren. Er schien auch enttäuscht, dass die Therapie ihn nicht besser vor der Psychose geschützt hatte. Ich hörte von seiner lang andauernden postpsychotischen Depression. Dann kam er wieder zur Therapie, noch sehr deprimiert, ohne Selbstwert, wieder die Stimmen, die ihn verächtlich beschimpften im Kopf, aber etwas war geschehen: Seine Freundin war schwanger und beide hatten sich entschieden, das Kind zu wollen und die jeweiligen Eltern unterstützen diesen Wunsch.

Unsere neue Therapiephase nach dieser psychotischen Episode und diesem für ihn bislang längsten Klinikaufenthalt war also eine Geburtsvorbereitung und ein Herausarbeiten aus der Depression, schließlich auch die Wiederaufnahme des Studiums, was zwischenzeitlich völlig unmöglich erschienen war.

Inzwischen ist das Kind längst da und mein Klient kann seine Vaterrolle für seine Verhältnisse ganz gut wahrnehmen. Außerdem gibt es viel Unterstützung der gesamten Familie für das junge Paar.

Aus dem anfänglichen Jüngling ist inzwischen also ein Vater geworden. Vor kurzem hat er die oben erwähnte Zwischenprüfung mit einigem Schlingern seines Bewusstseins bestanden. Und wir haben noch einen weiten Weg in der Therapie vor uns...

Also kann man eine Einteilung nach verschieden Strukturebenen erwägen und hieraus völlig unterschiedliche therapeutische Vorgehensweisen in der Aufarbeitung einer Psychoseerfahrung ableiten.

Das hat Volkmar Aderhold (1994) in seiner Dissertation beschrieben, dem ich mich hier anschließe:

„Grundsätzlich lassen sich so m. E. vier verschiedene Weisen der Verarbeitung von Verrücktheit unterscheiden:

A.
Menschen mit ausreichendem inneren Containment, die den schizophrenen Prozess auch unter mäßig günstigen, nicht-therapeutischen Bedingungen fruchtbar durchleben können. Sie zeigen eine sog. Spontanremission der schizophrenen Symptomatik auch ohne therapeutische Begleitung."

Das entspräche der Identifikation mit dem eigenen Prozess, der darin enthaltenen Selbsterfahrung, dem eigenen Schicksal, also einer guten personaler Struktur. In der Emergenzsituation könnte das auch eine spirituelle Krise mit einem Durchbruch zum transpersonalen Bewusstsein sein, wie im Fallbeispiel 2. Solche Menschen sind prinzipiell befähigt, andere in einem existentiell erschütterten Prozess zu begleiten!!

B.
„Menschen mit unzureichendem Selbstcontainment, das jedoch durch eine Prozessbegleitung so weit substituiert werden kann, so dass es ebenfalls zu einer Remission oder (partiellen) positiven Transformation kommt."

D.h. die Containment-Vorraussetzungen vor dem Wandlungsereignis, welches zur Psychose führte, waren entsprechend schwächer. Dies entspräche vielleicht einer vor der existentiellen Krise erreichten präpersonalen bis personalen Struktur.

Von hier an muss nun die therapeutische Begleitperson in die inneren Wahrnehmungsmodalitäten miteintauchen können, um den Kontaktfaden nicht reißen zu lassen. (Fallbeispiel 1)

C.

"Menschen, bei denen ein spezifischer therapeutischer Umgang erforderlich ist, um entweder den Gestalt-Werde-Aspekt oder den Energetisierungsaspekt des psychotischen Geschehens zu fördern. Bei diesen Menschen ist mit einem positiven Ausgang nur zu rechnen, wenn sie eine über das 'being-with' hinausgehende therapeutische Begleitung erfahren. Welcher therapeutische Umgang, welche therapeutischen Medien und Techniken dabei sinnvoll sind, ist weitestgehend noch eine Forschungsfrage."

D.h. die Containment-Voraussetzungen vor dem Wandlungsereignis, welches zur Psychose führte, waren entsprechend kaum vorhanden. Das entspräche vielleicht einer problematischen vorichhaften Struktur, wie bei einer narzisstischen Problematik (Fallbeispiel 3) oder einem Borderlinesyndrom.

D.

"Schizophrene Menschen, die mit all diesen unterstützenden therapeutischen Angeboten trotz allem kein ausreichendes Containment für den psychotischen Prozess entwickeln können, so dass es zu einer weiteren kumulativen Traumatisierung - sowohl psychisch als auch physisch - kommt und die psychotische Krise als unüberwindliche Katastrophe erlebt wird, die eine verbrannte Seelenlandschaft zurücklässt."

Als Integrations-Voraussetzungen lassen sich demnach beschreiben:
• die Integrationsfähigkeit (Strukturniveau) der Person hier und jetzt,
• die Rahmenbedingungen (kollektive Wertvorstellungen), in denen die kritische Bewusstseinsveränderung erlebt wird,
• die Wertvorstellungen des individuellen Gegenüber, auf die der/die (Psychose)- Betroffene im Kontakt trifft.
• Zusammengefasst also das Containment des Holons, das die Person zu diesem Zeitpunkt ist.

3.3 Praktische Arbeit in der Einzeltherapie

In der Einzeltherapie mit Psychoseerfahrenen richtet sich das therapeutische Vorgehen natürlich ebenso wie in einer Teamsituation in der Klinik ganz nach der Struktursituation des Klienten und nach der jeweiligen Phase im Psychoseverlauf, nur dass hier der Therapeut zunächst alleine das Containment für den jeweiligen Desorganisationsprozess des Klienten aufbringen muss.

D.h. in einer Anfangsphase der psychotherapeutischen Arbeit erfolgt eine Klärung der Containmentmöglichkeiten, der Strukturvoraussetzungen des Klienten.

- Wie gut ist der Klient in seinem Körpergewahrsein verankert?
- Wie nimmt der Klient seine Gefühle war und wie kann er sie ausdrücken?
- Wie differenziert kann der Klient seinen geistigen Prozess beobachten? Wie nimmt er seine Träume war und versteht sie?
- Findet der Klient eine Zeugenposition im meditativen Sinne in seinem Bewusstsein?
- Welche spirituellen Entwicklungen und Verwicklungen liegen zum gegebenen Zeitpunkt vor?

Letztlich wird unser Ziel natürlich sein, den Klienten in die Lage zu versetzen, die Zonen in seinem Bewusstsein zu erkennen, von denen der psychotische Prozess jeweils ausgeht. Nur dazu müssen natürlich die Grundlagen geschaffen werden. Und der zuletzt geschilderte junge Mann musste zunächst einmal in seinem Körper und in seinen Gefühlen ankommen, um zu verstehen, welche Kräfte ansonsten seinen Geist bedrängen, wenn sie nicht körperlich, emotional leben können, sondern sich nur in seinen Größen- oder Minderwertigkeitsphantasien austoben können.

Ich gehe dabei so vor, dass ich meinen Klienten den zu erlernenden Prozess wie auf einer Landkarte erkläre und dann mit ihnen anhand ihrer Alltagserfahrungen diese Landkarte verifiziere. Oft ist es einem Supervisionsprozess ähnlich, bei dem man zunächst etwas sichtbar macht, gründlich darüber redet, entängstigend einwirkt, weniger interveniert.

Wenn Strukturarbeit zu leisten ist, muss ich in diesem Bereich verharren, die Resonanzen aushalten, bis sie geklärt, d.h. benannt und von meiner Person abgelöst sind; bis ich also nicht mehr durch projektive Identifikation bzw. Resonanz zur Übernahme von Filmrollen im alten Drama gedrängt werde, was lange dauern kann, zumal die zugeschriebenen Filmrollen wechseln können.

Bei dem zuletzt genannt Klienten bin ich z. B. gerade ein Coach, der seinen ihm anvertrauten Trainee durch die Erfahrung von Frustration führt. Davor musste aber auf der "Landkarte" Frustration als eine wichtige Station heraus aus der narzisstischen postpsychotischen Depression identifiziert und akzeptiert werden, bevor sie nunmehr im Alltag, im Körper als Gefühl erkannt und durchgelebt wird.

Wenn wir dann an spezifischere Knoten und Blockaden kommen, werden gezieltere Interventionen erforderlich, die das ganze Spektrum der uns zur Verfügung stehenden Interventionen abfordern können, immer aber auf der Voraussetzung der geklärten Strukturfrage.

4. Resonanzphänomene in Teams

Wir müssen uns nun klarmachen, dass existenzielle Erschütterungen häufig auch das persönliche Fassungsvermögen (Containment) eines Betreuers/Therapeuten, überschreiten und/oder sprengen können. Dann tritt er zwangsläufig in das Agier-Feld des Klienten, wie z. B. bei der projektiven Identifikation ein. Dabei kann der Therapeut nicht mehr zwischen seinen eigenen und den Gegenübertragungs-Gefühlen unterscheiden.

"Die projektive Identifizierung ist, neben der Spaltung, der charakteristische Abwehrmechanismus bei Borderline-Patienten. ... Er (der Therapeut) wird dazu gedrängt, so zu denken, zu fühlen und sich zu verhalten, wie es den ausgelagerten Gefühlen und den projektiven Phantasien entspricht. Die projektive Identifikation ist ein subtiles Manipulationsinstrument, durch das die Menschen in der näheren Umgebung genötigt werden, eine Rolle bei der Inszenierung des inneren Dramas der früheren Objektbeziehungen zu übernehmen. Sie werden dazu gebracht, sich mit den verleugneten Seiten des Projizierenden zu identifizieren (daher die Bezeichnung projektive Identifikation).
In der Regel führt die projektive Identifikation zu einem Beziehungsfiasko." (Stauss 1994)

Natürlich ist dieser Vorgang zunächst unbewusst.

Zu empfehlen wäre daher also, dass der Therapeut oder das Team den gesamten Vorgang, die gesamte Projektion dieser Gestalt, Opfer und Täter des Klienten *bewusst in sich aufnehmen*, sich davon genügend desidentifizieren und hierzu eine Antwort des eigenen Organismus bilden.

Wenn die Resonanzen des Klienten aus einem existentiellen Grenzbereich stammen, und das tun sie z.b. bei Borderlinepatienten immer, dann braucht er/ sie eine transpersonale Verankerung oder das Eingebettet-Sein in einem Team/ einer Gruppe, welche dazu in der Lage ist, die Türen zum transpersonalen Raum zu öffnen.

"Der Unterschied zwischen einem Menschen in einer Psychose und einem Menschen mit einem mystischen Erlebnis ist der, dass der Mystiker im Ozean schwimmen kann, während der Mensch in der Psychose darin ertrinkt", sagt Williges Jäger (2000) dazu, und: "Es bedarf schon einer tiefgehenden spirituellen Verankerung, um als einzelner den Störungen der existenziellen Krisen standzuhalten." (Galuska 1996)

Also wäre der Mensch, der die mystische Erfahrung halten kann, ausgezeichnet dazu in der Lage, die Ich-Auflösung des Menschen in der Psychose auszuhalten, oder aber er muss sich mit einer Gruppe verbinden, die vorübergehend das transpersonale Bewusstsein emergieren kann.

Die Fragmentierungen des Klienten sind ihrerseits ja nicht im Vakuum, sondern sind im transpersonalen Bewusstsein eingebettet. Daher werden sie durch ein Vorgehen, das von dort schaut, auch in ihrem Kontext sichtbar.

Während sich aus der Erschütterungsperspektive, also aus der Perspektive der Ich-Auflösung, solche Gefühle wie Angst, Panik, Verzweiflung, und Reaktionen wie Konfusion und Wahn ergeben, bleiben aus der inneren Perspektive heraus die Zusammenhänge der einzelnen Fragmente erkennbar, ohne dass dabei die Empathie für diese heftigen Eindrücke verloren ginge, sondern vielmehr erstmalig möglich ist.

Diese Unterscheidung zwischen Gegenübertragungsgefühlen und eigenen Gefühlen wird offensichtlich um so schwieriger, je existentieller die Desintegrationsvorgänge auf Seiten des Klienten sind. Da beim Klienten bei Problemzonen, die aus der vorichhaften Zeit stammen, keine Identifikation bzw. Desidentifikation möglich ist ("Das bin ich" oder "Das bin ich nicht") gerät der Therapeut leicht in genau diese Ich-lose Resonanz und übernimmt einen Teil - den nämlich, den der Klient weg-projiziert - der "Opfer-Tätergestalt" des Klienten als seinen eigenen Part.

Daher scheint es mir hier besser von Resonanz zu sprechen, denn in der mir vertrauten Supervisionspraxis werden diese Gefühle sehr selten als Gegenübertragungsgefühle erkannt und praktisch immer verwechselt.

Der Anspruch als Einzelner diesen Übertragungsstürmen standzuhalten ist für den Alltag der Psychotherapiepraxis, die Betreuungsarbeit in sozialpsychiatrischen Einrichtungen wie dem betreuten Wohnen, der Einzelfallhilfe im sozial-psychiatrischen Bereich und auf den Stationen in den psychiatrischen Kliniken sehr hoch bzw. hätte auf Grund der gegebenen Seltenheit zu wenig praktische Relevanz.

Es gibt aber sehr wohl genug Individuen, die in ihrer Persönlichkeitsentwicklung soweit entwickelt sind, dass sie eine reife Ich-Struktur, also personale Struktur aufweisen.

Damit meine ich, dass reife Persönlichkeiten der personalen Bewusstseinebene über die Fähigkeit verfügen sollten, zu erkennen, dass ein Prozess ihre Grenzen als Individuen überfordert.

Dann könnten wir das nutzen, was uns Wilber schon über die Holone gesagt hat. Holone mit der Fähigkeit zur Integration und Kooperationen neigen bei entsprechender Ausdifferenzierung dazu, eine nächsthöhere Stufe zu betreten, in eine nächst höhere Stufe zu emergieren.

Dieses Prinzip der Evolution können wir uns zu Eigen machen, indem wir uns als einzelne Betreuer/Therapeutenindividuen zu einem Gruppen-Holon also einem Team zusammenschließen. Nunmehr ist das Team in seinen Wahrnehmungsmöglichkeiten mehr als die Summe seiner in ihm enthaltenen Individuen.

4.1 Viertes Fallbeispiel

Anlässlich einer Mutter/Kind-Behandlung bei einer schweren depressiven Störung der Patientin, zeigten sich in der Teamsupervision die Überich-Aspekte der Mutter, die sie an der Kontaktaufnahme und Versorgung des Kindes hinderten, im Team in einer gewissen Anspruchshaltung:

Die Patientin möge sich doch mehr um das Kind kümmern, und die Teammitglieder wollten die Patientin weniger in der Versorgung entlasten, auch auf dem Hintergrund der eigenen sonstigen Arbeitsbelastung.

Mühsam musste diese Reaktion als Gegenübertragung identifiziert werden, was wiederum die existentielle Dimension der Störung auf Seiten der Patientin beleuchtete.

Erst als ausführlich über die innere Dynamik der Patientin gesprochen worden war und die Reaktionen der Teammitglieder als Resonanzen der existenziell bedrohlichen Überich-Aktivität der Patientin verstanden werden konnten, wurde die Versorgungsfrage des Kindes weniger wichtig. Jetzt trat die Patientin in den Vordergrund und kreative, lebendige Impulse, die die Depression durchbrachen, wurden im Team berichtet.

4.2 Übergangsformen

Inzwischen sehen wir diesbezüglich eine bemerkenswerte Entwicklung in der Therapielandschaft:

Da wir nicht alle erleuchtet sind und damit diesen Zustand als therapeutische Haltung nicht ausreichend zur Verfügung haben, bringen wir offensichtlich interessante Übergangsformen hervor, die das transpersonale Feld vorübergehend durch Zusammenschluss reifer personaler - das ist die Vorbedingung - Strukturen in Erscheinung treten lassen. Neurotische oder Spaltungsprozesse in einer Situation, in der es um das Erfassen der Resonanzen eines Klienten in einer Emergency seines Bewusstseins geht, würden die Wahrnehmung des übergeordneten Feldes zusammenbrechen lassen. Als personale Subholone jedoch wirken die Individuen vorübergehend wie Zellen einer übergeordneten Struktur, die dann für die Dauer dieses Zusammenschlusses erscheint. Darüber hat T. Yeomans (1994) in der Darlegung des von ihm so benannten Coronaprozesses berichtet.

M. E. funktionieren so auch System- bzw. Familienaufstellungen nach Hellinger (2001). A. Mahr hat in seinem Beitrag für dieses Buch erläutert, wie nämlich System- bzw. Familienaufstellungen im Wortsinne transpersonal sind. Wie das Feld seine Weisheit vorübergehend sichtbar werden lässt und die Personen in einen tieferen Einsichtsraum nimmt, wo sie über "teilhabende Wahrnehmung", also Resonanz verfügen, die nach der Aufstellung auch wieder verschwindet. Das transpersonale Feld ist also auch in dieser Vorgehensweise eine zeitweilige Emergenz.

In einem anderen Bereich, nämlich der analytischen Arbeit mit Balintgruppen, beschreibt A. Drees (1995), wie die Körperempfindungsebene, die Ebene des Kernselbst also, und die Phantasien der Gruppenmitglieder (Traumselbst) genutzt werden, um ein zusammengesetztes (prismatisches) Bild des Klienten zu erhalten. Das ist in dem hier vorgetragenen Sinne eine gute technische Anleitung zur Anwendung des Resonanzphänomens. Genau so kann man das mit Supervisionsgruppen zunächst schon einmal praktizieren, ohne in ideologische Erklärungsnotstände zu geraten, da das Ergebnis den teilnehmenden Teammitgliedern unmittelbar einleuchtet, und es ist wie bei den Systemaufstellungen ein transpersonaler Vorgang, der auf den sichtbar und fühlbar gemachten Resonanzen gründet.

Kurt Gemsemer

4.3 Anwendung in der Supervisionsarbeit

In der Supervisionsarbeit in psychiatrischen/psychotherapeutischen Kliniken und sozialpsychiatrischen Einrichtungen können wir uns dieses Prinzip zunutze machen, in dem wir das Team als vom Patienten, den wir in der Supervision besprechen, als aufgestellt, also in Resonanz betrachten. Die sich hieraus ergebenden Einsichten sind äußerst wertvoll und klärend. Das geht, wie gesagt, natürlich nur mit einem nicht zerstritten Team. Ein innerer Teamkonflikt legt diese erstaunliche Möglichkeit sofort brach und muss vorab geklärt werden.

Und wir können in besonders schwierigen Fallbesprechungen ein dafür interessiertes Team bilden und nutzen und die Resonanzen des Klienten im vorübergehend gebildeten Feld des Teams sichtbar machen. Die vom Team empfundenen Resonanzen werden, nachdem sie bewusst geworden sind, wie Gegenübertragungen und damit zunächst und zuerst als Informationen über das Klientenfeld und die darin enthaltenen Probleme behandelt.

Hier traf ich bislang auf die meisten Verständigungsschwierigkeiten in der praktischen Arbeit. In der Regel ist es so, dass der Betreuer oder Therapeut bestimmte Emotionen, die er vom Klienten-Feld empfängt, mit den seinen verwechselt, sich also aus einer personalen Perspektive mit den bei sich selbst wahrgenommen Gefühlen, Eindrücken und Stimmungen wie selbstverständlich identifiziert. Die Teammitglieder benötigen also als Lernschritt zunächst eine Desidentifikation von diesen Gefühlen, um sie als Informationen des Patientenfeldes betrachten zu können.

Das liegt zumeist daran, dass es keine Vorstellungsmöglichkeit, kein Weltbild von einem gemeinsamen Feld und dessen Funktionsweise gibt.

Dies ändert sich übrigens spontan, wenn man das Setting der Systemaufstellungen nach Hellinger benutzt, dann wird die erlebte Resonanz fraglos sofort als die Information des Feldes verstanden.

Außerdem fügt die Technik der Aufstellungsarbeit durch ihre räumliche Ausgestaltung des Resonanzfeldes eine äußerst wichtige Ausdrucksdimension für das Feld des Klienten hinzu. Ein Team, das üblicherweise in der Supervision nur im Kreis sitzt, kann wie von Drees (1995) beschrieben eben nur diese bestimmte Selbsterfahrungen in der Resonanz wahrnehmen (Körperempfindungen, Phantasien, Gefühle), während die räumliche Dimension dem Feld sofort mehr Spielraum für die Informationsübermittlung bereitstellt (Bewegung, Berührung, direktes Sprechen etc.).

Auch fachlich ansonsten sehr kompetente Therapeuten lehnen es manchmal rigoros ab, ein gemeinsames Feld wahrzunehmen, wenn sie dafür kein grundsätzliches offenes Verständnis haben, d. h. wenn ihnen ihr Weltbild es nicht erlaubt, ein solches gemeinsames Feld anzunehmen. Daraus resultiert dann ein Arbeiten an den Emotionen des Betreuers oder des Therapeuten im Supervisionsrahmen als dessen Reaktion auf den Klienten.

Hierdurch gehen die Informationen, die in der Resonanz auf den Betreuer übertragen werden, in der Regel verloren.

Die Informationen des Klientenfeldes sind überdies in dem Bereich existentieller Betroffenheit dergestalt, dass sie die Ohnmachts-, Verzweiflungs-, Hilflosigkeits- und Resignationsgefühle oder äußerst wütende, sadistische, hasserfüllte Gefühle übertragen. Und wenn diese mit den Betreuergefühlen verwechselt werden, erleiden die Betreuer selbst erhebliche Einbußen an Selbstwert und Kompetenz.

Dann kann das fragmentierte und gespaltene Klientenfeld das Betreuerfeld dominieren. Das hat im Alltag der psychiatrischen Stationen eine besonders große Bedeutung:

Wenn mehrere schwierige Patienten zusammenkommen, kann die ganze Station aus den Fugen geraten und im Stationsteam können sich mächtige Spaltungsprozesse und Fragmentierungsprozesse zeigen und die Aggressoranteile des Patientenfeldes werden u.U. mittels institutioneller Zwangsmaßnahmen wie Fixierungen und Zwangsmedikationen ausagiert. Ich meine hier nicht, dass man solche Situationen immer vermeiden kann, aber durch das Schaffen eines dafür geeigneten empathischen Feldes können solche vehemente Qualitäten viel früher erkannt und kreative Möglichkeiten erwogen werden.

Jedoch durch Klärung dieser Situation erleben die Therapeuten, indem die Information des Patientenfeldes aus der Resonanz herausgelesen wird, immensen Kompetenzzuwachs, und es eröffnen sich sehr einfache neue Handlungsmöglichkeiten mit den Klienten.

Wenn man von getrennten Individuen ausgeht wie im Falle der projektiven Identifikation, scheint ein Aufnehmen des Klienten in den Organismus des Therapeuten unabdinglich erforderlich.

Legt man jedoch ein gemeinsames (transpersonales) Feld zu Grunde, dann sind die Gestalten des Klienten genauso in diesem transpersonalen Feld vorhanden, wie auch der Organismus des Therapeuten. Das heißt, prinzipiell sind alle Informationen beiden zugänglich.

Wenn es nun dem Containment des Therapeuten möglich ist, auf die Problematik, wie sie der Klient erlebt, eine Antwort der Stimmigkeit aus dem transpersonalen Bewusstsein heraus wahrzunehmen, dann findet er Antworten aus dem Bereich der frühen Selbsterfahrungen wie eingangs dargelegt (Traum-, Kern-, affektives Selbst oder perinatale Matrizes), die er in seiner Resonanz identifiziert. Die Wahrnehmung der Wirklichkeit aus dem transpersonalen Bewusstsein heraus rückt das Fragment in einen stimmigen Sinnzusammenhang.

Hier muss der Klient also nicht im Organismus des Therapeuten ausgetragen werden, sondern das transpersonalen Bewusstsein selbst trägt den Klienten (aus).

Die erste Stufe des transpersonalen Bewusstseins - die subtile Ebene - stellt Informationen für die praktische klinische Arbeit ausreichend bereit, um die emergierende Gestalt des Klienten in dem Resonanzfeld des Teams durchscheinen zu lassen. Sie erscheint in den von Pauls und Grof beschriebenen Selbsterfahrungs-Qualitäten, die wir nun aber bewusst wahrnehmen.

Es sind darin sowohl die Gefühle und Erfahrungen der Fragmentierung, die nun empathisch zugänglich sind, als auch die evolutionär hervortreten wollende Gestalt des Klienten enthalten.

Das Entdecken der emergierenden Gestalt zeichnet sich durch ein "Aha-Gefühl", also durch eine Stimmigkeit aus und stärkt das Kompetenzgefühl des Teams.

Wenn der Klient an diesem Gefühl teilhaben kann, so macht er unmittelbar die Erfahrung der Richtigkeit und Stimmigkeit seines Prozesses.

T. Yeomans hat...

4.4 Richtlinien für den Gruppendialog

....beschrieben (Yeomans 1995), die dieses Resonanzphänomen erleichtern können und die in der praktischen Supervisionsarbeit mit Gruppen hilfreich sind. Davon sind die wichtigsten:
- die Arbeit im Kreis als nichthierarchischer, archetypisch weiblicher Form
- das Finden des richtigen Tempos des Prozesses
- die Stille
- die Wahrhaftigkeit der Mitteilungen
- die Präsenz der Teammitglieder
- die konfliktfreie Existenz widersprüchlicher Wahrnehmungen
- tiefes Vertrauen in die Richtigkeit des Prozesses.

5. Schlussfolgerungen

Wir können nunmehr verschiedene Komponenten bei einer psychotischen Krise voneinander unterscheiden:

a. Die auslösende Situation enthält
b. ... eine hervortreten wollende Emergenz
c. und/oder einen assoziativ verknüpften Stimulus für
d. die präichhafte Selbstebene (Traum/Kern/subjektives Selbst/perinatale Matrizes), bis zu der die Desintegration fortschreitet und die dann in der Psychose auftaucht (Coexsystem),
e. die darin vorhandenen Problemzonen, die immer, weil sie Selbsterfahrungen sind, auch Beziehungserfahrungen sind und daher korrigierende Containmentgestalten auf dieser Ebene brauchen,
f. die prä-ichhaften Abwehrvorgänge, die zu diesen Problemzonen gehören.

Entsprechend muss auch das therapeutische Vorgehen sein und daher die Strukturebene der Ausgangspersönlichkeit berücksichtigen. Selbstverständlich besteht hier die Möglichkeit des Einbeziehens von Angehörigen auf jeder der im Folgenden genannten Ebenen, wenn es dem Prozess förderlich ist:

g. In der akuten Psychose, der Zeit der Desintegration und Ichauflösung, gelten in der Begleitung die Soteriagrundsätze des "being-with" - Präsenz - und des haltenden und bergenden Kontaktes. Dies kann aber nunmehr um die Kenntnis der prä-ichhaften Selbsterfahrungsbereiche und der dort notwendigen Containmentgestalten gezielt erweitert werden und widerspricht nicht einer behutsamen individuell angepassten neuroleptischen Behandlung.
h. In der Wiedergewinnung der Alltagsfähigkeiten des Ich muss dieses zunächst einmal pragmatisch gekräftigt werden und hier gelten die allseits bekannten sozialpsychiatrischen Behandlungs- und Betreuungs-Grundsätze, wie wir sie im betreuten Wohnen etc. entwickelt haben. (Grundversorgung: Essen, Schlafen, Wohnung in Ordnung halten, bei Bedarf auch Psychopharmaka.)
i. Beruhigende, ermutigende Gespräche, in denen die auftauchenden Problemzonen und Emergenzen schon benannt werden, aber mit dem Verweis der zunächst notwendigen Kräftigung der Persönlichkeit noch ein wenig "ins Regal gestellt werden", bis sie bearbeitet werden können.

Kurt Gemsemer

j. Wenn die Ausgangspersönlichkeit und das dann vorhanden Strukturniveau wieder klar ist, können dem Strukturniveau der Persönlichkeit entsprechende Werkzeuge zur Anwendung gelangen, die sowohl die Problemzonen der prä-ichhaften Selbsterfahrung bereinigen, als auch die in Erscheinung treten wollende Emergenz begleiten. Hier können dann auch selbsterfahrungsorientierte Therapiemethoden und/oder systemische Therapiemethoden effektiv eingesetzt werden.

k. Bei Strukturschwächen der Persönlichkeit muss dieser Emergenz zunächst einmal strukturell der Weg bereitet werden, sonst würde man ja die nächste Krise evozieren.

6. Zusammenfassung

- Blockaden lösende Interventionen erfolgen immer erst nach geklärter Strukturfrage.
- In der einzeltherapeutischen Situation ist das Erkennen der Grenzen der eigenen Containmentmöglichkeiten entscheidend, um sich gegebenenfalls rechtzeitig in einem größeren Zusammenhang Unterstützung zu holen.
- Prinzipiell verhalten sich Teams wie Personen. Sie können neurotische, Spaltungs- und auch Fragmentierungsprozesse aufweisen.

Um in dem hier gemeinten Sinne arbeiten zu können, müssen Gruppen aber ein personales Niveau erreichen und vorübergehend aufrecht erhalten.

In der Praxis können, solange (neurotische) Teamkonflikte im Vordergrund stehen, die Wahrnehmungen der Patientenresonanzen nicht in den Vordergrund gelangen. Dann kann das Team die emergierende Gestalt des Klienten nicht erfassen.

- Wenn das Team sich zu einer personalen Struktur, wie oben beschrieben zusammenfindet, d. h. auf der Grundlage entsprechender Wertevorstellungen:
    - Achtsamkeit,
    - Präsenz,
    - guter Kontakt,
    - Mitgefühl,

dann ist es in der Lage die emergierende Gestalt des Klienten aus der Perspektive des transpersonalen Bewusstseins in unser Wahrnehmung aufblitzen zu lassen.

Wir lernen dadurch bei einer existenziellen Krise wie einer Psychose, was sich entwickeln wollte und in welchen frühen Selbsterfahrungsbereichen die

Problemzonen liegen. Kann oder darf sich das nicht zeigen, so entsteht eine Emergency, die den Druck enthält die angestrebte Ebene zu finden und daher auch den Drang hat wiederzukommen.

Literatur

Aebi, Elisabeth, Ciompi, Luc, Hansen (Hrsg.), Hartwig (1996): Soteria im Gespräch

Aderhold, V. (1994): Die akute Schizophrenie als Prozess der Selbstgestaltung.

Ciompi, Luc / Hoffmann, Holger / Broccard (Hg.), Michel (2001)
Wie wirkt Soteria? Eine atypische Psychosenbehandlung kritisch durchleuchtet.

Dörner, Klaus u. Plog, Ursula (1996): Irren ist menschlich.

Drees, Alfred (1995): Balintgruppe, prismatische Balintgruppen, - wie man mit freien Phantasien arbeitet, aus, Freie Phantasien in der Psychotherapie und in Balintgruppen.

Finzen, Asmus: Schizophrenie. Die Krankheit behandeln (2001).

Galuska, Joachim (TPP 1/1996): Transpersonale stationäre Psychotherapie. In: Zeitschrift für Transpersonale Psychologie und Psychotherapie (TPP).

Galuska, Joachim (TPP 1/1997): Heilung von Psychosen in transpersonalem Verständnis. In: Zeitschrift für Transpersonale Psychologie und Psychotherapie (TPP).

Grof, S. (1983): Die Topographie des Unbewussten. LSD im Dienst der tiefenpsychologischen Forschung.

Grof, S. (1985): Geburt, Tod und Transzendenz. Neue Dimensionen in der Psychologie.

Grof, S. (1987): Das Abenteuer der Selbstentdeckung. Heilung durch veränderte Bewusstseinszustände.

Hellinger, Bert (2001): Liebe am Abgrund. Ein Kurs für Psychose Patienten.

Jäger, Williges (2000): Die Welle ist das Meer.

Mahler, Margret (1980): Die psychische Geburt des Menschen.

Mentzos, S.(1997): Psychose als Konflikt.

Pauls, Helmut (1994): Das "innere Kind" und die Entwicklung des Selbst. In: Gestalttherapie, Zeitschrift der Deutschen Vereinigung für Gestalttherapie. S. 19-37.

Stauss, Konrad (1993): Neue Konzepte zum Borderline-Syndrom.

Wilber, K. (1996): Eros, Logos, Kosmos. Frankfurt

Wilber, K. (1997): Eine kurze Geschichte des Kosmos.

Yeomans, Thomas (1994): The Corona Process: Group Works within a spiritual Context.

Kurt Gemsemer, Arzt und Psychotherapeut, zunächst in verschiedenen psychiatrischen Institutionen und seit 1981 als Gestalttherapeut in privater Praxis tätig. Mitglied der Deutschen Vereinigung für Gestalttherapie (DVG), Lomi-Körpertherapiefortbildung. Langjährige Therapieerfahrung in der Arbeit mit Menschen in und nach psychotischen Krisen. Supervisionstätigkeit im sozialpsychiatrischen und psychiatrischen Bereich. Veröffentlichungen zur Psychosetherapie.

Eisenacher Str. 43
10823 Berlin
Fon: 0 30/7 88 46 74
Fax: 0 30/78 70 62 75
Email: belligemsemer@t-online.de

Joachim Galuska

Religiöse und spirituelle Störungen

Religiöse Fragen und spirituelle Themen spielen in der Psychotherapie eine zunehmende Bedeutung. Gleichwohl finden sich noch immer wenige Veröffentlichungen zu diesem Themenkreis in der psychotherapeutischen Literatur. Dies mag mit den Berührungsängsten konventioneller Psychotherapeuten gegenüber den entsprechenden Fragestellungen zu tun haben. Die Identifizierung mit einer psychotherapeutischen Schule oder das Festhalten an rationalistischen Weltbildern scheint einen Widerstand gegenüber einer aufgeklärten Betrachtungsweise dieses Themenfeldes hervorzurufen. So mag vielleicht ein "transpersonaler Blickwinkel" zu einer undogmatischen und aufgeklärten Betrachtungsweise beitragen. Folgende Ausführungen verstehen sich als Beitrag dafür, das klinische Feld religiöser und spiritueller Störungen zu ordnen.

Zunächst ein Definitionsvorschlag:

Religiosität und Spiritualität werden verstanden als der jeweilige innere Bezug auf etwas Jenseitiges. Religiosität stellt Glaubensinhalte und religiös-rituelle Praxis in Bezug auf etwas Jenseitiges in den Vordergrund. Spiritualität bezieht sich auf Erfahrungen des Jenseitigen, also Transzendenzerfahrungen.

Diese Definition bezieht sich auf die Entwicklungslinie der Religiosität und Spiritualität in unserem Leben. Das Konzept der Entwicklungslinien geht zurück auf Blanck u. Blanck (1982) und wurde von Ken Wilber (2001) um einige weitere Entwicklungslinien ergänzt. Abbildung 1 führt einige solche Entwicklungslinien auf. Neben der Entwicklung des Konzeptes von uns selbst und der Entwicklung der Beziehung zu anderen Menschen, den sogenannten Objektbeziehungen, können insbesondere die Entwicklung der Abwehrfunktionen, die kognitive, die affektive, die moralische Entwicklung und eben auch die religiös-spirituelle Entwicklung analysiert und beschreiben werden. Auf jeder dieser Linien machen wir Menschen eine typische Entwicklung durch, die häufig in Stufen oder Phasen erfolgt. Ken Wilber ergänzt die präpersonalen Phasen oder Stufen der Kindheitsentwicklung um die personalen Ebenen der reifen Erwachsenen-Entwicklung und die darüber hinausgehenden transpersonalen Ebenen und Möglichkeiten. Darüber hinaus setzt er sich mit den unterschiedlichen

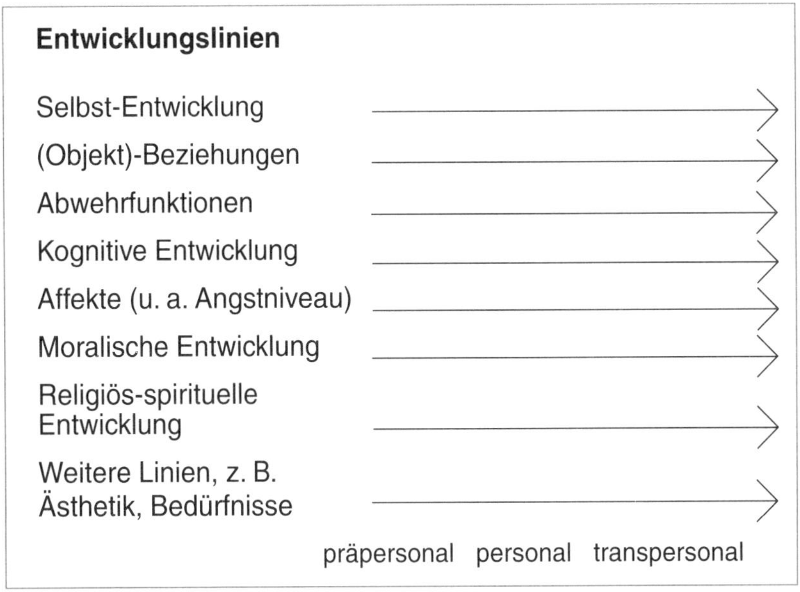

Entwicklungslinien

Selbst-Entwicklung		$\longrightarrow$
(Objekt)-Beziehungen		$\longrightarrow$
Abwehrfunktionen		$\longrightarrow$
Kognitive Entwicklung		$\longrightarrow$
Affekte (u. a. Angstniveau)		$\longrightarrow$
Moralische Entwicklung		$\longrightarrow$
Religiös-spirituelle Entwicklung		$\longrightarrow$
Weitere Linien, z. B. Ästhetik, Bedürfnisse		$\longrightarrow$

präpersonal   personal   transpersonal

Abbildung 1: „Entwicklungslinien"

Definitionen von Spiritualität auseinander und beschreibt fünf mögliche Definitionen (Ken Wilber, 2001, S. 150):

„1. Spiritualität bezieht sich auf die höchsten Ebenen aller Entwicklungslinien.
2. Spiritualität ist die Gesamtsumme der höchsten Ebenen der Entwicklungslinien.
3. Spiritualität ist selbst eine Entwicklungslinie für sich.
4. Spiritualität ist eine Haltung (wie Offenheit oder Liebe), die man auf jeder Stufe haben kann, auf der man gerade ist.
5. Spiritualität bezieht sich im Grunde auf Gipfelerfahrungen, nicht auf Stufen."

In dieser Arbeit möchte ich mich vorwiegend auf die dritte Definition beziehen, Religiosität und Spiritualität als eine eigene Entwicklungslinie zu verstehen, die den inneren Bezug auf etwas Jenseitiges darstellt.

Auffällig ist nun, dass das Jenseitige, etwa unser Verständnis von Gott oder der Aufbau einer jenseitigen Welt, spiegelbildlich zu unserem jeweiligen Verständnis des Diesseitigen, also dieser Welt konzeptualisiert wird.

Das Kind, das in einer reichhaltigen Welt von Bildern, Mythen und Geschichten lebt, in der die Familie eine besondere Rolle spielt, konzeptualisiert sein Jenseits ebenfalls mit Kindern und Eltern, mit Wesen, die mit magischen und wundersamen Kräften ausgestattet sind usw. So gibt es das Christkind, den Weihnachtsmann, Gott als Vater, die Heilige Familie, die tatsächliche Jungfrauengeburt usw.

Der Erwachsene mit seiner Abstraktionsfähigkeit und dem Wissen um abstrakte Kräfte, die die Wirklichkeit bestimmen, konzeptualisiert das Göttliche häufig als Prinzip oder als persönliches transzendentes Gegenüber, vergleichbar mit dem Du einer mitmenschlichen Begegnung. Das Schicksal kann durch karmische Kräfte bestimmt verstanden werden. Metaphysik ist eine abstrakte philosophische Betrachtung. Die magischen und mythologischen Inhalte, wie Auferstehung, Himmelfahrt, Wunder, jungfräuliche Geburt usw. werden symbolisch verstanden und interpretiert. Der Übergang von der kindlichen zur erwachsenen Religiosität ist nicht einfach. Ganze religiöse Weltbilder müssen sich hier wandeln und die traditionellen religiösen Systeme bieten meist in dieser Veränderung wenig Hilfe, so dass es zu vielfältigen Störungen allein in diesem Schritt kommen kann: von der Fixierung auf kindliche Glaubensinhalte bis hin zur Dissoziation gegenüber der gesamten Entwicklungslinie.

Aber auch die erwachsene Religiosität und Spiritualität entwickelt sich weiter zu einer transpersonalen Spiritualität. Diese ist wie alles Transpersonale nicht mehr konzeptgebunden, sondern transkonzeptuell. Daher gehen alle Konzepte über das Göttliche und Transzendente zunächst einmal verloren. Willigis Jäger (1991) spricht vom Gottesverlust im Sinne des Verlustes jedes Gottesbildes, das vielleicht einen Halt geboten hat. Sogenannte transpersonale Erfahrungen oder Transzendenzerlebnisse (s. u.) bis hin zur Nondualitätserfahrung werden gemacht. Dieser Übergang zur Unmittelbarkeit des Absoluten, zur Erkenntnis, dass Schöpfer und Schöpfung eins sind, zur Auflösung der Trennung von Diesseits und Jenseits und damit zum Abschluss der religiös-spirituellen Entwicklungslinie kann ebenfalls durch allerlei Schwierigkeiten und Störungen getrübt werden. In der religiös-spirituellen Entwicklung wird also Jenseitiges durch Glaubens- und Erfahrungsprozesse immer mehr angeeignet, so dass das Diesseitige zunehmend von dem durchdrungen wird, was ursprünglich jenseits war. Dieser Verinnerlichungsprozess gipfelt in der Nondualität.

Religiös-spirituelle Krisen und Störungen verstehen wir daher heute im Wesentlichen als Störungen auf der religiös-spirituellen Entwicklungslinie. Dabei handelt es sich um:

Joachim Galuska

1. Störungen im Übergang von kindlicher zu erwachsener Religiosität, also im Übergang von präpersonalen zu personalen Formen von Religiosität und Spiritualität; diese wollen wir als religiöse Störungen bezeichnen.
2. Störungen der Integration subtiler Erfahrungen im personalen Bewusstsein, also von Erfahrungen energetischen Empfindens, außersinnlicher Wahrnehmungen und von Transzendenz- oder Gipfelerlebnissen; diese wollen wir als psycho-spirituelle Störungen bezeichnen.
3. Störungen im Übergang von der personalen zur transpersonalen Spiritualität, also der spirituellen Entwicklung im engeren Sinne; diese wollen wir als transpersonale Störungen bezeichnen.

1. Religiöse Störungen

Glaubensfragen und religiöse Betätigungen führen in der Entwicklung vom Kind über den Jugendlichen zum Erwachsenen zu Veränderungen in der religiösen Orientierung und können auch psychische Störungen bei Glaubensverlusten, Auseinandersetzungen mit religiösen Gemeinschaften, Kirchen usw. zur Folge haben. Um diesem Bereich Rechnung zu tragen, hat die gegenwärtig gültige amerikanische Klassifikation psychischer Erkrankungen (DSM IV, Sass et al. 1996) die Kategorie "religiöses oder spirituelles Problem" mit der Kodierungsziffer V 62.89 eingeführt. Die Definition lautet wie folgt:

> "Diese Kategorie kann verwendet werden, wenn im Vordergrund der klinischen Aufmerksamkeit ein religiöses oder spirituelles Problem steht. Beispiele sind belastende Erfahrungen, die den Verlust oder das Infragestellen von Glaubensvorstellungen nach sich ziehen, Probleme im Zusammenhang mit der Konvertierung zu einem anderen Glauben oder das Infragestellen spiritueller Werte, auch unabhängig von einer organisierten Kirche oder religiösen Institution."

Solche Störungen fielen in früherer Zeit in den Bereich kirchlicher Seelsorge. Es zeigt sich jedoch heutzutage, dass bei religiösen Störungen und spirituellen Krisen der Rat des Pfarrers kaum noch gesucht wird. Psychotherapeutische Hilfe, Hilfe im Freundes-, Familien- oder Bekanntenkreis oder eigenständige Aktivitäten sind bevorzugte Bewältigungsstrategien gegenüber dem heute selteneren Kontakt zum Seelsorger, wie sich in der Rescue-Studie von Belschner und Galuska (1999) gezeigt hat. Je mehr die Gesamtpersönlichkeit und die Lebensführung von der Verunsicherung, dem Zweifel, dem Glaubensverlust, der Orientierungslosigkeit usw. ergriffen werden, um so eher kann sich eine solche Störung auch in Form einer schweren Lebenskrise oder mit psychischen Symptombildungen äußern. Das klinische Bild kann dann ganz unterschiedliche psychische und psychosomatische Symptome besitzen, weil dies mit der möglichen Vielfalt der individuellen Reaktionsmuster auf Belastungen, Traumata und Stress zusammenhängt. Auch psychische Störungen schwereren Ausmaßes kommen vor, insbesondere Angststörungen und depressive Störungen, gepaart mit den charakteristischen Gefühlen von Haltlosigkeit, Orientierungslosigkeit, Selbstzweifeln, Sinnlosigkeit und Ungeborgenheit. Ein entscheidender Hintergrund für ein größeres Ausmaß einer solchen Störung könnte in der mangelnden Integration und Autonomie der betroffenen Persönlichkeit zu sehen sein. Scharfetter (1992) betont, dass insbesondere Persönlichkeiten vom Typ des "falschen, uneinheitlichen, mangelhaft-integrierten Selbst oder Pseudo-Selbst" im Sinne von Winnicot anfällig sind für die Teilhabe an Sekten und totalitären Kulten und für Dekompensationen in diesem Zusammenhang. Auf die Besonderheiten im Umgang von sog. "Sektenaussteigern" soll an dieser Stelle nur hingewiesen werden (Poweleit, Busch 1998). Eine Behandlung solcher Störungen wird das psychotherapeutische Wissen, insbesondere zu narzisstischen Störungen und Borderline-Störungen nutzen müssen.

2. Psycho-spirituelle Störungen

Als psycho-spirituelle Störungen verstehen wir Störungen der Integration subtiler Erfahrungen im personalen Bewusstsein. Der erwachsene Mensch, also das personal strukturierte Bewusstsein, besitzt folgende Erlebnisinhalte: Sinneswahrnehmungen der Außenwelt, Körperempfindungen, Impulse und Emotionen, Kognitionen im Sinne innerer Bilder, Gedanken und Konzepte und schließlich subtile Erfahrungen, worunter wir energetische Empfindungen, außersinnliche Wahrnehmungen und transpersonale oder Transzendenzerfahrungen verstehen (siehe Abb. 2).

All dies wird nun zu einem ganzen Erleben strukturiert und integriert, und zwar eben in personaler erwachsener Weise. Es wird ich-zentriert und differenziert erlebt, vernunftgesteuert und geordnet empfunden. Die Komplexität der Erfahrungen muss also integriert werden, diese Integration kann jedoch auch eingeschränkt sein oder scheitern. Das wesentliche Charakteristikum für die

Joachim Galuska

Abbildung 2: Erlebnisinhalte personalen Bewusstseins

unterschiedlichen Strukturen des Erlebens ist in der modernen Tiefenpsychologie die Fähigkeit zur Integration. Kernberg (1996) differenziert vier Formen der Persönlichkeitsorganisation: die normale Persönlichkeit, die neurotische, die Borderline- und die psychotische Persönlichkeits-Organisation. Sie unterscheiden sich vor allem durch das Ausmaß an Integration des Konzeptes des Selbst, des Konzeptes der bedeutsamen anderen Menschen, des Über-Ichs und der Handhabung von libidinösen und aggressiven Impulsen. Im deutschen Sprachraum wurde mit der operationalisierten psychodynamischen Diagnostik ein System vorgelegt, das neben den Achsen „Krankheitserleben" und „Behandlungsvoraussetzungen", „Beziehung" und „psychische und psychosomatische Störungen" eine eigene Achse „Struktur" beschreibt (Arbeitskreis OPD, 1996). Die Achse „Struktur" unterscheidet neben der guten Integration eines gesunden Menschen eine mäßige Integration, eine geringe Integration und eine Desintegration. Die neurotische Struktur entspricht einer guten bis mäßigen Integration, die Borderline-Struktur entspricht einer mäßigen bis geringen Integration und die psychotische Struktur entspricht einer Desintegration. Die gesunde erwachsene Struktur bezeichnen wir im Sinne von Ken Wilber als personale Struktur. Darüber hinaus beziehen wir die Möglichkeit der personalen Struktur zu ihrer Transformation und Weiterentwicklung hin zu einer transpersonalen Struktur ausdrücklich mit ein. Selbstverständlich ist diese Einteilung eine Vereinfachung, zumal die dargestellten Strukturen nicht scharf voneinander abgegrenzt sind, sondern ineinander übergehen.

Wenn subtile Erfahrungen wie energetische Empfindungen, außersinnliche Wahrnehmungen oder transpersonale Erfahrungen also nicht ausreichend integriert werden, kann es zu einer gestörten Verarbeitung kommen im Sinne eines inneren Konfliktes, einer Spaltung oder einer Desintegration. Im Folgenden werden nun die verschiedenen subtilen Erfahrungsmöglichkeiten und ihre Störungsformen erläutert (siehe auch Abb. 3):

Subtile Erfahrungen	Störungsformen
Energetische Empfindungen	„Kundalini-Syndrom" Blockierung Dissoziation Psychose
Außersinnliche Wahrnehmungen	Krise der sensitiven Öffnung, Konflikt Vermischung Besetzungsempfinden Psychose
Transpersonale Erfahrungen	Krise der spirituellen Öffnung Sinnkrise prä-trans-Verwechslung spiritueller Materialismus Fixierung auf transpersonale Erfahrungen psychotischer Zusammenbruch

Abbildung 3: „Subtile Erfahrungen - Störungsformen"

2.1 Energetische Empfindungen

Der Begriff der energetischen Empfindungen bezieht sich nicht auf physikalische oder biologische Vorgänge, sondern soll der Tatsache Rechnung tragen, daß die hier subsumierten Phänomene als "Energie", "Energiestrom", "Energiefeld", "Energieraum", "energetische Prozesse" erlebt und beschrieben werden. Das Charakteristische dieser Phänomene ist, dass sie als spontan und autonom in ihrem Ablauf erlebt werden und eine Art automatisches Geschehen darstellen. Es ist, als ob eine Art "Urenergie", eine "tiefere Kraft" sich zeigt, einströmt, sich bewegt, sich ausdehnt oder zusammenzieht. Energetische Empfindungen können den Sinnesqualitäten zugeordnet werden und stellen so etwas wie eine subtile, von der Form der jeweiligen Sinneswahrnehmung mehr oder weniger freie Qualität des Erlebens dar, eine Art Rohstoff des Erlebens, der noch mehr oder weniger formbar ist und archetypischen Dynamiken folgt. Am häufigsten sind dem optischen Bereich zuzuordnende Lichterlebnisse und dem coenästhetischen Bereich des Körperempfindens zuzuordnende Strömungsgefühle.

Lichterlebnisse können als Wahrnehmung eines gleißenden, hellen, blendenden Lichts auftreten, wie wir es beispielsweise im Alten und Neuen Testament und in Texten christlicher Mystik beschrieben finden. Häufiger jedoch sind innere Lichterscheinungen unterschiedlicher Intensität und Helligkeit, vom klaren feinen Leuchten des Erlebnisgrundes bis hin zum Durchflutetwerden von Lichtstrahlen, die mehr oder weniger gut ertragen werden können. Auch Farbqualitäten können erlebt werden: goldenes Licht, violettes Licht, rotes Licht, gelbes Licht usw. Mosaike, Mandala-Formationen, Figuren göttlicher, engelhafter, aber auch dämonischer oder teuflischer Gestalt können erscheinen.

Häufiger noch sind *Strömungsempfindungen*, insbesondere im Bereich des Beckens und der Wirbelsäule, aber auch im Kopfbereich. Dieses Strömen kann lokalisiert sein, wie ein Strahlen aus einem Zentrum heraus, oder aber es kann sich bis über die Körpergrenzen ausdehnen, vor allem nach oben und nach unten hin. Es kann auch mit dem Empfinden verbunden sein, durch den Kopf, das Becken oder auch den Atem Energien aufzunehmen oder diese wieder abzugeben. Häufig sind diese Empfindungen mit einem Temperaturerleben von Wärme, Hitze oder Kälte verknüpft. Es kann auch als Vibrieren oder elektrisches Aufgeladensein erlebt werden. Gelegentlich kann die Intensität so stark sein, dass die "Energie" als schmerzhaft empfunden wird oder als von außen sich aufdrängend und eindringend beschrieben wird. Andererseits sind auch sehr lustvolle und ekstatische Erlebnisse möglich.

Auch *motorische Phänomene* sind häufig: Spontane, impulsive oder rhythmische Bewegungen treten auf, bestimmte Körperhaltungen drängen sich auf, automatisch ablaufende Atemmuster werden erlebt. Charakteristisch ist das Empfinden, geführt zu werden, bewegt zu werden oder fixiert zu sein und von einer tieferen Kraft, einem anderen Wissen beeinflusst und ergriffen zu sein.

Schließlich können auch *akustische Phänomene*, wie Rauschen, Pfeifen, Zischen oder auch feine harmonische Melodien auftreten.

Da diese Erfahrungen im Zusammenhang mit der Yoga-Praxis traditionell bereits vielfältig beschrieben wurden und in der Terminologie des Yoga-Systems mit der Entfaltung der "Kundalini-Energie" in Verbindung gebracht werden, fasst Sannella (1989) die hier beschriebenen energetischen Empfindungen als "Kundalini-Erfahrung" zusammen. Störungen in diesem Zusammenhang werden gelegentlich auch als "Kundalini-Syndrom" bezeichnet.

Eine Integration energetischen Empfindens bedeutet, die entsprechenden Empfindungen erkennen, interpretieren und steuern zu können. Dazu ist ein theoretisches Modell für Energiezustände, wie das Chakren-Modell, die Kundalini-Konzepte, das Aura-Modell oder die Meridian-Theorie nützlich. Eine Steuerungsfähigkeit energetischer Empfindungen bedeutet, sich diesen Zuständen zu- und abwenden zu können, zwischen verschiedenen Kanälen (optisch, akustisch, coenästhetisch, motorisch) wechseln zu können, die Intensität der Erfahrung dosieren zu können und eine klare Unterscheidungsfähigkeit zwischen energetischem Empfinden und Sinneswahrnehmungen zu besitzen. Darüber hinaus bedeutet eine personale Integration, energetischen Empfindungen und den Fähigkeiten mit ihnen umzugehen einen inneren Platz in der eigenen Entwicklung und im eigenen Leben zu geben.

Gelingt dies nicht, kommt es häufig zu einer Blockierung innerer energetischer Prozesse, was als eine Art Spannung feinstofflicher Art, als ein Persistieren oder sich Wiederholen, beispielsweise von Strömungsgefühlen oder Wärme, erlebt werden kann. Dies kann dann auch sehr quälend, in Form von Schmerzen, Stechen oder Brennen, empfunden werden. Ein Konflikt zwischen energetischen Empfindungen und alltäglichem „grobstofflichem Erleben" kann auch Angst und Abwehr zur Folge haben.

Vertieft sich eine solche Konflikthaftigkeit, so kann es zu einer Spaltung des Erlebens kommen: Energetisches Empfinden kann dann dissoziiert erlebt werden, als ein Strom physischer Energien, der den eigenen Körper beeinflusst. Das energetische Empfinden subtiler Art wird dann verdinglicht und in ein hydraulisches Modell gefasst: Eine Energie stofflicher Art fließe durch einen Kanal im Rückenmark und sei an einer bestimmten Stelle blockiert. Sie müsse dort durch Massagen oder durch magische Heilmaßnahmen befreit werden, damit sie weiterfließen könne. Die Energie wird als autonom und vom übrigen Körper abgetrennt und dissoziiert erlebt. Diese Dynamik mündet häufig in eine vereinseitigte Lebensausrichtung auf den Umgang mit dieser Energie. Innere Qualen und Schmerzen können erheblich sein und eine Odyssee zu paramedizinischen Heilmethoden zur Folge haben.

Dekompensiert die Persönlichkeit weiter hin zur Desintegration, so kann es zu Psychosen kommen. Hier besteht dann das Empfinden, fremden, vielleicht teuflischen Energien völlig ausgeliefert zu sein, von ihnen beherrscht und durchdrungen zu werden. Das innere Erleben kann nicht mehr geordnet werden, die Realität wird fehlinterpretiert. Wahnbildungen, Halluzinationen und unkontrollierte Bewegungsformen prägen das Bild. So kann es zu der Überzeugung kommen, Energien des Bösen zerfressen das eigene Innere, zerstören das Gehirn oder lösen es auf, Energien des Teufels oder eines Meisters beherrschen das eigene Verhalten. Eine solche Psychose kann alle Charakteristika einer psychotischen Störung besitzen, ihre Inhalte drehen sich jedoch um das Thema innerer „archetypischer" Energieformen.

In der Behandlung und Begleitung von Störungen energetischen Empfindens, wie auch der anderen psycho-spirituellen Störungen, ist zunächst einmal der Grad der Integration der Gesamtpersönlichkeit, also ihre Struktur im Sinne der operationalisierten psychodynamischen Diagnostik entscheidend. Hieraus ergibt sich die wesentliche grundlegende Interventionsqualität. Je strukturierter eine Persönlichkeit ist und eher konflikthaft reagiert, um so eher sind aufdeckende und mobilisierende Behandlungsmethoden sinnvoll. Dies kann bezüglich der energetischen Empfindungen auch bedeuten, durch körpertherapeutische Maßnahmen, z. B. dynamische Atemarbeit oder andere mobilisierende Techniken solche Blockierungen aufzulösen. Je dissoziierter und desintegrierter jedoch die Persönlichkeitsstruktur ist, um so eher sind strukturbildende, identitätsaufbauende und identitätsstützende Therapien, etwa tiefenpsychologischer Art, erforderlich. Daneben muss sich eine angemessene Begleitung auch auf den Umgang mit energetischen Phänomenen im engeren Sinne beziehen. Dies bedeutet zunächst einmal eine grundsätzliche Anerkennung der Erfahrungen im Interpretationsmodell der Betroffenen. Möglicherweise braucht es auch eine Beratung und ein Zur-Verfügung-Stellen alternativer Erklärungsmodelle. Übungen zum Umgang mit solchen energetischen Phänomenen sind ebenfalls hilfreich. Dies betrifft z. B. eine Verankerung in den alltäglichen Sinneswahrnehmungen, die Entwicklung eines inneren Beobachters, die Lenkung der Aufmerksamkeit hin zu den unterschiedlichen Kanälen energetischen Empfindens, das Wechseln der unterschiedlichen Kanäle, das Wechseln zwischen Alltagsbewusstsein und energetischem Empfinden, die Dosierung der Intensität der Erfahrungen durch Atem, Stimme, Bewegung und Aufmerksamkeitsfokussierung, das Öffnen und sich Verschließen gegenüber energetischem Empfinden und die Beschreibung und Kommunikation der inneren Zustände.

2.2 Außersinnliche Wahrnehmungen

Unter außersinnlichen Wahrnehmungen sollen alle Erfahrungen zusammengefasst werden, die als parapsychisch, außersinnlich, okkult, medial oder sensitiv bezeichnet werden. Dazu gehören folgende Phänomene:

Unter *Synchronizitäten* versteht man das Empfinden, dass Ereignisse zusammenpassen, zusammengehören, wie gefügt wirken. Beispielsweise gehe ich zum Telefon, um einen alten Freund nach langer Zeit wieder anzurufen und noch bevor ich den Hörer abheben kann, klingelt das Telefon und dieser alte Freund ist dran.

Deja-vu-Erlebnisse meinen das Empfinden, die Situation bereits einmal erlebt zu haben oder durch einen Traum zu kennen.

In der *Präkognition* werden zukünftige Ereignisse plötzlich gewusst, visionär wahrgenommen oder in Form einer besonderen Art des Traumes vorzeitig erlebt.

Als *Hellsichtigkeits*-Erlebnis bezeichnet man das intuitive oder visionäre Wissen um weit entfernte Geschehnisse.

Telepathie meint den Austausch von Gedanken, inneren Bildern oder Gefühlen, ohne direkte verbale Kommunikation und über größere Entfernungen hinweg.

Unter *Psychokinese* versteht man die Beeinflussung materieller Gegebenheiten, z.B. das Anheben oder Verformen von Gegenständen, ohne sie zu berühren. Dies betrifft zunehmend Störungen elektronischer Geräte.

Das Gefühl der *Beeinflussung* oder *Besetzung* durch fremd anmutende Kräfte oder Wesenheiten wird häufig als Kontakt mit Geistern oder geistigen Wesenheiten interpretiert. Diese können sehr primitiv sein, sie können aufdringlich oder bedrohlich, aber auch lichtvoll, weise und bereichernd empfunden werden. In der Regel werden sie verstanden als Wesen aus einer jenseitigen Welt, meist als der Geist bereits verstorbener Menschen, gelegentlich als ein eigenes "früheres Leben" ("Past-life-Erlebnisse"), zuweilen als höhere Geistwesen, wie Engel. Solche Erfahrungen werden häufig durch spiritistische Praktiken, wie z.B. Gläserrücken oder Channeling aktiv gesucht und evoziert. In diesem Zusammenhang sind auch die sogenannten Spukphänomene zu nennen, worunter beispielsweise Geräusche, Stimmen oder Bewegungen von Gegenständen verstanden werden, die physikalisch nicht erklärbar sind und die auf eine Aktivität bereits Verstorbener zurückgeführt werden.

Die heilende Wirkung durch Handauflegen, durch Konzentration, durch die Öffnung des Bewusstseins für höhere heilende Kräfte, die wie durch einen Ka-

Joachim Galuska

nal zu einer anderen Person hinfließen, und ganz allgemein die Wirkungsweise *geistigen Heilens* kann im Übergangsfeld zwischen paranormalen und energetischen Prozessen angesiedelt werden.

Paranormale Erfahrungen sind offenbar subtiler als direkte sensorische und motorische Aktivitäten. Sie beruhen in der Regel auf Begabungen für para- oder extrasensorische Wahrnehmung und Wirkung. Sie sind für eine religiöse oder spirituelle Entwicklung nicht erforderlich und bedeuten zunächst auch nicht, dass hier eine Höherentwicklung vorliegt. Sie verweisen jedoch auf bisher rational nicht ausreichend erschlossene Zusammenhänge und stellen daher eine Herausforderung für das Menschen- und Weltbild dar.

Eine Integration solcher Erfahrungen bedeutet auch hier, für diese ein passendes Interpretationsmodell zu besitzen und sie in ein integriertes Weltbild zu stellen. Eine wichtige Fähigkeit besteht darin, diese Erfahrungen vom üblichen Erleben abgrenzen und differenzieren zu können. Darüber hinaus ist es erforderlich, persönliche Gedanken und Gefühle, etwa bei Präkognitionen vom Inhalt der präkognitiven Wahrnehmung differenzieren zu können und dies nicht zu vermischen. Im Falle medialer Erfahrungen geht es darum, eine Art „durchlässiger Kanal" zu sein und zwischen der medialen Erfahrung und dem Alltagsbewusstsein flexibel wechseln zu können. Auch hier ist es erforderlich, sich diesem Erleben zu- und abwenden zu können und ihm einen geeigneten Platz im eigenen Leben zu geben.

Als Krise der sensitiven Öffnung bezeichnet man das Auftreten der ersten paranormalen oder medialen Erlebnisse, die die Persönlichkeit zunächst einmal erschüttern. Zu einer konflikthaften Verarbeitung kommt es, wenn die Persönlichkeit sich gegen diese Begabungen und Erfahrungen wehrt, da sie sie nicht verstehen oder einzuordnen vermag, wenn sie nicht in das bisherige Überzeugungssystem passen. So kann es zu einer Unterdrückung und Abwehr der entsprechenden Begabung kommen, indem ein mechanistisches und rationalistisches Weltbild aufrechterhalten wird, das jegliche Außersinnlichkeit verleugnet. Eine weitere Problematik kann sich in der Vermischung außersinnlicher Wahrnehmungen mit unbewussten persönlichen Themen zeigen. So kann eine biographisch begründete Angst oder ein persönlicher Wunsch nach Größe und Anerkennung die Interpretation von Präkognitionen oder Hellsichtigkeitserlebnissen verzerren. Persönlich nicht verarbeitete Themen können als Botschaften von Geistern einer Jenseitswelt dargestellt und zum Ausdruck gebracht werden.

Eine tiefergehende Störung zeigt sich in einer Dissoziation des Erlebens etwa derart, von Geistwesen, früheren Leben oder der bösen Ausstrahlung anderer

Menschen besetzt und beherrscht zu sein. Der dissoziierte Persönlichkeitsanteil empfindet sich als Opfer der fremden Macht und ihrer Wirkungen. Da auch dies sehr quälend und vor allen Dingen beängstigend sein kann, unternimmt der Betreffende häufig eine Fülle von Aktivitäten, um diese Geister loszuwerden bzw. sich vor ihnen zu schützen. Auch hier kann sich das Leben zunehmend um die Ausübung magischer Rituale, die Beschäftigung mit spiritistischer Praxis und den Besuch von Geistheilern drehen.

Da diese Störungen in anderen Kulturen häufiger auftreten, hat die internationale Klassifikation psychischer Störungen (IDC 10) unter der Codierung F 44.3 „Trance und Besessenheitszustände" definiert (Dilling et al., 1999):

„F 44.3 Trance und Besessenheitszustände
Störungen, bei denen ein zeitweiliger Verlust der persönlichen Identität und der vollständigen Wahrnehmung der Umgebung auftritt; in einigen Fällen verhält sich ein Mensch so, als ob er von einer anderen Persönlichkeit, einem Geist, einer Gottheit oder einer „Kraft" beherrscht wird. Aufmerksamkeit und Bewusstsein können auf nur ein oder zwei Aspekte der unmittelbaren Umgebung begrenzt und konzentriert sein, und häufig findet sich eine eingeschränkte, aber wiederholte Folge von Bewegungen, Stellungen und Äußerungen. Hier sollen nur Trancezustände einbezogen werden, die unfreiwillig oder ungewollt sind, und die in die täglichen Aktivitäten einbrechen, die also außerhalb religiöser oder anderer in diesem Sinn kulturell akzeptierter Situationen auftreten (oder höchstens im Anschluss an diese). Hier dürfen keine Trancezustände klassifiziert werden, die während schizophrener oder akuter Psychosen mit Halluzinationen oder Wahn oder im Rahmen einer multiplen Persönlichkeit auftreten. Diese Kategorie ist nicht zu verwenden, wenn der Trancezustand mit einer körperlichen Krankheit (wie etwa Temporallappenepilepsie oder einer Kopfverletzung) oder mit einer Intoxikation durch psychotrope Substanzen in Zusammenhang steht."*

Bei einer schwach strukturierten Persönlichkeit kann es schließlich auch zu psychotischen Verarbeitungsformen kommen, von jenseitigen Wesenheiten, Kräften oder Geistern besetzt und beherrscht zu werden. Auch hier kommt es dann zu den üblichen Halluzinationen und Wahnvorstellungen psychotischer Störungen. Vielleicht tobt ein innerer Kampf von guten und bösen Geistern, die zu mir mit Stimmen sprechen, mir Befehle oder Botschaften geben, vielleicht auch Vorhersagen machen, die ich dann als magische Wahrheiten verste-

Joachim Galuska

he. Religiöse Wahnvorstellungen, ein Prophet, der Messias oder der Teufel zu sein, und unterschiedliche religiös-gefärbte psychotische Zustände sind möglich. Auch diese Psychose entspricht einer üblichen psychotischen Episode oder Störung, besitzt jedoch den Inhalt außersinnlicher Themen oder medialer Welten.

Eine Begleitung von Störungen im Zusammenhang mit außersinnlichen Wahrnehmungen wird ebenfalls zunächst einmal das Strukturniveau der Persönlichkeit berücksichtigen müssen. Darüber hinaus braucht es auch hier eine grundsätzliche Anerkennung der Phänomene, Information und Erläuterung. Das Interpretationssystem der Patienten ist zunächst einmal zu würdigen, muss jedoch gelegentlich relativiert werden. Insbesondere spiritistische Modelle sind durch ihre Einfachheit und die aus ihnen resultierenden praktischen Hinweise oft recht nützlich, können aber als solches ein Problem darstellen. Dies ist besonders dann der Fall, wenn eine Fixierung auf ein solches Modell eine Dissoziation eher stabilisiert. Beispielsweise kann sich das Empfinden, von einem fremden Geist verfolgt und besetzt zu werden, zu sich immer weiter steigernden rituellen magischen Handlungsweisen führen. Dann kann eine Relativierung dieses Modells, beispielsweise durch ein jungianisches „archetypisches" Verständnis der entsprechenden Phänomene, förderlich werden. Auch für den Umgang mit außersinnlichen Wahrnehmungen können spezifische Übungen hilfreich sein: sich den Erfahrungen zu- und abzuwenden, sich in Trance zu versetzen und sich zwischen verschiedenen Trancezuständen zu bewegen, sich in der Alltagsrealität zu verankern und zu grounden, sich innerhalb der medialen Welt zu bewegen, z. B. „Wesenheiten" rufen und fortschicken zu können, mit ihnen in einen Dialog zu treten, sich zu öffnen und sich abzugrenzen, zwischen verschiedenen Interpretationsmodellen zu wechseln usw.

2.3 Transpersonale Erfahrungen

Transpersonale Erfahrungen oder Transzendenzerfahrungen werden häufig auch als mystische Erfahrungen bezeichnet und entsprechen den von Maslow (1973) beschriebenen Gipfelerlebnissen. Sie sind Ausdruck eines transpersonalen Bewusstseinszustandes, der nicht durch Ich-Zentrierung, Konzeptgebundenheit und mechanistisches Denken geprägt ist. Auch energetische und außersinnliche Erlebnisse wären idealerweise in einem transpersonalen Bewusstsein verankert und dann leichter steuerbar. Im Kern eines transpersonalen Bewusstseins stehen jedoch transpersonale Erfahrungsqualitäten, die tief bewegen können und den gesamten Bewusstseinsraum erfüllen können. Das Empfinden besteht dann darin, ganz in dieser Erfahrung und diesem Moment aufzugehen, alles andere tritt dann in den Hintergrund und erscheint unwichtig. Solche Erfahrungen können etwa folgendermaßen beschrieben werden:

Glück: „Ich erlebte plötzlich Momente höchsten Glücks, eine tiefe reine Freude." „Wellen verzückter Ekstase durchströmten mich, es war wie ein Freudentaumel." „Eine große Seligkeit erfüllte mich, ein stilles inneres vollkommenes Glück."

Ruhe: „Ich erlebte eine große Stille, eine tiefe Ruhe in und außerhalb von mir, die ich nie gekannt habe." „Eine vollkommene Zufriedenheit, eine absolute Gelöstheit, ein tiefer innerer Friede breitete sich aus."

Weite: „Ich fühlte keine Begrenzungen mehr: Die Weite des Universums, die Unendlichkeit des Seins, die Tiefe und Größe der Existenz ergriffen mich." „Die Schönheit der Schöpfung, das Wunder des Lebens erfüllten mich mit Ehrfurcht und Staunen."

Liebe: „Ich wurde ergriffen von einer unendlichen, bedingungslosen, göttlichen Qualität von Liebe." „Tiefes Mitgefühl ließ mich mit allen Lebewesen verbunden sein."

Heiliges: „Der Moment hatte etwas Heiliges, etwas Unaussprechliches." „Ich fühlte mich aufgehoben in einem heiligen Raum."

Heilung: „Ich spürte, wie etwas in mir heil wurde und heilte, und war ergriffen und tief bewegt."

Zeitlosigkeit: „Der Moment war die Ewigkeit, Zeit und Raum waren verschwunden. Es gab nur diesen ewigen Augenblick."

Freiheit: „Es war wie ein Durchbruch in eine vollkommene Freiheit. Ich spürte die Leichtigkeit des Seins, eine Frische und vollkommene Unabhängigkeit."

Verbundenheit: „Alles war verwoben, verbunden und zusammengehörig." „Die Einheit des Seins und seine Ganzheit zeigte sich für einen Augenblick."

Präsenz: „Da war allgegenwärtige Wachheit." „Das Sein war Bewusstsein und alles erstrahlte im Licht dieser Bewusstheit."

Soheit: „Alles ist richtig, so wie es ist." „Es gibt nichts zu verändern, jeder Moment ist genau der, der er ist, einfach so."

Eine gute Integration transpersonaler Erfahrungen bedeutet, sie als Wesensqualitäten anzuerkennen und sie mit Respekt und Dankbarkeit anzunehmen. Es ist erforderlich, sie nicht überzuinterpretieren und aufzublähen, sondern ihnen einen Platz in unserer Lebensführung zu geben. Dies bedeutet, sich ihnen zu-

Joachim Galuska

wenden zu können und mit ihnen umgehen zu können, beispielsweise durch Meditation, Gebet, körperliche Aktivität, Atemmethoden usw. Auch hier wird die Einordnung in ein ganzheitliches Lebens- und Weltverständnis notwendig sein.

Häufig führen diese Erfahrungen jedoch zu einer Erschütterung der Persönlichkeitsstruktur, die man als Krise der spirituellen Öffnung bezeichnen könnte. Wenn es dann nicht gelingt, diesen Erfahrungsqualitäten einen Platz in der bisherigen Identität zu geben, wird sich ein innerer Spannungszustand herstellen zwischen Identitätsanteilen, die sich um diese Erfahrung herum gruppieren und anderen Identitätsanteilen, die dazu im Widerspruch stehen. Dann kann es einerseits zu einer Abwehr gegenüber der Transzendenzthematik kommen, die sich in Form einer Verleugnung dieses Bereiches, einer Ablehnung jeglicher Innerlichkeit, einer Verachtung gegenüber Religiösem oder einer resigniert materialistischen Orientierung äußern kann. Andererseits kann es zu einer Sinn- oder Wandlungskrise kommen, die mit der Weltbilderschütterung eines möglicherweise bisher an äußeren Werten orientierten Menschen zusammenhängt.

Ein häufiges Problem ist der von Ken Wilber (1996) so bezeichnete „Prä-Trans-Irrtum". Damit ist gemeint, dass kindliche, sogenannte präpersonale Zustände, wie z. B. kindliche Gefühlszustände oder innere Phantasien von Engeln oder von Reisen in andere Welten oder andere Zeiten, als transpersonale Zustände fehlinterpretiert werden. Andererseits besteht auch die Gefahr, dass solche erweiterten Bewusstseinszustände als kindliche Regressionen missverstanden werden. Eine Erklärung für diese Vorgänge könnte das Modell der Aktivierung des „inneren Kindes" liefern. Wolinsky (1997) beschreibt, wie die ungelösten Anteile unserer Kindheitsbiographie, also die „dunkle Seite des inneren Kindes", zu einer solchen „Spiritualisierung" führen kann. Unerledigte Wünsche und Sehnsüchte werden dann spirituell verklärt. Tragisch kann sich das in der Meister-Schüler-Beziehung auswirken. So sucht das innere Kind bei spirituellen Meistern aus seiner Sehnsucht heraus nach guten Eltern, die es idealisieren kann, und übersieht dann ihre Schwächen, Machtmissbrauch, finanzielle oder sexuelle Ausbeutung. Häufig werden Gurus magische oder übersinnliche Kräfte zugeschrieben, sie werden für unfehlbar und allwissend gehalten und mit großen Augen bewundert. Die Kollusion wird dann vollständig, wenn angesichts eigener narzisstischer Bedürfnisse des Meisters das „innere Kind" in ihm bewundert und geliebt werden möchte. Auch dem Narzissmus des Meisters tut die Idealisierung gut, sein inneres Kind sehnt sich danach und ist so begeistert darüber, dass der Meister bald selbst glaubt, vollkommen zu sein und keine Schattenseiten zu besitzen. Dann verleugnet er seine eigenen Fehler, rechtfertigt und spiritualisiert sexuellen oder finanziellen Missbrauch seiner Schüler. Dies ist tragisch, da sich hier zwei innere Kinder verwickelt haben: das bewunderungsbedürftige innere Kind im Lehrer und das nach idealen Eltern sehnsüchtige innere Kind im Schüler. So kann es zu keiner Veränderung und Weiterentwicklung auf beiden Seiten kommen, und die einzige Lösung besteht oft darin, dass der Schüler seinen Lehrer verlässt.

Die Vermischung mit narzisstischen Themenkreisen, also unserer Bedürfnisse nach Anerkennung, Bewunderung, Größe, Geltung, Macht, Ruhm und Bedeutung oder danach, etwas Besonderes zu sein, kann auch zu dem sogenannten „spirituellen Materialismus" (Trungpa, 1989) führen. In einer außenorientierten Lebensweise hatte sich die Person darauf konzentriert, Karriere zu machen, reich oder berühmt zu werden und viele Besitzgegenstände zu sammeln. Sie war also materialistisch orientiert. Auf dem spirituellen Weg werden dann aber innere Fähigkeiten, Grade, Initiationsstufen, Anerkennungen durch den Meister oder die esoterische Gemeinde angestrebt. Dies ist zunächst ganz natürlich, denn die narzisstischen Bedürfnisse verschwinden nicht einfach, sondern streben nach Nahrung und suchen sie im Zentrum dessen, womit die Persönlichkeit gerade beschäftigt ist.

Transpersonale Erfahrungen können ebenfalls dissoziativ verarbeitet werden. So kann die Faszination durch derartige Erlebnisse so groß sein, dass das übrige Leben völlig vernachlässigt wird und eine Art Verachtung gegenüber allem Weltlichen entsteht. Gelegentlich bildet sich sogar eine Unfähigkeit, mit Lebenspraktischem zurechtzukommen. Lediglich außergewöhnliche Erfahrungen werden dann suchthaft durch die Anwendung von exzessiver Meditation, intensiven körpertherapeutischen Techniken oder psychoaktiven Drogen angestrebt. Die auch hier zu findende vereinseitigte Lebensausrichtung und die suchtartige Fixierung auf höhere Bewusstseinszustände kann auch zum sogenannten „workshop-hopping" und zu ausgeprägtem Aussteigerverhalten führen.

Im Extremfall kann es auch zu einer psychotischen Dekompensation kommen, wenn das eigene Erleben von religiösen oder spirituellen Inhalten überschwemmt wird und die Erfahrung nicht mehr geordnet, gesteuert und begrenzt werden kann. Stille wird als Unheimlichkeit erlebt, Leere ist bodenlos, vernichtend und todbringend. Dies kann sich zu Wahnbildungen verdichten, von Gott verstoßen zu sein und als Strafe sterben zu müssen. Auch diese psychotischen Störungen können alle Charakteristika einer Psychose besitzen, ihre Inhalte sind jedoch religiöser und spiritueller Art.

Joachim Galuska

Auch die Begleitung dieser Störungen erfordert zunächst einmal die Berücksichtigung des Strukturniveaus und die Bearbeitung der üblichen Persönlichkeitsprobleme. Wie sich aus der Darstellung ergibt, sind vor allem neurotische und narzisstische Problemkreise und Identitätsthemen durchzuarbeiten. Gleichzeitig können transpersonale Erfahrungen die spirituelle Suche und die religiöse Entwicklung ungeheuer befördern, so dass parallel zur psycho-therapeutischen Begleitung eine entsprechende spirituelle Beratung und Begleitung sinnvoll ist. Insbesondere eine spirituelle Praxis der Meditation kann helfen, mit transpersonalen Zuständen umzugehen. Aber auch die sogenannten transpersonal orientierten Therapien, wie das holotrope Atmen, die Orgodynamik, die personale Leibarbeit oder die Psychosynthese bieten eine Fülle von Techniken und Konzepten im Umgang mit solchen Erfahrungen und zur Integration dieser Sphäre in die Persönlichkeit.

Die sogenannten spirituellen Krisen sind meistens „Öffnungskrisen", die oft erst anschließend eine Suche im religiös-spirituellen Bereich zur Folge haben. Ein spiritueller Notfall ist meist verursacht durch das Auftauchen des Spirituellen, „spiritual emergence", wie es von Grof u. Grof (1991) bezeichnet wird.

3. Transpersonale Störungen

Die Entwicklung von der personalen zur transpersonalen Struktur, wie sie Wilber (1996) beschreibt und von Galuska (in diesem Band) erläutert wird, bedeutet eine Veränderung der Verankerung des Erlebens vom Ich hin zur Seele. Dies ist ein umfassender Wandlungs- und Reifungsprozess, dessen Integration eine sichere Verankerung im transpersonalen Bewusstsein bedeutet, eine Durchlässigkeit für das Göttliche und Absolute, eine Verwirklichung der eigenen Seele und eine Öffnung hin zum nondualen Bewusstsein, um nur einige Charakteristika zu nennen.

Transpersonale Störungen:

Strukturelles Ungleichgewicht durch unbalancierte Praxis

Dunkle Nacht der Seele

Pseudo-Nirwana

Spaltung in Spiritualität und Alltag

Verabsolutierung eines spirituellen Weges

Pseudo-Dukkha

Abbildung 4: „Transpersonale Störungen"

Der Entwicklungsweg dieser Wandlung ist häufig verbunden mit aktiver spiritueller Übung, jahrelanger religiöser und meditativer Praxis und vielschichtiger Arbeit an sich selbst und dem eigenen Wirken in der Welt. Störungen dieser Entwicklung könnten als transpersonale Störungen oder spirituelle Störungen im engeren Sinne bezeichnet werden (siehe Abbildung 4).

Strukturelle Ungleichgewichte ergeben sich durch eine unbalancierte spirituelle Praxis, wenn beispielsweise zu viel Gebet oder Meditation zu wenig Ausgleich durch Irdisches oder Praktisches erfahren. Dann kann es zu einer Überempfindlichkeit und Reizbarkeit und einer übermäßigen Offenheit kommen. Meist sind solche Ungleichgewichte begründet in unbalancierten Charakterzügen oder unaufgearbeiteten neurotischen oder narzisstischen Themenkreisen, die dann zu inneren Spannungszuständen oder auch Konflikten führen können.

Nach einer intensiven Transzendenzerfahrung oder einer Gotteserfahrung kann es gelegentlich schwierig sein, sich erneut dafür zu öffnen. Dies könnte man im weiteren Sinne als „die dunkle Nacht der Seele" bezeichnen, die Johannes vom Kreuz auf dem Weg eines christlichen Mystikers beschrieben hat, deren Struktur jedoch Allgemeingültigkeit besitzt. Die dunkle Nacht meint Gefühle der Leere, der Selbstzweifel, der Verlorenheit und der „Verlassenheit von Gott". Das Leiden daran, vom Absoluten, von Gott, vom Urgrund, von der Möglichkeit zur Nondualität getrennt zu sein, kann zu tiefem Ringen und tiefer Verzweiflung führen, vor allem bei Menschen, die zu Selbstzweifel und Depression neigen. Der Sinn dieser Krise besteht einerseits in der Arbeit an den Hindernissen der eigenen Persönlichkeit, an der Klärung und „Läuterung" der eigenen Struktur. Andererseits geht es darum, innerlich leer zu werden, ein offenes Gefäß zu werden, damit es zu einer Gotteserfahrung, einer Seinserfahrung, einer nondualen Erfahrung kommen kann. Vom eigenen Willen zum Willen Gottes, von der inneren Führung durch das Ich zur Führung durch die göttlich erfüllte Seele zu kommen, könnte eine der Aufgaben der Lösung der dunklen Nacht sein.

Insgesamt scheint die Metapher der dunklen Nacht der Seele nützlich für eine typische Problematik jedes Überganges zu einer weiteren Entwicklungsstruktur zu sein, die zunächst einmal momenthaft erfasst wird, dann aber möglicherweise nicht mehr erreicht werden kann und ein gewisses verzweifeltes Ringen darum zur Folge hat. So lässt sich wohl die Tatsache erklären, dass in der von Galuska und Belschner (1999) beschriebenen Befragung von Menschen, die angeben, selbst in einer spirituellen Krise gewesen zu sein, die häufigste Bezeichnung für ihre Krise die „dunkle Nacht der Seele" ist. Mit 69 % wird diese Formulierung noch häufiger gewählt als die Bezeichnung „Sinnkrise" (62 %) und die Bezeichnung „spirituelle Krise" (61 %) selbst.

Das Gegenstück zu dieser Problematik könnte man mit Wilber (1988) als Pseudo-Nirvana bezeichnen. Damit ist die Problematik gemeint, transpersonale Erfahrungen oder veränderte Bewusstseinszustände für die Erleuchtung selbst zu halten. Die Erleuchtungserfahrung ist eine Erfahrung nondualen Bewusstseins als Leerheit, Nicht-Dualität (von Form und Leere) oder Soheit. Erfahrungen von Weite und Unendlichkeit oder von Verbundenheit und Stimmigkeit können aufgrund von narzisstischen Bedürfnissen als Erleuchtung fehlinterpretiert werden. Einer solchen Selbsttäuschung kann man am günstigsten entgehen, indem man eine Erleuchtungserfahrung von einem spirituellen Lehrer bestätigen lässt. Selbst nach einer tatsächlichen nondualen Erfahrung, also der Auflösung des Ich-Bewusstseins und der damit verbundenen Trennung, taucht das Ich-Empfinden wieder auf und die narzisstische Seite der Persönlichkeit könnte sich damit zu schmücken versuchen. Die Überschätzung der Erleuchtungserfahrung, ihrer Bedeutung und die innere Fixierung an sie wird auch gelegentlich als „Erleuchtungskrankheit" (Schilling, 2001) bezeichnet.

Auch hier kann es zu Dissoziationen kommen, die zu einer Spaltung in Spiritualität und Alltag führen. Häufig werden dann die inneren Erfahrungen und Werte des religiösen und spirituellen Lebens hochgeschätzt, während die Äußerlichkeit der Alltagswelt von Beruf und Familie abgewertet wird. Es besteht die Gefahr, dass Meditation und Spiritualität als eine Flucht vor den Herausforderungen des Lebens benutzt werden, und man sich den Schwierigkeiten in der Arbeit oder in den Beziehungen nicht mehr stellen möchte, da es ja auf der Ebene der Welt keine Erfüllung und Befreiung gebe. Wenn sich dies vertieft und die Distanz zum Alltäglichen und Lebenspraktischen größer wird, kann die Lebenswelt immer abstoßender wirken, und das Gefühl entstehen, wie auf einem fremden Planeten zu sein. Dies kann sich bis zu Depersonalisationen und Derealisationen auswirken. Vielleicht entwickelt sich sogar eine Bitterkeit dem Leben und der Welt gegenüber, eine düstere pessimistische Haltung. Alles, was mit dem Körper, mit Beziehungen, Arbeit, Geld oder Sinneserfahrungen zu tun hat, wird dann abgelehnt und nur noch das Geistige, Meditative, Lichtvolle, Höhere angestrebt und als wertvoll betrachtet. Ken Wilber (1988) bezeichnet dies als „Pseudo-Dukkha". Dukkha ist der buddhistische Ausdruck für die universelle Leidhaftigkeit der Existenz, die es zu erkennen gilt, die der Erleuchtete jedoch als Merkmal des Lebens und des Seins annimmt. Pseudo-Dukkha ist aber ein Ausdruck von innerer Ablehnung und Unversöhntheit gegenüber dem Leben, denn das natürliche Gefühl dem Leid der Welt gegenüber, das aus tieferem spirituellem Verständnis entsteht, ist Mitgefühl, Erbarmen und Liebe, und nicht, düster und pessimistisch der Welt gegenüberzutreten.

Abschließend könnte noch die Verabsolutierung eines spirituellen Weges oder gar eines Lehrers genannt werden, als Überzeugung, nur dieses sei der einzige legitime spirituelle Weg oder nur dieser Weg führe zur Erleuchtung, nur dieser Lehrer verkünde die einzige Wahrheit. Hier vermischen sich wieder kindliche narzisstische, mythologisch überhöhte Bedürfnisse mit den möglicherweise tiefen und überzeugenden transpersonalen Erfahrungen. Denn die Verabsolutierung eines spirituellen Weges widerspricht der Konvergenz der spirituellen Wege und Disziplinen in der Nondualität, im Unbeschreibbaren jenseits jedes Konzeptes und jedes Weges liegenden Unbekannten. Gleichzeitig ermöglicht die Vielfalt der Methoden und Wege auch den vielfältigen individuellen menschlichen Persönlichkeiten, einen für sie passenden Weg und eine für sie passende Mischung der Methoden zu finden.

Ein integraler und transpersonaler Ansatz eröffnet die Möglichkeit, religiöse und spirituelle Störungen zu differenzieren und in schulen- und religionsübergreifender Art und Weise zu beschreiben. Sie können somit weiter erforscht und aufgeklärt werden, so dass ihr Potenzial für die ganzheitliche Persönlichkeitsentwicklung nutzbar wird. Darüber hinaus kann ihre Differenzierung auch ein Licht bringen in einige klinische Störungsformen, die bisher abgewehrt und möglicherweise falsch pathologisiert wurden. Wie man sieht, ist auch der Bereich der Sinnsuche, der Suche nach Transzendenz, das Religiöse und Spirituelle anfällig für Störungen und Fehlentwicklungen. Dies zeigt uns auch in diesem Bereich sowohl unsere Verletzlichkeit als auch unser Potenzial. Dies zeigt aber auch, wie menschlich Spiritualität ist.

Literatur

Arbeitskreis OPD (1996), Operationalisierte psychodynamische Diagnostik, Huber, Bern.

Belschner, W., Galuska, J. (1999), Empirie spiritueller Krisen, Transpersonale Psychologie 1/99, 78-94.

Belschner, W., Galuska, J. (1999), Empirie spiritueller Krisen - erste Ergebnisse aus dem Projekt RESCUE, Transpersonale Psychologie und Psychotherapie 1/99, S.78-94.

Banck, G., Blanck, R. (1982), Angewandte Ich-Psychologie, Klett-Cotta, Stuttgart.

Dilling, H. et al. (Hrsg) (1991), Internationale Klassifikation psychischer Störungen. Klinisch diagnostische Leitlinien, Bern, Huber.

Joachim Galuska

Dürckheim, KG. (1973), Vom doppelten Ursprung des Menschen, Herder, Freiburg.

Grof, C., Grof, S. (1991), Die stürmische Suche nach dem Selbst, München.

Kernberg, OF. (1996), Ein psychoanalytisches Modell der Klassifizierung von Persönlichkeitsstörungen, Psychotherapeut 41, S. 288-296.

Maslow, A. (1973), Psychologie des Seins, München.

Poweleit, D., Busch, H. (1998), „Von allen guten Geistern verlassen!" Zur Beratung und Therapie von Opfern der Sektenszene; Organisationsberatung -Supervision - Clinical Management 2/1998, S.175-184.

Sannella, L. (1989), Kundalini-Erfahrung, Essen.

Sass, H., Wittchen, H.U. u. Zaudig, M. (1996), Diagnostisches und Statistisches Manual psychischer Störungen, DSM IV, Göttingen, Hogrefe.

Scharfetter, Ch. (1992), Der spirituelle Weg und seine Gefahren, Stuttgart.

Schilling, MJ. (2001), Die Erleuchtungskrankheit, Connection 3/2001, S. 56-58

Trungpa, Ch. (1989), Spirituellen Materialismus durchschneiden, Theseus, Zürich-München.

Wilber, K. (1988), Das Spektrum der Psychopathologie, in Wilber, K., Engler, J., Brown, DP., Psychologie der Befreiung, O.W. Barth-Verlag.

Wilber, K. (1996), Eros, Kosmos, Logos, Frankfurt a. M.

Wilber, K. (2001), Integrale Psychologie, Arbor, Freiamt.

Wolinsky, S (1997), Die dunkle Seite des inneren Kindes; Lüchow.

Dr. med. Joachim Galuska, Jahrgang 1954, Facharzt für Psychotherapeutische Medizin, Facharzt für Psychiatrie und Psychotherapie, Master of Business Administration, Ärztlicher Direktor der Heiligenfeld Kliniken in Bad Kissingen, Mitbegründer des SEN-Deutschland, Netzwerk für spirituelle Krisenbegleitung, und des Deutschen Kollegiums für Transpersonale Psychologie und Psychotherapie, Mitherausgeber der Zeitschrift „Transpersonale Psychologie und Psychologie", Veröffentlichungen zu den Themen stationärer Psychotherapie, Meditation und transpersonaler Psychotherapie.

Dr. Joachim Galuska
Fachklinik Heiligenfeld
Euerdorfer Str. 4 - 6
97688 Bad Kissingen
Tel. (09 71) 82 06-0
Email: dr.galuska@heiligenfeld.de
Internet: www.heiligenfeld.de

Walter von Lucadou

Beratung bei paranormalen Erlebnissen

Einführung

"Ungewöhnliche Erfahrungen" werden in der Bevölkerung meist als "paranormal" bezeichnet und sind häufig mit der Vorstellung verbunden, dass es sich dabei um etwas "Übernatürliches" handeln würde. Diese Auffassung wird vor allem von den Massenmedien wie Fernsehen und Regenbogenpresse kräftig gefördert, wobei die jeweils angebotenen "magischen" Interpretationen bestimmten Modetrends unterliegen. Da ist von "Reinkarnationserlebnissen", "Schutzengeln", "Besessenheit" und "Jenseitserfahrungen" die Rede. Sehr häufig wenden sich Menschen an die Beratungsstelle, die berichten, dass sie Opfer von "schwarzer Magie" oder "Verhexung" seien.

Wir definieren "Ungewöhnliche menschliche Erfahrungen" (UME) als solche Erfahrungen, die *von den Betroffenen* als "ungewöhnlich", "rätselhaft", "unerklärlich" bzw. als nicht in die Erfahrungswelt des Alltags einordenbar erlebt werden. Es spielt dabei keine Rolle, ob sie nach gründlicher wissenschaftlicher Untersuchung konventionell erklärt werden können oder nicht. Spontane Paranormale Erfahrungen (SPE) - im engeren Sinne - sind Erlebnisse, die mit Außersinnlicher Wahrnehmung (ASW) (also Telepathie, Hellsehen und Präkognition) oder Psychokinese (PK) klassifiziert werden. Hierbei spielt es ebenfalls keine Rolle, ob ASW und PK letztendlich auf dem gegenwärtigen Stand der Naturwissenschaft erklärt werden kann oder ob hier neuartige Phänomen oder Effekte eine Rolle spielen. Die Feststellung von Täuschung oder gar Betrug wäre in diesem Sinne eine konventionelle Erklärung (vgl. Bauer & Lucadou 1995). In der Bevölkerung werden diese Unterscheidungen im Allgemeinen nicht getroffen.

Die "Parapsychologische Beratungsstelle" in Freiburg verfügt über ein umfangreiches Berichtmaterial von Betroffenen, das deutlich macht, dass hier eine spezifische Beratung notwendig ist. Leider werden die spontanen paranormalen Erfahrungen oft als Anzeichen für eine psychische Störung oder Erkrankung fehlinterpretiert, was in der Regel zu massiven Beratungs- und Therapiefehlern führt. Andererseits haben in den letzten Jahren psychische Störungen, die durch Psychokulte oder unseriöse Lebenshilfeangebote hervorgerufen werden, drastisch zugenommen.

Die "Parapsychologische Beratungsstelle" in Freiburg

Die "Wissenschaftliche Gesellschaft zur Förderung der Parapsychologie e.V." (WGFP), der etwa 40 Natur-, Human- und Sozialwissenschaftler sowie Mediziner angehören, hat seit 1.1.1989 eine "Parapsychologische Beratungsstelle" in Freiburg eingerichtet. Mit dieser Beratungsstelle soll - als soziale Dienstleistung - die Möglichkeit geschaffen werden, ein Beratungs- und Informationsangebot auf dem Gebiet der Parapsychologie zur Verfügung zu stellen. Es geht dabei vor allem um eine sachgerechte Aufklärung und Information über die epidemieartig um sich greifende unkritische Beschäftigung mit Okkultismus - Stichwort: "Esoterik/New Age" - und okkulten Praktiken vor allem unter Jugendlichen, sowie um Menschen, die ungewöhnliche Erfahrungen gemacht haben. Die Beratungsstelle arbeitet mit klinischen Psychologen, Medizinern, Psychotherapeuten und psychiatrischen Stellen aber auch mit Schulen, Fachhochschulen, Universitäten und anderen Fortbildungseinrichtungen aus der ganzen Bundesrepublik zusammen.

Gegenwärtig werden in der "Parapsychologischen Beratungsstelle" in Freiburg jährlich etwa 3000 Beratungs- und Informationsanfragen bearbeitet.

Zur Bezeichnung "Parapsychologische Beratungsstelle"

Aufgabe der Parapsychologie ist es, die umstrittenen Phänomene der "Außersinnlichen Wahrnehmung" (Telepathie, Hellsehen und Präkognition) sowie "Psychokinese" kritisch mit wissenschaftlichen Methoden auf ihren Tatsachengehalt zu untersuchen (vgl. Bauer & Lucadou 1988). Hierzu ist ein interdisziplinäres Vorgehen erforderlich. Eine akademische Einbindung des Faches in der Bundesrepublik Deutschland ist derzeit nicht mehr vorhanden und steht in unübersehbaren Kontrast zu dem weitverbreiteten Interesse der Bevölkerung an paranormalen Phänomenen. Aus dieser Situation ergeben sich im Wesentlichen drei negative Folgeerscheinungen:

1. Der Begriff "Parapsychologie", der 1889 von dem Philosophen und Psychologen Max Dessoir als eine emotionsfreie und wissenschaftlich neutrale Bezeichnung eingeführt worden war, wird durch eine Fülle unkritischer Literatur pseudowissenschaftlicher Art devalidiert.
2. Laien- und Amateur-Parapsychologen und Psychokulte geben oft unkritisch und ohne Sachverstand unzureichende oder falsche Informationen an die Bevölkerung weiter und führen unwissenschaftliche Experimente durch.

3. Eine zunehmende Konjunktur für selbsternannte "Medien", "Hellseher", "Wahrsager" usw. und für Psychokulte, die teils im guten Glauben handeln, teils bewusst kriminell die Sehnsüchte, Ängste und Hoffnungen von Teilen der Bevölkerung ausbeuten, irritiert die Öffentlichkeit und diskreditiert die wissenschaftliche Forschung auf diesem Gebiet.

Trotz des schlechten Images, welches das Wort "Parapsychologie" mittlerweile hat, wurde die Bezeichnung "Parapsychologische Beratungsstelle" gewählt, weil in der Bevölkerung ungewöhnliche Erlebnisse im Allgemeinen mit dem Begriff "Parapsychologie" in Verbindung gebracht werden und daher einer "Parapsychologischen Beratungsstelle" größeres Vertrauen entgegengebracht wird als anderen psychosozialen Beratungsstellen. Die Erfahrungen in der Beratungsstelle zeigen dies sehr deutlich.

Das spezifische Beratungsangebot der Beratungsstelle

Durch den mangelnden Informationsstand über die Ergebnisse wissenschaftlicher Parapsychologie bedingt, kleiden manche psychisch Kranke (aber zuweilen auch deren medizinische oder psychologische BetreuerInnen oder Bezugspersonen) ihre Erlebnisinhalte zunehmend in eine missverstandene, vermeintlich "parapsychologische" Terminologie ein. So wird von Personen, die an einer Wahnerkrankung leiden, heute häufiger zu hören sein, dass sie "telepathisch verfolgt" würden, während früher eher von "Beeinflussung durch Radarwellen" die Rede war. Merkwürdigerweise werden solche Patienten manchmal von psychiatrischen Stellen an die "Parapsychologische Beratungsstelle" verwiesen.

Viel häufiger ist dagegen, dass - ebenfalls wieder von Laien und Fachpersonal - ungewöhnliche menschliche Erfahrungen bzw. spontane paranormale Erfahrungen als Anzeichen für eine psychische Erkrankung fehlinterpretiert werden.

Allerdings steht bei der Beratung Betroffener der aufklärende, informierende Aspekt - im Sinne einer "positivistischen" Wissenschaftsauffassung - nicht notwendigerweise im Vordergrund. Ausgehend von neuesten Forschungsergebnissen der Parapsychologie (vgl. Lucadou 1990, 1991b, 1992, 1997b), wurde ein Beratungskonzept entwickelt, das weitgehend "ideologie-invariant" ist und es daher erlaubt, persönliche "Belief-Systeme" positiv in die Verarbeitung "paranormaler" Erfahrungen zu integrieren.

Bei diesem Beratungskonzept geht es vor allem darum, die systemtheoretische Struktur "paranormaler" und (damit verbundener) "normaler" psychologischer Prozesse in die Sprache der Betroffenen zu "übersetzen", um diesen die Möglichkeit zu geben, die Vorgänge von ihrem Standpunkt aus zu verstehen und sich schließlich selbst zu helfen. Dabei können durchaus praktische Ratschläge gegeben werden, z.B. wie Spuk-Phänomene zum Verschwinden gebracht werden können oder wie man mit "spiritistischen Botschaften" umgeht (s.u.).

Beratung soll keine "kleine Therapie" sein, die den Klienten "manipuliert", sondern sie soll ihm oder ihr die Möglichkeit geben, aus eigener Kraft selbst zu agieren. Damit kann allerdings auch Prävention von negativen Entwicklungen gemeint sein. Aus diesem Grunde sollte Beratung selbst keine ideologischen Ziele beinhalten, da diese vom Klienten selbst definiert werden müssen.

Man könnte die Arbeit der "Parapsychologischen Beratungsstelle" am ehesten mit einer Verbraucherberatung vergleichen. Vor allem zeichnet sie sich durch ihre Multi- und Interdisziplinarität aus und stellt besondere Anforderungen an Beraterin oder Berater. Angesichts heutiger Ausbildungsgänge stellt das Vermeiden einer "disziplinären Matrix" - umgangssprachlich: "Fachidiotentum" - eine schwierige Hürde für Beratung bei ungewöhnlichen menschlichen Erfahrungen dar. Nur wenn diese überwunden wird, kann eine adäquate Einschätzung der fachspezifischen Relevanz vorhandener Probleme durch den Berater gelingen. Schlagendes Beispiel: Ein Psychologe ohne technisch-physikalische Kenntnisse würde nie auf die Idee kommen, dass einer "Geisterstimme aus dem Teekessel" keine Halluzination, sondern Radioempfang mittels aufeinanderliegender Metallplatten zugrunde liegt.

Gespenster und Spuk - typische Beratungsfälle

Die Vorstellung von "Gespenstern" gilt gemeinhin als Ausdruck rückständiger, abergläubischer oder gar antiwissenschaftlicher Irrationalität, übt aber offenbar eine eigentümliche Faszination auf viele Menschen aus. Anders wäre es nicht zu erklären, dass Gespenster- und Gruselgeschichten oder -Filme zum festen Bestandteil der Unterhaltungsindustrie geworden sind. Spricht man mit Betroffenen, so stellt man allerdings schnell fest, dass es bei diesen Erlebnissen nicht um "Unterhaltsames" geht.

Hören wir hierzu den Bericht eines Schweizer Rechtsanwaltes und Nationalrats, Melchior Joller, der im Jahre 1882 von rätselhaften Geschehnissen in seinem Wohnhaus in Stans am Vierwaldstätter See heimgesucht wurde und die er in einem kleinen Büchlein (Joller 1883) festgehalten hat. Hier ein typischer Ausschnitt:

"Schon während der Nacht ließ sich ein lautes Poltern im Hause vernehmen. Durch den morgen polterte es bald da, bald dort an Dielen und Wänden. Es war heller Sonnenschein, ungefähr um neun Uhr war die Stube aufgeräumt, in der Mitte stand wie gewöhnlich der nussbaumene Tisch von oben nach unten an den Wänden Sessel und Kanapee. So alles geordnet verließ ich das Zimmer mit Frau und zwei Kindern, die übrigen waren abwesend, und wollte sie, die sich sehr fürchteten, in die oberen Zimmer geleiten. Das Dienstmädchen war in der Küche beschäftigt. Auf der Stiege hörten wir an der Wand des oberen Ganges ein rasches Klopfen mit tanzenden Bewegungen. Aufmerksam gemacht auf ein Geräusch in der Stube sprangen wir anderen zur Türe zurück, die ich nie aus dem Auge verloren hatte und an derselben einen Augenblick lauschend vernahmen wir ein Geräusch, als ob eine Gesellschaft von mehreren Personen in Socken herumtanzen würde. Rasch die Türe geöffnet, war es mausstill. Der schwere Tisch lag der Länge nach gegen die Türe, das Unterste zuoberst, ebenso links zwei und vorne in der Stube zwei Stühle nebst dem Tabouret vor dem Canapé. Wir trauten kaum unseren Sinnen. Es mochte seit unserer Entfernung aus der Stube vielleicht eine Minute verstrichen sein."

Soweit Melchior Joller in seinem Buch: "Darstellung selbsterlebter mystischer Erscheinungen". (Joller 1863). Der Fall ist bis heute ungeklärt, das Haus ist bis dato noch vorhanden und es hat darin seit dem fluchtartigen Wegzug der Familie Joller auch nicht mehr gespukt. Man könnte die Geschichte vielleicht als Schabernack oder Wahnvorstellung abtun, wenn es nicht hunderte von Vergleichsfällen gäbe, in denen es nicht weniger irritierend zugeht.

Eine 78 jährige Großmutter berichtet Folgendes in einem Brief an die "Parapsychologische Beratungsstelle" über ihre 13 jährige Enkelin Alexandra:

"Im Hausflur beobachtete Alexandra, dass die Klapptüre zum Speicher offen war, die versehentlich nicht hochgeschoben war. Oben im Speicher hörten wir ein lautes Geräusch. Alexandra und ich versuchten mit aller Kraft die Klappe hochzudrücken, aber wir schafften es nicht. Als ich meinen Mann zur Hilfe holte, war die Klappe bereits zu. Wir saßen anschließend noch eine zeitlang in der unteren Wohnung und hörten plötzlich, dass oben im Bad das Wasser lief. Dann gingen wir hoch und sahen, dass der Schlauch mit dem Duschstrahler aus der Badewanne heraushing und eine große Wasserlache auf dem Boden war. Nachdem wir die Sauerei beseitigt hatten, wollten wir ins Bett gehen. Als wir die Steppdecke hochhielten sahen wir größere nasse Flecken an den Leintüchern beider Betten. Aber, o Gott, unter den Leintüchern waren die Unterbetten, ja sogar teilweise die Matratzen, durchnässt. Eine leere Weichspülerflasche, sowie eine leere Febreze und eine leere Glasreinigerflasche standen im oberen Flur. Diese Flaschen waren vorher halber bis dreiviertel gefüllt. Außerdem war eine Flasche mit braunem Haarfestiger im Flur versprüht. Die Stimme sagte 'der Katzenklo' und ich roch, auf einmal drehte sich der Klo und alles lag auf dem Boden. Die Stimme sagte dann, ich habe der Katze die Ohren abgeschnitten. Aber das war nicht der Fall, die Katze war nur ganz nass. Auf einmal sah es aus, als ob jemand Wasser über das Telefon leerte, gleichzeitig flog das Telefon von dem Schränkchen auf den Boden, als ob es jemand heruntergestoßen hätte und es war triefend nass. Das Deckchen auf dem Schränkchen war ebenfalls ganz nass. Auf einmal warf jemand eine ganze Schachtel Reißnägel in der Gegend herum. Mein Mann hatte Schlafmittel genommen, deshalb rief ich per Telefon den Paten von Alexandra herbei. Das war gegen 2 Uhr nachts. Wir hatten viel Arbeit, bis alles notdürftig wieder sauber war. Als der Pate sich verabschiedet hatte, haben wir notdürftig ein Bett eingerichtet. Als wir uns hinlegen wollten, merkten wir, dass unter dem Leintuch auf das wir uns legen wollten ca. 30 Reißnägel verstreut lagen. Die Stimme sagte: 'Alexandra ich schneide dir deine Haare ab.' Alexandra sagte darauf: 'Das lass ja bleiben.' Darauf hörte ich bei der Türe eine Schere fallen. Da Alexandra Durst hatte, stellte Alexandra eine Flasche mit Fruchtsaft neben ihr provisorisches Lager. Aber da sie nach den Vorkommnissen Angst hatte, stellte sie die Flasche ein stückweit von sich weg. Alexandra sagte, Oma hol mir die Flasche, ich habe Durst. Sie trank dann einen Schluck und sagte gleich, es brennt mich sehr im Hals. Ich roch in die Flasche hinein und merkte, dass sich in dem Getränk ein scharfes Mittel befand. Da ich annahm, dass alles vom Nachbarsjungen gemacht wird, sagte ich: 'Du bist kriminell, du gehörst in eine Erziehungsanstalt.' Im gleichen Moment fiel die Flasche auseinander in viele Stücke und der ganze Inhalt floss auf den Boden. Ich rannte schnell ins untere Stockwerk und holte einen kleinen Löffel um von der Flüssigkeit etwas aufzufangen, damit man die Flüssigkeit analysieren könnte. Aber als ich nach oben kam, war alles aufgewischt und die Scherben waren zusammengemacht in einem Leintuch. Darauf war der ganze Spuk für diese Nacht vorbei. Alexandra schlief ein, aber ich konnte keine Minute schlafen."

Zu erwähnen sei im letzten Fall, dass sich die Großmutter zweimal hat psychiatrisch untersuchen lassen, weil sie nicht glauben konnte, was sie da erlebt hatte. Sie wollte überprüfen lassen, ob sie an einer Psychose erkrankt sei. Die Untersuchungen ergaben keinen psychiatrischen Befund.

Versucht man diesen "Verstoß gegen den gesunden Menschenverstand und den guten Geschmack" (Moser 1977) ernst zu nehmen, so drängt sich sofort die

Vorstellung auf, dass diese Form von ungewöhnlicher menschlicher Erfahring sich jedenfalls nicht so leicht mit den gängigen Methoden der Natur-, Human- und Sozialwissenschaften wird erklären lassen können. Dennoch wäre es verkehrt anzunehmen, dass sich solche Erfahrungen per se einer wissenschaftlichen Untersuchung entzögen (vgl. Lucadou 2000).

Vermutungen und die Folgen

Fragt man die Betroffenen nach ihren eigenen Vermutungen zu ihren Erlebnissen, so stellt man fest, dass eine Art "doppelter Buchführung" besteht. Es werden fast immer zunächst solche Vermutungen geäußert, die gewissermaßen "politisch korrekt sind" und wo man den Eindruck bekommt, dass die Betroffenen selbst nicht annehmen, dass ihre Erlebnisse real waren (sh. Tabelle Punkte 1. bis 4.). Zunächst erscheint es erstaunlich, dass die Betroffenen selbst häufig schon nach kurzer Zeit an der Realität ihrer Erlebnisse zweifeln (1.), sie als Zufall (2.) oder Täuschung (3.) abtun und sie auf diese Weise zu verdrängen suchen. Angesichts der Ungewöhnlichkeit der Erlebnisse ist eine solche "Wahrnehmungsabwehr" oder eine "Rationalisierung" durch die Annahme von Fremd- oder unbewusster Eigenmanipulation (4.) oder der Annahme, selbst einer Art selektiver Wahrnehmung (5.) zum Opfer gefallen zu sein, nur zu verständlich.

Meist wird aber zusätzlich und aller Verdrängung zum Trotz eine andere "inoffizielle" Sicht der Dinge angenommen, die man allerdings meist nur erfährt, wenn die Betroffenen spüren, dass man in der Lage ist, sich vorurteilsfrei mit ihren Erlebnissen auseinander zusetzen (Tabelle Punkte 6. - 10.).

Tabelle:
Vermutungen zu Ungewöhnlichen Menschlichen Erfahrungen

1. Bericht ist unwahr
2. Zufall (Aberglaube)
3. Täuschung (illusionäre Verkennung)
4. Bewusste oder unbewusste Manipulation
5. Selektive Wahrnehmung
6. Verletzung der Naturgesetze (extra naturam)
7. Engel, Dämonen, Teufel (spirituelle Wesen)
8. Seelen Verstorbener (Spiritismus)
9. Telepathie, Hellsehen, Präkognition, Psychokinese
10. Neuartige physikalische Wechselwirkung oder Dimension

Walter von Lucadou

Unerwartete oder ungewohnte und offenbar nicht einzuordnende Erlebnisse bewirken meist eine affektive Erschütterung, sie lassen bei den Betroffenen Zweifel an ihrer psychischen Gesundheit aufkommen. Daraus ergibt sich, dass häufig solche Menschen mit extremen Ängsten reagieren, die sich allzu sehr auf gewohnte Realitätskonstrukte verlassen haben, sich selbst als "realistisch" bezeichnen und nicht den geringsten Zweifel an ihrer eigenen Wahrnehmung haben. Menschen, die offen für Unerwartetes und zu einer gesunden Selbstkritik fähig sind, können offenbar adäquater mit solchen Situationen umgehen.

Durch den erlebten "Zusammenbruch der Realität" kommt es zu einer für viele Menschen kaum ertragbaren "Angst vor Kontrollverlust": Dies ist die Angst, jederzeit könne "Unausdenkbares" passieren, ohne dass man darauf angemessen reagieren könne. In extremen Fällen kann es zu einem "Verlust des Urvertrauens" kommen: Der Betroffene verfällt in eine Art depressiver Lethargie, weil ihm nichts mehr sicher erscheint. Aber auch bei einer weniger extremen Reaktion kommt es im Allgemeinen in der Folge von ungewöhnlichen menschlichen Erfahrungen zur "okkulten Umorientierung", die fälschlicherweise von Außenstehenden als Realitätsverlust angesehen wird. Dabei versucht der Betroffene durchaus ein neues Realitätskonstrukt zu entwerfen, welches mit seinen Erfahrungen übereinstimmt z.B. durch die Annahme, es gäbe tatsächlich Gespenster und "hinter der Realität" würde sich eine zweite "feinstoffliche Welt" auftun (vgl. Prince 1930). Da die angebotenen alternativen Realitätskonstrukte meist fundamentalen Charakter haben, kommt es zu einer "Generalisierung" des Problems: Nicht nur die erlebte Situation ist "anomal" sondern alle Lebensbereiche werden neu interpretiert und bewertet. Meist kommt es auch zu einer Uminterpretierung der eigenen Vergangenheit: Harmlose Zufälle werden plötzlich zu Schicksalsfügungen, schlecht erinnerte Träume zu mystischen oder magischen Erlebnissen mit "Geistwesen" oder "Gespenstern".

Wenn die verwendeten Realitätskonzepte inadäquat sind, kommt es zu einem Verkennen der eigentlichen Wirkungszusammenhänge. Ich möchte dies als "Maskierungseffekt" bezeichnen (Lucadou 1994). So wurde im obigen Beispiel angenommen, dass der Nachbarsjunge mittels "elektronischer Geräte" die Vorkommnisse bewirkt habe, es können aber - je nach System - auch "Dämonen" oder der "Teufel" sein, die "die Hand im Spiel" haben. Hier erzeugt die "Omnipotenz des verborgenen Verursachers" natürlich zusätzliche, kaum zu bewältigende Ängste.

Allerdings ist nicht auszuschließen, dass die Maskierung der eigentlichen Ursache auch einen entlastenden und sogar therapeutischen Effekt haben kann. Manchen Menschen ist es offenbar lieber, wenn "der Teufel" hinter ihnen her ist, was ja - in gewisser Weise - eine Aufwertung bedeutet, als sich mit alltäglichen und oft banalen Lebensproblemen auseinander setzten zu müssen. In der klinischen Psychologie sind solche "zudeckenden" Methoden durchaus bekannt.

Problematisch wird das Verfahren erst, wenn sich aus der Maskierung neue Probleme ergeben, wenn z.B. das Gefühl der "Externalität" entsteht, dies ist die Vorstellung, dass das einzelne Individuum nur "ein winziges Rädchen im Getriebe" sei, für dessen Wohl und Wehe andere mächtigere Personen oder "Mächte" zuständig sind (Rotters "locus of control", 1966). Externalität ist häufig mit dem Gefühl der Machtlosigkeit, Unfreiheit und Depressivität verbunden. Das eigene Schicksal wird als unabänderlich angesehen, jede eigene Initiative weicht dem beklemmenden Gefühl der Vergeblichkeit. Externalität steigert sich manchmal zu regelrechten "Verfolgungsvorstellungen" (vgl. Lucadou 2003).

Es ist offensichtlich, dass eine eindeutige Zuordnung subjektiver Erfahrungen, die den gegenwärtig akzeptierten naturwissenschaftlichen Paradigmen zu widersprechen scheinen, zum Bereich des Paranormalen bzw. des Psychopathologischen im Einzelfall sehr schwierig sein kann und eine langjährige fachliche Erfahrung voraussetzt - so sind z.B. die im "DSM-IV" aufgeführten Klassifikationskategorien in dieser Hinsicht wenig brauchbar. Dennoch kann man sagen, dass ungewöhnliche menschliche Erfahrungen im Allgemeinen spontan und eher selten auftreten, psychopathologische Erfahrungen sich hingegen durch ihre eigentümliche Persistenz auszeichnen.

Forschungsergebnisse der Parapsychologie

Seit mehr als hundert Jahren untersucht die Parapsychologie die Frage, ob es denn möglich sei, dass der Mensch über die bisher bekannten Sinne hinaus über einen weiteren "Informationskanal" verfügt, mit dem er auf "außersinnliche" Weise etwas über große Entfernungen hinweg oder gar in die Zukunft hinein erfahren kann - vorläufig als "Außersinnliche Wahrnehmung" (ASW) bezeichnet. Oder ob er über eine rätselhafte Kraft des "Geistes über die Materie", der "Psychokinese" (PK) verfügt, mit der er "magische" Wirkungen hervorbringen kann - eine Vorstellung, mit der die oben geschilderten Beispiele von ungewöhnliche menschliche Erfahrungen "erklärt" werden könnten (Punkt 9 in Tabelle 1) ohne auf die "Gespensterhypothese" zurückgreifen zu müssen.

Es ist natürlich verständlich, dass Berichte, wie die obigen, auch bei gründlichster Recherche nicht ausreichen, um ein behauptetes, neuartiges Phänomen wissenschaftlich zu beweisen. Es scheint auch offensichtlich, dass solche Erlebnisse nicht ohne Weiteres experimentell erzeugt werden können, und darum ist es auch nicht verwunderlich, dass es der Parapsychologie bisher nicht gelungen ist, diese hypothetischen Phänomene über jeden Zweifel so nachzuweisen, wie man nachweisen kann, dass der Mensch sehen, hören, riechen, schmecken oder tasten kann. Dennoch ist es gelungen, ASW und PK mit relativ einfachen Methoden in nüchternen, wiederholbaren Laborexperimenten zu untersuchen. Natürlich wird man nicht erwarten, dass es sich bei den gemessenen Effekten um spektakuläre Größenordnungen handelt, denn man weiß schließlich aus vielen psychologischen Untersuchungen, dass Laborexperimente lebensweltferne Situationen darstellen.

Aus diesem Grunde hat man in der Psychologie die Forderung nach Wiederholbarkeit im Experiment etwas abgewandelt und verlangt nur, dass ein behaupteter Effekt zumindest "robust" sein soll, um als wissenschaftliches Faktum anerkannt zu werden. "Robustheit" ist ein statistisches Maß, welches bei sogenannten "Metaanalysen" verwendet wird. Es gibt im Wesentlichen die Wahrscheinlichkeit dafür an, dass die durchgeführten Experimente den erwarteten Effekt wirklich enthalten (vgl. Radin, Nelson 1989, 2000) und es sich dabei nicht um Selektions- oder sonstige Artefakte handelt.

Es ist hier nicht der Platz, um ausführlich auf die Methoden und Ergebnisse der modernen wissenschaftlichen Parapsychologie einzugehen, dazu sei auf die Literatur verwiesen (vgl. Bauer & Lucadou 1988, Lucadou 1997b). Jedenfalls scheinen die neuesten Analysen dafür zu sprechen, dass die Operationalisierungen von ASW und PK in der Tat robuste Effekte aufweisen.

Bedeutet dies nun, dass damit die "ehernen Naturgesetze" bedroht sind oder dass "das Übernatürliche in unsere Welt hineinragt"? Die Frage hängt davon ab, wie man die experimentellen Ergebnisse der Parapsychologie interpretiert.

Bisher war die Vorstellung der meisten Wissenschaftler, dass ASW so etwas sei wie eine "Informationsübertragung", die nicht an die natürlichen Begrenzungen von Raum und Zeit gebunden ist, und PK eine Art "Kraft", die von einem Menschen "ausgehen" und physikalische Vorgänge "beeinflussen" kann.

Bisher haben die Experimente allerdings nicht zu zeigen vermocht, dass das Modell der "Informationsübertragung über Raum und Zeit hinweg" und der "PK-Kraft" überhaupt angenommen werden muss; es sieht viel eher so aus, als wären ASW und PK keine wirkliche "Informationsübertragung" oder "Kraft", sondern "nur" eine "Korrelation", die allerdings (in gewisser Weise und unter bestimmten Umständen) nicht von Raum und Zeit abhängt (vgl. Lucadou, Kornwachs 1982). ASW wäre danach also keine wirkliche Information, sondern nur ein "Eindruck", dessen Richtigkeit prinzipiell "erst hinterher" (mit einer "normalen" Informationsübertragung) festgestellt werden kann. PK wäre danach keine "Übertragung von Power", sondern eine sinnvolle Koinzidenz von einem (vielleicht seltenen) physikalischen Ereignis (z.b. einer Fluktuation) und einem psychischen Zustand einer Person. Solche Korrelationen sind jedoch im Bereich der Physik wohl vertraut und werden dort als "nichtlokale Korrelationen" bezeichnet; neu wäre dabei lediglich, dass sie nun auch im Bereich der Psychologie auftreten sollen (Lucadou 1991a).

Genauer wird dieser Sachverhalt durch das "Modell der Pragmatischen Information" (MPI) (vgl. Lucadou 1995a,b, 1997b) beschrieben. Es kann in zwei "Hauptsätzen" dargestellt werden:

1. Hauptsatz: Psi-Phänomene sind nichtlokale Korrelationen in psycho-physikalischen Systemen, die durch die pragmatische Information, die das (organisatorisch geschlossene) System erzeugt, induziert werden.

Eine der wichtigsten Annahmen des MPI besteht darin, dass selbstorganisierende psycho-physikalische Systeme in der Lage sind, organisch geschlossene Einheiten ("organizational closure") zu bilden. Das Phänomen der "organisierten Geschlossenheit" kann nach F. Varela (1981) geradezu zur Definition von lebenden Systemen benutzt werden. Gleichzeitig sind lebende Systeme nur in "thermodynamisch offenen Systemen" möglich. Die Kategorie von "Oberfläche" und "Austausch" ist also für die Beschreibung von Lebensvorgängen von fundamentaler Bedeutung. Dabei sind nichtlokale Korrelationen gleichzeitig Indizien und Konstituenten dieser Einheit. Die organische Geschlossenheit kann man sich - in Analogie zur Physik - wie die "Geschlossenheit" eines Atoms oder Moleküls, bzw. einer Zelle oder eines Individuums vorstellen. Dabei spielen zwar "klassische" Anziehungs-Kräfte durchaus eine wichtige konstituierende Rolle, die "Einheit" oder die Stabilität des Gebildes werden jedoch in erster Linie von "quantenmechanischen" Wechselwirkungen - den sog. "Austauschkräften" - erzeugt, die kein klassisches Analogon besitzen. Sie entsprechen phänomenologisch nichtlokalen Korrelationen.

Die Geschlossenheit des Systems drückt sich in der Quantentheorie durch Erhaltungsgrößen oder Symmetrien aus (z.B. Energieerhaltung, Drehimpulserhaltung usw.). Bei komplexen nichtklassischen Systemen spielt die "Pragmatische Information" die Rolle einer solchen Erhaltungsgröße (genauer: einer Wirkung). "Pragmatische Information" ist ein Maß für die "Bedeutung" einer Information für - oder genauer ein Maß für die "Wirkung" einer Information auf - ein System (vgl. Gernert 1985, Weizsäcker 1974). Daraus folgt, dass der Aufbau oder die Zerlegung eines organisiert geschlossenen Systems pragmatische Information "verbraucht" bzw. "erzeugt", um die nichtlokalen Korrelationen innerhalb des Systems "aufzubauen" bzw. "aufzulösen". "Psycho-physikalisch" sind aber alle diejenigen Systeme, für deren Beschreibung gleichermaßen die Sprache der Physik wie der Psychologie benötigt wird.

Eine nichtlokale Korrelation ist ein Zusammenhang zwischen Ereignissen, ohne dass dabei eine Informationsübertragung beteiligt wäre. Dies wird im zweiten Hauptsatz des MPI ausgedrückt:

2. *Hauptsatz:* Jeder Versuch, nichtlokale Korrelationen zur Signalübertragung zu verwenden, bringt diese zum Verschwinden oder ändert sie in unvorhersagbarer Weise.

Auf die "Verwertung" paranormaler Phänomene angewendet, heißt das klipp und klar: In dem Moment, wo man sich auf eine bestimmte "Technik" wirklich verlässt, funktioniert sie nicht oder es geschieht etwas anderes, als man erwartet. Das heißt nicht, dass es keine "paranormalen Phänomene" geben kann, nur kann man sich nicht auf sie verlassen, man kann sie nicht "erwarten" oder Forderungen damit verbinden. Die Vorgänge sind deshalb so trügerisch, weil die "Phänomene" sich nur so lange zeigen, wie man es nicht erwartet.

Die Phänomenologie des Spuks: 4 Phasen

Die üblichen, mit großer Ähnlichkeit wiederkehrenden Muster der Spukphänomene sollen hier nicht im Detail geschildert werden. Es genügt, auf die große Anzahl von Fallsammlungen zu verweisen (vgl. Bender 1977, 1979, 1980; Gauld & Cornell 1979; Huesmann & Schriver 1998, Moser 1977; Owen 1964; Roll 1977; Thurston 1955, 1956; Tizané 1951). Im Wesentlichen sind es (unerklärliche) Geräusche (Poltern), Bewegungen von Gegenständen mit eigenartigen Bewegungsabläufen, Verschwinden und Wiederauftauchen von Gegenständen aus verschlossenen Räumen oder Behältern usw. Die Ereignisse scheinen oft im räumlich-zeitlichen Zusammenhang mit einer meist jugendlichen Person, dem "Spukauslöser" oder "Spukagenten", zu stehen. Die umfassendste Untersuchung über die Vielfalt der berichteten Ereignisse gibt die oben erwähnte Analyse von 500 Spukfällen von Gauld & Cornell.

Bemerkenswert bei ihrer Analyse erscheint uns das Ergebnis, dass sich die Aussagen von Berichten, die aus erster Hand stammen, von solchen aus zweiter oder dritter Hand kaum unterscheiden. Entgegen der üblichen Annahme, dass solche Erzählungen, also Gerüchte, im Allgemeinen übertrieben sind, zeigt sich, dass hier weniger "massive" Phänomene berichtet werden als von den direkten Zeugen. Das scheint auf einen schon von F. Moser (1966) betonten sozialen Verdrängungsmechanismus hinzuweisen (Komplott des Totschweigens), der mit der Tabuisierung dieses Themas zusammenhängt und der sich auch in der oben erwähnten Wahrnehmungsabwehr zeigt.

Unserer Meinung nach sind es gerade solche (sozial-)psychologischen Aspekte und weitere strukturgesetzliche Zusammenhänge - wie wir sie nennen wollen -, die viel eher einen Anhaltspunkt für eine theoretische Beschreibung des Spukgeschehens liefern können als zu enges Haften an einzelnen Phänomenen, wie z. B. an der Frage nach der Klangcharakteristik einzelner Klopftöne oder der Frage des Energieverbrauchs bei einer Bewegung eines Gegenstandes. In diesem Sinne stellt F. Moser (1966) z.B. fest, dass der Spuk zeitlich und räumlich begrenzt sei; im Dunkeln scheine es mehr zu spuken als im Hellen; Spuk wirke selektiv "infizierend" auf die Umgebung und Objekte. (Roll 1977 nennt diesen Effekt "Fokussierungseffekt".) Die Phänomene treten hauptsächlich an bestimmten Stellen oder Klassen von Objekten auf und bleiben eine Zeitlang an ihnen "haften". So berichtet Bender (1977: 370), im Fall Nicklheim seien immer wieder die gleichen Gegenstände (Püppchen, Toilettenartikel) durch die Räume geflogen.

Der zeitliche Verlauf von Spukgeschehnissen weist ebenfalls typische Muster auf. Die Ereignisse beginnen im Allgemeinen überraschend und entwickeln sich dramatisch. Solange die Betroffenen dabei von äußeren Ursachen ausgehen, wie z. B. Schabernack von Unbekannten, Stromstöße in der elektrischen Anlage, Lecks in Leitungsrohren usw. werden die Phänomene immer massiver und zeigen eine deutliche "demonstrative" Erscheinungsform. Die Betroffenen werden zunehmend verunsichert und wenden sich hilfesuchend an ihre Umgebung, wie z. B. an Polizei, Feuerwehr oder technische Stellen. Dadurch wird die Aufmerksamkeit der Umgebung auf das Geschehen gelenkt. Es gibt oft eine Reihe guter, glaubwürdiger und unabhängiger Zeugen, die vollkommen ratlos über die Vorfälle sind. Wir wollen diese Phase die "Überraschungsphase" nennen.

Dann treten die ersten Vermutungen auf, dass es sich um etwas Außergewöhnliches handeln könnte. Dabei schalten sich dann im Allgemeinen auch die Massenmedien wie Presse, Rundfunk und Fernsehen ein. Je nach dem soziokulturellen Hintergrund werden Vermutungen wie Gespenster, Geister, Verstorbene, Hexerei, Spuk und Parapsychologie geäußert und erst dann haben im

Walter von Lucadou

Allgemeinen Wissenschaftler die Möglichkeit, sich mit dem Fall zu befassen. Meist werden schon in dem Stadium der Vermutungen die Phänomene einer oder mehreren Personen zugeordnet und die allgemeine Ratlosigkeit und Verängstigung kann sich in ein neugieriges Interesse wandeln. Wir wollen diese Phase als "Verschiebungs"- oder "Displacement"-Phase bezeichnen.

Die Betroffenen werden von sensationshungrigen Journalisten und selbsternannten "Parapsychologen" oder "Exorzisten" heimgesucht, und zu dem neugierigen Interesse der Umgebung kommt ein sich mehr und mehr verstärkender Erwartungsdruck, die Phänomene, die immer noch lebhaft von den anfänglichen Zeugen bestätigt werden, zu "produzieren". In dem Maße, wie dieser Erwartungsdruck steigt - oft auch von den angereisten Forschern erzeugt -, nehmen die Phänomene ab. Diese Phase soll als "Absinkungs"- oder "Decline"-Phase bezeichnet werden.

Immer häufiger verlassen Besucher, die auf Sensationen aus waren, enttäuscht den Ort des Geschehens. Meistens wird in dieser Phase die spukauslösende Person bei Manipulationen oder Betrug ertappt. Bender pflegte im persönlichen Gespräch darauf hinzuweisen, dass es in dieser Phase aufgrund seiner Erfahrung praktisch in allen Fällen zu Manipulationen komme oder diese nicht mehr mit Sicherheit ausgeschlossen werden können, weil die Phänomene nur noch selten oder in unübersichtlichen Situationen bzw. in unmittelbarer Umgebung der auslösenden Person auftreten.

Danach beginnt die letzte Phase des Spukgeschehens. Der Betrugsverdacht wird mehr oder weniger offen ausgesprochen, Beteiligte und Zeugen werden oft von den Massenmedien diskriminiert und lächerlich gemacht, Zeugen ziehen unter Umständen ihre frühere Aussagen (vor Gericht) zurück; Entlarvungsartikel werden publiziert (vgl. Bender & Mischo 1978). Der soziale Verdrängungsmechanismus - "das Komplott des Totschweigens" (Moser 1977) - hat begonnen.

Zur psychologischen Charakterisierung der Spukphänomene ist der von Bender in seinen Publikationen immer wieder betonte Schabernack-Charakter der Spukphänomene hervorzuheben. Ihr Bedeutungscharakter ist aggressiv, regressiv, oft atavistisch. In diesem Zusammenhang ist auch die psychodiagnostische Untersuchung am Spukagenten interessant. Mischo (1970) berichtet eine Reihe von Gemeinsamkeiten: aktuelle Konflikte, psychische Labilität, hohe kurzfristige Erregbarkeit und geringe Frustrationstoleranz. Der weitverbreiteten Ansicht, dass die Fokusperson oft an pathologischen Erscheinungsformen hysterischer, epileptischer oder schizophrener Genese leiden (vgl. Roll 1977), wurde in einer von Taboas & Alvarado (1981) vorgelegten Studie heftig widersprochen. Tatsächlich gibt es eine Reihe von Fällen, wo die Spukauslöser keineswegs krank sind, sondern im Gegenteil eine ausgesprochene körperliche Vitalität zeigen, so dass man vermuten könnte, dass die betreffenden Ereignisse "anstelle von" psychosomatischen Reaktionen auftreten. Außerdem kann eine auffällige "Dissoziationsbereitschaft" der Fokusperson festgestellt werden.

Auch ein magisches Weltbild kann hilfreich sein

Obwohl mit den Erkenntnissen der modernen wissenschaftlichen Parapsychologie allen Geistern, Gespenstern, Verhexungen, Verwünschungen, Verfluchungen und Anwendungen "Psychischer Power" der Boden entzogen ist, feiern gegenwärtig gerade diese Vorstellungen in der Öffentlichkeit fröhliche Urständ. Die "Praxen" von "Astrologen", "Geistheilern", "Hellsehern" und "magischen Partnerschaftsvermittlern" haben Hochkonjunktur. Irren sich diese Menschen alle, oder kann man diese Renaissance des Magischen verstehen?

Tatsächlich ergeben sich aus den oben dargestellten Forschungsresultaten der Parapsychologie gute Gründe, weshalb die dargestellten Beschreibungsbilder paradoxerweise scheinbar erfolgreich sind.

Die anthropomorphen Beschreibungsbilder des Paranormalen sind aus unserer Sicht (vgl. Lucadou 1995a,b, 2002) "Pseudo-Erklärungen"; sie scheinen die Situation richtig zu beschreiben. Dies erklärt, weshalb viele Klienten, die bei einem Magier oder Hellseher waren, zunächst tief beeindruckt von dessen "Fähigkeiten" sind. Gerade skeptisch eingestellte Personen sind oft viel mehr verunsichert, manchmal regelrecht erschüttert. Daraus sollte man allerdings nicht den Schluss ziehen, dass manche Menschen tatsächlich "übernatürliche Fähigkeiten" haben.

Im oben geschilderten Modell wird der "magische" Zusammenhang (die nichtlokale Korrelation) durch eine vielschichtige Interaktion zwischen dem Anbieter und dem Klienten erzeugt. Es entsteht dabei eine Art "organischer Verbindung" zwischen beiden. Ein Zeichen hierfür sind die "hellseherischen Eindrücke", die der Hellseher bekommt. Er kann aber mit diesen Eindrücken zunächst nichts anfangen. Er kann durch nichts in der Welt feststellen, ob sie reine Phantasie sind, ob sie z.B. aus dem Unbewussten des Klienten stammen oder ob sie möglicherweise objektiv zutreffen. Da natürlich der Klient im Allgemeinen darüber Bescheid weiß, was er in der Vergangenheit erlebt hat oder "wo ihn der Schuh drückt", ist es kein Wunder, wenn er die flüchtigen "Wahrnehmungen" oder "Wirkungen" des Anbieters bestätigen und interpretieren kann. Dadurch entsteht bei beiden die Vorstellung von der Wirksamkeit parapsychologischer Phänomene. Dies erklärt die emotionale Erschütterung, die viele Klienten und "Opfer" erfahren, vor allem diejenigen, die nicht damit rechnen, dass es solche nichtlokalen Zusammenhänge geben könnte.

Das magische "Ritual" hat dabei eine wichtige Funktion (vgl. Lucadou 1997a). Es dient als "Träger" der "organischen Verbindung". Da jedenfalls zu Beginn nicht damit gerechnet wird, dass die zugrunde gelegten "parapsychologischen Vorstellungen" wirklich funktionieren, sind auch keine Erwartungen damit verbunden. Sie dienen lediglich als "Projektionsfläche" für die Wünsche der Beteiligten. Dies sind aber gerade die Voraussetzungen für das Entstehen nichtlokaler Korrelationen.

Allerdings "funktionieren" die "paranormalen Fähigkeiten" nach diesem Modell so lange, wie es "nicht darauf ankommt", bzw. solange man keine "echte" Wirkung braucht - solange man sich gewissermaßen in der "Testphase" befindet. Hierbei wird die nichtlokale Korrelation - also der festgestellte Zusammenhang - ja nicht als "Wirkung" oder "Signal" verwendet, sondern nur registriert. In der "Anwendungsphase" soll aber die nichtlokale Korrelation gerade zuverlässig verwendet werden. Bildlich gesprochen wird sie dabei "überfrachtet" und "bricht zusammen" (vgl. Lucadou 2002).

Gefahren magischer Fehlattribution

In der Praxis stellt sich heraus, dass das Modell ziemlich genau das wiedergibt, was Menschen wirklich erfahren, wenn sie zum Magier oder Hellseher gehen, aber auch das, was die "Anbieter" selbst berichten. Sehr anschaulich zeigt sich dies an folgendem Beispiel, das Bender (1971) berichtet: Ein Mann hatte eine Geldkassette mit 2000 DM Inhalt bei einer bekannten Familie deponiert, als in seiner Wohnung Reparaturen ausgeführt wurden. Als er sie zurücknahm, fehlte das Geld. Die Kriminalpolizei nahm sich der Sache ohne Ergebnis an. In seiner Not ging der Eigentümer der Kassette zu einem weit entfernt wohnenden Hellseher. Dieser empfing ihn, wie sich aus den Ermittlungsakten ergab, mit den Worten: "Sie kommen wegen einer Geldkassette, aus der ein hoher Geldbetrag abhanden gekommen ist." Der Klient war von der Allwissenheit des Wundermanns tief betroffen und wollte nun wissen, wer der Dieb sei. Der Hellseher beschrieb in Einzelheiten einen jungen Mann, den der Klient als den Sohn der Familie identifizierte. Er sagte: "Das habe ich immer vermutet. Nun weiß ich es." Es ist verständlich, dass er die Kriminalpolizei benachrichtigte und in seinem Wohnort über die Sache sprach. Die Familie konnte nachweisen, dass sich ihr Sohn während der ganzen Zeit, in der die Kassette in ihrem Haus war, im Ausland befand. Aufgrund dieses vollständigen Alibi-Nachweises erhob sie Klage wegen Verleumdung.

Was war geschehen? Der Hellseher hatte nur das wiedergegeben, was sein Klient insgeheim dachte. Da ein Hellseher nicht "hell" genug "sieht", um herauszufinden, woher seine "Eingebungen" stammen, kann er auch keine wirkliche Information liefern. Ob er Recht hat, lässt sich erst im Nachhinein feststellen - nur dann nützt es natürlich nicht mehr viel. Dabei spricht eigentlich nichts dagegen, in solchen Fällen einen Hellseher um Rat zu bitten, wo man durch eine einfache Überprüfung feststellen kann, ob er Recht hat oder nicht. Bei solchen konkreten Fragestellungen ist allerdings die "Erfolgsquote" von Hellsehern recht gering.

Da dieser Zusammenhang in gewisser Weise contraintuitiv ist - man würde ja erwarten, dass ein Hellseher, der erwiesenermaßen bei unwichtigen Dingen etwas "Richtiges" wahrnimmt, dies bei wirklich wichtigen Dingen auch kann - entsteht beim Klienten häufig ein regelrechtes "Suchtverhalten". Wenn der eine Hellseher versagt, wird nach einem besseren gesucht, ohne dass ein Erfolg prinzipiell in Frage gestellt wird. Häufig rufen Menschen in der Beratungsstelle an, um sich einen "staatlich geprüften Hellseher" empfehlen zu lassen - nachdem sie sich bereits davon überzeugt haben, dass es funktioniert.

Übel dabei ist, dass viele Anbieter die "paranormalen Wirkungen" nicht nur für ihre "Aufgabe" benützen, sondern nicht davor zurückschrecken, auch ihre Klienten damit einzuschüchtern. Das harmloseste dieser Art ist noch, wenn der Klient bei mangelndem Erfolg selbst dafür verantwortlich gemacht wird, nach dem Motto: Es konnte nicht funktionieren, weil der Klient zu skeptisch eingestellt ist. Tatsache ist, dass die meisten Klienten viel zu leichtgläubig sind und alles tun, damit die "Aktion" erfolgreich wird.

Außerdem muss Skepsis keineswegs zum Misserfolg führen, weil ja dann auch keine falschen Erwartungen eine Rolle spielen (siehe oben). Schlimmer wird es, wenn dem Klienten Schweigegebote auferlegt werden und ihm gedroht wird, dass "die Kräfte" sich gegen ihn wenden könnten, falls er Zweifel anmeldet oder mit der Bezahlung in Verzug ist (vgl. Lucadou 1991b).

Die Benutzeroberfläche der Angst: Interventionsansätze

Aus dem Geschilderten wird deutlich, dass die Vorstellung es gäbe paranormale Fähigkeiten, für die Betroffenen in gewisser Weise so etwas wie eine "Benutzeroberfläche" oder eine "Einkleidung" darstellt. Dies wird vor allem beim Spuk deutlich. Der Spuk als autonomes selbstorganisierendes System erscheint den Betroffenen wie das Wirken einer Person, eines "Geistes" oder "Gespenstes". Es handelt sich also im Wesentlichen um eine Anthropomorphisierung und Greifbarmachung komplexer autonomer selbstorganisierender Prozesse.

Dabei spielt "Komplexitätsreduktion" eine wichtige Rolle. Es kommt sicher nicht von ungefähr, dass z.b. okkulte Praktiken wie Pendeln oder Gläserrücken für Jugendliche so attraktiv sind, weil man nur ein Pendel braucht, um zu wissen, ob etwas gut ist oder schlecht, bzw. man nur ein umgedrehtes Glas braucht, um mit "den höchsten Mächten des Universums" oder mit den Geistern von verstorbenen Autoritäten in Verbindung zu treten.

Bei vernünftigen Interventionsverfahren geht es vor allem darum, die systemtheoretische Struktur "paranormaler" und (damit verbundener) "normaler" psychologischer Prozesse in die Sprache der Betroffenen zu "übersetzen", um diesen die Möglichkeit zu geben, die Vorgänge von ihrem Standpunkt aus zu verstehen und sich schließlich selbst zu helfen. Dabei können durchaus praktische Ratschläge gegeben werden, z.B. wie Spuk-Phänomene zum Verschwinden gebracht werden können oder wie man mit "spiritistischen Botschaften" umgeht. Dabei ist es nicht unbedingt nötig, den Betroffenen ihre "Geistervorstellung" auszureden, denn dies bedeutet in den meisten Fällen, dass für sie der Eindruck entsteht als würde man ihnen ihre Erlebnisse nicht abnehmen. Es ist aber unbedingt notwendig, die Eigenschaften von "Geistern" - also von selbstorganisierenden psycho-physikalischen Systemen - zu kennen, wenn man den Betroffenen wirklich helfen will.

Gespensterfurcht ist somit ein erster Ausgangspunkt zu einer therapeutischen Intervention, weil sie im Kern den Ansatz zur Benennung und somit zur Beschreibung und Behandlung enthält. Die namenlose überwältigende Angst vor dem Numinosen bietet diesen Ansatzpunkt nicht, sie ist strukturlos und bietet keine "Benutzeroberfläche".

Hans Bender hat mehrfach darauf hingewiesen, dass Spukgeschehnisse als unbewusste "Hilferufe" der Spukauslöser an ihre Mitmenschen verstanden werden müssen (vgl. Bender 1977). Der Vorteil der systemtheoretischen Betrachtungsweise besteht vor allem darin, dass es zunächst gar nicht notwendig ist, jedes einzelne Phänomen auf seine "Echtheit" zu untersuchen, denn die entscheidenden Interaktionen zwischen den Spukbeteiligten und ihren Beobachtern müssen nicht unbedingt "paranormal" sein.

Nach dem MPI kann man tatsächlich etwas gegen den Spuk unternehmen, sofern er nicht nach einiger Zeit von selbst aufhört (was übrigens recht oft der Fall ist).

Auf keinen Fall sollte man versuchen, einen Exorzismus oder eine Geisteraustreibung durch einen selbsternannten "Parapsychologen" oder "Magier" durchführen zu lassen. Dies wäre eine falsche Verwendung der "Benutzeroberfläche" Gespensterfurcht. Abgesehen davon, dass die Betroffenen ihr Geld für meist phantastisch hohe Honorare los sind, "kümmert" sich der Spuk im Allgemeinen überhaupt nicht um ein solches Verfahren, meist wird er danach noch "schlimmer". Der Exorzismus lenkt im Allgemeinen von den wahren Ursachen ab und verstärkt die oben erwähnte Externalisierung.

Es gibt aber zwei Methoden, die sich sehr bewährt haben. Ich möchte sie als "Aushungern" und als "Festbinden" bezeichnen.

Das "Aushungern" besteht darin, dass man dem Spuk keinerlei "Aufmerksamkeit mehr schenkt", denn hiervon "ernährt" er sich gewissermaßen. Gespenster "leben" von der Aufmerksamkeit, die man ihnen zollt. Dies bedeutet nicht, dass man sie verleugnen oder so tun sollte, als ob es sie nicht gäbe. Man sollte auch nicht versuchen sie zu "bekämpfen". "Keine Aufmerksamkeit schenken" heißt, dass man ihnen keine Bedeutung beimessen soll, sich also nicht mehr davor fürchten oder sein Handeln von ihnen bestimmen lassen soll. Es kann durchaus sein, dass der Spuk dann am Anfang etwas "wilder" wird, um die Aufmerksamkeit wieder herzustellen. Man soll sich davon nicht beeindrucken lassen - das ist freilich leichter gesagt als getan.

Das "Festbinden" ist aufwendiger: Es beinhaltet eine möglichst perfekte Dokumentation aller Vorkommnisse. Im Prinzip müsste man in jedem Raum eine Videokamera installieren, die jedes Vorkommnis aufzeichnet. Man wird feststellen, dass dann nichts mehr passiert. Je mehr man sich bemüht die Vorkommnisse zu objektivieren, umso weniger wird passieren. Natürlich sind diese beiden Methoden nicht ganz unabhängig voneinander, weil durch eine Dokumentation ja schon die Bedeutung, die der Spuk für einen hat, geändert wird. Statt sich davor zu fürchten, ist man nun an einer Untersuchung interessiert - oder anders ausgedrückt: "Gespenster sind beobachtungsscheu."

Schließlich muss man den Betroffenen - wenn möglich - klar machen, dass der Spuk immer etwas mit ihnen selbst zu tun hat (vgl. Lucadou, Poser 1997). Man kann auch ohne die oben dargelegten theoretischen Details den Betroffenen nahe bringen, dass seelische Probleme "ein gefundenes Fressen" für den Spuk sind und er oft geradezu wie ein "real gewordener Traum" erscheint. Die Betroffen sollten angehalten werden sich Fragen zu stellen wie: Was will der Spuk oder das Gespenst mir ganz persönlich sagen? Oder: Welches eigene Problem könnte es "widerspiegeln"? Wenn man das Gespenst in dieser Weise "verstanden" hat, ist es gewissermaßen "erlöst". In der Tat erleben viele Betroffene die "erlösten" Spuk-Geister als ihre Freunde und Helfer. In traditionellen Kulturen werden sie mit Respekt und Würde behandelt und kleine Geschenke sind durchaus angebracht.

Walter von Lucadou

Empfehlungen

Die paranormalen Phänomene haben sozusagen die inhärente Tendenz, den Beobachter in die Irre zu führen; sie werden nicht umsonst als spukhaft, schabernack- oder koboldartig erlebt und vor allem gerade deswegen auch gerne verdrängt. Verdrängung bewirkt aber oft eine Festigung der "belief"-Strukturen. Nur ein klares Verständnis der Zusammenhänge kann diesen "Teufelskreis" aus angsterzeugenden und angsterhaltenden Prozessen auflösen. Es liegen hier also ganz ähnliche Mechanismen zugrunde, wie sie schon C.G. Jung in seiner Theorie der "Komplexe" dargestellt hat. Daraus ergibt sich, dass bei der Betreuung von Problemfällen aus dem Bereich der Parapsychologie "Aufklärung" im üblichen Sinne nicht ausreicht. Mögliche Prävention oder notwendige Intervention muss der Komplexität und Vielschichtigkeit des Gegenstandes angemessen sein, wenn sie wirkungsvoll sein will.

Bei allen Maßnahmen, die darauf abzielen, das Verhalten, Empfinden und Denken anderer Menschen zu beeinflussen oder zu verändern, muss man sich über die gesteckten Ziele im klaren sein und sie auf ihre Legitimität prüfen. Dies gilt natürlich vor allem in einem so sensiblen Bereich wie der Parapsychologie, weil es sich hier nicht nur um einen gesellschaftlich tabuierten Bereich handelt, sondern weil die meisten Menschen grundlegende weltanschauliche und religiöse Ansichten damit verknüpfen. Hilfe kann und soll daher hier in erster Linie Hilfe zur Selbsthilfe bedeuten. Sie soll dem Abbau von Ängsten und Abhängigkeiten dienen, die von den Betroffenen selbst als leidvolle Beeinträchtigung erfahren werden. Bereits hier zeigt sich eine typische Ambivalenz okkulter Erfahrungen: Viele "Opfer" einer spontanen paranormalen Erfahrung (z.B. beim "Spuk") zeigen sich angesichts der Rätselhaftigkeit ihres Erlebens ratlos und verunsichert, gleichzeitig aber ziehen sie auch einen erheblichen psychischen Gewinn daraus: Die Tatsache, dass sie eine solche merkwürdige Begebenheit erleben konnten, enthebt sie gewissermaßen der Banalität des Alltags und gibt ihrem Leben oft sogar einen neuen Sinn: Sie stehen plötzlich im Zentrum des öffentlichen Interesses, Wissenschaftler reisen an, die Zeitungen berichten, usw. Viele "Hellseher", "Heiler", "Parapsychologen" oder "Esoteriker" verdanken ihren "Beruf" einem solchen "Initialerlebnis". Es ist sicher nicht notwendig hier korrigierend einzugreifen, solange nicht andere dadurch geschädigt werden.

Es ist von vornherein auch keineswegs gerechtfertigt, die heutige rationale naturwissenschaftliche Sicht, die sich die "Entzauberung des Okkulten" auf die Fahnen geschrieben hat, zum Maßstab allen Handels zu machen. Das sei an einem Beispiel erläutert: Eine Frau hatte ihre vierjährige Tochter durch einen tragischen Autounfall verloren, wobei das Kind und die Mutter keinerlei Schuld traf, weil der Autofahrer ein Ampelzeichen übersehen hatte. Dennoch war die Mutter von Schuldgefühlen geplagt. Schließlich geriet sie durch Bekannte unter den Einfluss von Spiritisten, die sich mit "Tonbandstimmen" beschäftigten und der verzweifelten Mutter einen "Kontakt" mit ihrer Tochter im Jenseits anboten. Bei der nun erfolgten "Tonbandeinspielung" erkannte die Frau zu ihrer tiefsten Erschütterung ganz deutlich die Stimme ihrer Tochter wieder, die ihr "aus dem Jenseits" Trost zusprach. Die Frau war einerseits beglückt über den "Kontakt" zu ihrer Tochter, andererseits war sie verunsichert, weil sie nicht wusste, ob sie sich richtig verhalten hatte. Es wäre nun nicht nur unsinnig, sondern auch herzlos, dieser Frau ihr Erlebnis als "wahrnehmungsphysiologischen Artefakt" darzustellen. In so einem Falle empfiehlt es sich vielmehr, die Menschen "dort abzuholen, wo sie sich befinden". Es ist sinnlos, einem überzeugten Spiritisten zu erklären, dass seine "Geister" "innerpsychische Repräsentationen kognitiver Strukturen" sind; man kann aber durchaus "spiritistisch" argumentieren, wenn man Fehlentwicklungen verhindern will, indem man sagt, dass die "Geister" es nicht "mögen", wenn man ihnen dauernd nachspürt. Ebenso ist es nicht unbedingt angebracht, Jugendlichen (und Erwachsenen), bei denen der Geisterglaube zum soziokulturellen Kontext gehört und die eine entsprechende "Erfahrung" gemacht haben, diesen Glauben ausreden zu wollen.

Dies heißt nicht, dass die Stärkung der Kritikfähigkeit und die Stabilisierung des Realitätssinnes bei den Betroffenen kein wichtiges Ziel wäre. Die Vermeidung jeglichen Dogmatismus ist aber vor allem deshalb erforderlich, weil eine Erweiterung eines zu naiven Selbst- und Fremdkonzeptes bei den Betroffenen nur durch eine Stärkung der Eigenverantwortlichkeit erreicht werden kann. In der Praxis hat es sich herausgestellt, dass die "Eingrenzung paranormaler Erlebnisse" ein wichtiges Teilziel beim Umgang mit dem Paranormalen darstellt. Paranormale Erlebnisse zeigen nämlich die Tendenz "auszustrahlen" und andere bisher nicht als paranormal erlebte Vorgänge zu "infizieren". Dies geht meist mit einer zunehmenden "Sensibilisierung" der Betroffenen einher, die schließlich zu einer zunehmenden "Mystifizierung" der Realitätswahrnehmung führen kann (s.o.).

Zur Erreichung dieser Ziele müssen eine ganze Reihe soziokultureller Randbedingungen berücksichtigt werden und zwar nicht nur diejenigen des Ratsuchenden, sondern auch die des Beraters. Es kann für die Betroffenen äußerst fatal sein, wenn sich der Berater über seinen eigenen Realitätsbegriff, seine eigene Sozialisation, seine eigenen weltanschaulichen, beruflichen und kulturellen Vorgaben und vor allem über seine eigenen emotionalen Reaktionen auf

Walter von Lucadou

paranormale Vorgänge nicht im klaren ist, weil die Beschäftigung mit dem Paranormalen in verschiedenen Kulturen einen total unterschiedlichen Stellenwert besitzt und dementsprechend akzeptiert oder abgelehnt wird. Das heißt nicht, dass der Berater oder die Beraterin eigene subjektive Reaktionen wie Angst oder Bestürzung verbergen müsste. Oft ist eine solche "menschliche Reaktion" für die Betroffenen viel glaubwürdiger, als wenn man den "totalen Durchblick" mimt, den man gar nicht haben kann.

Den meisten Betroffenen ist von vorneherein klar, dass es sich bei den Phänomenen der Parapsychologie um echte Rätsel handelt; was sie erwarten, ist viel weniger eine endgültige Antwort, als die Sicherheit, ernst genommen zu werden. Es ist auch vollkommen unangebracht, sachgerechte und informierte Aufklärung z.B. bei einer nachweislichen Fehleinschätzung der Betroffenen als einen "Sieg der Vernunft" über den "Irrationalismus" zu feiern. Eine genauere Betrachtung "okkulter oder magischer" Glaubenssysteme zeigt nämlich recht bald, dass diese keineswegs weniger "rational" (z.B. im Sinne von Max Weber) sind, als die naturwissenschaftlich geprägte Weltsicht. Sie sind lediglich weniger "intersubjektiv erfolgreich". (Aber selbst hier wären Zweifel angebracht, wenn man bedenkt, dass historisch gesehen "naive" animistische Kulturen über sehr lange Zeiträume hinweg auf dieser Erde erfolgreich im Einklang mit der Natur "gelebt" haben, wohingegen die "Beherrschung" der Natur durch unsere naturwissenschaftlich-technische Zivilisation möglicherweise nur noch von kurzer Dauer sein könnte.)

In einigen Fällen kann man geradezu davon sprechen, dass die "Verteufelung" des Paranormalen (z.B. bei Koch 1982) den "Teufel" erst beschworen hat. Ich würde daher dringend raten, jegliche Verteufelung zu vermeiden. Der "erhobene Zeigefinger" hilft hier überhaupt nicht, das heißt natürlich nicht, dass man Menschen zur "Geisterbeschwörung" ermutigen sollte, aber man wird nicht umhinkommen, sich in dieser Sache auf die "Ebene" der Betroffenen zu begeben. Dies ist durchaus persönlich und gewissermaßen existentiell gemeint. Wer nicht bereit ist, existentielle Fragen mit den Klienten zu diskutieren und persönlich Stellung zu beziehen (z.B. ob er persönlich an ein Leben nach dem Tode glaubt etc.), wird kaum eine Chance haben, die Betroffenen "zu erreichen".

So begrüßenswert es ist, dass heute im Allgemeinen die Behandlung des Themas Parapsychologie in der Öffentlichkeit (z.B. in den Massenmedien oder der Schule) kein Problem mehr darstellt (obwohl die Erlebnisse selbst noch tabuisiert sind), so ist doch davor zu warnen, das Thema Jugendlichen in der Schule "aufzudrängen". Zum einen könnte dies dazu führen, dass der Okkultismus bei

Jugendlichen eine unnötige "Aufwertung" erfährt, zum anderen könnte damit das "letzte Refugium" zerstört werden, wo sich Jugendliche mit eigenen psychischen Erfahrungen beschäftigen können, ohne dass sie befürchten müssen, dass daraus z.B. ein langweiliger Prüfungsstoff wird.

Aus alledem folgt für den Umgang mit dem Paranormalen, dass man vergeblich auf Pauschalrezepte hoffen wird, dass mit Verboten, Abqualifizierung oder "moralinsauren" Belehrungen nichts zu erreichen ist, außer das Gegenteil. Es gilt vielmehr mit persönlichem Engagement, viel Sachwissen und Toleranz die Motive und Bedürfnisse zu erkennen, die bei Jugendlichen und Erwachsenen zur Beschäftigung mit dem Okkultismus oder paranormalen Erlebnissen führt. Niemals sollte man allerdings versuchen, "den Teufel mit dem Belzebub" auszutreiben, auch wenn die Versuchung noch so groß ist. Will sagen: Jeder Rückgriff auf psychologische Tricks, um die Betroffenen zu beeindrucken oder sie von der "Stärke" der eigenen Auffassung zu überzeugen, ist fehl am Platze, weil so nur neue Abhängigkeiten entstehen. Es wäre also vollkommen falsch, einer quälenden Gespensterfurcht mit einem Bannungsritual oder einem Exorzismus beikommen zu wollen, auch wenn man erkennt, dass die betreffende Person genügend suggestibel ist, um mit dieser Methode Erfolg zu haben. Dies wäre eine Methode, wie sie von Scharlatanen geübt wird, zugegebenermaßen oft mit Erfolg - aber mit einem sehr zweifelhaften.

Tipps für die Praxis

- *Interesse zeigen*
Zuhören, Interesse zeigen! Keine voreiligen „Erklärungsmodelle" anbieten! Die Betroffenen haben sich meist wesentlich mehr überlegt, als man annimmt. Unwissenheit zugeben.

- *Die gleiche Sprache sprechen*
Berater hat die Aufgabe, als Übersetzer zu dienen.

- *Hintergrund erfragen*
Bei wahnhaft erscheinenden Selbstschilderungen den Hintergrund erfragen. Wurden okkulte Praktiken durchgeführt? - Gab es Kontakte zu Psychokulten? Massenmedien?

- *Nicht verblüffen lassen*
Sich nicht durch die Ungewöhnlichkeit der berichteten Erfahrungen verblüffen lassen. Für viele Menschen sind „übernatürliche Phänomene" Tatsachen (Einfluss der Massenmedien berücksichtigen).

Walter von Lucadou

- *Keine Instrumentalisierung*
Eigene einschlägige Erfahrungen, aber auch Vorurteile und Abwehr-
mechanismen berücksichtigen und eventuell eingestehen, aber sich nicht
instrumentalisieren lassen.
- *Keine Pauschalrezepte*
Kreative und vor allem praktische Lösungen suchen. Lösungen anbieten, „fin-
den lassen". Die „Sprache" der Betroffenen sprechen. Kein Abqualifizieren.
Information vor Beratung.
- *Schein und Wirklichkeit „paranormaler" Hilfeangebote*
Wie hell sehen Hellseher?
Was können Wunderheiler?
Helfen Exorzisten?
Kann man „Gegenmagie" machen?
- *Eigenaktivität stützen*
Eigenaktivität fördern, Betroffenen das Problem erforschen, Lösungen fin-
den lassen.
- *Praktische Fragen in der Vordergrund stellen.*
Hilfe zur Selbsthilfe: Kein „Gegenhypnose"!

Literatur

Bauer, E., Lucadou, W.v. 1988: "Parapsychologie". In: R. Asanger & G. Wenninger
    (Hrg.): Handwörterbuch Psychologie, 517-524. Verlags Union: München-Weinheim.
Bender, H. 1959: "Mediumistische Psychosen - Ein Beitrag zur Pathologie spiritisti-
    scher Praktiken", in: Zeitschrift für Parapsychologie und Grenzgebiete der Psycholo-
    gie II, Nr. 2/3, 1958/59, (S. 173-201).
Bender, H. 1971: Unser sechster Sinn. Stuttgart: Deutsche Verlags-Anstalt., S. 90.
Bender, H. 1977: "Neue Entwicklungen in der Spukforschung", in: Fanny Moser: Spuk,
    ein Rätsel der Menschheit. Olten, Freiburg i.Br.: Walter, S. 347-385.
Bender, H. 1979: "Die Gleichförmigkeit von "Spuk"-Mustern", in: Zeitschrift für
    Parapsychologie und Grenzgebiete der Psychologie 21: 133-139.
Bender, H. 1979: "Psychohygienische und forensische Aspekte der Parapsychologie",
    in: Condrau, G. (Hrg.): Die Psycholo-gie des 20. Jahrhunderts, Band XV. Zürich:
    Kindler 1979, (S. 651-672). Auch als Lizensausgabe unter dem Titel: Psychologie der
    Kultur, Band 2. Basel/Weinheim: Beltz 1982.
Bender, H. 1980: "Moderne Spukforschung - ein Plädoyer für eine vorurteilsfreie
    Forschung", in: Beloff, J. Hrsg.): Neue Wege der Parapsychologie. Olten, Freiburg
    i.Br.: Walter, S. 175-199.

Dessoir, M. 1889: "Die Parapsychologie", in: Sphinx 7, 341-344.

Gauld, A., Cornell, A.D. 1979: Poltergeists. London: Rout-ledge & Kegan Paul.

Gernert, D. 1985: "Measurement of pragmatic Information", in: Cognitive Systems 1: 169-176.

Herbert, N. 1987: "Quanten Realität. Jenseits der Neuen Physik". Birkhäuser, Basel, Boston.

Huesmann, M., Schriever, F. 1989: "Steckbrief des Spuks, Darstellung und Diskussion einer Sammlung von 54 RSPK-Bereich-ten des Freiburger Instituts für Grenzgebiete der Psychologie und Psychohygiene aus den Jahren 1947-1986", in: Zeitschrift für Parapsychologie und Grenzgebiete der Psychologie 31: 52-107.

Joller, M. 1883: Darstellung selbsterlebter mystischer Erscheinungen. Zürich: Fr. Hanke.

Koch, K.E. 1982: Seelsorge und Okkultismus. Brunnen: Basel.

Lucadou, W.v. 1990: "Was man nicht wiederholen kann - zum Problem der Replizierbarkeit bei Experimenten mit komple-xen Systemen", in: Zeitschrift für Parapsychologie und Grenzge-biete der Psychologie 32, 212-230.

Lucadou, W.v. 1991a: "Makroskopische Nichtlokalität", in: Kratky, K.W. (Hrg.): Systemische Perspektiven: interdiszipli-näre Beiträge zu Theorie und Praxis. Heidelberg: Carl Auer.

Lucadou, W.v. 1991b: "Wie hell sehen Hellseher?", in: Zeitschrift für Parapsychologie und Grenzgebiete der Psychologie 33, 237-249.

Lucadou, W.v. 1992: "Psyche und Chaos - Jugendliche im Umgang mit dem Okkulten", in: Nr. 16 der Schriftenreihe der Arbeitsgemeinschaft für Gefährdetenhilfe und Jugendschutz in der Erzdiözese Freiburg e.V. (AGJ), S. 5-42, AGJ-Verlag: Freiburg i.Br.

Lucadou, W.v. 1994: "Psychische Störungen durch Psychokulte", in: TW Neurologie Psychiatrie 8, 380-387.

Lucadou, W.v. 1995a: "Psyche und Chaos - Theorien der Parapsychologie", Insel, Frankfurt 1995.

Lucadou, W.v. 1995b: "The Modell of Pragmatic Information (MPI)", in: European Journal of Parapsychology 11: 58-75.

Lucadou, W.v. 1997a: "Magische und mythische Vorstellungen im Alltag - Erfahrungen einer parapsychologischen Beratungsstelle" in: Beiträge zur Integralen Weltsicht Vol. X, Jean Gebser Gesellschaft Schaffhausen (Hrg.), S. 19-44. Novalis Verlag: Schaff-hausen.

Lucadou, W.v. 1997b: "Psi-Phänomene", Insel Taschenbuch 2109, Inselverlag, Frank-furt a.M.

Lucadou, W.v. 2000: "Spuk", in: Syliva M. Schomburg-Scherff und Beatrix Heintze (Hrsg.) Die offenen Grenzen der Ethnologie. Lembeck, Frankfurt a.M. S. 219-230.

Lucadou, W.v. 2002: "Die Magie der Pseudomaschine", in: Wilfried Belschner, Joachim Galuska, Harald Walach, Edith Zundel (Hrg.): Transpersonale Forschung im Kontext. Oldenburg: Transpersonale Studien 5, Bibliotheks- und Informationssystem der Universität Oldenburg.

Lucadou, W.v. 2003: "Verhexung - Erfahrungen einer parapsychologischen Beratungs-stelle", erscheint im Sammelband: Walter Bruchhausen (Hrg.):"Hexerei und Krankheit" in der Reihe "Medizin und Kulturwissenschaft. Bonner Beiträge zur Geschichte, Anthropologie und Ethik der Medizin" LIT-Verlag, Münster 2003.

Lucadou, W.v., Kornwachs, K. 1982: "Psi und seine Grenzen", in: Zeitschrift für Parapsychologie und Grenzgebiete der Psy-chologie 24, 217-237.

Lucadou, W.v., Poser, M. 1997: "Geister sind auch nur Menschen", Herder/Spektrum, Band 4562, Freiburg.

Mischo, J. 1970: "Zur Persönlichkeitsstruktur psychokinetischer Medien", in: Zeit-schrift für Parapsychologie und Grenzgebiete 12: 19-25.

Mischo, J. 1991: Okkultismus bei Jugendlichen. Ergebnisse einer empirischen Untersu-chung. M. Grünewald-Verlag: Mainz und Stuttgart.

Moser, F. 1966: "Spuk in neuerer Sicht" (1950), in: Bender, H. (Hrsg.): Parapsycholo-gie. Darmstadt: Wissenschaftliche Buch-gesellschaft, S. 524-542.

Moser, F. 1977: Spuk - ein Rätsel der Menschheit. Olten, Freiburg i.Br. : Walter (Nachdruck des Werkes: Spuk - Irrglau-be oder Wahrglaube. Baden bei Zürich: Gyr 1950).

Owen, A.R.G. 1964: Can We Explain the Poltergeist? New York: Garrett Publications, 1964.

Prince, W.F. 1930: The enchanted boundary. Being a survey of negative reactions to claims of psychic phenomena, 1820-1930. Boston: Boston Society for Psychical Research 1930 (Neudruck: Arno Press: New York 1975).

Radin, D.I., Nelson, R.D. 1989: "Evidence for consciousness-related anomalies in random physical systems", in: Foundations of Physics 19, 1499-1514.

Radin, D.I. & Nelson, R.D. 2000: Meta-analysis of mind-matter interaction experiments: 1959 to 2000. Unpublished Manuscript. Boundary Institute, Los Altos, California and Princeton Engineering Anomalies Research, Princeton University.

Roll, W. G. 1976: Der Poltergeist. Freiburg i.Br. : Aurum.

Roll, W. G. 1977: "Poltergeists", in: Wolman, B. B. (ed.): Handbook of Parapsychology. New York: Nostrand, pp. 382-413.

Roll, W.G. 1974: "Kann man den Poltergeist mit dem Bandmaß fangen?", in: Bauer, E. (Hrsg.): Psi und Psyche. Festschrift für Hans Bender. Stuttgart: Deutsche Verlagsan-stalt, S. 169-186.

Rotter, J.B. 1966: Generalized expectancies for internal versus external control of reinforcement. Psychological Monographs 80 (1. whole No. 609).

Taboas, M. A. & Alvarado, C. S. 1981: "Poltergeist agents: A review of recent research trends and conceptualisations", in: European Journal of Parapsychology 4: 99-110.

Thurston, H. 1955: Poltergeister. Luzern: Räber.

Thurston, H. 1956: Die körperlichen Begleiterscheinungen der Mystik. Räber: Luzern.

Tizané, E. 1951: Sur la piste de l'homme inconnu. Les phéno-mènes de hantise et de possession. Paris: Amiot-Dumont.

Varela, F.J. 1981: Autonomy and autopoiesis. In: G. Roth, H. Schwengler (eds.): Self-organizing systems (pp. 14-23). Frankfurt/New York: Campus.

Weizsäcker, E.v. 1974: Erstmaligkeit und Bestätigung als Komponenten der pragmatischen Information. In: E. v. Weizsäcker (Hrg.): Offene Systeme I (pp. 83-113). Stuttgart: Klett.

Dr.rer.nat. Dr.phil. Walter v. Lucadou, Diplom-Physiker, Jahrgang 1945, Studium der Physik und Psychologie in Freiburg i. Br. und Berlin. Von 1979 bis 1985 wissenschaftlicher Assistent an der Abteilung für Psychologie und Grenzgebiete der Psychologie der Universität Freiburg i.Br. und von 1985 bis 1987 Gastdozent am Parapsychologischen Laboratorium der Universität Utrecht (Niederlanden), seit 1989 Leitung der "Parapsychologische Beratungsstelle" in Freiburg i.Br. Mitherausgeber der "Zeitschrift für Parapsychologie und Grenzgebiete der Psychologie", und der Zeitschrift "Cognitive Systems".

Dr.rer.nat. Dr.phil. Walter v. Lucadou
Parapsychologische Beratungsstelle
Hildastr. 64
79102 Freiburg i. Br.
Tel./Fax.: +49-761-77202
Email: lucadou@freenet.de
http://www.parapsychologische-beratungsstelle.de

David Boadella

Spirituelle Erdung in der Biosynthese - ein Beitrag zur spirituellen Dimension in der Körperpsychotherapie

In diesem Artikel wird die spirituelle Dimension der Biosynthese beleuchtet, einer somatisch und tiefenpsychologisch fundierten Psychotherapie, welche von mir vor 40 Jahren begründet und seither in Zusammenarbeit mit meiner Frau und der Internationalen Biosynthese-Trainingsfakultät erforscht und weiterentwickelt wurde. Wir werden uns dabei auf fünf fundamentale Polaritäten konzentrieren:

1. **Innen - Außen:** Tiefe zu Oberfläche und Oberfläche zu Tiefe; von der Möglichkeit zur Wirklichkeit. Wie manifestiert sich Essenz in der Existenz? Wie kann die Existenz der Essenz helfen?

2. **Oben - Unten:** Was hat Spiritualität mit Sinnlichkeit zu tun? Ist es besser, Emotionen freizugeben oder sie zu unterdrücken oder gibt es einen dritten Weg, sie zu verwandeln?

3. **Vorne - Hinten:** Wie ist das Verhältnis zwischen den weichen, empfangenden Bereichen der Vorderseite des Körpers und den starken, selbst-behauptenden Aspekten der Körperrückseite? Wie können wir diese beiden polaren Aspekte von Empfänglichkeit und Stärke, Rezeptivität und Selbstbehauptung, mit denen sowohl Männer wie Frauen Kontakt haben müssen, verbinden, um den Dualismus der Geschlechter zu vermeiden?

4. **Links - Rechts:** Wie sind Intuition und Intellekt verbunden? Was ist dominant und was unterlegen? Wie stehen die Kräfte radikaler Erneuerung und energetischen Festhaltens zueinander?

5. **Vergangenheit - Zukunft:** Wo kommen wir her und wo gehen wir hin? Wie können wir unsere Bestimmung finden, wenn wir unsere Ursprünge verleugnen? Wie können wir erkennen, wohin wir gehen, wenn wir die durch alte Erinnerungen erzeugten Wolken des Schmerzes nicht auflösen? Wann ist Regression hilfreich und wann eine Falle?

1. Atem und »Spirit«: Von der Respiration zur Inspiration

»Spirit« bedeutet Atem. Der erste Akt unseres postnatalen Lebens ist: Einatmen. Der letzte Akt unserer Existenz vor dem Tod ist: Ausatmen. In Beckets Stück »Atem« ist die einzige Handlung das Atmen: seine Bewegung, ein und aus. Diese Bewegung meint mehr als bloßes Ein- und Ausatmen. Ausatmen bedeutet auch sterben, Einatmen bedeutet auch, sich mit Hoffnung füllen, mit Sinn und Kreativität. Inspiration ist nicht nur ein Atmungsvorgang, sondern auch ein spiritueller Prozess.

Mit dem Atem arbeiten heißt, mit der Brücke zwischen Energie und Bewusstsein zu arbeiten, zwischen Körper und Geist, zwischen den physischen Dimensionen und den essentiellen Dimensionen. Wie wir atmen, so fühlen wir. Wilhelm Reich hat gezeigt, dass jeder neurotische Zustand auch eine Zwerchfellblockierung beinhaltet, also einen Bruch im Lebensfluss zwischen unten und oben, zwischen Erde und Himmel. Atem ist der Schlüssel zu unserer Energie. Wird er für wenige Minuten unterbrochen, so sind wir tot: Ausatmen ist dann endgültig. Atem ist der Schlüssel zu unserem Bewusstsein, deshalb beachten so viele meditative und das Bewusstsein steigernde Methoden die Atmung. Der Atem ist in der Herzgegend zu Hause, eingenistet zwischen den beiden Lungenflügeln, auf dem Zwerchfell reitend, den Sauerstoff einsaugend, pulsierend mit den Inspirationsqualitäten der Atemwellen.

Atemarbeit in der Biosynthese versucht, Atmung und Gefühl zu verbinden, Atmung und Intentionalität, Atmung und Vitalität, Atmung und Ladung, Atmung und Lebensfreude, Atmung und ein Gefühl von Lebensfluss zwischen Organismus und Atmosphäre, der fragilen Grenze in den inneren Membranen der Lunge, zwischen der Luft des Körpers und der Luft der Welt.

Die Bewegung von innen nach außen bezieht sich auf unseren Kontakt mit anderen Menschen und uns selbst. Eine zu starke Wende nach innen ohne Rückfluss nach außen führt zu einem überkontemplativen, introvertierten Lebensstil. Eine zu starke Konzentration auf das Außen, ohne die Möglichkeit, die eigenen Kraftquellen wiederaufzufüllen, kann zu einem Leben des Dienstes an anderen mit der Folge von Bitterkeit und Ressentiments führen.

Liebe für andere und liebende Sorge für die eigene Tiefe sind komplementär. Beim Fluss von außen nach innen geht es um Ernährung, Ruhe, »Auftanken« und kreativen Rückzug von unseren äußeren Tätigkeiten. Die Bewegung von innen nach außen ist ein kreativer Energiefluss, den wir in unsere Liebe, Arbeit und Wissen hineinströmen lassen; es handelt sich um eine Art Ausstrahlung. In

David Boadella

den kontemplativen Lehren nähert man sich der »Zentrierung« aus drei Richtungen: Zentrierung im Bauch, wie sie bei den chinesischen Taoisten und den japanischen Kriegskünsten betont wird; Zentrierung in der Mitte des Kopfes, wie im Raja-Yoga; Zentrierung im Herzen, wie sie im frühen Christentum betont wird, wo es hauptsächlich um die Wahrnehmung des Herzbereiches in der Beruhigung des Atmens geht. Das gleiche gilt für das buddhistische »Brahma Vihara« (transformierte Räume des Seins).

Das Herz ist nicht nur der Mittelpunkt dieser drei Zentren, sondern auch ein Symbol für die Einheit der sich nach innen und außen bewegenden Sensitivität. Das Herz bezieht sich eng auf die Arme. Herzgefühle können sich entsprechend der energetischen Funktion der Arme ausweiten oder kontrahieren.

Emotion bedeutet wörtlich: herausbewegen. Die Energien von Angst und Wut, wenn sie eingeschlossen sind, werden destruktiv. Diese Energien müssen auf eine kreative Weise befreit und verwandelt werden, so dass das Herz frei wird für die Liebe. Das Herz ist nicht frei zu lieben, wenn es über einem Kessel von ungelöster Negativität im Solar-Plexus-Bereich sitzt. Vor allem braucht das Herz die verwandelte Solar-Plexus-Energie als einen lebenswichtigen Teil seiner Zirkulation. Die verwandelte Angst wird zur Freude, sich in der Liebe binden zu können. Die verwandelte Wut wird zur vorwärts sich bewegenden Selbst-Behauptungs-Energie am Rücken des Herzens, zwischen den Schulterblättern: Sie wird zum Willen des Herzens. Blockierte Emotionen entstehen auf Grund von zurückgehaltenen Aktionen (Laborit). Gefühle entstehen auf Grund von übereinstimmenden Intentionen. Robert Moore, unser Lehrer in Dänemark, definiert Spiritualität einfach als ein »Gefühl für das, was du tust«. Emotionen sind energetische Prozesse, die einen starken motorischen Antrieb beinhalten. Gefühle sind rückbezogen auf unseren Selbstkontakt und unseren Kontakt zu anderen. Emotionen können ausagiert werden in einer Weise, dass sie Gefühle blockieren und verzerren. Sie können aber auch so ausgedrückt werden, dass sie Gefühle hervorrufen. Emotionale Entladung kann ein Stück Druck wegnehmen, aber immer noch keinen Raum machen für neue Qualitäten des Fühlens. So müssen wir unterscheiden zwischen emotionaler Entladung, gleich energetischem Output, und einer emotionalen Klärung, einer Verwandlung von der emotionalen Ebene zur Gefühlsebene hin, wo Kontaktqualitäten unterstützt und verstärkt werden.

2. Die Achse der Realisation

Das menschliche Wesen ist ein vertikales Tier, das zwischen Erde und Himmel steht. Es wird in der Regel mit dem Kopf voran geboren und die Schwerkraft zieht es, wie die Ureinwohner Australiens sagen, zum Mittelpunkt der Erde. Dies ist die *erste, die körperliche Geburt*.

Während seiner *zweiten Geburt* lernt es, seine Muskeln der Schwerkraft entgegen zu stemmen, die Erde wegzustoßen, sich aufzurichten und zu stehen. Margaret Mahler nennt diese Zeit die »psychologische Geburt des Kindes«. Während unserer *dritten Geburt*, wie wir es in der Biosynthese sehen, erwacht unsere essentielle Natur im Prozess der Verwirklichung unserer Qualitäten und unserer Fähigkeit, diese im alltäglichen Leben zu manifestieren.

Die Achse der Wirbelsäule ist bei allen drei Geburten lebensnotwendig. Während der körperlichen Geburt gibt sie dem Geburtsreflex Halt, Kraft und Effektivität. Bei der Geburt des aufrechten Ganges koordiniert sie das, was Moshe Feldenkrais das Stehen ohne Energieverschwendung nennt. Bei der dritten Geburt leitet sie die feinstoffliche Energie und verbindet die drei Zentren in Bauch, Herz und Kopf.

In vielen Lehren werden die vitalen Energien oder feinstofflichen Kräfte der spinalen Achse beschrieben. Valerie Hunt (Kalifornien) und Hiroshi Moto-Yama (Tokyo) haben die Übergänge zwischen diesen energetischen Kraftzentren (Sanskrit: Chakras) und der Körperphysiologie z.B. im endokrinen Drüsensystem erforscht. Die Energiezentren werden verschieden benannt und gezählt, lassen sich aber leicht auf die sieben natürlichen Kraftzentren des Rückgrats, das in seiner Form einer Sinus-Welle ähnelt, beziehen.

In und zwischen diesen Kraftzentren finden wir fünf primäre Bewegungen:

1. Eine Rotationsbewegung entgegen dem Uhrzeigersinn, wenn wir den Körper von außen betrachten, eine Spiralbewegung.
2. Eine Bewegung ins Zentrum der Spirale hinein.
3. Eine Bewegung aus der Spirale hinaus.
4. Eine Bewegung hoch zu den oberen Zentren.
5. Eine Abwärtsbewegung hin zu den unteren Zentren.

Zur Inkarnation, also der Involution von Energie aus einer feinstofflichen Ebene in eine physische Form durch den Prozess der Morphogenese, gehört ein primäres Herabströmen in das Kronenchakra des Kopfes und weiter in den

David Boadella

Körper hinein. Bei der Exkarnation, also dem Prozess des Sterbens, zeigt sich eine umgekehrte Richtung: Die Energie steigt von den Füßen beginnend die vertikale Achse aufwärts hin zum Kopf.

Das Leben zwischen Geburt und Tod ist ein ständiger Tanz zwischen Verdichtung oder sich nach unten bewegenden Energien und Transzendenz oder aufwärts steigenden Energien. Im ersten Falle sprechen wir von der Erdung eines Menschen, im zweiten helfen wir jemandem, die offenen Räume seines Bewusstseins, die feineren Seinsebenen und das, was wir in der Biosynthese den »inneren Grund« nennen, zu erforschen.

Wer sich nur nach unten bewegt, verengt sich auf Körper, Verwurzelung, Beruf, das Funktionieren in der Welt, Sexualität, Partnersuche, Familie, Mietzahlung usw. Es hilft uns intensiv zu leben, kann uns aber nichts bieten, wenn wir dem Tod gegenüberstehen. Die Bewegung nach oben verbindet uns mit einer Seins-Ebene, die vor diesem Leben bestand und auch danach weiter bestehen wird, dem, was der japanische Zen-Lehrer Bankei (16. Jh.) das »Ungeborene und Unsterbliche« nannte. Die Aufwärtsbewegung verbindet uns mit unseren Trans-Dimensionen, dem verborgenen Potential, dem höheren Bewusstsein, dem tieferen Selbst, den Qualitäten, die wir noch nicht aufgeweckt haben, und einer Ebene, die jenseits und hinter jeder Problemebene liegt. Wenn jedoch die unteren Zentren ignoriert werden, finden wir auch hier unseren Boden nicht. Die Achse der Verwirklichung, symbolisiert im vertikalen Stamm der Wirbelsäule, wurde in Ägypten »Djed-Säule« genannt. Antike Mythologien stellen sie als Baum dar. Seine Wurzeln verschwinden in einem Loch im Boden. Von seinen obersten Ästen kann man in ein Loch des Himmels hineinklettern. Sie ist die Säule zwischen den Welten, eine kosmische Verbindung. Wir müssen lernen, in beide Richtungen zu klettern. Die vertikale Achse verkörpert die erdlichte Polarität, die in vielen Kulturen, sei es nun die ägyptische, mexikanische, indische, nordische oder chinesische, von der Schlange am Fuß und dem Vogel am Kopf symbolisiert wird. Am Äskulap-Stab, dem Zeichen für Heilung, windet sich eine Schlange nach oben.

Spirituelle Richtungen, die nun mit der Aufwärtsbewegung, der aufsteigenden Kundalini arbeiten, können massive Ungleichgewichtigkeiten hervorrufen. Therapeutische Systeme, die sich nur auf die Abwärtsbewegung beziehen, auf die Entladung von Energie in den Boden durch kathartische Techniken, tun das gleiche. Wie die chinesischen Taoisten arbeiten wir in der Biosynthese hingegen mit der die Wirbelsäule hinauf- und hinabfließenden Zirkulation der Energie und versuchen immer, das Unten mit dem Oben zu verbinden und umgekehrt.

Der Begriff »Verwirklichung« (Realisation) hat hier zwei Bedeutungen:
a. feinstofflichere Kontaktebenen werden in der Außen-Realität geerdet;
b. alltägliche Lebenserfahrungen vertiefen die Ebene unserer inneren Realität.

3. Die Pulsation von Verschmelzen und Trennen

Das Gleichgewicht zwischen Selbstbehauptung und Rezeptivität bezieht sich nun tatsächlich eng auf die Vorder- und Rückseite des Körpers. In der Biosynthese kennen wir »Türen der Beweglichkeit« und »Fenster der Wahrnehmung«. Die motorische Achse des Körpers ist die Wirbelsäule und die ihr anhaftenden Muskeln. Wir kennen auch eine Anzahl Willens-Zentren oder Kraft-Bereiche: an der Lendenwirbelsäule bezüglich der Aktion der Beine, zwischen den Schulterblättern bezüglich der Aktion der Arme und im Nacken bezüglich der Aktion der Kiefer. Rudolf Steiner beschreibt Ober- und Unterkiefer als drittes Gliederpaar.

Auf der Körpervorderseite geht es mehr um den Austausch von Zärtlichkeit und Empfindsamkeit. Die Augen, die Lippen, die Innenseiten der Hände, die Brust, Bauch, Genitalien, Fußsohlen. Die Indianer sagen, wir hätten zehn Augen, und alle befänden sich an der Vorderseite.

Sowohl Männer als auch Frauen brauchen die komplementären Seiten der beiden Pole »Stärke« und »Sensitivität«. Es geht hier um das Wiedereröffnen der Verbindungen zwischen der Rück- und der Vorderseite des Körpers. In der chinesischen Medizin heißt der den Rücken hinauflaufende Energiekanal »der Regierende«, es geht eindeutig um »Richtung«. Der Energiekanal auf der Körpervorderseite heißt »der Empfangende«, bezogen auf Kreativität und Gebären.

Oscar Ichazo, ein chilenischer, vom Sufismus beeinflusster Psychologe, nennt die Position eines auf dem Bauch liegenden Menschen die Körperhaltung der »Selbst-Erinnerung«, die auf dem Rücken liegende Position die Körperhaltung des »Selbst-Vergessens«. In den ersten Lebensmonaten kann sich ein Baby nicht vom Rücken auf den Bauch drehen. Allmählich lernt es dies jedoch. Die Bauchlage hilft ihm dabei, den Kopf zu heben und in die Welt zu schauen. Dadurch mobilisiert es die Willenszentren im Rückgrat, die später wichtig für das Krabbeln werden. Die motorische Achse des Rückgrats kann als Ich-Achse angesehen werden, sie koordiniert gerichtete Bewegungen. Wenn die Willens-Säule überentwickelt ist, führt dies zu spinaler und motorischer Rigidität und Inflexi-

David Boadella

bilität, gepaart mit Überkontrolliertheit. Wir nennen dies eine »über-begrenzte« Ich-Struktur. Wenn dazu im Gegensatz die Willens-Säule unterentwickelt ist oder nicht oft genug gebraucht wird, neigen wir zu Hilflosigkeit, Orientierungslosigkeit und einer »unter-begrenzten« Ich-Struktur, die im Extrem ihren Ausdruck in der Borderline-Persönlichkeit findet, die Schwierigkeiten hat, Grenzen zu ziehen.

Das Ziehen von Grenzen ist eine essentielle Funktion in allen Lebensprozessen. Grenzen sind Übergangs- und Umwandlungsoberflächen, die Energien erlauben, hinein- und hinauszufließen. Zu viele Grenzen und das System wird undurchdringlich, verschlossen, eng. Zu wenig Grenzen und das System läuft aus wie ein Sieb, es kann nicht festhalten oder sich gegen eventuelle Invasionen verteidigen.

Wir passen die Beweglichkeit unserer Grenzen entsprechend den verschiedenen Situationen und den verschiedenen Rhythmen von Kontakt und Rückzug an. Der Fötus im Mutterleib ist ohne Grenzen, was den Energiefluss betrifft, der von seiner Mutter durch die Nabelschnur zu ihm gelangt. Bei der Geburt benutzt er die Stärke seiner Wirbelsäule im Geburtsreflex, um sich von seinem neun Monate währenden Container und Unterstützungssystem zu trennen und unmittelbar danach wird die Nabelschnur durchgeschnitten. Danach wird das Neugeborene nahe am Körper der Mutter gehalten, durchlebt erneut während einiger Monate eine sehr enge Bindung, um später mit seinem ihr abgewandten Rücken von ihr wegzukrabbeln. Es lebt nun die Rhythmen von Annäherung und »libidinösem Auftanken« und Aktivitäten, die immer mehr Unabhängigkeit ermöglichen, als eine essentiell wichtige Trennungsstufe, bevor es die Eltern verlässt, ein neuer Partner gefunden wird und eine neue Verschmelzungsphase beginnt.

Der Rhythmus von Verschmelzen und Trennen begleitet uns das ganze Leben hindurch, wobei die Inkarnation die erste Verschmelzung des Geistes mit der Materie darstellt und der Tod die letztliche Trennung des Geistes von der Materie. Jede Geburt ist eine Art Tod. Jeder Tod ist gemäß den spirituellen Traditionen eine Art Geburt.

In der Sexualität ist die Kombination der Kraftbereiche von Körperrückseite und der Empfänglichkeitsbereiche der Vorderseite notwendig, um Ausgeglichenheit und Erfüllung zu gewähren. Beide Bereiche sind notwendig, um den anderen zu ergänzen und das ganze Spektrum bekannter sexueller Probleme zu vermeiden. Sexualität ist demnach eine feine Balance zwischen essentieller Stärke und verschmelzender Essenz.

4. Handlung und Wertschätzung

Die vierte Polarität ist die Balance zwischen der linken und der rechten Seite des Körpers. Das Gehirn ist zweiseitig getrennt und wird durch eine Brücke verbunden. Ist diese Verbindung beschädigt, funktioniert jede Gehirnhälfte unabhängig von der anderen, so dass der Mensch buchstäblich zwei Bewusstseinsseiten hat. Jede Gehirnhälfte neigt zu spezialisierten Funktionen. Die linke Seite ist normalerweise dominant und versorgt hauptsächlich die rechte Körperhälfte, die dementsprechend dominant ist. Bei ihr geht es mehr um logische, lineare Funktionen, während die andere eher intuitiv, gefühlsmäßig die Welt versteht. Konsequentes Schritt-für-Schritt-Denken ist eher eine Funktion der linken Seite, während globales, holistisches Weltverständnis eher zur rechten Gehirnhälfte gehört.

Die Links-Rechts-Polarität führt (gemäß der Überkreuzung im Gehirn) zu einer dominanten rechten Körperseite und einer sub-dominanten linken. Der rechte Arm, die rechte schreibende Hand, der rechte zeigende Finger sind Teil der aktionsorientierten Seite. Der linke Arm gehört zur Seite des Herzens, bezieht sich eher auf Empfänglichkeit, Gefühle und Intuition, die linke Schulter erdet feinstofflich-physiologisch gesehen wie eine Antenne die Qualitäten aus den höheren somatischen Ebenen in den physischen Körper.

Bei vielen Menschen leiten sich die beiden Seiten ihres Körpers von den maskulinen oder femininen Qualitäten ihrer Eltern ab, entweder gemäß dem klassischen Muster der kulturellen Konditionierung oder durchaus auch umgekehrt, z.B. entsprechend der Passivität des Vaters oder der Dominanz der Mutter. In der Therapie geht es oft darum, den beiden Seiten zu helfen, wieder miteinander zu kommunizieren, damit z.B. die eventuell unterdrückten Funktionen einer Seite wieder zurückgewonnen werden können und so letztlich beide wieder in eine bessere Balance kommen. Damit hebt sich die bilaterale Dualität des Körpers zu einer gut-koordinierten bilateralen Polarität auf.

Das Energiefeld des Körpers weist natürliche Unterschiede zwischen den beiden Seiten auf, hinzu kommen aber auch die Unterschiede bei den jeweiligen Geschlechtern. Auch hier geht es um die selbstbehauptenden und die rezeptiven Prinzipien in jeder Person, aber auch um die verschiedenen Rhythmen der Beziehung zwischen zwei Menschen gegensätzlichen Geschlechtes.

Beim hebräischen »Baum des Lebens«, welcher auf den Körper bezogen ist, gibt es einen klaren Unterschied zwischen der rechten Seite des Baumes, die durch die rechte Schulter und Hüfte verläuft und der linken Seite des Baumes,

David Boadella

die zur linken Schulter und Hüfte gehört. Auch hier ist die rechte Seite mehr rigoros und die linke mehr sensitiv. In der tibetanischen Tradition gibt es drei Energiekanäle im Körper, einen zentralen koordinierenden, dem ein rechter und ein linker zur Seite stehen. Der rechte wird mit Aktion assoziiert, der linke mit Würdigung. Die feinstofflichen Energien drücken sich in der physischen Existenz aus, indem sie diese drei Energiekanäle koordinieren.

5. Trittsteine und Wachstumsstufen

Jede einzelne Lebensgeschichte ist einzigartig, sogar für eineiige Zwillinge. Wir werden von ganz besonderen Eltern zu einem ganz besonderen Zeitpunkt an einem ganz besonderen Platz auf dieser Erde geboren. Unsere Raum-Zeit-Koordinaten definieren unser Horoskop. Das Leben entfaltet sich in einer Folge von Ereignissen, einigen offensichtlich gewählten, einigen offensichtlich nicht gewählten, bis zum Moment unseres offensichtlich nicht gewählten Todes (außer bei Selbstmord).

Nach spirituellen Überlieferungen sind wir Wesen aus einer anderen Dimension, die zeitweilig auf der Erde weilen in einem Zwischenspiel (tibet.: Bardo) zwischen dem, was vor der Geburt liegt und dem, was nach dem Tod folgt. Die Kontinuität der Ereignisse in diesem Leben, die wir geformt haben oder von denen wir geformt worden sind, wirkt auf einer tieferen Kontinuitätsebene weiter, die wir nur in Träumen, durch unbewusste archetypische Bilder oder durch tiefe Meditationszustände erreichen. Alle drei in den letzten 2000 Jahren in Indien entstandenen grundlegenden spirituellen Überlieferungen kennen das Konzept des »Karma«. Karma heißt eigentlich einfach »Handlung«; es geht hier jedoch im besonderen um die Konsequenzen von beabsichtigter Handlung. Karma ist eine Art »Konditionierung« auf einer unbewussten Ebene, wo vorherige Gedanken und emotionale Muster auf spätere wirken und die Grenzen zwischen dem einen individuellen Leben und dem nächsten durchlässig werden. Wir werden zum Schmied unseres eigenen Glücks oder Unglücks, erben aber auch die kulturelle Konditionierung unserer Ahnen (genetisch). Die Resonanz-Kette der Inkarnationen tönt weiter. Eine im 16.Jh. verbrannte Hexe ist nicht ausgelöscht, sondern klingt im Unbewussten der Menschheit fort, erscheint in Träumen, in Verhaltensmustern und Lebensskripten.

Wir unterscheiden zwei Arten von Karma: regressives und progressives. Regressives Karma ist die uns umschlingende Kette unserer persönlichen archetypischen oder Inkarnations-Vergangenheit, ist die Konditionierung von Stereotypen, eine spezifische Konfiguration emotionaler und mentaler Verhaltensweisen, denen wir uns als Opfer unterwerfen oder von denen wir uns als Täter zu befreien suchen.

Progressives Karma liegt vor uns, ist unsere Freiheit zur Wahl, unsere Verantwortlichkeit, unser Leben neu zu formen, die Entdeckung einer sinnvollen Bestimmung im Leben und die Entwicklung der Qualitäten, die in unserem essentiellen Potential liegen.

Der jüdische Autor Chaim Potok erzählt in seinem Buch »Ich bin der Lehm« die Geschichte eines alten Mannes, einer alten Frau und eines verletzten Jungen, die unter extremen Umständen als Flüchtlinge im Korea-Krieg von Tag zu Tag leben, täglich vom Tod bedroht sind und jeden Moment ihrem Überleben widmen müssen. In dieser tiefgehenden Überlebensgeschichte, in der der Junge schließlich gesund wird und die alte Frau stirbt, entfaltet Potok die spirituelle Bedeutung einzelner Aspekte des Lebens. Obwohl alle drei Opfer eines grausamen Krieges sind, in den sie ohne eigene Wahl hineingestoßen wurden, haben sie dennoch die absolute Wahl, wie sie auf einer qualitativen Ebene auf die Kette der Ereignisse, durch die sie gehen, reagieren.

Wir beschreiben mit dem Begriff »Trittsteine« die entscheidenden Phasen unseres Lebens, die Wendepunkte unseres Weges. Krise bedeutet eine Wegkreuzung, die Möglichkeit zur neuen Ausrichtung, oft verbunden mit Schmerzen, Verlustangst, Angst vor dem Neuen und Widerstand gegen die Unsicherheit von Wachstum. In Stanley Kelemans Buch »Lebe dein Sterben« geht es genau um diese Wendepunkte und was es heißt, vom alten »Boden« über den mittleren zum neuen zu gelangen.

In der Biosynthese geht es um zwei Prozesse: denjenigen, das äußere Leben in eine bedeutsame Ordnung zu bringen und denjenigen, das innere Leben zu ordnen. Der berühmte Sufi-Meister Ibn Arabi (geb. 1165) drückte den Unterschied zwischen einer Wachstumsstufe und einem Bewusstseinszustand so aus:

»Die 'Stufe' ist jedes Attribut, das sich tief in dir verwurzelt, und nicht zurückgelassen werden kann. Der 'Zustand' ist jedes Attribut, das du zu einer bestimmten Zeit hast, zu einer anderen aber nicht.«

»Zustände« sind Wahrnehmungs- oder Ausdrucksmomente, die kommen und gehen wie Launen. Wir sind für sie nicht verantwortlich. Es sind Reflexionen in uns auf äußere Umstände und Ereignisse. Wenn der Tag gut verläuft, sind wir

David Boadella

glücklich. Wenn etwas Schlimmes passiert, geht es uns schlecht. »Zustände« werden in gewissem Sinne unbewusst erzeugt, sie gehören uns nicht. Schlechte Zustände sind Teil unserer negativen Konditionierung. Gute Zustände Teil unserer positiven Erfahrung.

»Stufen« sind Aspekte von uns, die sich verwurzelt haben. Es sind Qualitäten, die wir ins Leben gebracht und nicht aufgegeben haben. Sie sind Teil der essentiellen Früchte unseres Lebens, die Reife unserer Absicht. Wie Bankei betont hat, kann der Tod sie nicht zerstören.

In der Biosynthese unterscheiden wir zwei Ebenen:

1. Wir wollen dem Menschen helfen, sich der Konditionierung bewusst zu werden, die durch das regressive Karma erzeugt worden ist und
2. ihm helfen, ein progressives Karma aufzubauen.

Bei der regressiven Arbeit geht es um die Heilung von Erinnerungen, der Reorganisierung unserer Reaktionen auf die Vergangenheit, »reculer pour mieux sauter« (dt. etwa: »zurückschreiten, um besser springen zu können«). Bei der progressiven Arbeit sollen die inneren Kraftquellen der Gesundheit, Einsicht, der Wahrnehmung und des Kontaktes geweckt und ins tägliche Leben gebracht werden, bis sie ein verlässlicher Kompass, ein beständiger innerer Führer geworden sind, der die äußere Führung durch einen Lehrer, Therapeuten oder spirituellen Berater ersetzt.

Dazu ein Fallbeispiel:
Eine von ihrem Großvater in der Kindheit missbrauchte Frau arbeitet in einer Gruppe an ihrer Wut. Stehend bewegte sie zuerst aggressiv ihre Arme, erschlaffte jedoch bald und Furcht kam. Auch als wir sie ermutigten, ihre Wut mit der Stimme zu unterstützen, blieb dies schwierig. Sie fühlte sich gehemmt, Worte oder Töne zu benutzen, um dem Aggressor ihre Grenzen zu zeigen. Die genaue Erforschung ihrer Körpersignale ergab, dass der organische Impuls sich nicht nach vorne richtete in einer schnellen wütenden Vorwärtsbewegung der Arme. Es entstand vielmehr ein langsamer, anhaltender Druck mit den Armen nach unten. Dies führte sie dazu, ihre Körperposition auf eine Art zu reorganisieren, dass sie in der effektivsten Weise ihre klare Abgrenzung gegen den Großvater kanalisieren und ausdrücken konnte, dies sowohl räumlich: »Bleib weg von meinem Körper« wie auch zeitlich: »Die Vergangenheit ist nun vorbei«, beides

in ein- und derselben Geste: Sie war dabei, kniend die Arme mit aller Kraft auf den Boden zu pressen, und das Bild kam in ihr hoch, dass sie den Deckel des Sarges ihres Großvaters niederdrückte (der schon gestorben war). In dieser Position kamen viele Dinge in wenigen Momenten zusammen: Energetisch fühlte sie eine starke Wiederverbindung zur Basis ihrer Wirbelsäule, einer Körpergegend, die eine Quelle von Kraft, Wille und Autonomie ist. Zweitens entdeckte sie ihre Stimme wieder und begann klar, ihre Gefühle gegen den Großvater auszudrücken. Ihr erstes Wort war: »Ich«, dem Wort für unabhängiges Selbstsein. Drittens entstand das Bild eines Kreuzes. Dieses kann Vieles symbolisieren: einerseits die Kreuzigung durch die Traumata der Kindheit, andererseits aber auch Auferstehung, neues Leben und Überwindung dieser Traumata, oder auch die Vereinigung des horizontalen Energiestromes durch die Arme mit dem vertikalen Energiestrom durch die Wirbelsäule, beim Herzen, im Zentrum des Kreuzes. Und es erinnert an das deutsche Wort für die Wurzel der Wirbelsäule: das Kreuz. Sie stand nun aufrechter, erlebte größere Freude an ihrem Leben, verlor jegliche Identifikation mit der Opferrolle und konnte sich von der Verwirrung zwischen hilfloser Ängstlichkeit und ineffektiver Wut, von der sie immer geplagt worden war, befreien. In dieser Arbeit mit ihr wandten wir viele der weiter oben beschriebenen Polaritäten an: die Bewegung aus der Vertikalen (stehend) in die Horizontale (kniend das Grab schließen); von der äußeren Bewegung (den Eindringling vergebens abwehrend) zu den inneren Kraftquellen (dem eigenen Prozess, der Autonomie folgend); der Fähigkeit, die Empfindsamkeit und Offenheit des Herzens mit der Stärke des Willens zu verbinden; der Fähigkeit, in die Zeit des Traumas zurückzugehen, eine neue Lösung zu finden und dann wieder vorwärts zu gehen, das Trauma zu transzendieren und neues Vertrauen ins Hier-und-Jetzt und in die Zukunft zu gewinnen. Wir können mit der Zukunft nicht umgehen, bis wir die Störungen aus der Vergangenheit erkannt und uns von den alten Mustern der Konditionierung befreit haben. Wir können auch mit der Vergangenheit nicht umgehen, bis wir die latent in uns vorhandenen Kraftquellen aktualisiert und begonnen haben, heute Schritte zu tun, die morgen neue Wege innerer Entwicklung bahnen. Wo wir herkommen, gehen wir hin, aber nicht im Sinne eines geschlossenen Kreises, sondern einer offenen Spirale.

»Wer seine Vergangenheit nicht kennt«, schrieb George Santillana, »ist verdammt, sie zu wiederholen.«

Regressives Karma wiederholt Teufelskreise, in denen unser Charakter die Konditionierungen unserer Kultur wiederholt. Progressives Karma öffnet den

David Boadella

Kreis in eine Wachstumsspirale, die Bedeutung aus Bedeutungslosigkeit erzeugt, uns erlaubt, eine wirkliche Verbindung mit unserem Lebenspfad herzustellen und eine sichere Grundlage auf einem unzerstörbaren inneren Grund zu bauen.

Übersetzung aus dem Englischen und Bearbeitung des Artikels von Dr. phil. Silvia Specht Boadella

David Boadella, Jahrgang 1931, B.A., M.Ed., Dr.h.c., Studium der Pädagogik, Literatur und Psychologie, Begründer der Biosynthese. Langjährige Praxis als Psychotherapeut, weltweite Vortragstätigkeit, Autor zahlreicher Bücher und Artikel, u.a. „Befreite Lebensenergie", Kösel. Seit über 30 Jahren Herausgeber der Zeitschrift „Energie & Charakter". Zusammen mit seiner Frau Dr. phil. Silvia Specht Boadella Leiter des Internationalen Instituts für Biosynthese IIBS - ein Forschungs- und Ausbildungszentrum in CH-9410 Heiden.

Dr.h.c. David Boadella B.A., M.Ed.
Internationales Institut für Biosynthse IIBS
Forschung - Entwicklung - Ausbildung
Benzenrüti 6
CH-9410 Heiden
Schweiz
Tel. 00 41-71-891 68 55
Fax 0041-71-891 58 55
Email: info@biosynthesis.org
www.biosynthesis.org

Albrecht Mahr

Aufstellungen als Transpersonale Praxis

Einführung

Aufstellungen sind, zunächst einmal im Wortsinn, trans-personal, d.h. sie beziehen sich auf größere Zusammenhänge, die den persönlichen Bereich übersteigen und ihn zugleich einbeziehen.

Zur Erinnerung: Ein Fragesteller stellt, oft ohne weitere Mitteilung und Information, einen anderen Menschen als Mutter oder Vater auf, als Arbeitskollegin, als sein eigenes Herz, als sein Herkunftsland, als den merkwürdig geformten Tisch aus dem Traum der letzten Nacht oder als seinen Glauben - und der oder die Aufgestellte "weiß" im Körpererleben, in Gefühlen und in aufkommenden Gedanken um den oder das Aufgestellte, oft in überraschend genauer, sinngebender Weise.

Dieser Vorgang ist einfach und - bei aller gelegentlicher Dramatik - unspektakulär - so natürlich wie das Atmen. Wir nennen diesen Vorgang stellvertretende Wahrnehmung oder auch teilhabende Wahrnehmung, ich gebrauche im Folgenden beide Begriffe. Teilhabende Wahrnehmung setzt kein Fachwissen, keine besondere Übung und keinen besonderen intellektuellen, psychologischen oder spirituellen Entwicklungsstand voraus. Es gibt keine Experten für stellvertretende oder teilhabende Wahrnehmung, aber es gibt die Möglichkeit, sich mit dieser Wahrnehmungsweise vertraut zu machen und Zutrauen zu ihr zu gewinnen, so dass sie sich mit einer gewissen Leichtigkeit und Geschmeidigkeit einstellen kann und sich uns gewissermaßen mit einem Lächeln zur Verfügung stellt bzw. mit einem Lächeln über uns verfügt.

Aufstellungen erinnern uns also an die Tatsache, dass wir ohne Mühe füreinander in einem ganz bodenständigen Sinn zu Medien von Erfahrungen werden können, von denen wir in üblicher Weise nichts wissen. Wir verfügen über ein eigenes Sinnesorgan, das teilhabende Wahrnehmung ermöglicht, so wie das Auge Sehen ermöglicht.

Dieses Sinnesorgan ist höchst integrativ strukturiert und höchst einfallsreich, um unsere Teilhabe am Erleben und am Seinszustand von anderen Menschen und von materiellen oder immateriellen Dingen wahrnehmbar werden zu lassen. Es bedient sich vor allem und in erster Linie unseres Körpers in seiner Wahrnehmungsfülle, so dass wir in Aufstellungen manchmal vom "wissenden Körper" sprechen; weiter bedient es sich unserer Gefühle und unserer Fähigkeit zu Imagination und zu Phantasie; und schließlich bedient es sich unserer mentalen Prozesse, vor allem des Denkens.

Teilhabende Wahrnehmung ist non-lokal, d.h. sie ist nicht an bestimmte Orte und Entfernungen gebunden. Sie wirkt unabhängig von der räumlichen Entfernung derer, die wahrgenommen werden. Und teilhabende Wahrnehmung ist transtemporal, d.h. sie bezieht weit zurückliegende - und vielleicht auch als Potential in der Zukunft liegende - Ereignisse mit ein und, wie Sie wahrscheinlich wissen, auch verstorbene Menschen und Personen, denen wir nie begegnet sind.

Teilhabende Wahrnehmung erinnert uns daran, dass wir neben unserem linearen Zeiterleben *auch* in einem zeitlosen oder all-zeitlichen Raum existieren, in dem alles, was war, ist und sein kann, *Jetzt* ist, in eben diesem Augenblick - eine Erfahrung, die sich in Aufstellungen entfalten kann als Qualität besonderer Stille, Fraglosigkeit und So-heit - als Sakrament des Augenblicks.

Hier das *Beispiel* einer Supervisionsaufstellung, das nur einige der Möglichkeiten teilhabender Wahrnehmung illustriert.

Ein Organisationsberater und Supervisor war von der Landeskirche eines Bundeslandes zur Betreuung eines sogenannten "Kirchspiels" beauftragt worden, d.h. er sollte die aus Finanzmangel notwendige und natürlich höchst konflikthafte Zusammenlegung von vier benachbarten Kirchengemeinden beratend und supervisorisch begleiten.

Der Stellvertreter des aufstellenden Beraters fühlte sich getrieben von dem diffusen Gefühl, hier unbedingt eingreifen und etwas machen zu müssen und er stand in der Aufstellung ganz zentral, d.h. auf dem Platz des ursprünglich auftraggebenden Landeskirchen-Vorstandes. Dieser hatte sich de facto nach Bekanntgabe der Maßnahme völlig zurückgezogen und stand in der Aufstellung entsprechend weit entfernt im Hintergrund.

Die vier vor dem Supervisor gruppierten Gemeindevorstände fühlten sich höchst angespannt, wie in einem äußerst bedrohlichen Dschungelkrieg, und zwei Frauen wurden von einem unbeherrschbaren, schrillen Lachen anhaltend geschüttelt.

Als der Berater nun seinen zentralen Platz verließ und dieser vom zuständigen Landeskirchen-Vertreter eingenommen wurde, traten sofort mehr Ruhe und Entspannung ein - und der Berater machte nun eine seltsame, bedeutsame Geste, genauer: Eine Bewegung bemächtigte sich seiner: Wie von selbst hob sich sein rechter Arm und wies auf den Landeskirchen-Vertreter, und niemand im Raum konnte sich der Wahrnehmung entziehen: Hier steht Gott, der seinen weltlichen Vertreter mit einer wichtigen Aufgabe betraut. Tatsächlich fehlte beides in dem System: die kraftvolle Präsenz des Landeskirchen-Vertreters, der eine einschneidende Maßnahme persönlich vertrat und durchsetzte, und es fehlte die Wahrnehmung, dass es auch bei dieser Maßnahme um eine, wenn auch schwierige Form des Gottesdienstes ging. Das Fehlen der weltlichen und der spirituellen Führungskraft führte zu größten Spannungen untereinander und zu entsprechenden Vernichtungsängsten, die sich in jenem manisch-verrückten Lachen Ausdruck verschaffte. Und - wie so oft bei Beratungs- und Supervisionsaufträgen - der Berater hatte die hidden agenda, den unausgesprochenen Auftrag, die fehlende bzw. aus der Wahrnehmung verlorene Führung - Landeskirche und Gott - zu ersetzen und zu verkörpern, eine verführerische und natürlich eine schreckliche, eine unmögliche Aufgabe!

Es waren die von selbst bei den StellvertreterInnen sich einstellenden Bewegungen und Körperwahrnehmungen, die die vorliegende Dynamik offenbarten und dem Berater schließlich die Wahrnehmung der Lösung ermöglichten, zu der die Einbeziehung des Landeskirchenvorstandes und Gottes - in welche Form auch immer - gehörten. Als Gott, in der Aufstellung vertreten durch eine Frau, von allen wahrnehmbar dazukam, wurde es vollends ganz ruhig, die Angstsymptome legten sich und gaben Raum für Trauer und Schmerzen bei den GemeindevorsteherInnen in Anerkennung unvermeidlicher Einschränkungen und Verluste, und es gab Raum für die Erinnerung an ihre ursprüngliche Berufswürde des Gottesdienstes und der Ausrichtung auf Gott.

Der Berater konnte sich auf einen Platz deutlich ausserhalb des Systems zurückziehen und aufatmen.

Soweit dieses Beispiel.

Nun ist die Reichweite von teilhabender Wahrnehmung ganz erstaunlich, und sie kann über die Bereiche des geschilderten Beispiels weit hinausgehen. Und auch dann scheint es so, als hätten wir nur einen Zipfel der Wirklichkeit erfasst.

In diesem Zusammenhang möchte ich im Folgenden von einer besonders herausfordernden Eigenschaft der in Systemen wirksamen transpersonalen Kräfte sprechen, nämlich von ihrer *radikalen Einschließlichkeit*.

Albrecht Mahr

Radikale Einschließlichkeit

Aufstellungen sind hilfreich, uns an eine alte Erfahrung zu erinnern, die wir gerne immer wieder vergessen, um sie ebenso regelmäßig immer wieder neu entdecken zu müssen: Wir scheitern in dem Versuch, das auszuschließen, was wir "böse" nennen. Wir als Individuen und die Systeme, in denen wir leben - unsere Familien, Arbeitsbezüge, Gemeinden, unsere religiösen, ethnischen oder politischen Gruppen - folgen dem Reflex, Fremdes, Bedrohliches, Ängstigendes und Schlimmes von uns und unserem Bewusstsein fernzuhalten, ob es nun aus uns selbst oder von einer äußeren Quelle stammt. Und es ist nur eine Frage der Zeit, dass wir anerkennen müssen, dass - mit Freud's Begriff - *die Wiederkehr des Verdrängten* uns, überraschend und unangenehm genug, schließlich zu dem werden lässt, was wir ablehnen.

Wir selbst und die Systeme, in denen wir leben sind extrem einschließlich. Wenn wir unseren gewalttätigen und alkoholkranken Großvater ablehnen und ausschließen, erzwingt das systemische Gewissen der Einschließlichkeit die Zugehörigkeit des Großvaters dadurch, dass ein Sohn, Enkel oder Großenkel früher oder später scheitert, trinkt oder gewalttätig wird. Wenn eine an chronischer Schizophrenie erkrankte Tante ihr Leben in einer Anstalt verbringt, ihren Angehörigen unheimlich erscheint und gemieden oder vergessen wird, wird sie in der Familie dadurch "erinnert" (re-membered), dass z.B. eine Nichte - ohne vielleicht je überhaupt von ihrer Tante gehört zu haben - eigenbrödlerisch und merkwürdig wird und immer wieder von unverständlichen Entfremdungs- und Verlassenheitsgefühlen überfallen wird. Wir nennen diesen höchst transpersonalen Vorgang "dunkle Zugehörigkeit" oder "dunkle Loyalität", "dunkle Einschließlichkeit" oder auch "dunkle Liebe", weil er blind, unbewusst und in seinen Konsequenzen oft äußerst leidvoll ist.

Wir können auf die radikale Einschließlichkeit unserer Systeme, ja des Lebens überhaupt nur dadurch antworten, dass wir Einschließlichkeit *bewusst* selbst praktizieren und uns die lohnende Mühe machen, buchstäblich allem und jedem sein Dasein, seinen Raum, seine Zugehörigkeit zuzuerkennen. Das ist nun gewiss nicht leicht zu bewerkstelligen, sondern es ist mit einem anhaltendem Ringen verbunden, aber immer auch mit vielen schönen Überraschungen - wenn uns, wie im Märchen, die Lästigen, die Hinderlichen oder die Ekelhaften, die Nachtwesen und Schreckgestalten manchmal zu den entscheidenden Helfern werden.

Aufstellungen sind damit eine äußerst nützliche transpersonale Schulung, uns nicht nur der Opfer schlimmer Ereignisse anzunehmen, sondern uns auch ganz besonders denjenigen zuzuwenden, die im üblichen Verständnis gescheitert, schuldig, schlecht, übel, gewalttätig, missbrauchend, hasserfüllt oder gemein sind.

Ich möchte von hier aus zunächst den Exkurs zu einem alten Paradox unternehmen und dann wieder an dieser Stelle fortsetzen.

Exkurs zu einem alten Paradox

Angenommen, die diesem Buch zugrunde liegende Tagung wäre erfolgreich gewesen, sie ermöglichte, wie es im Programmheft heißt "ein von Achtung und Würde geprägtes menschliches Miteinander", und sie führte uns alle, jeden Einzelnen hier zu tiefen Einsichten, ja sogar zur Erleuchtung und der Erfahrung, dass wir in unserem Wesensgrund ungetrennt und eins sind, dass da nur Sein ist und niemand, der es besitzt, und dass unsere so unterschiedlichen Lieder aus einem großen Klang kommen und wieder in ihm zusammenströmen - welche Folgen hätte das für uns alle? Wir würden wohl erwarten, untereinander große Friedlichkeit zu erleben, Freundlichkeit, Wärme, Herzlichkeit, Humor, Mitgefühl, Hilfsbereitschaft, tiefe Achtsamkeit, Großzügigkeit, Klarheit, Klugheit und Weisheit, vielleicht auch unerschöpfliche Kreativität und ein Feld, das ständig schöne Überraschungen und Herausforderungen hervorbringt, denen wir uns vertrauensvoll stellen und hingeben.

Und angenommen, von ähnlichen Büchern, Tagungen und Initiativen gingen ähnliche Wirkungen aus, so dass immer mehr Menschen und schließlich die gesamte Menschheit, jeder einzelne Mensch diesen Zustand der Erleuchtung, des Eins-Seins teilte. Es gäbe dann nur kleine, kurz andauernde und rasch geklärte Streitigkeiten ohne nennenswerten materiellen, physischen und seelischen Schaden, und es herrschte globaler Frieden, die großzügige Versorgung eines jeden Menschen mit Nahrung, Wohnung, Gesundheitspflege, Erziehung, begabungsentsprechender Ausbildung und Berufstätigkeit und umfassender geistiger Förderung wären gewährleistet - ein großes, anhaltendes Lächeln läge über der Welt und im Gesicht eines jeden Einzelnen, von der Geburt bis zum Tod - wie wäre das?

Selbst wenn das eine missverstandene Vorstellung von Erleuchtung ist, so motiviert und trägt sie doch viele unserer Bemühungen und unserer transpersonalen Anstrengungen. Und ein Großteil der Menschheit wünscht sich *natürlich* nichts sehnlicher als wenigstens einen winzigen Bruchteil dieser Vision eines Weltfriedens! Und wenn *wir* unter Bedingungen leben, die zur Zeit weitgehend geschützt und friedlich sind, so dass wir unbelastet vom materiellen Überlebenskampf innehalten, nachsinnen und nachspüren können, was eine kraftvolle transpersonale Orientierung eigentlich bedeuten kann, so ist das natürlich ein großes Privileg, ein Luxus, den wir nicht hoch genug einschätzen können, solange er dauert.

Wenn wir also nachsinnen: Wie wäre das, dieser von Erleuchtung getragene Weltfrieden? Im ersten Moment gewiss erleichternd, ein großes Aufatmen. Und: Es wäre auch schrecklich!

Ein uralter Befund, der an die merkwürdige Warnung vor der Erfüllung unserer tiefsten Wünsche erinnert. Die Wahrnehmung des Guten ginge schließlich im ununterschiedenen Nur-Guten unter. Und nach allem, was wir wissen, brächte dieser Weltstillstand alsbald eine Suchbewegung nach dem sogenannten Bösen hervor als notwendige Voraussetzung für unterscheidende Wahrnehmung und Wertschätzung des sogenannten Guten und als Voraussetzung von Bewegung und Entwicklung.

Es scheint also naheliegend, dass die Bemühung um Gutes zeitgleich Böses hervorbringt - und umgekehrt. Wie sonst wollen wir das Unvorstellbare von Vernichtung, Zerstörung, Qual und Leiden begreifen, das die Menschheit seit ihrem Bestehen begleitet und bis in diesen Moment andauert bei ca. 30 aktuellen Kriegs- und Konfliktschauplätzen auf der Welt mit all den entsetzlichen, namenlosen Grausamkeiten?

Und umgekehrt, wie wären die wunderbaren geistigen Werke der sich entwickelnden Philosophien, der heiligen Schriften, der Mystik, der Kunst, der Musik zu verstehen ohne die ständige Herausforderung durch ihre Vernichtung, durch ihr Nicht-Sein?

Die Tagung in Bad Kissingen und das daraus entstandene Buch mit seinem reichen Angebot an Gutem, der Suche nach Wahrheit, Nicht-Zweiheit, Ganzheit macht mir das menschheitsalte Paradox wieder ganz gegenwärtig: Wir suchen das Gute auf tausend Wegen - wir ergründen die Bewegungen unseres Geistes, wir lösen unsere persönlichen Verstrickungen und unterstützen andere dabei, wir versuchen soziale und kriegerische Konflikte zu verhindern - *und* wir müssen gleichzeitig irgendwie dafür sorgen, dass Gut *und* Böse erhalten bleiben - damit sie einander sehen und voneinander wissen können.

Die schlimmsten Menschen sind also vielleicht nicht einmal die Üblen, die Bösen. Schlimmer noch sind womöglich die erfolgreichen Guten, weil sie unmerklich verleugnetes Übles hervorrufen. Man kann das manchmal spüren, wenn man in die Nähe eines solchen besonders guten Menschen kommt, wenn man neben ihm sitzt - die Enge, die Spannung, das, was alles nicht sein darf.

Wenn wir also Erleuchtung und den Weg dorthin heimlich als eine subtile Form der Ausklammerung des Bösen betrachten - und das möchte ich fast als das Übliche bezeichnen - dann vermehren wir das Böse und erzwingen seine Manifestation in besonders verzerrten oder schwer wahrnehmbaren Formen - und das geschieht auf dem Meditationskissen ebenso wie im Pentagon, dem wir diese Haltung besonders gerne anlasten.

Lösungen

Es muss eine bessere Lösung für diese Paradoxie geben - auch das ist eine uralte, dringliche Frage.

Ein berühmter Zeuge der Suche nach einer Lösung ist der erste moderne Dialektiker, der Vorsokratiker Heraklit von Ephesos (*um 540 a.d.), ein Mystiker mit dem Beinamen "Der Dunkle", der das Seinsmerkmal der Vergänglichkeit tief geschaut hat: "Alles fließt, nichts besteht", wusste er, so dass wir "nicht zweimal in den selben Fluss steigen können". Heraklit hat Gott nicht auf einen guten Gott eingeengt, wenn er sagt: "Gott ist Tag und Nacht, Winter und Sommer, Krieg und Frieden, Überfluss und Hunger."

Mit seiner verdichteten zentralen Aussage "Der Krieg ist aller Dinge Vater, aller Dinge König" beschreibt er die Notwendigkeit, dass jedes Ding zu seinem Sein seines Gegenteils bedarf, wie es "auseinandergetragen mit sich selbst im Sinn zusammengeht". "Gegenstrebige Vereinigung" nannte er das: "Denn es ist die Krankheit, die die Gesundheit angenehm macht, nur am Übel gemessen tritt das Gute in Erscheinung, am Hunger die Sättigung, an der Mühsal die Ruhe." Vielleicht war er der erste europäische Mystiker, der (in tiefer Selbsterforschung) zu der Erfahrung kam, dass wir vor allem in der Zustimmung zum Dunklen, Bösen und Schmerzlichen jene unmittelbare Lebendigkeit, erfrischende Gegenwärtigkeit und kampfesbereite Friedfertigkeit finden, von der die Weisen uns kündigen.

Ganz ähnlich klingt es 2500 Jahre später bei Ryszard Kapuscinski, der in "Afrikanisches Fieber" (S. 209) von Hamed, dem Somalier berichtet, der von den oft tödlichen Lebensbedingungen seines Stammes in der Wüste sagt: "Auch die Dürre, die Hitze, die versiegten Brunnen und der Tod auf dem Weg sind vollkommen. Ohne sie würde der Mensch nie die wahre Wonne des Regens verspüren, den göttlichen Geschmack des Wassers und die lebensspendende Süße der Milch. Das Vieh könnte sich nicht am saftigen Gras erfreuen, am Duft der Weide berauschen. Der Mensch wüsste nicht, was es heißt, in einen Strom kalten, kristallklaren Wassers zu steigen. Es würde ihm gar nicht in den Sinn kommen, dass das ganz einfach das Himmelreich bedeutet."

Und Pater Willigis, den viele Leser wohl kennen, wurde und wird nicht müde, in seinen Meditationskursen immer wieder Meister Eckhart mit der Mahnung zu zitieren (sinngemäß): "Begegnet dir Jesus in einer Gloriole von Licht, so ist es der Versucher. Kommt er ganz aus dem Dunkel, so ist es der Christus."

Gut und Böse in Aufstellungen

Ich habe bei diesem Exkurs indirekt auch von Aufstellungen gesprochen, auf die ich nun wieder zurückkomme. Ich hatte zuletzt festgestellt, dass Aufstellungen uns darin schulen, auch dem sogenannten Bösen Raum in unseren Familien und sogar in unserem Herzen zu geben. Und dabei geht es weniger um ein wohlfeiles Lippenbekenntnis vom Annehmen des Schattens o.ä., sondern um eine u.U. erschütternde Erweiterung unseres Bewusstseins und der Kapazität unseres Herzens.

Ein Beispiel
Ich erinnere mich in diesem Zusammenhang an eine Frau Anfang 40, die sich seit Jahren mit der Überzeugung quälte, sie sei schon als Säugling von ihrem Vater sexuell missbraucht worden, was sich in einer sehr langen Körperpsychotherapie aus vielen Anzeichen schließlich zur Gewissheit verdichtet habe. Sie hatte sich unter Andeutung des Missbrauchs von ihren Eltern völlig distanziert und lebte in einer dauernden Opfervorstellung, chronisch vorwürflich, tief verstimmt, von diffusen Albträumen verfolgt und oft suizidal.

In der Aufstellung tauchte erstmals in ihrem Leben aus einer Art schattenhaften Erinnerung die ältere Schwester ihrer Mutter auf mit der Information, dass diese Tante bei der Flucht aus Schlesien von den Russen verschleppt und irgendwie misshandelt worden sei - man habe da nicht weiter drüber gesprochen in der Familie. Als diese Tante durch eine Stellvertreterin in die Aufstellung kam, zeigte sich sofort eine tiefe Verbindung der Klientin mit ihr und mit ihrem Schicksal, das ganz offensichtlich auch mit schwerer sexueller Gewalt verbunden war. Die Klientin war heftig bewegt, erschüttert und sie spürte eine diffuse Erleichterung, die aber nicht stabil war. Erschütterung und Erleichterung wiederholten sich, als zwei russische Soldaten der Tante gegenübergestellt wurden und die Ereignisse im Zusammenhang mit der Verschleppung der Tante energetisch handgreiflich im Raum waren. Immer noch aber fehlte etwas: Es waren die deutschen Soldaten, die zuvor russischen Frauen Gewalt angetan hatten. Als auch dieser Hintergrund durch stellvertretende Frauen und Männer präsent war, konnte die Klientin erschüttert wahrnehmen, fühlen und erleben, wie sie bisher *alle*, Opfer und Täter, verbunden mit Bildern von Gewalt und Terror in sich getragen hatte. Sie konnte nun beginnen, sie aus sich zu entlassen "dorthin", in deren eigenen Seinsraum, wo sie etwas ganz Unvermutetes sehen konnte: eine schwer begreifliche, ruhige Zusammengehörigkeit von Tätern und Opfern, ein Zustimmen zu dem, was getan und erlitten worden war, eine versöhnliche Selbstverständlichkeit jenseits allen Urteilens.

Als sie nun ihrem Vater in der Aufstellung begegnete, erlebte sie am Ende noch eine weitere und besonders wichtige Erschütterung: wie sie in ihrer unbewussten Teilhabe am Schicksal der Tante versucht hatte "Erklärungen" zu finden, die schließlich zu jener vermeintlichen Gewissheit des sexuellen Missbrauchs geführt hatte - ein nicht so seltener und in seinen Folgen meist tragischer Vorgang.

Im Leben der Klientin, im Verhalten der Eltern und in ihren konkreten Erinnerungen konnte eine Bestätigung für einen sexuellen Übergriff seitens des Vaters nie gefunden werden. So auch nicht in der Aufstellung, in der die Klientin schließlich eine tiefe Entspannung in die So-heit der Tatsachen und bei ihrer ersten Wiederannäherung an ihren Vater auch tiefes Bedauern erleben konnte.

Die Zugehörigkeit der Täter

Wenn man Aufstellungen durchführt, wird man bei der Schulung zur Einbeziehung von Tätern von dem interessanten Phänomen der *vorübergehenden Weisheit* unterstützt, das alle AufstellerInnen kennen.

Man wird als LeiterIn einer Aufstellung - und vermutlich gilt das für andere Therapieformen auch - mit einem Wissen betraut, das man sich nicht persönlich zuschreiben kann, das aus den Tiefenschichten des Systems stammt, mit dem man arbeitet, und das nach getaner Arbeit wieder verschwindet. Es ist eine verliehene, eine geliehene Weisheit, die uns im Alltag wieder verlässt, so dass wir uns anschließend wie jedermann durchschlagen und weiterentwickeln müssen. Und doch hinterlassen diese Momente kurz verliehener Weisheit Spuren und möchten uns sachte ausrichten auf jene Einschließlichkeit, von der vorher die Rede war.

In der Anfangszeit von Familienaufstellungen war es üblich, Angehörige, die Verbrechen wie schwere Misshandlungen oder Mord begangen hatten, aus dem Raum zu schicken in der Annahme, dass sie durch das Verbrechen ihre Systemzugehörigkeit verloren hätten. Wir haben dann gelernt, dass wir unsere Zugehörigkeit zu unsere Familie *nie* verlieren können, ganz gleich was wir getan haben. Im Ausschluss z.b. eines Mörders liegt eine moralische Stellungnahme, die einer Aufstellung wesensfremd ist. Aufstellungen entfalten einen amoralischen, oder wenn wir wollen: transmoralischen Raum, in dem auch die Täter ihren Platz finden, sonst werden auch sie wieder von anderen Familienmitgliedern vertreten, die dann schwere unerklärliche Schuld erleben oder zu schuldhaftem Verhalten getrieben werden, was Freud vom "Verbrecher aus Schuldgefühl" sprechen ließ.

Besonders herausfordernd, ja schockierend war der Befund, dass in israelischen Familien Nachkommen von Holocaust-Überlebenden unbewusst von einer Täter-Energie bestimmt werden können.

Das kann dann geschehen, wenn Nachkommen der 3. oder 4. Generation rückwirkend eingreifen und stellvertretend für die Holocaust-Opfer Rache und Vergeltung üben wollen. Sie treten dann zwischen die ursprünglich Betroffenen und nehmen die Qualitäten und Energien derjenigen an, denen ihre stellvertretende Rache gilt. Vielleicht leistet das einen gewissen Beitrag zu dem, was ein israelischer Journalist kürzlich äußerte: "Wir haben in den palästinensischen Flüchtlingslagern unser Auschwitz."

Und vor nicht langer Zeit las ich von einem Rabbi die Aussage: "Erst wenn wir für Hitler beten können, kommen wir zur Ruhe."

Wir beobachten in Aufstellungen immer wieder, dass kraftvolle Lösungen vor allem durch eine Haltung des Nicht-Urteilens und des nicht Besser- oder Überlegen-Seins gegenüber Schuldigen möglich werden. Jemandem seine oder ihre Schuld vollkommen zu überlassen, ist eine besondere Form der Würdigung und Kräftigung des Betreffenden. Ihn moralisch zu verurteilen oder ihn zu entschuldigen entwürdigt und schwächt den Schuldigen und erschwert es ihm, zu sich zu kommen, wirklich zu bedauern und schließlich die Schuld in eine besondere Kraft zum Guten zu wandeln.

Wenn es Schuldigen gelingt, sich ganz ihrer Schuld, den Geschädigten und den Folgen zu stellen, kann von ihnen ein ganz besonderer Segen ausgehen, ein bescheidener und mitfühlender Segen, der zu den besonders berührenden Erfahrungen in Aufstellungen - und im Leben - gehört.

Gedanken zum Schluss

Wie Sie gesehen haben, lässt die Frage mich nicht los, worauf unsere Bestrebungen zum Guten eigentlich abzielen und wohin Sie führen.

Ich fragte kürzlich einen Freund, mit dem ich eine große Verehrung für Ramana Maharshi teile, was wohl würde, wenn jeder Mensch den Geisteszustand dieses indischen Heiligen des Advaita, der vollkommenen Nicht-Zweiheit erreichen würde. Mein Freund meinte:

"Wir hätten keinen Grund mehr zu sein, wir würden nicht mehr reinkarnieren und wir würden als physische Spezies verschwinden." Er wusste nicht zu sagen, ob das - unter unseren gegenwärtigen Maßstäben - erstrebenswert und angenehm sei und er erinnerte sich an Mitteilungen, dass Engel sich angeblich sehr gerne mit unserem irdischen Dasein befassten, weil es interessanter sei - bei uns sei einfach mehr los. Ganz ähnlich wie es dem mit ewiger Glückseligkeit gestraften Münchner im Himmel ergangen sei.

Was auch immer an dieser vielleicht etwas platten Auskunft dran sein mag, ich bin sicher, dass wir uns über mangelnde Abenteuer nicht sorgen müssen, wenn wir unserer Sehnsucht nach spirituellen Erfahrungen und unserem Erkenntnistrieb nach transpersonalen Einsichten ungehindert nachgehen, weil Heraklit's "Gegenstrebiges" uns dabei keine Ruhe lassen wird.

Aufstellungen haben sich mir bei unseren transpersonalen Bemühungen als überaus hilfreich erwiesen, denn Sie führen uns - neben ihrer therapeutischen Wirkung - auf zwei Wegen immer wieder zu der Frage: "Wer *bin* ich eigentlich?"

Zum einen führen uns Lösungen oft dorthin, dass wir die innigen unbewussten Verbindungen zu Vergessenen und Ausgeschlossenen aufgeben können, nachdem wir gesehen haben, wie wir ihr Leben und ihr Schicksal blind nachgefühlt und nachgelebt haben und es nun ganz ihnen lassen können, die jetzt bewusst dazugehören. Wir lösen also Identifizierung durch Beziehung. Das aber führt uns unweigerlich zu der Frage: "Wenn ich *nicht er*, der Onkel, oder *sie*, die Großmutter bin - wer bin ich denn dann?" Diese Frage kann sehr tief gehen und sie kann mit einer großen Verunsicherung, Verwirrung und einem schwer erträglichen horror vacui einhergehen. Auf der persönlichen Ebene erleben wir dann eine Identitäts-, eine Desidentifizierungs-Krise, die sehr viel therapeutische Sorgfalt erfordern kann. Auf der transpersonalen Ebene aber können wir uns in dieser Auflösung von Ich-Grenzen Schritt für Schritt an unsere eigentliche Heimat erinnern.

Albrecht Mahr

Zum anderen erleben wir als StellvetreterInnen in Aufstellungen, wie für eine Zeit unsere Ich-Vorstellung in den Hintergrund tritt und wie wir eine andere Person oder ein anderes Ding nicht etwa spielen, sondern wirklich *sind*: eine warmherzige Großmutter, ein autistischer Bub, eine geliebte Puppe, ein gefallener Brite, eine KZ-Aufseherin, ein uraltes Gehöft oder eine Sommerblumenwiese - eben *alles*. Aufstellungen können Ich-Grenzen und damit unser Mitgefühl für das Schlimme und Abstoßende ebenso wie unsere Toleranz für unerwartetes Glück weiten und uns eine Ahnung davon vermitteln, dass wir womöglich leibhaftig alles sind, wie uns die Mystiker versichern.

Hugo von Hoffmannsthal hat etwa 1920 das folgende Gedicht geschrieben, das etwas von dieser transpersonalen Weite unseres Lebens wiedergibt.

Manche freilich müssen drunten sterben
wo die schweren Ruder der Schiffe streifen,
Andre wohnen bei dem Steuer droben,
Kennen Vogelflug und die Länder der Sterne.

Manche liegen immer mit schweren Gliedern
Bei den Wurzeln des verworrenen Lebens,
Andern sind die Stühle gerichtet
Bei den Sibyllen, den Königinnen,
Und da sitzen sie wie zu Hause,
Leichten Hauptes und leichter Hände.

Doch ein Schatten fällt von jenen Leben
In die anderen Leben hinüber,
Und die leichten sind an die schweren
wie an Luft und Erde gebunden:

Ganz vergessener Völker Müdigkeiten
Kann ich nicht abtun von meinen Lidern,
Noch weghalten von der erschrockenen Seele
Stummes Niederfallen ferner Sterne.

Viele Geschicke weben neben dem meinen,
Durcheinander spielt sie alle das Dasein,
Und mein Teil ist mehr als dieses Lebens
schlanke Flamme oder schmale Leier.

Dr. med. Albrecht Mahr, Facharzt für Psychotherapeutische Medizin, Psychoanalytiker, Systemtherapeut, Leiter des Instituts für Systemaufstellungen, Würzburg, Supervision und Beratung von Kliniken und psychosozialen Einrichtungen. Mitbegründer und systemischer Leiter des INNEX-Instituts für systemisch-kaufmännische Kooperation Hamburg. Vorsitzender der internationalen Arbeitsgemeinschaft systemische Lösungen nach Bert Hellinger.

Dr. med. Albrecht Mahr
Mittlerer Dallenbergweg 37 a
97082 Würzburg
Tel. (09 31) 7 84 01 00
Email: A.u.B.Mahr@t-online.de

Hans Peter Weidinger und Anna Maurer

Aufbruch und Einsicht - transpersonale und spirituelle Erfahrungen im Holotropen Atmen

1. Transpersonale Psychologie und Psychotherapie

Der Begriff "Transpersonale Psychologie" wurde in den USA in den sechziger Jahren von den humanistischen Psychologen A. Maslow, A. J. Sutich und dem Psychiater und Psychoanalytiker Stanislav Grof geprägt. Davor wurde er schon gelegentlich bei den Jungianern und von Assagioli (Psychosynthese) benutzt. Die Transpersonale Psychologie „bezieht die spirituelle und religiöse Dimension der menschlichen Psyche mit ein, ohne sich auf eine bestimmte Religionsform festzulegen" (Grof 1985). Es geht dabei um transpersonale und spirituelle Erfahrungen, die aus dem eigenen Inneren kommen und nicht um Glaubenssätze und Dogmen.

> "... Die Transpersonale Psychologie schlägt eine Brücke zwischen dem Welt- und Menschenbild der Aufklärung, dem die moderne Wissenschaft - und damit auch die Psychologie - verpflichtet ist und der 'philosophia perennis', der 'ewigen' Philosophie. Damit bezeichnet man das in allen Hochreligionen der Welt überraschend ähnliche Welt- und Menschenbild der Mystiker, das sich aus deren religiösen Erfahrungen ergeben hat. Praktisch verbindet die Transpersonale Psychologie das Bemühen der modernen Psychotherapie um die *Heilung der Seele* mit dem Bemühen der jahrtausendalten spirituellen Wege (Meditation, Yoga, Kontemplation usw.) um ihr *Heil...*" (Zundel in Wörterbuch der Psychotherapie 2000)

Die "Transpersonale Psychotherapie" entwickelte sich allmählich in den 80er und 90er Jahren und bedeutet die Umsetzung der Erkenntnisse der Transpersonalen Psychologie auf die Psychotherapie. Das Ziel der Transpersonalen Psychotherapie ist - wie auch in allen anderen tiefenpsychologischen und humanistischen Verfahren - die Entwicklung einer reifen Persönlichkeit und die Ausbildung von genügend Ich-Stärke zur Bewältigung der Anforderungen des

Lebens. Darüber hinaus strebt sie, soweit die Bedürfnisse und Erfahrungen des Klienten und der persönliche Erfahrungs- und Erkenntnisstand des Therapeuten es zulassen, die potenzielle Entwicklung des menschlichen Bewusstseins hin zum höchsten Bewusstsein an: das Aufgehen in einem größeren Lebensplan und die Entwicklung des Gewahrseins der Einheit allen Seins. Das "Ich" verliert dadurch nicht seine Bedeutung, aber an Wichtigkeit. Es ordnet sich einer größeren Einheit, dem "Selbst" unter und stellt sich in seinen Dienst. Ken Wilber beschreibt diesen Entwicklungszyklus vom Unbewussten ("präpersonal", Kindheitsentwicklung) hin zum Selbstbewusstsein ("personal", Entwicklung eines reifen Ich) und weiter zum Überbewussten ("transpersonal"). (Wilber 1980)

2. Das Holotrope Atmen

2.1. Geschichte

Zu den Methoden der Transpersonalen Psychotherapie zählt man das von Stanislav Grof entwickelte Verfahren des Holotropen Atmens (holotrop bedeutet "in Richtung Ganzheit sich bewegend"). Stanislav Grof wurde 1931 in der Tschechoslowakei geboren, studierte Medizin und Philosophie an der Karls-Universität in Prag und absolvierte eine Ausbildung zum Facharzt für Psychiatrie und zum Psychoanalytiker. Er experimentierte mit bewusstseinsverändernden Drogen (LSD, siehe Grof 1983) und untersuchte deren therapeutische Wirksamkeit. 1967 ging er in die USA, wo er u.a. als Leiter der Psychiatrischen Forschungsabteilung im Maryland Psychiatric Research Center in Baltimore und als Assistenzprofessor für Psychiatrie an der Henry Philips Klinik der John Hopkins University tätig war. Von 1973 bis 1987 lebte Grof im Esalen-Institut in Big Sur, Kalifornien, wo er Seminare leitete, Vorträge hielt, Bücher schrieb und zusammen mit seiner Frau Christina das Holotrope Atmen entwickelte. Er gründete anschließend das "Grof Transpersonal Training" und hält weltweit gemeinsam mit einem Staff von Trainern Aus- und Weiterbildungsseminare in Holotropem Atmen und Transpersonaler Psychologie. Zurzeit lebt er in Millvalley, Kalifornien.

Von Amerika aus verbreitete sich diese Methode auf der ganzen Welt. Im deutschsprachigen Raum hat sich in den letzten zwölf Jahren eine eigene Schule entwickelt (der auch die Autoren angehören), die das Holotrope Atmen stärker als Grof in einen Bezug zu humanistischen Therapiemethoden und spirituellen Ansätzen stellt. Sylvester Walch, ein Schüler von Stanislav Grof, der viele

Hans Peter Weidinger und Anna Maurer

Jahre im klinischen Bereich und in der Ausbildung von Psychotherapeuten tätig war, entwickelte hierfür ein umfangreiches Curriculum für Transpersonale Psychologie und Psychotherapie, dessen zentrale Methode das Holotrope Atmen ist. In seinem Buch "Dimensionen der menschlichen Seele" hat er umfassend den konzeptionellen Rahmen in Theorie und Praxis vorgelegt. Träger dieses Curriculums ist der Österr. Arbeitskreis für Transpersonale Psychologie und Psychotherapie (ÖATP) und es ist vom Österr. Berufsverband für Psychotherapie (ÖBVP) seit 1998 als Weiterbildung für Psychotherapeuten anerkannt. Um diesem eigenständigen Weg Rechnung zu tragen, wird die Methode seit 1997 "Transpersonale Psychotherapie und Atemarbeit (TPA)" genannt. Da sie Menschen bei der Sinnfindung unterstützt und das Potenzial spiritueller Erkenntnisse mit einbezieht, ist ihre offizielle Anerkennung ein Zeichen, dass unter den Psychotherapeuten ein Bewusstsein dafür entstanden ist, dass transpersonale Dimensionen des Seins zur Ganzwerdung des Menschen beitragen.

2.2. Die Praxis des Holotropen Atmens

Die Praxis des Holotropen Atmens stützt sich auf das Zusammenspiel von beschleunigter und vertiefter Atmung, evokativer (d.h. die emotionale Seite ansprechender) Musik, prozessorientierter Körperarbeit und intuitivem Malen. Diese Arbeit kann auch einzeln durchgeführt werden, hauptsächlich findet sie jedoch in Gruppen statt (Seminare von 3 bis 5 Tagen Dauer).

Die Atemsitzungen sind, wenn sie in Form eines mehrtägigen Seminars durchgeführt werden, in eine Art rituellen Ablauf eingebettet. Als optimalste Form für einen intensiven und kompakten Prozess hat sich eine Seminardauer von 5 Tagen herauskristallisiert. Der erste Abend dient dazu, einander kennenzulernen, sich einzustimmen, anzukommen und mit dem Thema, das sich zeigen möchte, in Kontakt zu kommen. Am nächsten Tag finden zwei Atemsitzungen statt, wobei sich die Teilnehmer in Paaren zusammenfinden: Einer ist jeweils der Erfahrende, der andere der Begleiter ("Sitter"). Zu Beginn einer Atemsitzung werden spezielle Vorbereitungen getroffen, um den Erfahrungsraum zu schützen und optimal zu unterstützen (dazu gehören Taschentücher, lockere Kleidung, genügend Matten, für das Malen am Ende der Sitzung Wachsmalkreiden und ein Zeichnblock, Schmuck wird abgelegt, der Raum verdunkelt). Die Sitzung findet die meiste Zeit im Liegen statt, wobei jeder Art von Bewegung und Ausdruck nachgegangen werden kann. Eine ausführliche Entspannungsanweisung am Beginn der Sitzung hilft loszulassen und sich dem Kommenden anzuvertrauen. Der Therapeut unterstützt den Erfahrungsprozess dadurch, dass er die Seminarteilnehmer ermutigt, loszulassen, sich von der Weisheit des inneren Vorgangs führen zu lassen und sich für überraschende Erfahrungen bereitzuhalten. Ziel ist die Öffnung für und die Konzentration auf den transpersonalen Raum, aus dem heraus diese Arbeit stattfindet. Mit der Anweisung, "tiefer und schneller atmen" beginnt die eigentliche Sitzung, die Musik setzt ein und der Atemprozess beginnt. Dabei können innere Bilder, Erinnerungen, Bewegungen und kathartische Reaktionen (Trauer, Wut, Freude etc.) auftauchen. Es ist wichtig, den Prozess zuzulassen, zu unterstützen und nicht zu verhindern. Der äußere Rahmen ist so gestaltet und geschützt, dass es möglich ist, intensive Erfahrungen zuzulassen. Die Musik unterstützt die Erfahrung und hilft, das Bewusstsein auf den inneren Vorgang zu richten. Im ersten Teil der Atemsitzung werden schnelle Rhythmen gespielt, im Mittelteil dramatische, tragende, ethnische Klänge und im Schlussteil entspannende und spirituelle Musik. Nährende und lösende Körperarbeit (v.a. im dritten Teil der Atemsitzung) hilft, Blockaden zu überwinden bzw. den Erfahrungsprozess abzuschließen. Am Ende der Atemsitzung werden die Teilnehmer gebeten, intuitiv ein Bild zu malen, das die Erfahrung in verdichteter Form symbolisiert. Eine Atemsitzung dauert in der Regel 3 Stunden, kann aber auch kürzer oder länger sein. Die Sitter sind Zeugen der Erfahrung und unterstützen den Erfahrenden, wenn sie gebraucht werden. Die Seminarleiter sind die "Hüter des Rituals" und geben therapeutische Unterstützung kraft ihrer fachlichen Kompetenz.

Wie schon erwähnt, sind die Atemsitzungen Teil eines größeren "Rituals". Es gibt Sitzungen in der großen Gruppe, Erfahrungsaustausch in Kleingruppen und integrierende Rituale. Es ist wichtig, dass die Arbeit in einer guten Atmosphäre stattfinden kann. Regelmäßige Meditationen, das Spielen von spiritueller Musik auch in den Pausen, das Lesen von spirituellen Texten, die Anrufung der "inneren Weisheit" und die begleitende Unterstützung der Teilnehmer untereinander ermöglichen eine stille Vertiefung. Auf diese Weise wird die Integration der gemachten Erfahrungen in das normale Wachbewusstsein unterstützt. Am letzten Tag wird auf diese Integration nochmals großer Wert gelegt und versucht, eine Verbindung zur derzeitigen Lebens- und Alltagssituation herzustellen. Dabei werden während des Atemseminars gewonnene Einsichten und neue Lösungsansätze nochmals unterstützt und ins Bewusstsein gehoben.

Voraussetzung für die Teilnahme an Seminaren mit Holotropen Atmen ist normale körperliche Belastbarkeit, weil es zu starken Gefühlsregungen kommen kann. Folgende *Kontraindikationen* sind zu beachten: schwere Herz-Kreislaufprobleme, schweres Asthma, postoperative Zustände, Schwangerschaft,

Epilepsie, Glaukom, infektiöse Erkrankungen, schwere Gelenks- und Knochenprobleme, noch nicht ausgeheilte Wunden. Normale psychische Belastbarkeit sollte auf jeden Fall dann gegeben sein, wenn keine weitere Begleitung stattfinden kann.

2.3. Die Bedeutung des Atems

Die Bedeutung des Atems für die Körperwahrnehmung und den Ausdruck von Gefühlen kennt man spätestens seit der Entwicklung körpertherapeutischer Verfahren zur Behandlung psychischer Störungen (z.b. Wilhelm Reich - Vegetotherapie, Alexander Lowen - Bioenergetik). Die Unterdrückung von Gefühlen geht praktisch immer mit einer Verflachung und Blockierung des Atems einher. Chronische Atemblockierungen verbunden mit muskulären Blockaden und Verspannungen dienen also dazu, "unerwünschte Gefühle" zu verdrängen und nicht mehr wahrzunehmen. Dieser Vorgang kann bereits in der frühen Kindheit vor sich gehen und bildet den Grundstein für später auftretende seelische und psychosomatische Störungen bzw. Erkrankungen. Umgekehrt ist es möglich, durch eine geführte Intensivierung des Atems unterstützt von spannungslösender Körperarbeit, unterdrückte Gefühle und verdrängte traumatische Erfahrungen wieder ins Bewusstsein zu rufen, sie auszudrücken und somit allmählich zu integrieren. In der Regel fühlt man sich danach wie von einer Last befreit, spürt sich intensiver und lebendiger und der Atem kann freier fließen. Dieser Vorgang wirkt sich wiederum auf die seelische und körperliche Gesundheit positiv aus: Es steht mehr Energie zur Verfügung, Spannungen reduzieren sich und der emotionale Ausdruck und Austausch mit anderen Menschen funktioniert fließender und befriedigender.

Die feinstoffliche Seite des Atems besteht in der Vorstellung, dass durch ihn eine Verbindung zwischen dem Individuum und dem Kosmos hergestellt wird. Durch den Atem sind wir mit unserer Umwelt, den Mitmenschen und dem ganzen Universum verbunden. Der Atem fließt dabei nicht nur durch unsere Lungen ein und aus, sondern kann überall im Leib zu fließen beginnen: durch das Herz, durch die Füße, durch unser Scheitelchakra, durch den Nabel. Oft kann dies sogar als feinstoffliche Bewegung wahrgenommen werden. Der Atem ist dann mehr eine Energie, die hier fließt. Auch dieser Fluss kann blockiert, angehalten oder reduziert sein. "Atme ins Becken!" oder "Atme zu Deinen Füßen hin!" wären typische Anweisungen, um die Energie hier zu unterstützen.

Nicht zuletzt kennen viele spirituelle und schamanistische Traditionen die Trance-induzierende Wirkung der verstärkten Atmung. Vermutlich über eine biochemische Veränderung in den neuronalen Rezeptoren des Gehirns öffnen sich Bewusstseinsbereiche, die auch mit Halluzinogenen (z.B. LSD, Psilocybin etc.) erreicht werden können (Grof 1983). Als Beispiele seien hier die Pranayama-Übungen des Yoga, die Derwisch-Tänze und Gesänge im Sufismus und die Kehlkopfgesänge der Inuit-Eskimos genannt. Der sich dadurch verändernde Bewusstseinszustand öffnet einerseits Türen zu transpersonalen Bereichen, die über die Beschränkung von Biografie, Raum und Zeit hinausgehen, andererseits können sich auch spirituelle Dimensionen der menschlichen Psyche, wie sie weiter unten noch ausführlich beschrieben werden, erschließen.

Im Holotropen Atmen kommen alle diese Aspekte des Atems bzw. der intensivierten Atmung zum Tragen und verbinden sich zu einem einheitlichen Prozess. Wenn mehrere Teilnehmer in einem Raum gleichzeitig "atmen", entsteht ein kollektives Atemfeld, in dem sich die Prozesse gegenseitig unterstützen und katalysieren. So erfährt nicht nur der Einzelne seine eigene "Reise", sondern die ganze Gruppe durchläuft eine Entwicklung.

3. Heilung der Seele durch veränderte Bewusstseinszustände

Veränderte Bewusstseinszustände, wie sie durch das Setting in holotropen Atemsitzungen induziert werden, haben seit jeher in den verschiedensten Kulturen eine große Bedeutung, um tiefliegende und existentielle Aspekte des Seins erfahrbar zu machen. Seit Jahrtausenden kennt die Menschheit bewusstseinserweiternde Praktiken (mit und ohne Drogen), um das Heilpotenzial der Seele für den Einzelnen und für das Kollektiv zugänglich zu machen.

"Priester, Schamanen und Zeremonienmeister genossen hohes Ansehen. Sie repräsentieren die Verbindung zwischen Himmel und Erde. Sie waren und sind Heiler, Begleiter und geistige Lehrer. Die ritualisierten und institutionalisierten VWB (veränderte Wachbewusstseinszustände, *Anm.*) dienen zur Wiederherstellung einer inneren Balance zwischen Körper, Seele, Geist, Gesellschaft, Natur und Kosmos. ... Ritualisierte VWB beleben ausdrucksvoll kollektive Archetypen, wie Schattenaspekte, das Weibliche, das Männliche, und integrieren sie in der Einzelseele." (Walch 2002/S 178)

Die Suche nach veränderten Bewusstseinszuständen scheint durch eine der menschlichen Natur innewohnenden Sehnsucht nach Vertiefung und Transzendenz des menschlichen Daseins genährt zu werden. Darüber geben auch unsere "westlichen" Formen der Induktion veränderter Bewusstseinszustände mit Drogen (Jugendszene), Diskobesuchen (sich "wegtanzen") u.ä. Zeugnis.

Den therapeutischen Wert veränderter Bewusstseinszustände hat Stanislav Grof für die Psychotherapie neu entdeckt. Er arbeitete jahrelang mit Patienten, denen er LSD in unterschiedlichen Dosierungen verabreichte und in einem geschützten Setting den sich so entfaltenden Erfahrungsprozess unterstütze (Grof 1983). Dabei kam es oft zu beachtlichen Heilerfolgen. Darüber hinaus berichteten die Patienten immer wieder von Erfahrungen, die sich mit unserem Wachbewusstsein nicht in die herkömmliche Auffassung unserer Psyche einordnen ließen. Grof sammelte die Erfahrungen und verglich sie mit den Berichten von Schamanen, Heilern, Priestern, Meditierenden und spirituellen Meistern. So entwickelte er eine neue bzw. umfassende Kartografie der Psyche, die auch die transpersonale und spirituelle Dimension der Psyche miteinschließt. Die damit verbundene Heilkraft geht somit über das persönliche hinaus und verbindet sich mit einer kollektiven und kosmischen (göttlichen) Dimension.

Sylvester Walch widmet in seinem Buch "Dimensionen der menschlichen Seele - Transpersonale Psychologie und holotropes Atmen" dem Bewusstsein und seinen verschiedenen Aspekten ein sehr umfangreiches Kapitel·(Walch 2002/S 152-309). Er unterscheidet hier eine "horizontale" und eine "vertikale" Transzendenz des Bewusstseins. Zur horizontalen Transzendenz zählt er die veränderten Wachbewusstseinszustände (VWB), wie sie im Holotropen Atmen, durch psychoaktive Substanzen, psychologische Interventionen und über- bzw. unterstimulierende Methoden hervorgerufen werden können. Der "schamanische Bewusstseinszustand" und die Schamanenreise, Nahtoderfahrungen und Erfahrungen, die man der Parapsychologie zurechnet (z.B. Telepathie, Hellsehen, Telekinese etc.) zählt Walch ebenfalls zur "horizontalen Transzendenz". Mit vertikaler Transzendenz meint er das spirituelle Erwachen, den Aufbruch auf einen spirituellen Weg. Es ist der Weg nach innen, der Weg in die Tiefe, den wir am besten mit der Frage "Wer bin ich?" charakterisieren können. Mystiker, Heilige und spirituelle Meister geben uns Zeugnis davon und unterstützen uns auf diesem Weg. Spirituelle Öffnungen können jederzeit passieren, wenn wir dazu bereit sind. Sie sind ein Akt der Gnade.

3.1. Der holotrope Bewusstseinszustand

Dieser Begriff wurde von Stanislav Grof eingeführt und ist in seinem Buch "Das Abenteuer der Selbstentdeckung" ausführlich beschrieben (Grof 1987). Er meint damit "...die erlebnismäßige Ausdehnung oder Erweiterung des Bewusstseins über die gewöhnlichen Grenzen des Körper-Ich sowie über die Beschränkungen von Raum und Zeit." (Grof 1987/S 64) Für unsere Alltagsrealität und unser normales Wachbewusstsein verwendet er den Begriff "hylotrop". Das holotrope Bewusstsein schließt das hylotrope mit ein und geht über es hinaus. Im holotropen Bewusstseinszustand kann man Zugang zu allen Aspekten der Existenz gewinnen. "Damit sind nicht nur die individuelle biologische, psychologische, soziale, rassische und spirituelle Vorgeschichte sowie Vergangenheit, Gegenwart und Zukunft der gesamten phänomenalen Welt gemeint, sondern auch viele andere Bereiche und Ebenen der Realität, die von den großen mystischen Traditionen der Welt beschrieben worden sind." (Grof, 1987 S. 65)

Im holotropen Bewusstseinszustand verlagert sich die Regie "...von der kognitiven Vorherrschaft auf die innere Weisheit, aus der die Tiefe der eigenen Existenz wahrnehmbar wird. ... Bewusste, unbewusste und überbewusste Themen können nebeneinander auftreten, sich miteinander verschränken oder sich ergänzen." (Walch 2002/S36)

Die Gesetze der Logik und das linear-kausale Denken treten in den Hintergrund, die Denkprozesse werden primärprozesshafter mit analogen und assoziativen Elementen (wie im Traum). Widersprüche und Paradoxien treten zusammen auf und können konfliktfrei nebeneinander stehen bleiben. Das Zeiterleben ist verändert, es kann beschleunigt oder deutlich verlangsamt sein. Es kann auch zu massiven Veränderungen des Körperschemas und der Körperwahrnehmung kommen, Grenzen können sich auflösen, Körperbezirke vergrößert und verändert erscheinen. Die Subjekt-Objekt-Schranke kann sich auflösen, außergewöhnliche Wahrnehmungen (Halluzinationen, Synästhesien) können auftreten und das Bedeutungserleben kann sich stark verändern. Für den Erfahrenden ordnen sich diese Phänomene gemeinsam mit den Erfahrungsinhalten zu einem sinnvollen Ganzen. Der holotrope Bewusstseinszustand ist somit kein pathologischer Zustand (obwohl wir viele Phänomene auch von psychotischen Erkrankungen her kennen), sondern ein umfassender Erlebnisvorgang, der die Wahrnehmungen im normalen Wachbewusstsein bei weitem überschreitet.

Hans Peter Weidinger und Anna Maurer

3.2. Transpersonale Erfahrungen als Wege zum Selbst

In den letzten Jahren hat sich das Holotrope Atmen über die Selbsterfahrung hinaus immer mehr als therapeutisches Instrument etabliert. Die Integration abgespaltener Gefühle, die Konfrontation mit Schattenaspekten unserer Persönlichkeit, die Lösung muskulärer Blockaden und die Strukturbildung bei frühen Defiziten in der Persönlichkeitsentwicklung führen zu einem besseren Selbst-Gefühl, zur Integration von Körper, Seele und Geist und zu einer Reifung der Persönlichkeit. Die Miteinbeziehung der spirituellen Dimension unterstützt in subtiler Weise den therapeutischen Prozess. Für manche Klienten eröffnet sich sogar ein therapeutisch/spiritueller Weg, der religiöse Fragen, Sinn- und Existenzfragen und die intensive Sehnsucht nach Selbstverwirklichung mit sich bringt. Aus der ursprünglichen Orientiertheit auf das Leiden und die mitgebrachte Problematik wird eine Suche nach dem Selbst.

Im Folgenden sollen einige typische transpersonale Erfahrungsbereiche und -aspekte vorgestellt werden, wie sie in holotropen Atemsitzungen auftreten können und deren therapeutischer Wert beleuchtet wird.

Frühe biografische Erfahrungen
(Unabgeschlossene Lebenserfahrungen)

In holotropen Atemsitzungen können sehr frühe Bereiche des biografischen Lebens zugänglich werden. Sie sind nicht transpersonal im eigentlichen Sinn, sind aber mit herkömmlichen psychotherapeutischen Methoden und Interventionen aus dem normalen Wachbewusstsein heraus nur sehr schwer zugänglich. Dazu gehören frühe Missbrauchs- und Gewalterfahrungen, frühes Alleingelassenwerden (z.B. Spitalsaufenthalte), schwere Krankheiten, seelische und körperliche Deprivation. Wir wissen aus der traditionellen Psychotherapie, dass die Integration verdrängter oder abgespaltener traumatischer Erlebnisse den inneren Transformationsprozess entscheidend voranbringt. In holotropen Atemsitzungen kann es zu einem authentischen Wiedererleben solcher früher und unabgeschlossener Lebenssituationen kommen. Hier ein Auszug einer Atemerfahrung:

> ... Ich fühle mich kräftig, ganz da und mir wird allmählich klar, dass ich immer schon so war: kräftig, hörbar, sichtbar. Dass ich von meiner Geburt an so war und nie anders gewesen bin. Der „andere", der im Lauf der Jahre entstanden ist, war nur eine Rolle, eine Hülle, eine spezielle Identifikation: ruhig, zurückgenommen, zuvorkommend, auf die Bedürfnisse der anderen

achtend, brav, auch einsam. Mir fallen eine Menge Szenen aus meiner Kindheit und Jugend bis herauf zum Erwachsenenalter ein, und ich sehe mich in dieser Rolle. ... Es entsteht in mir der Wunsch zu erfahren, was mich dazu gemacht hat und ich bitte um Einsicht. Plötzlich beginnt ein autonomer Körperprozess, bei dem ich mich zusammenkrümme, die Knie ganz an mich heranziehe, den Kopf ganz zu den Knien hin. ... Plötzlich taucht eine Erinnerung vor mir auf, dass ich als Neugeborenes wegen einer Hüftgelenksluxation eine Spreizhose oder einen Gips verpasst bekommen habe, die mich an meiner Bewegung an den unteren Extremitäten gehindert hat. Das war also der Beginn meiner "Rolle". Ich fühle mich aber trotz der Bewegungsbehinderung vollkommen in Ordnung. Ich bin gerade auf die Welt gekommen, vollkommen o.k.; und da liege ich nun in einer Spreizhose. Ich kann nichts machen. Ich verspüre auch keinen Impuls, mich zu befreien und die unterdrückte Bewegung auszudrücken. Ich sehe meine beiden Sitter als meine Eltern, die bezeugen, dass ich vollkommen in Ordnung und nicht behindert bin und immer schon so gewesen bin.

Geburtserfahrungen

Stanislav Grof behandelt diese Ebene sehr ausführlich. Er fand heraus, dass in Zuständen veränderten Bewusstseins häufig Erfahrungen rund um die Geburt auftreten. Er ordnete das in langjährigen Forschungen gefundene Material in vier "perinatale Matrizen" (vgl. Grof 1978, 1985, 1987): Diese beschreiben den phasenhaften Geburtsprozess von der noch "ungestörten" intrauterinen Existenz des Fötus über den einsetzenden Beginn der Wehen mit zunehmender Enge und einem sich ankündigenden mächtigen Ereignis, über die Austreibungsphase als "gewaltige" Erfahrung von Kampf und Hingabe bis zur Geburt und unmittelbar danach als erlösende und überwältigende Erfahrung. Die Geburt ist ein Schnittpunkt der menschlichen Existenz. Sie vermittelt uns in ihrer leiblichen und bildhaft-symbolischen Dramaturgie einen Einblick in die Dynamik unserer Lebensentfaltung. "Stirb und werde!", "Tod und Wiedergeburt" sind Schlagworte, mit denen dieser Vorgang der Erneuerung, des Wachstums und der Veränderung gerne beschrieben wird. Ohne Loslassen vertrauter Bezüge, überkommener Anschauungen und alter Muster kann nichts Neues entstehen. Auch die Dramatik von Krisen lässt Parallelen mit dem Geburtsvorgang erkennen. Als Therapeuten und Begleiter erleben wir uns dabei oft mehr wie Geburtshelfer, die dem Neuen, das sich zeigen und geboren werden möchte, zum Durchbruch verhelfen.

Hans Peter Weidinger und Anna Maurer

In holotropen Atemsitzungen kann es zu einem Wiedererleben von unverarbeiteten Geburtserlebnissen kommen. Plötzliche Erstickungsgefühle, Todesängste, Überlebenskämpfe, sowie Visionen von Dunkelheit und dämonischen Welten können dieses Geschehen begleiten. Schwierige Geburten und traumatische Geburtserfahrungen können auf diese Weise an die Oberfläche kommen, sich ausdrücken und durch eine "geglückte" Geburtserfahrung in der Atemsitzung integriert werden. Viele authentische Erfahrungsberichte scheinen darauf hinzuweisen, dass der Körper über eine Art "Gedächtnis" verfügt, das so frühe leibliche Erfahrungen speichert, obwohl die Myelinisierung der Gehirnrinde - eine Voraussetzung für bewusstes Erinnern - noch nicht abgeschlossen ist. Hierzu wieder eine Atemerfahrung:

"Zu Beginn der Sitzung erlebte ich mich als schuppiges wurmähnliches Tier. ... Ich wand mich wiederholt spiralenförmig von meinem Rücken zu meinem Bauch und wieder zurück. Plötzlich spürte ich an meinen Füßen Berührungen, die ich als stark einengend empfand. Ich fing an, gegen sie anzukämpfen, zunächst nur leicht, später mit zunehmender Kraft und Entschlossenheit. Dieser Kampf intensivierte sich allmählich bis zu einem solchen Ausmaß, dass ich mir sicher war, ich würde um mein Leben kämpfen ... ich werde niemals aufgeben. ... Meine heftigen Bewegungen erreichten einen Höhepunkt und ließen dann nach. Ich geriet in eine Phase der Entspannung. An diesem Punkt entschloss ich mich, mich aufzusetzen, da schoss es mir durch den Kopf: "Ich bin eine Frühgeburt." Ich legte mich wieder hin, wurde an meinem ganzen Körper zugedeckt und hatte das Gefühl, ich könnte all die verlorene Zeit in der Gebärmutter wettmachen. Das war sehr schön. ... Plötzlich verspürte ich einen sehr intensiven Geruch nach Leder. Dieser Geruch kehrte immer wieder und ich empfand ihn als sehr angenehm. ... Später am Abend fand ich durch einen Anruf bei meiner Mutter heraus, dass meine Mutter zum Zeitpunkt rund um meine Geburt in einem Ledergeschäft gearbeitet hatte und am Tag meiner Entbindung bis spät in den Abend hinein Lederhosen auf ihrem Schoß genäht hatte. Noch Wochen nach der Sitzung fühlte ich mich leichter und entspannter. Tiefliegende existenzielle Sorgen verschwanden." (Walch in Grof 1987)

In Geburtserfahrungen können sich auch Türen zum Transzendenten öffnen: Nach intensivem Durchleben solcher Erfahrungen kann es zu Lichtvisionen, der Erfahrung eines sich unendlich öffnenden Raumes und dem Gefühl totaler Befreiung kommen. Nicht selten beginnt mit einer Geburtserfahrung ein spiritueller Aufbruch (siehe Kapitel 4.).

Pränatale Erfahrungen

Die pränatale Ebene fand bei Grof kaum wirklich Beachtung, obwohl in letzter Zeit gerade darüber sehr viel bekannt geworden ist. Die Wirkung von Außenreizen, inneren Einstellungen und chemisch-physikalischen Gegebenheiten auf das Ungeborene sind beträchtlich. Auch die einzelnen Entwicklungsschritte im Mutterleib sind so einzigartig, dass es einem Wunder gleichkommt: Drei Wochen nach der Zeugung beginnt das Herz zu schlagen und nach acht Wochen sind sämtliche inneren und äußeren Organe angelegt. Dies ist natürlich nicht nur ein rein physiologischer Prozess, sondern auch ein seelischer. Ein Teilnehmer erlebte in dramatischer Weise seine eigene Herzbildung mit. Danach fühlte er sich von freifließender Liebe überschwemmt. Sogar die Inkarnation, die Wahl der eigenen Eltern wurde in Bildern geschaut.

Erfahrungen jenseits von Raum und Zeit (transbiografische und transpersonale Erfahrungen)

In dieser Erfahrungsebene werden die Zeit- und Raumgrenzen überschritten, die unsere biografische Existenz von der Zeugung bis zum jetzigen Zeitpunkt des Erlebens begründen. "Der Erfahrende gewinnt Einsichten über umfassendere Bedingungen der individuellen Existenz, über Schöpfungs- und Entwicklungsprozesse, über feinstoffliche Regulationsmechanismen, über archetypische Zusammenhänge und Aufbrüche in spirituelle Regionen." (Walch, Vortrag 2. Weltkongress in Wien 2002). Die Möglichkeiten der Erfahrung sind äußerst vielfältig und können in diesem Zusammenhang nur angedeutet werden. Die wichtigsten transpersonalen Erfahrungsbereiche sind:

1. Transzendenz von Körper, Raum und Zeit: Dazu gehören außerkörperliche Erfahrungen, Zeitreisen (zukünftige Ereignisse können wahrgenommen werden), Besuche von anderen Kontinenten und Kulturen (z. B. Miterleben eines indianischen Stammesritus), bis hin zu kosmischen Reisen (Flüge durchs All).
2. Hellsehen, Präkognitionen, Bilokationen und andere parapsychologische Phänomene
3. Identifikation und Kontakt mit Tieren, Naturformen und kollektiven Zuständen (z. B. mit allen Hungernden dieser Erde u. ä.)
4. Verbale Phänomene (Zungenreden, andere Sprachen etc.)
5. Das Erleben des eigenen Todes und Reinkarnationserfahrungen
6. Kontakt zu Verstorbenen

7. Reisen in mythologische Welten
8. Reinigung und Heilung durch subtile Kräfte
9. Begegnung mit kollektiven Archetypen und Wandlungssymbolen (Mann-Sein etc.)
10. Konfrontation mit dämonischen Kräften
(nach Walch, Vortrag 2. Weltkongress in Wien 2002, unveröffentlichtes Manuskript).

Exemplarisch dazu zwei Erfahrungsberichte aus holotropen Atemsitzungen:

Der ununterbrochene Bewusstseinsstrom beim Sterben:
"... Allmählich wandelt sich das Erleben und das Gefühl und die Vorstellung tauchen in mir auf, sterbend zu sein. Ja, mein Körper fühlt sich an wie von einem Sterbenden bei vollem, klarem Bewusstsein. Ich stöhne, möchte meinen Körper endlich loswerden. Ich verstehe, warum Sterbende oft stöhnen - sie wollen ihren Körper endlich los sein. Mein Kopf biegt sich nach hinten, der Hinterkopf schiebt sich ganz stark in den Nacken. Dadurch wird es möglich, dass ein Energiestrom vom Kopf in die Wirbelsäule und weiter nach unten spürbar wird, so wie wenn sich ein Energiekanal öffnen würde. Plötzlich spüre ich einen ,letzten' Schlag in meinem Herzen (Extrasystole?) und ich weiß, dass ich jetzt gestorben bin. Mein Bewusstsein bleibt aber unverändert. Es steigt die Erkenntnis in mir auf, dass beim Sterben lediglich der Körper abfällt, das Bewusstsein aber ungebrochen bleibt. Es gibt daher keinen wirklichen Tod, nur einen ununterbrochenen Strom von Bewusstsein ... Ich habe den Eindruck, mich nach und nach und sehr langsam weiter, tiefer in das ,Reich des Todes' hineinzubewegen bis ich in einen tiefen Meditationszustand versinke. Mir fällt es schwer, am Ende der Atemsitzung zurückzukommen, es dauert eine ganze Weile. Mir ist bewusst, etwas ganz Wichtiges erfahren zu haben." (In Walch 2002/S409-410)

Identifikation mit einer Hohepriesterin:
"Ich atme wieder vertieft, die Musik lenkt meine Aufmerksamkeit zum Kopf. Dieser Bereich ist wie energetisch aufgeladen, ich spüre es in meinen Händen. Ich bewege sie über meinem Kopf auseinander. Ich nehme mich auf einer Anhöhe sitzend war, auf meinem Haupt eine aus vielen bunten Edelsteinen gebildete Steinkrone. Ich bin eine (aztekische?) Hohepriesterin. Die Krone verbindet mich mit dem Himmel. Meine Aufgabe ist es, in dieser Verbindung zu bleiben, um meinem Volk zu helfen. Mein Herz ist voll Mitgefühl für mein Volk (Gruppenteilnehmer), aber ich weiß, es muss durch

das Leid gehen, um Erlösung zu erlangen. Ich fühle mich meinem Volk sehr verbunden, existiere aber gleichzeitig in meiner eigenen Stille, in der Anmut des goldenen Lichts. Ich repräsentiere Kraft, Würde, Weisheit. Dies ist wichtig für mein Volk, da ich ihm damit den Weg zeige. Ich verweile lange in dieser Haltung, fühle mich ganz in mir. Danach stellt sich eine fröhlich ausgelassene Heiterkeit ein." (In Walch 2002/S 390).

Transpersonale Erfahrungen vermitteln sich immer auf beiden Ebenen - der personalen und der transpersonalen. Die transpersonale verweist auf archetypische, kollektive und kosmische Dimensionen, die allgemeingültiges Wissen, direkte Einsicht und Weisheit vermitteln. Die personale zeigt sich im Wie der Erfahrung und im persönlichen Bezug bzw. der biografischen Interpretation und Einordnung. Heilungsprozesse in einem transpersonalen Sinn finden somit immer auf einer persönlichen Ebene - Lösung von Spannungen und Blokkaden, Integration abgespaltener Gefühle und Erfahrungen, Transformation erstarrter Muster etc.- statt *und* auf einer transpersonalen: Erkennen tieferer Sinnzusammenhänge, mehr Mitgefühl für die Mitmenschen und die Umwelt, Entwicklung von umfassenderen Formen der Liebe, Toleranz und Verantwortungsbewusstsein, erhöhte Empfindsamkeit für Synchronizitätserleben, um nur einige Aspekte zu nennen. Auf diese Weise öffnet sich das Personale dem Transpersonalen und umgekehrt und beide Ebenen unterstützen die persönliche und kollektive Entwicklung.

4. Holotropes Atmen - Unterstützung und Begleitung auf einem spirituellen Weg

4.1. Holotropes Atmen und die spirituelle Dimension des Menschseins

Die Erfahrungen in holotropen Zuständen sind in einen psychotherapeutischen Rahmen eingebettet, so dass beides möglich ist: Heilung und Integration auf der personalen Ebene, sowie Befreiung und Vertiefung in einem spirituellen Sinn. Das holotrope Atmen öffnet für spirituelle Themen und Prinzipien. Obwohl Erfahrungen mit dem immanenten oder dem transzendenten Göttlichen Qualitäten aufweisen, wie sie in alten spirituellen Weisheitslehren beschrieben werden, kann ein Entwicklungsweg, der über Jahre mit Atemsitzungen begleitet wird, einen spirituellen Weg nicht ersetzen.

Hans Peter Weidinger und Anna Maurer

Alle großen Weltreligionen haben auch eine spirituelle, esoterische Tradition, die auf einer individuellen Beziehung des Einzelnen zum Göttlichen beruht. Sie bauen auf jahrhundertealtes Wissen auf und bieten einen systematischen Übungsweg an, der von spirituellen Lehrern begleitet wird: zum Beispiel der Mystizismus im Christentum, der Sufismus im Islam, die chassidische Bewegung und die Kultur der Kabbala in der jüdischen Religion, verschiedene Yogarichtungen im Hinduismus, Zen und die tibetische Form des Buddhismus. Die Beschreibung der spirituellen Dimension des menschlichen Bewusstseins in diesen großen mystischen Traditionen erfolgt zwar in den Bildern und Überzeugungen des dazugehörigen Weges, es finden sich aber an unterschiedlichen Stationen und vor allem im Ziel auffällige kulturübergreifende Gemeinsamkeiten. Menschen, die dem Göttlichen begegnet sind, wissen, dass es für die Tiefe ihrer Erfahrung nur unterschiedliche Begriffe gibt, wie: das Absolute, Gott, Tao, Nirwana... Sie wissen aber auch, dass jeder von uns letztendlich mit dem göttlichen Ursprung identisch ist, und dieses Erkennen ist frei von dogmatischen Fesseln.

Sind personale Psychotherapie, Holotropes Atmen und ein spiritueller Weg füreinander durchlässig und arbeiten konstruktiv zusammen, können sie Menschen gut auf einem inneren Weg unterstützen. Transpersonale Psychotherapeuten bewegen sich zwischen therapeutischen und spirituellen Prozessen, sie begleiten und unterstützen diese, initiieren sie aber nicht, ermöglichen es dem Erfahrenden jedoch, das Vertrauen in den Prozess nicht zu verlieren, sind Wegbegleiter, Katalysatoren.

Obwohl es schwierig ist, holotrope Erfahrungen, in denen sich Kosmisches und Subjektives vermischt - personale, transpersonale und spirituelle Themen gleichzeitig hochkommen -, zu kategorisieren, betont Sylvester Walch die Wichtigkeit, spirituelle Erfahrungen im großen Bereich der transpersonalen Erfahrungen noch einmal zu verdeutlichen. Ken Wilber kritisiert sogar die inflationäre Verwendung des Begriffes transpersonal. Für ihn sollte dieser Begriff nicht nur Erfahrungen jenseits von Zeit und Raum erfassen, sondern einen ersten spirituellen Zustand in der großen Kette des Seins vermitteln.

Sylvester Walch hat in seinem Buch "Dimensionen der menschlichen Seele" persönliche Berichte aus den letzten zwölf Jahren aus Hunderten von Atemerfahrungen zusammengetragen. Die Berichte bilden einen Erfahrungsquerschnitt. In diesem Teil des Artikels werden Erfahrungssequenzen hervorgehoben, die den Aufbruch zu einem spirituellen Weg und seine Vollendung verdeutlichen.

4.2. Innerer Aufbruch zu einer spirituellen Reise

Durch den Atem verbinden und verbünden wir uns mit einer Kraft, die über unsere persönlichen Grenzen hinausgeht. Es ist die kosmische Energie, das Verbindungsstück zwischen grobstofflichen und feinstofflichen Bereichen. Seit Jahrhunderten ist bekannt, dass das Bewusstsein durch spezielle Atemtechniken beeinflusst werden kann. Tiefgreifende Bewusstseinsveränderungen können durch Unterstimulation (Herabsetzung der Intensität - z.B. Meditationstechniken) oder durch Überstimulation (Beschleunigung und Vertiefung des Atems - wie Holotropes Atmen) herbeigeführt werden.

Durch beschleunigtes Atmen kommt es zu einer Vitalisierung spiritueller Kräfte, die Kundalini kann erwachen und den spirituellen Entwicklungsprozess in Gang setzen. Kundalini ist ein Begriff aus dem Sanskrit und bedeutet wörtlich "Schlange" oder "Schlangenkraft". Sie symbolisiert die schöpferische Urkraft, die schlafend aufgerollt am unteren Ende der Wirbelsäule eines jeden Menschen ruht. Sie kann durch die Gnade eines spirituellen Meisters, durch spirituelle Praktiken oder auch durch Spontanereignisse erweckt werden. Einmal erwacht, schlummert der Same im Schüler und ermöglicht eine spirituelle Entwicklung, in der die Kundalini vom Latenzstadium zum manifesten Stadium gelangt. Menschen, die die theoretischen Zusammenhänge kennen, die Bedeutung des Prozesses verstehen - der manchmal auch sehr dramatisch verläuft -, können dabei helfen, Erlebnisse einzuordnen, um sie umfassender zu begreifen. Kennt man solche Erscheinungen, dann weiß man auch, dass sie nicht krankhaft sind, sondern zum Weg gehören im Dienste einer weiteren Entwicklung. Es bedarf hilfreicher Methoden (Atemübungen, Rituale, Visualisationen), die diese Kraft unterstützen und das Vertrauen in ihren Ablauf stärken.

Erfahrungsberichte machen das Kundalini-Phänomen anschaulich, die als eine unglaublich intensive Kraft erlebt wird.

"Ich bin eine Schlange und sitze am Steiß in einer Lichtröhre. An ihrem Ende ist der ‚Große Geist', die Bewusstheit, das klare Licht. ... Ein Assistent meinte, dass die Kundalini-Energie durchgebrochen ist. Vor dieser Energie hatte ich große Angst und wollte sie nie erleben. Jedoch spürte ich Gott in mir und eine starke Verbindung mit der universellen Energie."

Oft wird das erste Aufwallen der Kundalini als Kraft empfunden, die von der Wurzel der Wirbelsäule aus aufsteigt, in einem stetigen Strom das Rückgrat hinauffließt und durch die Schädeldecke aus dem Körper austritt.

"Ich liege auf dem Rücken, sehr dankbar, fühle aus dem Bauch das Licht - die Kraft - die Wirbelsäule hinaufströmen, fühle die Schädeldecke als weite, leichte, helle Schale, die ins Weltall reicht, und fühle hinaus in die Arme einen Lichtfluss, der in den Händen zu einem kraftvollen Sprühen von Energie wird. Gefühle von Frieden, Liebe und Kraft, alle von strömendem Charakter."

Holotrope Atemerfahrungen werden manchmal wie eine zweite spirituelle Geburt erlebt, die einen Durchbruch zu einer neuen und tieferen Existenz ermöglicht. In diesen Zuständen werden bedingungslose Liebe, tiefe innere Verbundenheit, Zufriedenheit, Erfahrungen der Losgelöstheit von allen Begrenzungen erlebt. Das Alltagsbewusstsein öffnet sich für ungewöhnliche Erfahrungen, in denen "sich Gott mit ungeheurer Macht im gewöhnlichen Alltag einen Raum verschafft" (Jahrsetz in Walch 2002/S 295).

"… Ich habe deinen Namen in meine Haut geschrieben. ‚Mein bist du', spricht der Herr. Ich bekam das Gefühl, in eine Schöpfung hineingeboren zu sein, in einen größeren Zusammenhang, der mich zutiefst berührt."

"… dann ist der Satz in mir: 'Gott gebiert sich in mich hinein.' Ich bin überwältigt von diesem Vorgang. Es dauert eine Weile, dann ist dieser Vorgang plötzlich vorbei: 'Es ist vollbracht.' Mir wird klar, dass dieser Vorgang zu einem spirituellen Weg dazu gehört, es ist wie eine zweite spirituelle Geburt, die Immanenz. Große Demut und Dankbarkeit machen sich in mir breit, Gott nimmt von mir Besitz, wird dadurch ganz zu mir. Gefühl der Ekstase und des Einheitsbewusstseins, trage Gott in meinem Herzen. Ich habe die Gewissheit, dass er mich nie wieder verlassen wird, ich spüre große Liebe."

Das Holotrope Atmen öffnet für ein direktes Begreifen und Erfassen von Dimensionen, die einer höheren Realitätsordnung angehören. Jung nennt das nach Rudolf Otto "numinos". Es handelt sich dabei um einen meist unerwarteten überwältigenden Gnadenakt.

Stan Grof beschreibt in seinem Buch "Psychologie der Zukunft" Erfahrungen, in denen man den Zustand von Einheit und Ganzheit erlebt hat, folgendermaßen: "Wir transzendieren gleichzeitig die Unterscheidung von Subjekt und Objekt und erleben uns in einer ekstatischen Vereinigung mit der Menschheit, der Natur, mit dem Kosmos und Gott. Intensive Gefühle der Freude, der Glückseligkeit und von innerem Frieden stellen sich ein. Menschen, die diese Art von mystischem Bewusstsein erfahren, meinen, die gewohnte Realität, in welcher Raum dreidimensional und Zeit linear ist, zu verlassen und in ein zeitloses, mystisches Reich einzutreten, in dem diese Kategorien keine Gültigkeit mehr haben, dafür Unendlichkeit und Ewigkeit erfahrbar werden." (Grof 2002/S 162)

"… Es ist soviel Licht da, göttlich strahlendes Licht, Seine Gegenwart ist überwältigend … Es ist zuviel für mich, und Tränen der Seligkeit, des Überwältigtseins brechen aus. Dann heben sich die Hände im Liegen über dem Kopf. Das ganze Sein ist ausgebreitet, Ihm entgegen, Frieden, Seligkeit, Glück, Liebe, Schönheit, eingetaucht in das Eine, aufgehoben wie eine Blüte, die sich ganz öffnet, sich ihm entgegenhaltend."

Diese spontanen Öffnungen, bei denen wir zu einer anderen Bewusstseinsebene durchdringen, verblassen im Alltag, der im Vergleich zu den außergewöhnlichen Erfahrungen oft als öde, schal und leer empfunden wird. Wir erkennen, dass Momente der spirituellen Glückseligkeit nicht festgehalten werden können. Wir können sie aber durch regelmäßige Meditation vertiefen, um mit der Zeit eine neue innere Ordnung zu errichten. Spirituelle Übungen erfordern zwar Konsequenz und Konzentration, aber diese Disziplin hat keine autoritären Züge, denn sie kommt von innen: "Manchmal muss ich mich zu einer gewissen Regelmäßigkeit zwingen, aber meist zieht es mich zur Meditation hin, die ihre eigene Dynamik entwickelt und sich ohne besondere Anstrengung natürlich ereignet."

4.3. Verbundenheit mit einer Höheren Führung

In holotropen Zuständen kann die innere Weisheit in uns, die uns trägt und führt, direkt erfahren werden. Sie ist die Brücke zwischen personalem, transpersonalem und spirituellem Sein. Sie spiegelt das Göttliche in uns wider.

"… die innere Weisheit wohnt im Körper … wie ein Mandala, wie ein buntes Muster aus allen Farben."

Sylvester Walch erklärt die Zusammenhänge so: "Das personale Selbst ist im transpersonalen aufgehoben (in einem doppelten Sinn: beherbergt und überschritten). Das transpersonale Selbst dient als Brücke zwischen dem existentiellen Selbstbewusstsein und dem transpersonalen Einheitsbewusstsein. Über diese Brücke kommuniziert das letzte Geheimnis mit uns." (Walch 2002/S 151)

"… helles Licht bestrahlt mich, ich spüre eine Verbindung nach oben, zu etwas Höherem, Wissenderem, dem ich mich anvertrauen kann - bin eingebettet in eine höhere Weisheit. Ich bin bereit. Ich vertraue mich dieser Kraft und Weisheit an und will in Verbundenheit mit ihr leben."

Hans Peter Weidinger und Anna Maurer

Solch spontane Öffnungen, bei denen wir zu dieser Bewusstseinsebene durchdringen, lassen uns vertrauensvoll das Leben in göttliche Hände legen. Zurückgekehrt in Zeit und Raum treten oft Zweifel und Ängste auf, da wir gleichzeitig in Kontakt mit zwei Ebenen sind, einer individuellen und einer universellen, mit einem begrenzten und einem grenzöffnenden Material. Es scheint uns oft schwierig zu sein, den Inhalt, das Wesen, die Idee einer solchen Botschaft zu erfassen und sie in einen sinnvollen Zusammenhang mit unserer Lebenssituation zu bringen, die Brücke zwischen den äußeren Lebensumständen und unserer inneren Erlebniswirklichkeit herzustellen. Entschließt man sich, dieser höheren Weisheit zu vertrauen und mit gebündelter Kraft den Weg zu gehen, den das Höhere Selbst weist, muss man immer wieder seine Zweifel bearbeiten, darf bei Schwierigkeiten nicht aufgeben. Um das Erlebte zu verstehen und richtig zu interpretieren, sehnt man sich nach Unterstützung und Begleitung. PsychotherapeutInnen, die einen spirituellen Weg gehen und sich mit diesen Themen beschäftigen, wissen, dass Hindernisse, denen wir offen begegnen und Schwierigkeiten, die wir überwinden, neue Kräfte für den weiteren Weg freisetzen.

"... es geht um die Entscheidung, ich habe die Wahl wie jeder von uns, zu ihr (der höheren Macht) zu gehen und ihr zu dienen, was bedeutet, in Verbindung mit dem Leben, der Liebe zu sein, oder in die Ich-Bestimmung zu gehen, und ich sah auch diesen Weg, der in die Verbindungslosigkeit, die irrtümliche Freiheit führt, verbunden mit Leere und Einsamkeit. ... Die Entscheidung, der höheren Macht zu dienen, hat den Preis, die Ich-Bestimmung abzulegen. Ich sah beide Wege vor mir liegen - tief von innen heraus, nicht laut und rufend, eher still, aber von einer Klarheit und Entschlossenheit durchdrungen, kam ein Ja für den spirituellen Weg."

Ist die Entscheidung getroffen, muss man sie festigen und seine ganze Kraft bereitstellen, um sich von vertraut gewordenen Vorstellungen und Interessen zu lösen und das Leben auf spirituelle Grundsätze auszurichten. Jetzt beginnt oft die Suche nach einer spirituellen Tradition, deren Meister uns bei der Transformation unserer Persönlichkeit helfen, um uns für die göttliche Grundwirklichkeit zu öffnen.

Spirituelle Lehrer können zwar dem Schüler nichts abnehmen, ihn aber ermutigen, den Weg der Befreiung weiterzugehen und Hindernisse zu überwinden. Im Zen-Buddhismus wird das Bild von der Henne und vom Küken verwendet. Das Küken pickt von innen die Schale auf, und die Henne hilft von außen ein wenig nach, um das Küken in die Freiheit zu holen.

Die Übertragung der spirituellen Kraft vom Meister auf den Schüler erfordert nicht unbedingt die Anwesenheit des Gurus, denn er wirkt unabhängig vom tatsächlichen Aufenthaltsort seiner Person - eine intensive Verbindung kann auch in Atemsitzungen erlebt werden.

"… sehr starke Verbindung zu meiner Meisterin während der gesamten Atemsitzung … meine spirituelle Meisterin ist in mir, hat Platz genommen … ich erlebe alles als ihr Geschenk, soviel bin ich ihr wert, soviel Gnade wird mir zuteil. Viele Gebete in der Zeit danach, dass sie sich ausdehnen möge, meine Räume füllen."

Auch kann die Begleitung über lange Strecken fast unmerklich passieren. Da der Meister in seinem Seinszustand unabhängig von Raum und Zeit wirken kann, ist sein Beistand nicht auf persönliche Begegnungen angewiesen, wertvolle Hinweise können auch in einem holotropen Zustand gegeben werden.

"'Obwohl du dich von mir abgewandt hast, habe ich dich mit meiner Liebe nie verlassen', sagt meine Meisterin. Plötzlich das Gefühl, dass sich mein Brustbereich ganz weit öffnet, mein Herz schutzlos, offen und frei liegt - es macht mir keine Angst, ist aber ungewohnt - es ist voll von Dankbarkeit und Liebe - es empfängt ihren Segen. Sie sagt: 'Setze dich auf und verwende mich wie einen Spiegel.' Ich spiegle mich in ihr und gleichzeitig in allen anderen Menschen."

4.4. Konzepte fallen, Bilder lösen sich auf

Um letzte Verwirklichungsschritte möglich zu machen, geht es auf einem spirituellen Weg darum, Pole und Gegensätze zu integrieren.

"Ich bin in der Finsternis, … Licht kommt zu mir, ich spüre immer deutlicher, wie sich Licht und Finsternis in mir mischen … Ich bin mit der Finsternis verbunden, und das Licht erfüllt mich, ich hab keine Angst."

Die dualistische Werteordnung fällt in sich zusammen. Solche Erfahrungen aus dem Tiefenbewusstsein rufen in unserem Alltagsbewusstsein Widersprüche und Befremden hervor. Die Innenwelt und die Wahrnehmung der Außenwelt geraten mehr und mehr aus den Fugen. Die Bewertungsmaßstäbe verändern sich. In holotropen Zuständen wirken die neu gewonnenen Einsichten derartig überzeugend, dass wir keine andere Wahl haben, als sie in unsere Weltsicht zu integrieren.

Hans Peter Weidinger und Anna Maurer

"... Mein Drittes Auge öffnet sich ... Es strahlt in einem hellen, gelben Licht, ich sehe Bilder damit. Eine Ebene ist: Ich bin heimgekehrt, eingebettet in Frieden und Harmonie, in der Einheit. Ich kann aber auch die darüberliegende Ebene realisieren, auf der wir dual wahrnehmen - diese Szenen in gut und böse, angenehm oder unangenehm, bedeutend oder unbedeutend einordnen. Ich erlebe die übliche Wahrnehmung der Realität als eine Wahrheit und dahinter die andere mit dem Grundgefühl: Ich bin eingebettet in der Einheit - bin im Frieden in der Harmonie - bin heimgekehrt."

Es ist Bestandteil der meisten mystischen Traditionen, dass die Wirklichkeit, wie sie uns erscheint mit ihren Abläufen und Widersprüchen, dass sich diese relative und phänomenale Wirklichkeit von einer tieferen oder absoluten Wirklichkeit unterscheidet. Die relative ist die der Wünsche, Ängste, Gefühle, Aktionen und Reaktionen. Die absolute ist die eines inneren Beobachters, der Empfindungen, Gefühle, Gedanken, Stimmungen als Phänomene, die sich in einem ständigen Auflösungsprozess befinden, einfach nur zur Kenntnis nimmt. Damit sprengt man seine alte, verengte Identität und erweitert und vergrößert sie, weil man immer mehr mit dem Grund seiner Identität in Kontakt kommt, die Wilber als den "transpersonalen Zeugen" bezeichnet.

Der reine Zeuge kommt und geht nicht. "Er entsteht nicht im Raum und bewegt sich nicht in der Zeit. Er ist, wie er ist; er ist allgegenwärtig und unveränderlich. Er ist kein Objekt da draußen, weshalb er auch niemals in den Strom der Zeit, des Raums von Geburt und Tod eintritt." (Wilber in Walch 2002/S 317).

> *"Ich bin dieser eine Punkt:*
> *Weder geboren noch gestorben,*
> *weder tot noch lebendig,*
> *weder dies noch das,*
> *ewig und unvergänglich,*
> *von absoluter Stille,*
> *alles wahrnehmend und voll Wonne bezeugend."*

Wer ganz von sich loslässt und gleichsam nichts wird und sich vertrauensvoll diesem Grund überlässt, erfährt eine neue, unzerstörbare Identität. Es geht immer mehr darum, die vermeintlich tragfähige Identifikation aufzugeben und ihre Relativität zu erkennen. Wenn wir das bisherige Selbstverständnis loslassen, öffnen wir uns neuen Seins-Aspekten, nämlich diesem Nichts, das nicht der Gegensatz zu etwas Seiendem ist, sondern der Urgrund unseres Seins, die indifferente Leere, die schöpferische Grundwirklichkeit. Diese uranfängliche Leere oder dieses uranfängliche Nichts liegt der phänomenalen Welt, wie wir sie kennen, zugrunde und ist ihr gleichzeitig übergeordnet.

Stan Grof berichtet dazu: "Bei einer authentischen Erfahrung der Leere sind wir der festen Überzeugung, dass es sich dabei um *die* uranfängliche Leere handelt... Wir werden zu reinem Bewusstsein, das sich dieses absoluten Nichts bewusst ist; gleichzeitig und paradoxerweise haben wir jedoch ein Gefühl von essentieller, vollständiger Fülle... Obwohl es sich nicht in irgendwelchen konkreten Formen manifestiert, scheint es die gesamte Existenz in potenzieller Form zu enthalten." (Grof 2002/S 279).

"Wozu sind wir auf der Welt? Wir sind nur ein Spielball des Nichts. Letztlich gibt es die Persönlichkeit nicht mehr, weil sie sich im Nichts verliert. Da die Welt nur aus dem Nichts entstand, ist sie auch nichts. Alles löst sich auf ... Meine persönliche Identität löst sich auf. Obwohl ich meine Identität verloren habe, fühle ich mich ganz. Ich war in dieser Welt, doch ohne persönliche Identität."

Die Ichlosigkeit und die Identitätsauflösung bezeichnet Heidegger als das "Sein des Seienden", Steindl Rast als "Zugehörigkeit zu unserem Wirklichkeitsgrund", Loomans als die "Rückbindung an die Kraftquelle des Lebens" und Gebser als die Gewissheit, im "unsichtbaren Ursprung" aufgehoben zu sein.

"Im Herzen der Schöpfung angekommen."

Literatur

Assagioli, R (1992) Psychosynthese und transpersonale Entwicklung. Junfermann. Paderborn

Frambach, L (1993) Identiät und Befreiung. Via Nova. Petersberg

Greenwell, B (1998) Kundalini - Erfahrungen mit der geheimnisvollen Urkraft der Erleuchtung. Gustav Lübbe. Bergisch Gladbach

Grof, S (1983) LSD-Psychotherapie. Klett-Cotta. Stuttgart

Grof, S (1985) Geburt, Tod und Transzendenz. Kösel. München

Grof, S (1987) Das Abenteuer der Selbstentdeckung. Kösel. München

Hans Peter Weidinger und Anna Maurer

Grof, S (1997) Kosmos und Psyche - An den Grenzen menschlichen Bewusstseins. W.Krüger. Frankfurt/Main

Grof, S (2002) Die Psychologie der Zukunft. Astrodata. Wettswil

Maurer, A (1998) Auf der Suche nach dem Selbst. Ibera. Wien

Maurer, A (2002) Feuer und Flamme. Ibera. Wien

Stumm, G & Pritz, A (Hrsg.) (2000) Wörterbuch der Psychotherapie. Springer. Wien, New York

Walch, S (2002) Dimensionen der menschlichen Seele. Walter. Düsseldorf, Zürich

Wilber, K (engl. 1980, dt. 1990) Das Atman Projekt. Junfermann. Paderborn

Wilber, K (1987) Das Spektrum des Bewusstseins. Scherz. Bern, München

Wilber, K (1984) Wege zum Selbst. Goldmann. Bern, München, Wien

Wilber, K (1997) Eine Spiritualität, die transformiert. In: Zeitschrift für Transpersonale Psychologie und Psychotherapie 3, 2 (1997) S 58-62

AutorInnen:

Anna Maurer, Jahrgang 1950, Psychotherapeutin (Integrative Gestalttherapie, Bioenergetische Analyse - ÖAGG/DÖK), Supervisorin - Persönlichkeitscoach, Lehrtherapeutin für Transpersonale Psychotherapie und Atemarbeit nach Sylvester Walch, Ausbilderin für Integrative Gestalt Massage IGM-Körpertherapie (Ausbildung bei Ulla Bandelow/Paris und Isabella Valentin-Pretis, Dr. Sylvester Walch), Leiterin von Bioenergetikkursen und Meditationsabenden (Yoga und buddh. Traditionen), Autorin der Bücher: "Auf der Suche nach dem Selbst" und "Feuer und Flamme" (IBERA-Verlag, Wien)

A-1010 Wien, Riemergasse 11/7, Tel. & Fax: +43 (0)1 513 72 98, Mobil:+43 (0)664 260 5884, E-mail:maurera@netway.at, www.annamaurer.at

Dr. Hans Peter Weidinger, Jahrgang 1958, Facharzt f. Psychiatrie und Neurologie, Psychotherapeut (Integrative Gestalttherapie/ÖAGG), Supervisor (ÖBVP), Lehrtherapeut für Integrative Gestalttherapie (IGWien) und Transpersonale Psychotherapie und Atemarbeit (ÖATP), Vorsitzender des Österr. Arbeitskreises für Transpersonale Psychologie und Psychotherapie (ÖATP), Vortrags- und Seminartätigkeit.

A-1090 Wien, Porzellangasse 56/2/10, Tel./Fax: +43 (0)1 310 88 00, E-Mail: hp.weidinger@holotrop.at, www.holotrop.at

Jakob Bösch

Geistiges Heilen in Medizin und Psychotherapie

1. Einführung

Geistiges Heilen ist als essentieller Bestandteil der schamanischen Heiltraditionen rund um den Erdball über tausende von Jahren tradiert und gepflegt worden. Nach Ebneter et.al. (1) deuten Höhlenmalereien in den Pyrenäen darauf hin, dass Menschen schon vor 15.000 Jahren die Kunst des Handauflegens kannten. Überlieferungen wie die Merseburger Zaubersprüche belegen die Kenntnis über die Kraft des Wortes auch in unserem Kulturkreis bis in die indogermanische Vergangenheit zurück. In allen Hochkulturen finden sich Zeugnisse für das Wissen um heilende Hände und heilende Worte.

Mehr beargwöhnt als beachtet von der Schulmedizin erlebt diese uralte Heilkunst auf breiter Front eine Renaissance. Einerseits mehren sich die Untersuchungen zur klinischen Wirkung von Kontakt- und Fernheilen, andererseits ebnen biophysikalische Experimente ein Tor zum Verstehen dieser Heilvorgänge, und die moderne Quanten- und Vakuumphysik liefert einen theoretischen Verständnisrahmen und ein zeitgemäßes Weltbild dazu.

2. Begriffe

Für mentales Heilen werden sowohl im Deutschen wie im Englischen verschiedene Begriffe verwendet wie Geistiges Heilen, geistig-energetisches Heilen, Handauflegen, Spirituelles Heilen, Fernheilen (engl. mental healing, psychic healing, spiritual healing, therapeutic touch, intercessory prayer, distant healing, remote healing) usw. Benor (2), der eine erste Metaanalyse lieferte, hat eine breit anwendbare Definition für Geistheilen geschaffen: "the intentional influence of one or more persons upon a living system without utilising known physical means of intervention". Häufig wird in Forschung und Praxis von Energie gesprochen: Energy Medicine, Subtle Energy, Bioenergy, Psychoenergetics usw. sind nur ein paar der gängigen Begriffe. Das amerikanische National Institute of Health (NIH) nennt unter "Energy Therapies" als Beispiele auch: "external qi gong, therapeutic touch, Reiki, intentional effects on living systems, therapeutic application of electromagnetic fields". Der Begriff der Information gewinnt zunehmend Bedeutung und wird mehr und mehr als "die Theorie vereinheitlichendes Konzept" gesehen (3).

3. Geistheilen behandelt Menschen nicht Symptome oder Krankheiten

Die klassische Medizin sieht die Krankheiten als Defekte in einem komplizierten im Wesentlichen physikalisch-chemischen Mechanismus, die durch äußere Einwirkung oder innere Störung der Regulation, Produktion oder der Abwehr verursacht sind. Die Prozesse und Krankheiten werden korrigiert, bekämpft, ausgemerzt und es werden Feldzüge gegen Krankheiten geführt.

Geistiges Heilen bekämpft nicht Krankheiten, sondern behandelt kranke Menschen. Die therapeutische Einwirkung richtet sich in der Regel nicht auf ein bestimmtes erkranktes Organ oder Organsystem sondern auf den Menschen insgesamt. Krankheiten, die schulmedizinisch eine nosologische Einheit bilden und für die oft einheitliche Ursachen angenommen werden, erscheinen lediglich als ähnliches Endresultat teilweise gänzlich verschiedener Ausgangszustände. Beispielsweise muss aus den Behandlungsverläufen von Patientinnen mit ungewollter Kinderlosigkeit bei Ovarialinsuffizienz und pathologischem FSH-Wert geschlossen werden, dass in einem Fall eine versuchte Vergewaltigung mit Messerbedrohung im Erwachsenenleben, ein anderes Mal wiederholte induzierte Aborte mit starken Schuldgefühlen und ein drittes Mal eine Traumatisierung in der Kindheit mit gestörter Elternbeziehung ursächliche Hauptfaktoren sind. Deshalb kann bei gleicher schulmedizinischer Diagnose die geistig-energetische Behandlung sehr verschieden ablaufen und die Ansprechbarkeit sehr unterschiedlich sein. Krankheiten werden oft auch als geistige Hilfen auf einem geistig-spirituellen Entwicklungsweg gesehen, eine Ansicht wie sie auch von Rudolf Steiner, dem Begründer der Anthroposophie überliefert ist. Es soll gesagt haben, wenn der Mensch nicht mehr weiter wisse, würden die Götter die Krankheit schicken. Krankheit hat also oft die Funktion, zu seelisch-geistigem Wachstum zu verhelfen. Noch deutlicher wird dies von der englischen Heilergemeinschaft "White Eagle" formuliert: "Ihr glaubt an eine unsichtbare Lebenskraft, eine alles bewirkende Macht, die euch von Krankheit und Schmerzen, von Disharmonie und Verwirrtheit befreit. Diese Kraft aber braucht ein Tor, durch das sie eindringen kann. Und so solltet ihr euren Körper und euren Geist auf das Einströmen göttlicher Heilkräfte vorbereiten und eure Seele öffnen. Nur allzu viele suchen Heilung, ohne sich darüber klar zu werden, dass sie Geist sind, und sie selbst ebenso viel zu ihrer Genesung beitragen müssen wie jeder Heiler. Es steht nicht im Einklang mit dem göttlichen Gesetz, dass der Leib vollständig geheilt werden kann ohne eine Mitwirkung der Seele. Ehe der Körper ganz gesund wird, müsst ihr euren Teil zu seiner Heilung beitragen, denn die Seele muss erfahren, dass es der Sinn jeder Krankheit ist, aus ihr etwas zu lernen. Betet deshalb darum, dass ihr die Ursache und den Sinn von Krankheit und Unglück, die euch treffen, zu verstehen lernt." (4) Aus diesen Zeilen geht hervor, wie stark die Auffassung geistig Heilender mit Ansichten moderner Psychotherapeuten übereinstimmen.

4. Geistheilen und Psychotherapie

Zwischen Geistheilen und Psychotherapie gibt es Unterschiede aber noch mehr Gemeinsamkeiten. Psychotherapie ist vom einen Pol her ziel- und verhaltensorientiert, vom anderen Pol her einsichtsvermittelnd und mehr intuitiv verlaufend. Geistheilen ist nicht in ähnlicher Weise methodisch beschrieben und vereinheitlicht, wie dies bei den gängigen Psychotherapiemethoden der Fall ist und muss nach dem Vorgehen herausragender Praktiker beschrieben werden. Manche Heilende sagen: "Fast jede Krankheit kann geheilt oder heilend beeinflusst werden, aber nicht jeder Mensch mit einer bestimmten Krankheit und auch nicht zu jedem Zeitpunkt und nicht von jeder Heilerperson. Die Seele muss bereit sein." Beispielsweise sagt eine Heilerin oft schon bei der ersten Behandlung: "Dieser Mensch lässt die Behandlung bis in die Tiefe zu" bei einer anderen Person jedoch: "Es geht nicht durch, es ist mühsam, sie lässt es nicht zu", obwohl beide Personen die Behandlung bewusst wünschen und ein ins Gewicht fallender Unterschied der Motivation bei der klinischen Abklärung nicht zu eruieren ist. Hier finden sich Ähnlichkeiten mit dem Konzept des Widerstandes in den tiefenpsychologischen Therapierichtungen. Ähnlichkeiten zur Tiefenpsychologie zeigen sich auch im intuitiven Vorgehen.

Beim Geistheilen kann ebenfalls, ähnlich wie in der Tiefenpsychologie, in der Regel nicht rational entschieden werden, welche Störungen in welcher Reihenfolge angegangen werden sollen. Die heilende Person muss sich, wie schon

Jakob Bösch

oben erwähnt, auf den ganzen Menschen einstellen und sich intuitiv führen lassen. Eine Abgrenzung zwischen psychologischen und organischen Störungen wird nicht vorgenommen. Die folgende Schilderung eines Behandlungsverlaufes mag dies illustrieren: Eine Frau Mitte dreißig kommt wegen Kinderwunsch zur Behandlung. Sie leidet daneben seit zwei Jahren an invalidisierenden Schmerzen im linken oberen Sprunggelenk und hat vergeblich diverse Spezialisten aufgesucht und sich vergeblich einer Knieoperation unterzogen. Die Frau nimmt täglich opiathaltige Schmerzmittel und zwei weitere Operationen sind geplant. Bei der geistigen Behandlung sieht sie in Trance zwei weiße Gestalten, die ein Päckchen von ihrem Fuß wegnehmen. Seither sind die Schmerzen verschwunden. Bei der weiteren Behandlung kommt ein früherer Spontanabort ins Zentrum; das verlorene Kind muss "losgelassen" werden und die Trauerarbeit benötigt entsprechende Zeit, bis die Frau für eine neue Schwangerschaft bereit ist.

Ob ein bestimmter kranker Mensch von einer bestimmten heilbegabten Person geheilt werden kann, hängt weniger von der Krankheit als vom kranken Menschen sowie von der Heiler-Patient-Beziehung ab. Begabte Heilende unterscheiden sich in der Regel durch das Ausmaß ihrer intuitiven Fähigkeiten von den meisten Psychotherapierenden. Auch wird die Intuition oder Sensitivität beim geistigen Heilen bewusst geübt und eingesetzt, in der Psychotherapie läuft es eher zufällig neben den rationalen Arbeiten nebenher. Das Mitwirken der intuitiven oder sensitiven Fähigkeiten ist ein Grund für die Wirksamkeit des geistigen Heilens in Fällen, wo die Psychotherapie nicht mehr weiterkommt. Dies sei wiederum an einem Beispiel illustriert: Eine gut dreißigjährige Frau wird seit vielen Jahren wegen schwerer sexueller Störungen bei verschiedenen Therapeutinnen mit diversen psychotherapeutischen Methoden erfolglos behandelt. Vor allem der nach heutiger Erkenntnis besonders wahrscheinliche kindliche sexuelle Missbrauch wird eingehend aber ohne Bestätigung und Wirkung erforscht und therapiert. Eine zugezogene, begabte „Sensitive" sieht die Patientin vor ihrem geistigen Auge als größeres Kind inmitten von Spielkameradinnen in einer fluchtverhindernden Betonröhre, wie sie zutiefst beschämt, die Kontrolle über ihre volle Blase verliert und auf den Boden uriniert. Die Patientin bestätigt sofort das bislang nie erwähnte und bedachte Ereignis und versichert gleichzeitig, dass sie den Zusammenhang mit ihrer Störung jetzt überdeutlich spüre. Entsprechend macht die Therapie in der Folge Fortschritte.

Geistig Heilende orientieren sich meistens an einem spirituellen Welt- und Menschenbild. Dies hat auf ihre Auffassung wie Heilung geschehen könne und was zwischen Heilung Anbietenden und Heilung Suchenden geschehe, maßgeblichen Einfluss. Diese Prinzipien können grundsätzlich auch auf die Psychotherapie angewendet werden, insbesondere auf eine spirituell orientierte Psychotherapie, wie sie in dem gechannelten Werk "Kurs in Wundern" der Psychologie-Hochschullehrer Helen Schucman und William Thetford dargestellt wird (5). Einige zentrale und auch provozierende Sätze seien angeführt: "Vergebung ist das einzige, das gelehrt werden muss, weil sie das einzige ist, das gelernt werden muss." - "Der Glaube an Gott ist kein sinnvolles Konzept, denn Gott kann nur erkannt werden. Glaube beinhaltet, dass Unglaube möglich ist, aber die Erkenntnis Gottes hat kein wirkliches Gegenteil. Gott nicht zu erkennen heißt, keine Erkenntnis zu haben und genau dahin führt alle Nichtvergebung. Und ohne Erkenntnis kann man nur Glauben haben."

Eindrücklich ist auch, was im genannten Werk zu den Bedingungen des Geheiltwerdens und zur Beziehung zwischen Therapierenden und Klienten steht: "Ein einziger gänzlich egoloser Therapeut könnte die Welt ohne ein Wort heilen, einfach durch sein Dasein. Niemand braucht ihn zu sehen, mit ihm zu sprechen oder überhaupt um seine Existenz zu wissen. Seine einfache Gegenwart ist genug, um zu heilen." Natürlich ist der egolose Therapeut eine Abstraktion, "am Ende des Heilungsprozesses und zu fortgeschritten, um an Krankheit zu glauben".

"Diejenigen, die nicht vergeben, sind krank, weil sie glauben, ihnen sei nicht vergeben. Sich festklammern an der Schuld, sie wachsam zu verteidigen - all das ist nur die grimmige Weigerung zu vergeben."

Zu den Therapierenden wird gesagt: "Jeder Patient kommt zu deiner Heilung" und "Wer Heilung braucht, muss heilen". Diese provozierenden Sätze werden noch ausgeführt: "Jeder Patient, der zu einem Therapeuten kommt, gibt ihm eine Chance, sich selbst zu heilen. Er ist daher sein Therapeut. Und jeder Therapeut muss von jedem Patienten, der zu ihm kommt, lernen, wie man heilt. Der Vorgang, der in dieser Beziehung stattfindet, ist einer, bei dem der Therapeut dem Patienten in seinem Herzen sagt, dass alle seine Sünden ihm vergeben sind, zusammen mit den seinen."

Ob beim spirituellen Heilen die Hände aufgelegt werden oder der Prozess als Fernheilung abläuft, dürften eher unwichtige Variationen desselben sein, vor allem im Dienst der Heilenden und Heilung Suchenden, je nachdem, worin sie am ehesten ihr Vertrauen finden.

5. Forschung zu Fernheilen und Beten

Im Sinne der klassischen Qualitätskriterien (Goldstandard) von Verblindung und Randomisierung stehen die Fernheilstudien gegenüber den Untersuchungen zum Kontaktheilen und Handauflegen deutlich besser da. Die neueren Publikationen in den USA zeigen einen diesbezüglichen Trend zu dieser Art von Studienanlage. Für die Wahl solcher Studiendesigns dürfte neben den obigen Kriterien außerdem eine Rolle spielen, dass Beten in den USA sehr populär ist und weniger mit Vorurteilen und Ängsten zu kämpfen hat als das Handauflegen, das oft mit Okkultismus und Magie in Verbindung gebracht wird.

Die bisherigen Gebets- und Fernheilstudien (remote healing, distant intercessory prayer, noncontact Therapeutic Touch usw.) befassten sich mit Populationen aus Coronary Care Units, Herzchirurgie, mit Hautwunden, Leukämie, Hypertonie, AIDS, rheumatischen Erkrankungen, Alkoholismus usw. Zwei neuere Übersichtsarbeiten renommierter Forschungsteams, die beide nach den Goldstandard-Kriterien evaluierten, nämlich von der Cochrane Studiengruppe von Roberts et.al. (6) sowie von Astin et.al. (7) kommen zu ähnlichen Schlussfolgerungen, dass ein abschließendes Urteil aufgrund unterschiedlicher Forschungsdesigns, unterschiedlicher Evaluationskriterien usw. nicht möglich sei, dass aber die Resultate genügend stark seien, um die Weiterführung der bisherigen Praxis zu rechtfertigen und um weitere auch große Studien durchzuführen. Eine größere Anzahl Studien mit einigen Tausend Patienten dürfte in den nächsten Jahren publiziert werden: "Since 1993 several dozen promising new studies have begun" (6).

Neuartig und ungewöhnlich sind die methodischen Überlegungen der Cochrane Gruppe um Roberts (6), die aufgrund angeführter Bibelzitate zu bedenken gibt, dass ein allmächtiger Gott sich vielleicht nicht an die Begrenzungen einer randomisierten, kontrollierten Studie halte. Außerdem könnten sowohl die Interventions- wie die Kontrollgruppe "kontaminiert" sein, da ja viele Menschen für alle Kranken auf der Welt beten würden. Dies könnte den Interventionseffekt maskieren. Außerdem könnten die Wirkungen Gottes zu subtil und nicht quantifizierbar sein, so dass daraus keine Beweise für oder gegen die Wirkung des Betens abgeleitet werden dürften. Trotzdem könnte es auch einen von göttlicher Einwirkung unabhängigen Gebetseffekt geben, der auch irdischen Forschungsmethoden zugänglich sei. Die Forscher reagierten damit auf Kritiken, die einerseits von skeptischen Kollegen andererseits mehr aus fundamentalistischen christlichen Kreisen stammten.

Aus der Kenntnis des geistigen Heilens wie auch aus der mystischen Tradition vieler Religionen ergibt sich eine grundsätzliche Kritik an dieser Art Forschung. Wie bereits ausgeführt, sagen begabte Heilende: "Wir behandeln nicht Krankheiten, sondern kranke Menschen, und man kann nicht zum Voraus sagen, ob eine Wirkung eintritt und ob sie auf der körperlichen, seelischen oder geistigen Ebene erfolgt oder auf allen dreien." Daraus ergibt sich, dass spezifische Wirkungen im Sinne einer klassischen Studienanlage nicht bedeutsamer sind als sogenannt unspezifische Wirkungen, die man als positive Nebenwirkungen bezeichen könnte. In diesen doppelblinden, kontrollierten Studien wird Gott - so scheint es infolge des gewählten Studiendesigns - zum Helfer des vordergründigen organ-, krankheits- oder symptombezogenen Körper-Reparaturbetriebes gemacht, wie dies sonst der sogenannten reinen Körpermedizin vorgeworfen wird. Das zielgerichtete Gebet zum Erreichen solcher Resultate scheint einer anderen Geisteshaltung zu entstammen als das auf den ganzen Menschen gerichtete Heilen. Die bisherigen Forschungsresultate sprechen allerdings dafür, dass sowohl das gerichtete wie das ungerichtete Gebet wirksam sind, letzteres allerdings stärker.

Eine fundamentale Kritik an der Forschung nach Goldstandard und an den Forschungsmethoden nach den Vorstellungen der klassischen Physik leitet sich aus den Ergebnissen der theoretischen und experimentellen Physik ab, nach der jede Messung das Gemessene verändert und bestimmt und eine vom Bewusstsein des Beobachters unabhängige Wirklichkeit nicht existiert. Folglich bedeutet jede Forschung, das heißt jede Messung und Beobachtung, das Schaffen einer bestimmten Wirklichkeit bzw. nach Everetts Theorie der parallelen Universen (8) die Wahl einer bestimmten Welt aus mehr als einer Parallelwelt. Eine statistische Forschung, die die Individualität des Menschen ausblendet, würde demgemäß die Wirklichkeit im Sinne einer Entindividualisierung verändern bzw. die entsprechende "Welt" auswählen.

6. Forschung zu Kontaktheilen

Es existieren viele Tausende von Heilungsberichten aus allen Kulturen und allen Zeiten, die auch in neuerer Zeit weiter berichtet werden.

Die Methoden des Handauflegens werden sehr unterschiedlich ausgeführt, was die Forschung erheblich erschwert. Doppelblindstudien sind nicht möglich, was bei verschiedenen etablierten Zeitschriften für die Publikation eine Apriori-Hürde darstellt. Allerdings verbreiten sich einige Methoden sehr stark, die untereinander große Ähnlichkeit aufweisen. So hat Dolores Krieger, inzwischen emeritierte Lehrstuhlinhaberin an der Columbia University, New York, zusammen mit der Heilerin Dora Kunz mit Therapeutic Touch (9) eine einheitliche, lehrbare Methode entwickelt, die heute an ungefähr drei Vierteln der amerikanischen Krankenpflegeschulen im ordentlichen Lehrplan enthalten ist und inzwischen in mehr als 80 Ländern gelehrt werden soll. Zu Therapeutic Touch existieren hunderte von Publikationen, die über Wirkungen an einer Vielzahl von Krankenpopulationen berichten.

Winstead und Kijek (10) sichteten 38 wissenschaftliche Publikationen und eine große Anzahl von Dissertationen aus dem Zeitraum von 1975 bis 1997.

13 Studien, die ihren methodischen Qualitätsanforderungen genügten, wurden einer Meta-Analyse unterzogen. Es fand sich über alle Studien ein moderat positiver Effekt.

Die Physikerin und hellsichtige Heilerin Ann Barbara Brennan (11), deren Lehrinhalte in Europa noch stärker verbreitet werden als diejenigen von Krieger, beschreibt neben einer ähnlichen Behandlungstechnik wie bei Therapeutic Touch vor allem detailliert, wie emotionale und physische Schwankungen des den Menschen umgebenden "Biofeldes" diagnostiziert und für Therapieindikationen eingesetzt werden können.

Eine dritte von ganz anderer Seite stammende Behandlungsmethode, die aber mit den obigen große Ähnlichkeit aufweist, ist das aus Japan stammende Reiki, das in Mitteleuropa vermutlich am bekanntesten geworden ist und zu dem viele deskriptive Publikationen zu Methodik und Ergebnissen bestehen. Von verschiedenen medizinischen Kolleginnen und Kollegen, die auch geistig-energetisch heilen und noch viel mehr von Laienheilern existiert inzwischen eine kaum mehr überblickbare Literatur zum Thema Geistheilen mit vielen Fallbeschreibungen.

7. Theoretische Grundlagen

Im Evangelium nach Markus heißt es im fünften Kapitel: "Da war eine Frau, die 12 Jahre an Blutfluss litt und von vielen Ärzten viel ausgestanden und all das ihre aufgewendet hatte, ohne Erfolg zu finden. Sie war vielmehr nur noch schlimmer daran. Sie hatte von Jesus gehört, trat in der Menge von rückwärts hinzu und berührte sein Kleid; denn sie sagte sich: Berühre ich nur sein Gewand, so werde ich geheilt. Und sofort versiegte der 'Quell ihres Blutes' und sie fühlte am Körper, dass sie geheilt war von der Plage. Sofort aber merkte Jesus an sich die von ihm ausgehende Kraft, wandte sich in der Menge um und sprach: 'Wer hat mein Gewand berührt?' Seine Jünger sagten zu ihm: 'Du siehst, wie das Volk dich umdrängt und du sagst: Wer hat mich berührt?' Er aber blickte umher, um nach der zu sehen, die es getan hatte. Die Frau aber kam herbei, furchtsam und zitternd und mit dem Wissen um das, was ihr geschehen war, fiel vor ihm nieder und sagte ihm die ganze Wahrheit. Er aber sprach zu ihr: 'Tochter, dein Glaube hat dir geholfen; geh hin in Frieden und sei geheilt von deiner Plage!'"

Diese Geschichte ist wissenschaftlich ganz besonders interessant. Sie zeigt nämlich, dass Jesus die von ihm abgehende Heilkraft wahrnehmen konnte. Moderne Experimente kommen gleichfalls zum Ergebnis, dass Menschen ab- und zufließende Heilkraft spüren können. Das wird auch durch die Erfahrung fast ausnahmslos aller heilenden Menschen bestätigt. Dies weist auf einen fundamentalen Unterschied zu den uns bekannten technischen Energie- und Informationsübertragungen hin. Die von einer Fernsehantenne abgestrahlte elektromagnetische Strahlung kann nämlich die Anzahl der eingeschalteten Fernsehapparate nicht registrieren, das heißt es findet im Gegensatz zur menschlichen Energieübertragung keine feststellbare Rückkoppelung statt. Vermutlich sind für Rückkoppelung und Wahrnehmung die longitudinalen Wellen oder Wellenaspekte verantwortlich, die zwischen Sender und Empfänger eine Resonanzverbindung aufrecht erhalten, jedenfalls lassen die Ausführungen von Prof. Konstantin Meyl über longitudinale Wellen eine solche Vermutung zu (12). Wahrscheinlich kann die menschliche Wahrnehmung die Information in den Heilbehandlungen entziffern und bewusst oder unbewusst erkennen, was auch mit der Kohärenz, das heißt der Laserartigkeit der Strahlung zusammenhängen dürfte. Physikalisch kann die Energieübertragung und die Information zwar dechiffriert nicht aber verstanden werden, weil eben der Apparat keine Wahrnehmung und kein Bewusstsein hat. Die moderne Musikübertragung dürfte dies am besten illustrieren. Die Energie, das heißt der den Code ablesende und übertragende Laserstrahl, kann physikalisch dargestellt werden. Die Musik in ihrem seelischen Gehalt scheint jedoch der menschlichen Wahrnehmung und dem menschlichen Bewusstsein vorbehalten zu bleiben. Es existieren damit zwei Erscheinungen des einen Phänomens: Die physikalisch gemessene und dargestellte Energie mit dem Informationscode des Laserstrahls einerseits und die bewusst wahrgenommene Musik andererseits.

In fast jedem Bereich elektromagnetischer Wellen ist vom menschlichen Körper abgehende Strahlung gemessen worden; dabei scheint nicht in jedem Fall klar zu sein, welche reflektiert und welche vom Körper erzeugt wird. Das Biofeld oder die Aura besteht aus einem bioelektrisch-magnetischen Feld, das eine ungeheure Dichte von Informationen enthält, die von entsprechend begabten Menschen mit den Augen, den Händen oder dem Herzen gelesen, das heißt bewusst wahrgenommen werden, während Apparate nur die entsprechenden Wellenlängen, Frequenzen und Wellenstärken messen. Schon in der ersten Hälfte des zwanzigsten Jahrhunderts ist beim Menschen ein elektrodynamisches Feld nachgewiesen worden. Es wurden sogar höchst interessante Zusammenhänge zwischen Feldbeschaffenheit und emotionalem Zustand nachgewiesen und Feldveränderungen bei Krankheiten festgestellt; sie haben jedoch den wissenschaftlichen Durchbruch nicht geschafft.

8. Geistige Einwirkung auf Materie bzw. maschinelle Systeme

Der Physiker und Aeronautik-Forscher Robert Jahn, Dekan an der Princeton University und seine Studentin Brenda Dunne starteten die PEAR (Princeton Engineering Anomalies Research) Forschung in den siebziger Jahren, weil sie offenbar unwillentliche und unbewusste Einflüsse von Menschen auf die zu bedienenden Maschinen vermuteten. Die Beeinflussung durch menschliches Bewusstsein bzw. menschliche Intention wurde zunächst mit einem "grob-materiellen" System fallender Styroporkugeln untersucht, später mit einer Vielzahl anderer REG's (Random Event Generator), wie Jahn selber schreibt: "The basic protocol of these experiments requires human operators to attempt by anomalous means to influence the output of various simple machines, each of which involves some sort of random physical process. These devices are electrical, mechanical, fluid dynamical, optical, or acoustical in character; macroscopic or microscopic in scale; and digital or analog in their information processing and feedback displays. They generate data over a broad range of rates, in formats that are theoretical, or at least empirically, predictable. All are equipped with numerous fail-safe features to guarantee the integrity of the data and their freedom from artifact, and all can be precisely calibrated to establish their unattended statistical output distributions. ... Anomalous correlations of the machine outputs with prestated operator intentions are clearly evident. Over the total database, the composite anomaly is unlikely by chance to about one part in a billion." (13)

Als sogenannte Operatoren wurden bewusst nur Leute ausgewählt, die ihres Wissens über keine besonderen psychisch-geistigen Kräfte verfügten. (14)

Zahlreiche Wiederholungen dieser Experimente durch insgesamt 68 Forscher mit ca. 600 Experimentalstudien belegen, dass durchschnittliche Menschen auf direktem geistigem Weg auf unbelebte Materie bzw. maschinelle Systeme einwirken können. (15) Metaanalysen errechneten eine statistische Sicherheit von $1:10^{35}$. Jeder Operator hat ein individuelles Muster, das sich bei Wiederholung identifizieren lässt. Zwei gemeinsam arbeitende Operatoren haben ein neues charakteristisches Muster, das nicht als Summe der individuellen Muster erscheint. Die Wirkung von Operatorpaaren ist in der Regel stärker als die von Individuen, besonders stark bei gemischtgeschlechtlichen und in einer Vertrauensbeziehung stehenden Paaren. Die Beeinflussung kann aus beliebiger irdischer Distanz und zeitlich verschoben sowohl aus der Zukunft wie aus der Vergangenheit erfolgen, solange die Messung nicht abgelesen wurde. Diese Experimente bestätigen, was die Quantenphysik unabhängig von diesen Forschungen gefunden hat: Die quantenphysikalischen Regeln gelten auch in der Makrowelt.

9. Geistige Einwirkung auf lebende Organismen

Radin (16) hat Benors 131 kontrollierte Studien (2) an lebenden Systemen von Enzymen zu Zellkulturen, Bakterien, Pflanzen, Mäusen, Hunden und Menschen statistisch reevaluiert. Er errechnete eine Effektstärke aus diesen Untersuchungen, die um ein Mehrfaches größer war als diejenigen aus zwei konventionellen, klinischen, multizentrischen Medikamentenstudien, nämlich von Aspirin und Propranolol, bei denen vor Studienabschluss sowohl die Aspirin- wie die Propranololindikation auch für Personen außerhalb der Studie für gültig erklärt wurde, da es aufgrund der Effektstärken als unethisch beurteilt wurde, die Medikamente weiteren Patientenpopulationen vorzuenthalten.

Von den gesichteten Arbeiten berichten 56 über Resultate mit einer statistischen Sicherheit von 0,01 oder besser, wo durch Zufall nur eines oder zwei solcher Resultate zu erwarten wären.

Verschiedene Arbeiten belegen die Veränderung physiologischer Parameter beim Menschen (Hautwiderstand, BD, Muskelaktivität usw.), auf entfernte Einwirkung, ohne dass dies den Zielpersonen bewusst geworden wäre. Die Wirkungen des geistigen Heilens können deshalb nicht auf eine Placebowirkung reduziert werden.

Zur Einwirkung auf lebende Organismen und insbesondere auf menschliche Gewebe und Zellkulturen unter kontrollierten Laborbedingungen liegen viele

Jakob Bösch

Forschungsresultate vor, von denen nur eines näher beschrieben sei: William G. Braud von der Mind Science Foudation in San Antonio Texas führte eine Studie durch mit 32 nicht trainierten Versuchspersonen, bei denen keine besondere mentale Begabung bekannt war mit einer Visualisationstechnik, mit der je 10 Reagenzgläser mit Erythrocyten in hypotoner Lösung beeinflusst werden mussten (17). Die Teströhrchen befanden sich in einem von den Versuchspersonen getrennten Raum. Als Hilfe hatten die Versuchspersonen Bilder mit gesunden Erythrocyten vor sich. Die Hälfte erhielt die Anweisung, die eigenen Blutzellen zu schützen, niemand wusste jedoch, ob er tatsächlich die eigenen oder die anderer Personen zu beeinflussen versuchte. Die Hämolyse wurde photometrisch blind bestimmt und war in den Teströhrchen hoch signifikant geringer als in den Kontrollen. Die fünf erfolgreichsten Versuchspersonen der Studie hatten alle ihr eigenes Blut zu schützen versucht, auf die Gesamtgruppe bezogen, war der Unterschied zwischen eigenem und fremdem Blut nicht signifikant.

10. Theorien in Zusammenhang mit dem aktuellen physikalischen Weltbild

In der Physik scheinen das Einstein-Podolski-Rosen (EPR) Paradox, die Nullpunkt- oder Vakuum-Energie, der Tunneleffekt und die Quanten-Teleportation usw. als wissenschaftliche Phänomene anerkannt zu sein und eine aus unserer Alltagsperspektive "verrückte" Quantenwelt unleugbar zu machen. Dass diese Wirklichkeit auch in der Makrowelt gilt, bezeugt sogar der berühmte Physiker und Nobelpreisträger John A. Wheeler: "Viele Physiker hofften..., dass die Welt in gewissem Sinne doch klassisch sei - jedenfalls frei von Kuriositäten wie großen Objekten an zwei Orten zugleich. Doch solche Hoffnungen wurden durch eine Serie neuer Experimente zunichte gemacht." (18) Weiter schreiben die Autoren: "Auch das einfache Doppelspalt-Experiment, bei dem Photonen oder Elektronen nach Passieren zweier Spalten ein Interferenzmuster erzeugen - der typische Quanteneffekt überhaupt -, wurde im Laufe der Zeit mit immer größeren Objekten wiederholt: mit Atomen, kleinen Molekülen und kürzlich sogar mit Kügelchen aus 60 Kohlestoffatomen." Der international renommierte Physiker Anton Zeilinger hält es für möglich, das Experiment bald auch mit Viren durchzuführen. Die in den PEAR-Experimenten so irritierenden Ergebnisse mit der den Experimenten erst nachfolgenden Beeinflussung wird auch von

Tegmark und Wheeler bestätigt, wenn sie schreiben: "Nicht nur, dass ein Photon an zwei Orten zugleich sein kann - die Experimentatoren können sogar im Nachhinein auswählen, ob das Photon sich an beiden Orten aufgehalten hat oder nur an einem der beiden." (18)

In Bezug auf nicht-lokale Wirksamkeit - oder in klassischen Begriffen angenähert ausgedrückt: Wirkung auf Entfernung - ist das EPR-Paradox, auch Spinverschränkung genannt, von besonderer Bedeutung. Es besagt, dass zwei Photonen (oder Elektronen) aus gemeinsamer Quelle, die in entgegengesetzte Richtung unterwegs sind, miteinander verschränkt bleiben. Wird am einen Photon eine Messung vorgenommen, z.B. durch ein Prisma die Polarisationsrichtung festgelegt, dann richtet das zweite Photon in beliebiger Entfernung ohne Zeitverlust seine Polarisation komplementär, d.h. im rechten Winkel darauf aus. Dieses zuerst theoretisch postulierte Phänomen ist nicht nur experimentell bestätigt worden, dem Schweizer Spezialisten für Quantenkommunikation an der Universität Genf, Nicolas Gisin, ist es offenbar gelungen, verschränkte Photonen in Glasfaserkabeln auf eine Entfernung von 50 km zu übermitteln (19). Das Phänomen soll in der zukünftigen Datensicherung Anwendung finden. Damit hält ein nicht-lokales Quantenphänomen in unsere makroskopische Informationstechnologie Einzug.

Solche in den physikalischen Experimenten nachweisbaren nicht-lokalen Wirkungen entsprechen damit verblüffend den in den Gebets- und Fernheilstudien erzielten Resultaten und führen zu den Überlegungen von Physikern und CAM-Theoretikern zum nicht-lokalen Bewusstsein (20).

Die PEAR-Forschergruppe und andere universitäre Forschungsteams wie auch die CIA haben auch den zur mentalen Maschinenbeeinflussung umgekehrten Prozess, nämlich "remote perception" also Fernwahrnehmung in zahlreichen Studien untersucht. Jahn (13) fasst die Ergebnisse folgendermaßen zusammen: "Nevertheless, from our extensive body of rigorous remote perception experiments we must draw a second basic conclusion: human consciousness is able to extract information from physical aspects of its environment by some anomalous means that is independent of space and time". Die Wissenschaft ist damit am Punkt angekommen, wo Physiker und Mediziner/Psychologen miteinander ins Gespräch kommen, weil beide dem Phänomen der Nicht-Lokalität (= Unabhängigkeit von Raum und Zeit) das heißt nicht-lokalen Wirkungen begegnen. Beide begegnen auch der Interaktion von Bewusstsein und Materie. Jahn kommt zum Schluss, dass wenn zwischen menschlichem Bewusstsein und der (physikalischen) Umgebung in beide Richtungen Wirkungen und Informationen ausge-

Jakob Bösch

tauscht werden, man eine Resonanz oder "molekulare Bindungsmöglichkeit" auch für das Bewusstsein annehmen muss. Er spricht sogar von Bewusstseinsatomen und Bewusstseinsmolekülen. Jahn fasst zusammen: "Like elementary particles (a form of matter) and physical light (a form of energy), consciousness (a form of information) enjoys a wave/particle duality that allows ... to resonate with other consciousnesses as with appropriate aspects of its environment." Dem Bewusstsein müssten ebenso die bekannten Quanten-Eigenschaften zugesprochen werden. Demnach macht es keinen Sinn mehr, Begriffe wie Information oder Resonanz entweder der physischen Umwelt oder dem Bewusstsein zuzuordnen oder physische von geistigen Wirkungen abzugrenzen. Wie Jahn sagt: "The composite theory ... is a model of the experiential products of the interpenetration of an otherwise ineffable consciousness into an equally ineffable environmental surround." (13)

Auch der Kernphysiker und Molekularbiologe Jeremy Hayward formuliert: "Manche durchaus noch der wissenschaftlichen Hauptströmung angehörende Wissenschaftler scheuen sich nicht mehr, offen zu sagen, dass Bewusstsein/ Gewahrsein neben Raum, Zeit, Materie und Energie eines der Grundelemente der Welt sein könnte (vielleicht sogar grundlegender als Raum und Zeit). Es war vielleicht ein Fehler, den Geist aus der Natur zu verbannen." (15)

Nach der von ganz anderer Seite entwickelten quantenphysikalischen Theorie der Dekohärenz braucht es zur Beschreibung der Wirklichkeit unabdingbar die drei Größen "Objekt", Umgebung und Bewusstsein/Wahrnehmung. Die Dekohärenztheorie erhebt den Anspruch, Quantenwirklichkeit und Alltagswelt (bzw. klassische Physik) in ein konsistentes Modell zu bringen (siehe auch www.decoherence.de) sowie erklären zu können, warum die Makrowelt scheinbar klassische Qualitäten hat. Danach ist die Quantentheorie die gültige Grundlage für alle physikalischen Theorien. Darin eingeschlossen ist die Voraussetzung, dass unsere mentale Aktivität immer mit den physikalischen Prozessen unserer Umwelt interagiert (21, 22). Mit "Objekt" ist daher eine quantenphysikalische Superposition (eine quantenkohärente Welle) gemeint, die wir erst durch unsere Beobachtung, Messung oder andere Beeinflussung zum Kollaps (zur Dekohärenz) und damit in einen klassischen Zustand bringen. Unser Bewusstsein ist also vom wahrgenommenen Resultat nie zu trennen. Man erinnert sich mit Erstaunen an die alte vedische Überlieferung, nach der unsere Alltagswelt eine Spiegelung unseres Bewusstseins (Maya) sei. Die Dekohärenztheorie sagt auch, dass Teilchen nur scheinbar im Raum lokalisiert seien; in Wirklichkeit gebe es keine Partikel, ebenso wie es auf einer fundamentalen Ebene keine Zeit gebe. (Weise aller Zeiten haben behauptet, auf höherer Bewusstseinsebene gebe es keine Vergangenheit und Zukunft, nur allumfassende Gegenwart).

Nach Everett's Theorie der parallelen Universen (8) kommt es streng genommen nie zum Wellenkollaps, was hier nicht weiter ausgeführt werden muss. Die zunächst bizarr anmutende Theorie der Parallelwelten (als Modifikation oder Ergänzung der Dekohärenztheorie) gewinnt allerdings nach Zeh (21), Tegmark und Wheeler (22) zunehmend die Unterstützung der Physiker. Es muss einer anderen Arbeit vorbehalten bleiben, die verblüffenden Parallelen zu den überlieferten "esoterischen" Theorien der verschiedenen Realitäts- bzw. Bewusstseinsebenen aufzuzeigen.

Der Exkurs in die Vorstellungen der modernen Physik wäre unvollständig ohne die Erwähnung des Quantenvakuums, ein nichtmaterielles Energiemeer, das den kosmischen Raum erfüllt. Die Vakuum- oder Nullpunktenergie, dichter als die Energie der Materie und größer als die Energie aller Galaxien des Universums, bietet Erklärungen für die Trägheit, die Gravitationskraft und erklärt Masse, und damit Materie, als eine Struktur, die aus Vakuumenergie entsteht und keine fundamentale Größe des Universums ist (23). Die Vakuumenergie ist für die Aufrechterhaltung der materiellen Welt unabdingbar, ohne deren ständige Wechselwirkung mit den subatomaren Strukturen würden die Elektronen in den Atomkern stürzen und das Universum kollabieren. Wieder erinnern wir uns an uralte Überlieferungen: "Leere ist Form: Alle Dinge werden aus dem Nichts versorgt; unsere Körper erhalten ihr Leben aus der Mitte des Nichts" Oder wie Wang Shihuai, ein konfuzianischer Weiser des sechzehnten Jahrhunderts zitiert wird: "Der Essenz der Phänomene hängt man den Namen Geist an. Dem Wirken des Geistes hängt man den Namen Phänomene an. In Wirklichkeit ist da nur eines ohne Unterschied von innen und außen, von dies und das. Was das Universum erfüllt, ist sowohl ganz Geist als auch ganz Phänomene." (15)

Nach Meinung des Vakuumphysikers Hal Puthoff ist die Nullpunkt-Energie der physikalische Ausdruck des allgegenwärtigen, alles durchdringenden Energie-Ozeans, der alle Phänomene zusammenhält und trägt und in ihnen manifest wird. Er ist auch das, was Mensch und Kosmos verbindet und daher stets - außer in der wissenschaftlich geprägten Moderne einen festen Platz im Bewusstsein der Menschen hatte. Dieser vorwissenschaftliche Begriff von kosmischer Energie tritt nach Putoff in vielen Traditionen unter vielen Namen auf wie zum Beispiel Chi beziehungsweise Qi und Ki, Prana und so weiter (15). Vermutlich

Jakob Bösch

ist das Vakuum jedoch nicht nur ein Energiemeer sondern auch ein Informationspool oder nach Wang Shihuai eben Geist bzw. Bewusstsein. Damit wäre auch das von Mystikern aller Zeiten postulierte Weltgedächtnis in eine Theorie eingebettet.

Für das hier behandelte Thema von Bedeutung sind die von verschiedenen physikalischen Strömungen bezeugten distanz- und zeitunabhängigen Wirkungen und die Untrennbarkeit von Bewusstsein und Umgebung bzw. von Geist und Materie. Damit ist eine theoretische Grundlage gelegt für geistiges Heilen und insbesondere für Fern- und Gebetsheilen und natürlich auch für Phänomene wie Telepathie, Remote Perception, also Fernwahrnehmung usw., die seit mehr als vierzig Jahren intensiv erforscht werden.

Literatur

1. Ebneter M, Binder M, Saller R. Fernheilung und klinische Forschung, Forschende Komplementärmedizin 2001, Oct; 8 (5): 274-87
2. Benor D. Healing Research, Vol. I & II, München, 1992, Helix
3. Rubik B. Energy Medicine and the Unifying Concept of Information, Altern Ther Health Med 1995, 1: 34-39
4. White Eagle: Das große White Eagle Heilungsbuch, Grafing 1995[7], Aquamarin
5. Psychotherapie, Zweck, Prozess und Praxis, in: Ergänzungen zu "Ein Kurs in Wundern", Gutach i.Br. 1995, Greuthof
6. Roberts L. Ahmed I, Hall S, Sargent C. Intercessory prayer for the alleviation of ill health (Cochrane Review). In: The Cochrane Library, Issue 3, 1999. Oxford: Update Software.
7. Astin JA, Harkness E, Ernst E (2000): The Efficacy of "Distant Healing": A Systematic Review of Randomized Trials, Ann Intern Med 2000; 132: 903-910
8. Wolf FA. Parallele Universen, Frankfurt a. M. 1993, Insel
9. Krieger D. Therapeutic Touch. Die Heilkraft unserer Hände, Freiburg i.Br. 1995, Bauer
10. Winstead-Fry P, Kijek J. An integrative review and meta-analysis of therapeutic touch research. Altern Ther Health Med 1999; 5: 58-67
11. Brennan AB. Licht-Heilung, München 1994, Goldmann
12. Meyl Konstanin, Elektromagnetische Umweltverträglichkeit, Bd. 1 & 2, Villingen-Schwenningen, 1998/1999
13. Jahn RG. Information, Consciousness and Health, Altern Ther Health Med 1996, 2: 32-38
14. Jahn RG, Dunne BJ. Margins of Reality: The Role of Consciousness in the Physical World. New York 1987, Harcourt Brace Jovanovich

15. Hayward J. Briefe an Vanessa, Über Liebe, Physik und die Verzauberung der Welt. Frankfurt am Main 1998, Fischer
16. Radin DI, Nelson RD. Evidence for consciousness-related anomalies in random physical systems. Found.Phys. 1989,19:1499-1514
17. Braud WG. Distant Mental Influence of Rate of Hemolysis of Human Red Blood Cells, Journal of the American Society for Psychical Research, 1990, 84: 1-24
18. Tegmark M, Wheeler JA. 100 Jahre Quantentheorie, Spektrum der Wissenschaft, 2001, 4: 68-76
19. Müller T. Quantenphotonik bringt mehr Licht auf die Datenautobahnen, Baslerzeitung, Nr. 198, 26.08.2001
20. Dossey L. Reinventing Medicine, 1999, New York, Harper and Collins
21. Zeh DH, Ist das Problem des quantenmechanischen Messprozesses nun endlich gelöst? Spektrum der Wissenschaften, 2001, 4: 72
22. Tegmark M, Wheeler JA. Quantentheorie und Bewusstsein, Spektrum der Wissenschaft, 2001, 4: 76
23. Laszlo E. Das dritte Jahrtausend, Frankfurt am Main 1998, Suhrkamp

PD Dr. med. Jakob Bösch, Jahrgang 1942, Chefarzt der externen psychiatrischen Dienste im Baselland, Privatdozent für Psychiatrie und Psychotherapie und Psychosoziale Medizin, Arbeitsschwerpunkte: psychosoziale Prävention, Sensitivität, geistiges Heilen, Zusammenarbeit zwischen geistig Heilenden und Schulmedizin.

PD Dr. med. Jakob Bösch
Externe psychiatrische Dienste BL
CH-4101 Bruderholz
Schweiz
Tel. 00 41-0 61-4 25 45 43
Email: Jakob.Boesch@KPD.CH

Ausführliches Inhaltsverzeichnis

Joachim G. Vieregge
Das Selbstwertgefühl
Wesen - Verletzung - Therapie
Das Selbstwertgefühl ist das Gefühl für die eigene Würde, gepaart mit einer Zuversicht, etwas Gutes im Leben bewirken zu können. Es ist die Basis einer natürlichen Autorität, die es nicht nötig hat, andere beeindrucken zu wollen. Joachim Vieregge erforscht die Entwicklung des Selbstwertgefühls von der frühen Kindheit an und zeichnet nach, wie Verletzungen zur Ausbildung eines "falschen" oder narzisstischen Selbstes führen.
Bei der Heilung des Selbstes spielt der Zugang zum "wahren" Selbst eine zentrale Rolle. Anhand verschiedener Quellen der Mystiker und buddhistischer Meditationsmeister weist der Autor nach, dass jeder Mensch im Kern ein unzerstörbares wahres Selbst ist.
Im zweiten Teil des Buches werden einzelne Schritte der Heilung durch einen gruppentherapeutischen Prozess modellhaft dargestellt. Hier erhält der Leser/die Leserin Anregungen und Übungen, wie er/sie Zugang zum eigenen wahren Selbst finden kann. Die Übungen umfassen Meditationen, Energiearbeit und Ausdrucksarbeit. Therapeuten bekommen wertvolle Hinweise für ihre Praxis im Umgang mit Selbstwertproblemen ihrer Patienten.
224 Seiten, ISBN 3-934391-21-4

Thomas Harms (Hrsg.)
Auf die Welt gekommen - Die neuen Baby-Therapien
Wie können wir Säuglinge therapeutisch unterstützen, die Folgen von prä- und perinatalen Traumatisierungen zu überwinden? Welche therapeutischen Methoden sind für Babys geeignet, damit sie sich wieder der Welt öffnen, von der sie sich aufgrund von schmerzvollen und bedrohenden Erfahrungen frühzeitig abgewandt haben?
Erstmals werden in diesem Buch von Ärzten, Psychotherapeuten und Hebammen aus fünf Nationen neue Ansätze einer ganzheitlichen Säuglingstherapie vorgestellt. Die Sammlung im Buch präsentiert Verfahren und Forscher, die den Körper als das zentrale Medium in der therapeutischen Arbeit mit Säuglingen und Eltern betrachten.

Vor dem Hintergrund der Erkenntnisse der modernen Säuglingsforschung und Prä- und Perinatalen Psychologie diskutieren die verschiedenen Therapeuten und Forscher ihre Behandlungsmethoden, entwickeln neue Konzepte über die prägende Wirkung früher Traumatisierungen in Schwangerschaft, Geburt und der ersten Zeit nach der Entbindung.
Mit Beiträgen von Heiner Biedermann, Ray Castellino, David Chamberlain, Heidrun Claußen, Mechthild Deyringer, Paula Diederichs, William Emerson, Dorothea Fuckert, Brigitte Hannig, Thomas Harms, Margarita Klein, Claudia Köhler, Joelle-Aimée Kubisch, Rudolf Merkel, Franz Renggli, Aletha Solter, Silja Wendelstadt.
Broschur, 490 S., ill., ISBN 3-934391-07-9

Transpersonale Perspektiven Vol. 7 2001:
Walter Andritzky
Vielfalt in der Therapie
Zur Diskussion um Therapiefreiheit, Selbstverantwortung und alternative Gesundheitskultur
Dr. Walter Andritzky, Leiter des *Internationalen Instituts für Kulturvergleichende Therapieforschung* in Düsseldorf, ist in Deutschland einer der wenigen renommierten Sachverständigen auf dem Gebiet der „alternativen Gesundheitskultur". In seinen hier veröffentlichten Beiträgen thematisiert er die wesentlichen Streitfragen der derzeitigen Methodendiskussion, die sich im Zusammenhang mit der Verabschiedung des Psychotherapiegesetzes und den Plänen für ein restriktives „Lebensbewältigungshilfegesetzes" deutlich verschärft hat. Er belegt mit harten Fakten und Zahlen die Irrationalität der Sorge um die VerbraucherInnen alternativer Therapieverfahren. Seine Beiträge befürworten mit klaren Argumenten die Vorteile einer Methodenvielfalt. Sie zeigen auf, dass die Klienten-/Patientenzufriedenheit bei den alternativen Verfahren höher ist als bei den anerkannten Methoden.
96 Seiten, Broschur, ISBN 3-934391-09-5
Transpersonale Perspektiven ist die Zeitschrift der Deutschen Transpersonalen Gesellschaft e. V., Herausgegeben von Jutta Gruber und Peter Meyer-Dohm